ODILO GLOBOCNIK

Hitlers Manager des Todes

Johannes Sachslehner

ODILO GLOBOCNIK
Hitlers Manager des Todes

MOLDEN

Inhalt

10 **Vorwort**

14 **In der Sautratten**
Letzte Spuren eines NS-„Haupttäters“

20 **Kofferträger & Chauffeur**
Vom Kärntner Abwehrkämpfer zum „illegalen Propagandisten“

32 **„Globus“, der Verbindungsmann**
Die „Kärntner Gruppe“ und der illegale Kampf

54 **Ich habe für Sie die Macht ergriffen!**
Der „Anschluss“-Agent

70 **Kein Imperium Globocnik**
Als Gauleiter in Wien

98 **In Himmlers Schuld**
Blutiger Auftakt in Polen

126 **Ein angenehmer Chef**
In Lublin wie zu Hause

136 **Fahndung nach deutschem Blut**
Entsiedlung, Zusammensiedlung & Aussiedlung

144 **Lösen Sie die Verbindung!**
Die Rickheim-Affäre

158 **„Das kommt von den dreckigen Juden!“**
Ghettos & Arbeitslager

170 **Viel neue Arbeit**
Himmler in Lublin

178 **„Aktion Hühnerfarm“**
Massenmord an sowjetischen Kriegsgefangenen

184 **Über den Bug**
Planung zur „Aktion Reinhardt“

198 **„Ich hab nie einen Juden vernichtet“**
Globocnik-Gehilfe Hermann Höfle

206 **„Es kommt wieder Salat!“**
Die Todeszüge in die Vernichtungslager

222 **Die geheimste Angelegenheit, die es gibt**
Massenmord in Bełżec, Sobibór und Treblinka

248 **Der „Judenkönig“**
Odilo Globocnik und sein Hofjude Szama Grajer

270 **Das „Sonderlaboratorium“ der SS**
Die Zamojszczyzna

283 **Der Herr Geschäftsführer**
Die Ostindustrie GmbH

290 **Aktion Werwolf**
Terror in Zamość

310 **Ein Duo infernale**
Mit Friedrich Rainer in Triest

331 **Sonderabteilung „Einsatz R"**
Die Risiera di San Sabba

336 **Zehn Sekunden vor Mitternacht**
Flucht auf die Mösslacher Alm

346 **Zyankali**
Selbstmord in Paternion

354 **Anhang**
354 Literatur- und Quellenverzeichnis
363 Namensregister
367 Bildnachweis

Foto Seite 2: **Der Gauleiter: letzter Appell des Marschblocks, Nürnberg am 1. September 1938. Foto: Heinrich Hoffmann.**

Foto Seite 4: **Der „Führer": Gauleiter Odilo Globocnik bei der Eröffnung der Ausstellung „Bolschewismus ohne Maske" am 10. Dezember 1938 in der Wiener Nordwestbahnhalle. Foto: Bilderdienst Scherl.**

Foto Seite 8: **Der Manager: Porträt von Hitler-Fotograf Heinrich Hoffmann, 7. Juli 1938.**

Die, die töten,
sind Menschen wie die,
die getötet werden,
das ist die schreckliche Wahrheit.

Jonathan Littell
Die Wohlgesinnten

Vorwort

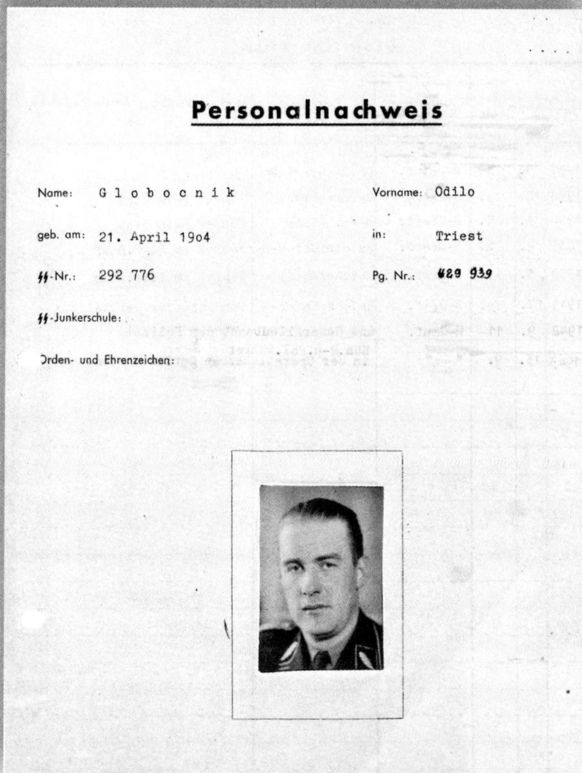

Personalnachweis

Name: G l o b o c n i k — Vorname: Odilo

geb. am: 21. April 19o4 — in: Triest

SS-Nr.: 292 776 — Pg. Nr.: 429 939

SS-Junkerschule:

Orden- und Ehrenzeichen:

Prominenter Geburtstag: der 21. April, nur einen Tag nach dem „Führer" …

Die Geschichte Odilo Globocniks ist die Geschichte eines jungen Österreichers, der kein Österreicher sein wollte. Österreich, so meinte der in Triest geborene und in Kärnten aufgewachsene junge Mann, wäre die falsche Heimat, seine richtige jedoch Deutschland. Für die Erreichung dieses Ziels wurde er zum Hochverräter und Handlanger des Nazi-Regimes, zum Exekutor millionenfachen Mordes.

Odilo Globocnik war ein Mann des Befehls, eine wahre „Befehlsmaschine". Er führte Befehle aus und erteilte Befehle; ja, seine Sehnsucht war der Befehl, gab es keinen klaren Befehl, so fühlte er sich unsicher und bat seine Vorgesetzten um Präzisierung. Genau diese Haltung verlangte er auch von seinen Mitarbeitern: Befehle waren um jeden Preis auszuführen. Das war die eine Seite. Die andere Seite war sein brennender Ehrgeiz, der ihn träumen ließ: von einem neuen „Musterstaat" und von gigantischen Projekten, mit denen sein Name verbunden sein würde. Und er sehnte sich nach den Zeichen, die davon erzählen würden: nach dem Blutorden und dem Eisernen Kreuz, nach in Erz gegossenen Tafeln.

Er gilt als der „blutigste Einpeitscher von Judenvernichtung und Germanisierung" im Generalgouvernement, der polnischen Kolonie des Dritten Reiches. Einen „archetypischen Nazi-Bluthund und Freibeuter" nennt ihn Arno J. Mayer, Hitler-Biograf Joachim C. Fest spricht von einem „Mörder aus Profession", Joseph Poprzeczny charakterisiert ihn als *genocidal killer* und Heinrich Himmlers *most vicious wartime accomplice*, als *one of the most bestial murderers of Jews and Poles that the 20th century was to produce* – doch ist Odilo Globocnik trotz all dieser markigen Zuschreibungen ein Mann ohne „Gesicht" geblieben. Er, der „Juden-Liquidator" und „barbarische Judenvernichter" (Heinz Höhne), ist in der Literatur über den Holocaust im Generalgouvernement allgegenwärtig, taucht in Zeugenaussagen und Berichten auf und wird in Gerichtsurteilen gegen die Mörder in seinen Diensten als „Haupttäter" genannt. Dennoch bleibt seine Gestalt seltsam unbestimmt.

Tatsächlich reicht es nicht, Globocnik als Monster abzustempeln. Wer seine Persönlichkeit verstehen will, muss viel genauer hinsehen. Ja, er war ein „angenehmer Chef", sagt seine Sekretärin Wilhelmine „Mimi" Trsek. Ein sensibler Typ, der sich nach dem Besuch eines Lagers und den dort gewonnenen Eindrücken angeblich tagelang in seinem Schlafzimmer einschloss. Ein Mann mit außergewöhnlichem „Organisationstalent" und von schnellen Entschlüssen, dem die Zauderer vom Schlag eines Seyß-Inquart und die hohlen Schaumschläger wie Hans Frank suspekt sind. Ein „Wichtigtuer, der es verstand, seine Person gehörig in den Vordergrund zu stellen und seine Phantasiegebilde von Plänen so darzustellen, als ob sie größtenteils schon verwirklicht wären", und der „alles allein und am besten" machen wollte, wie Rudolf Höß, der Kommandant von Auschwitz, urteilte: „Ob es sich um Judenvernichtungen oder um Polenumsiedlungen handelte oder um die Verwertung der beschlagnahmten Werte" – Globocnik wollte unbedingt „an der Spitze stehen" und konnte einfach „nicht genug bekommen". Er „übertrieb maßlos, bei jeder sich bietenden Gelegenheit, war aber", wie Höß meint, „an und für sich ein gutmütiger Mensch". Was er „an Bösem anrichtete, geschah nach m(einem) Erachten nur aus Großtuerei, Wichtigmachen und Selbstüberhebung".

Er war ein Hochverräter, der den „Anschluss" Österreichs an das Dritte Reich nach Kräften förderte, und ein skrupelloser Handlanger, der auf Befehl Heinrich Himmlers kaltblütig den industriellen Massenmord planen und durchführen ließ. Ein schlechter Verlierer, zerfressen von Ehrgeiz, der seine Niederlagen nicht wahrhaben will. Ein abenteuerlustiger „Geschäftsmann", einem guten Handel niemals abgeneigt, auch nicht mit jüdischen Partnern. Kein großer Ideologe, sondern ein auf den „Erfolg" ausgerichteter Pragmatiker, dem jedes Mittel recht ist – Odilo Globocniks Geschichte ist die Geschichte eines jungen Mannes, der bereit war, sein Menschsein an den „Führer" und dessen Gehilfen auszuliefern …

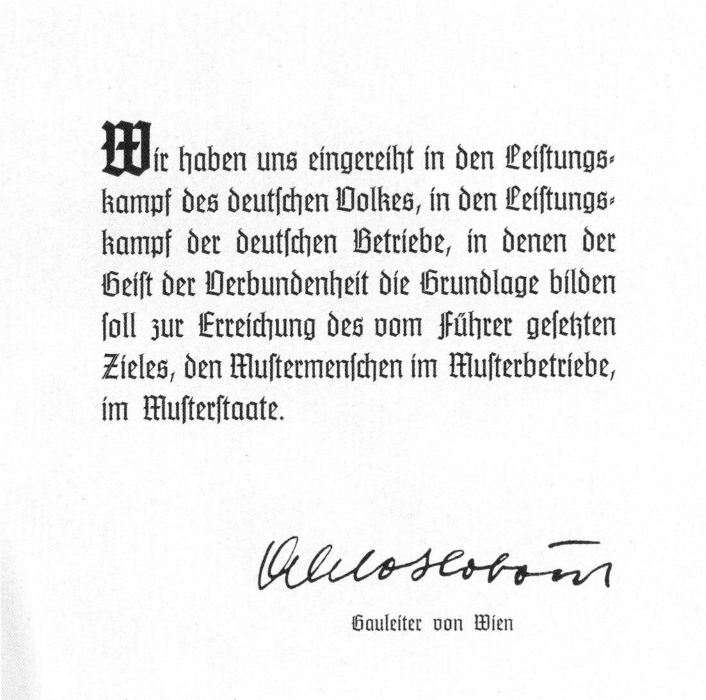

Wir haben uns eingereiht in den Leistungskampf des deutschen Volkes, in den Leistungskampf der deutschen Betriebe, in denen der Geist der Verbundenheit die Grundlage bilden soll zur Erreichung des vom Führer gesetzten Zieles, den Mustermenschen im Musterbetriebe, im Musterstaate.

Gauleiter von Wien

Leitspruch Globocniks für das von der Deutschen Arbeitsfront und Gauinspekteur Sepp Nemec herausgegebene Buch „Wir gehen durch die Betriebe …"

In der Sautratten

Letzte Spuren eines NS-„Haupttäters“

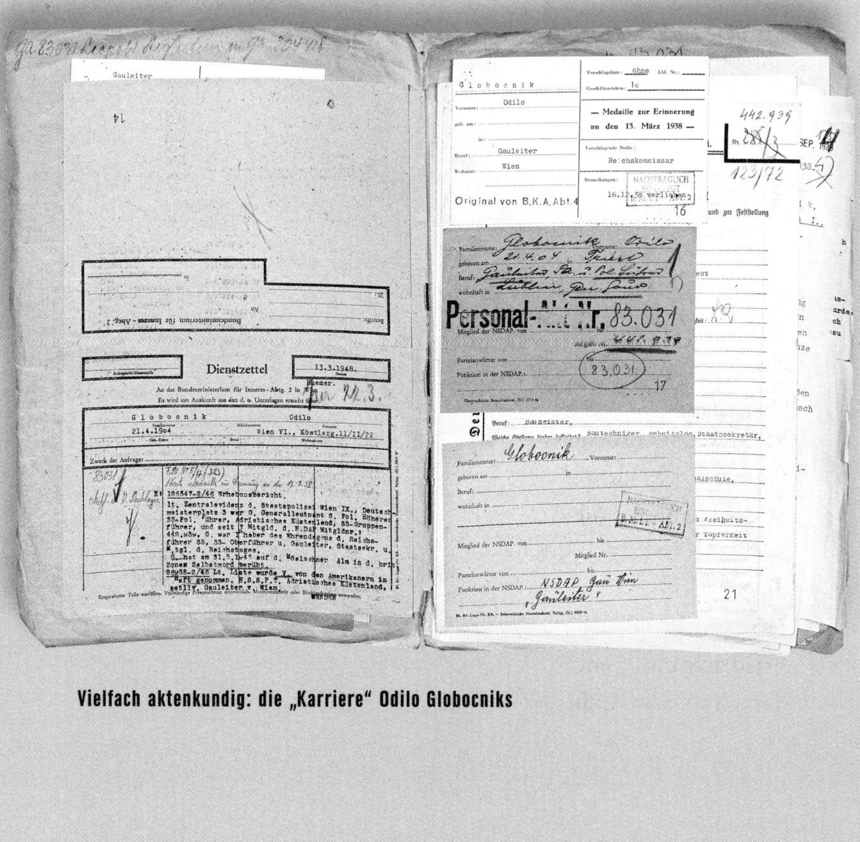

Vielfach aktenkundig: die „Karriere“ Odilo Globocniks

Das Navigationsgerät lotst uns sicher nach Aifersdorf in der Gemeinde Paternion. Felder, grüne Wiesen, Bauernhöfe, gleich das erste Haus rechts soll es sein. Wir halten, fragen zwei Nachbarn – einer von ihnen ist, wie sich später herausstellen wird, Stefan Sodat, der Lauberhornsieger von 1965. Karl Schranz, Karl Cordin und alle anderen Abfahrtslegenden hat er damals hinter sich gelassen. Ja, der alte Herr Köfler würde noch leben und er sei auch zu Hause. Wir haben Glück: Während wir noch plaudern, kommt er auch schon des Weges, Stefan Sodat stellt uns vor. Jemand würde mit ihm über die „Beerdigung" von Odilo Globocnik reden wollen. Helmut Köfler, Jahrgang 1927, ehemals Gendarmeriebeamter in Paternion, ist ein rüstiger alter Herr und Zeitzeuge. Im Mai 1944 hat er als noch nicht Siebzehnjähriger zur Wehrmacht einrücken müssen und schließlich in der 1. Gebirgsjägerdivision gedient; am 8. oder 9. Mai 1945 sei er nach Hause zurückgekommen. Gerne ist er bereit, uns die Stelle zu zeigen, an der der Globocnik begraben oder besser „verscharrt" worden ist. Ohne zu zögern steigt er ins Auto, gemeinsam fahren wir hinunter zur „Sautratten" am Drauufer; einst haben die Dorfbewohner hierher ihre Schweine getrieben, das Grundstück war eine Art von gemeinsamem Besitz, der auch gemeinsam genutzt wurde. Wir halten neben einer saftig-grünen Wiese, eingezäunt mit Stacheldraht. Helmut Köfler zeigt auf eine Stelle mitten in der Wiese: Genau hier sei die Stelle, an der die Briten damals die Leiche des Nazi-Verbrechers begraben hätten. Einst stand hier noch eine Heuhütte, die eine bessere Orientierung erlaubte – etwa 35 Meter in südöstlicher Richtung von der Hütte entfernt befand sich die Grabstätte. Jetzt ist nur mehr die tiefgrüne Wiese zu sehen, nichts mehr erinnert an die Geschehnisse vom 31. Mai 1945 – kein Hinweisschild, nichts. Odilo Globocnik ist unter diesem Grün an der Drau verschwunden.

1958 stellt der Glasermeister und Paternioner Gemeinderat Friedrich Plöb, ehemals NS-Kreispropagandaleiter, den Antrag, das Grab von Odilo Globocnik auf der Parzelle Nr. 4/2 KG

Paternion auszuforschen und eine Exhumierung auf Kosten der Gemeinde durchzuführen. Der Antrag wird vom Gemeinderat genehmigt; Plöb setzt sich mit Globocniks Witwe Laurentia „Lore“ in Verbindung, die jedoch eine Exhumierung ablehnt – sie wolle ihrem Sohn Peter „die Aufregung ersparen“. Friedrich Plöb versucht das Grab in der „Sautratten“ daraufhin auf eigene Faust zu finden, scheitert jedoch, „da jeder, der angeblich den Platz kannte, an Ort und Stelle nicht angeben konnte, wo das Grab sein könnte“.

Über die Sache scheint Gras zu wachsen, doch dann gibt es plötzlich hektische neue Nachforschungen, dieses Mal von Seiten der Staatspolizei. Auslöser sind zwei Briefe von Simon Wiesenthal an Justizminister Christian Broda vom 1. und 2. Juni 1964. Darin erklärt Wiesenthal, dass Globocnik, der in Österreich durch Beschluss des Landesgerichts Klagenfurt vom 1. Juli 1949 für tot erklärt worden war, an der Costa Brava in Spanien, in Irland und in Argentinien gesehen worden sei. Er appelliere daher an den Bundesminister, die Todeserklärungen Globocniks und anderer hoher Nazifunktionäre überprüfen zu lassen. Broda, durch einen Artikel in der *Wiener Zeitung* vom 13. August 1964 unter dem Titel „Leben 250 Naziführer unter falschem Namen?“ weiter unter Druck geraten, ersucht die Staatspolizei, Abteilung 2 C, um neue Ermittlungen.

Am 18. August 1964 spricht ein Polizeibeamter mit Lore Globocnik, Friedrich Plöb und Helmut Köfler, der über seine Beobachtungen Folgendes „niederschriftlich“ zu Protokoll gibt: „An einem Tage gegen Ende Mai oder anfangs Juni 1945, der nähere Zeitpunkt ist mir nicht mehr erinnerlich, war ich auf einem Felde innerhalb des Gemeindegebietes von Paternion, ‚In der Sautratten‘, mit landwirtschaftlichen Arbeiten am Grundstücke meines außerehelichen Vaters Johann Santer beschäftigt. Ich konnte bemerken, dass 2 ungarische Soldaten, welche sich offensichtlich in englischer Kriegsgefangenschaft befanden, auf einer Wiese, die mit englischem Kriegsmaterial, Panzern und Fahrzeugen belegt

Selbst ein Kreuz hielten die Briten nicht für angemessen: die Sautratten heute.

war, ein Loch ausschaufelten. Kurze Zeit danach kam ein englischer Militärwagen zum ausgehobenen Erdloch. Es war ein Dodge-LKW. Ich sah auch einige englische Militärpolizisten. Einige Männer öffneten sodann die rückwärtige Bordwand und hoben eine männliche Leiche vom Plateau. Die Leiche wurde sofort in das bereitstehende Grab gelegt. Das Grab wurde zugeschaufelt, jedoch rollte ein mit englischen Soldaten besetztes Raupenfahrzeug sofort mehrmals über das Grab. Im Herbst 1945 war eine Herbstbestellung des Gebietes „In der Sautratten“ nicht mehr möglich, weil das gesamte Gebiet mit englischen Fahrzeugen bedeckt war. Es ist mir erinnerlich, dass ich im Juni 1946 mit einer

Pferde-Mähmaschine auf dem Grundstück, wo sich das Grab befindet, Mäharbeiten verrichtete.
Als ich auf der Mähmaschine saß, spürte ich auf der Stelle, wo seinerzeit die Leiche beigesetzt worden war, eine deutliche Vertiefung. Es ist mir noch erinnerlich, dass am gleichen Tage, als die vorgeschilderte Beerdigung stattfand, innerhalb der Gemeinde Paternion öffentlich davon gesprochen wurde, dass ‚sich der Gauleiter Globocnik im Schlosshof Paternion vergiftet hatte'.
Aus diesem Grunde nahm ich an und bin auch gegenwärtig der Meinung, dass im gegenständlichen Grabe Gauleiter Globocnik beigesetzt worden war. Die Bevölkerung von Paternion sprach zwar öffentlich davon, dass Globocnik ‚auf der Sautratten' beerdigt wurde, den genauen Platz kannte jedoch niemand. Ich habe auch niemals bemerkt, dass nach dem Krieg das Grab gepflegt worden war. Offensichtlich kennen auch die nächsten Verwandten des Globocnik das Grab desselben nicht.
Ich war bis zum Jahre 1952 bei meinem Vater Johann Santer als landwirtschaftlicher Arbeiter beschäftigt. Aus diesem Anlass habe ich jährlich die Umgebung des Grabes mehrmals betreten und die Feldbestellung durchgeführt. Es ist mir niemals eine Veränderung in der Umgebung des Grabes aufgefallen, weshalb mit ziemlicher Bestimmtheit angenommen werden kann, dass niemals eine Exhumierung stattfand. Es ist auch kaum anzunehmen, dass irgend jemand anderer die Stelle kannte und eventuell den Leichnam eigenmächtig entfernte.
Ich bin jederzeit in der Lage, die Stelle des Grabes aufzufinden. Sonst habe ich meinen Angaben nichts Wesentliches mehr hinzuzufügen."
Für den ermittelnden Polizeibeamten, der sich von Köfler den Platz in der „Sautratten" zeigen lässt, ist es „mit Rücksicht auf die von Köfler geschilderten Umstände wahrscheinlich, daß an dieser Stelle das Grab Globocniks liegt"; da in den von Lore Globocnik bereitwillig zur Verfügung gestellten Augenzeugenberichten britischer Offiziere – darunter auch ein Schreiben des *Commanding*

Captain, Squadron 4th Queen's Own Hussars, vom 16. Januar 1949 – der Selbstmord des Naziführers bestätigt wird, resümiert die Staatspolizei am 4. September 1964, dass „mit großer Wahrscheinlichkeit" angenommen werden könne, „daß der ehemalige SS-Gruppenführer und Generalleutnant der Polizei, welcher als SS- und Polizeiführer Lublin das ausführende Organ Himmlers für die millionenfachen Morde an Juden im Raume von Lublin gewesen ist, am 31. 5. 1945 sich durch Selbstmord gerichtet" habe. Mit dieser Erkenntnis werden die Nachforschungen eingestellt, von einer Exhumierung der Leiche wird trotz letzter Zweifel schließlich abgesehen; für das offizielle Österreich stellen sich keine Fragen mehr.

Es ist eine körperliche Erfahrung, die Helmut Köfler über lange Jahre hinweg an das Vorhandensein des Globocnik-Grabes erinnert: Bei den Mäharbeiten in der „Sautratten", so erzählt er uns, habe er die Unebenheit im Gelände immer wieder deutlich gespürt ...

Kofferträger & Chauffeur

Vom Kärntner Abwehrkämpfer zum „illegalen Propagandisten“

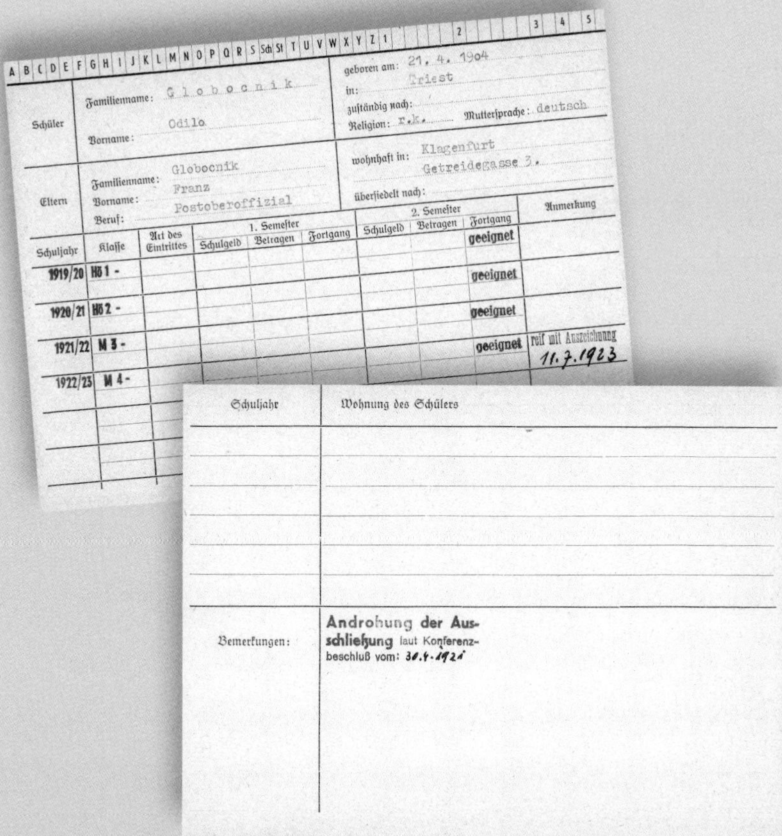

A B C D E F G H I J K L M N O P Q R S Sch St T U V W X Y Z 1 2 3 4 5

Schüler — Familienname: Globocnik — Vorname: Odilo

geboren am: 21. 4. 1904 — in: Triest — zuständig nach: — Religion: r.k. — Muttersprache: deutsch

Eltern — Familienname: Globocnik — Vorname: Franz — Beruf: Postoberoffizial

wohnhaft in: Klagenfurt Getreidegasse 3. — übersiedelt nach:

Schuljahr	Klasse	Art des Eintrittes	1. Semester Schulgeld	1. Semester Betragen	1. Semester Fortgang	2. Semester Schulgeld	2. Semester Betragen	2. Semester Fortgang	Anmerkung
1919/20	HS 1 -							geeignet	
1920/21	HS 2 -							geeignet	
1921/22	M 3 -							geeignet	
1922/23	M 4 -							geeignet	reif mit Auszeichnung 11.7.1923

Schuljahr	Wohnung des Schülers

Bemerkungen: Androhung der Ausschließung laut Konferenzbeschluß vom: 30.4.1921

Trotz „Androhung der Ausschließung“ maturiert Globocnik an der Staatsgewerbeschule Klagenfurt mit Auszeichnung.

Sie waren treue Diener des Kaisers in Wien: Rochus Globotschnig, der Urgroßvater Globocniks, war Arzt in Neumarktl *(Tržič)* in Oberkrain, einer deutschen Sprachinsel unweit der Kärntner Grenze gelegen, und nahm 1809 als Wundarzt am Feldzug der Österreicher gegen Napoleon teil. 1825 wurde dem Kriegsveteranen der Sohn Franz Johann geboren, der es zum Professor am Realgymnasium in Laibach brachte. 1870, im Alter von 45 Jahren, wurde Franz Johann Globotschnig Vater eines Sohnes, den man auf den Namen Franz taufte. Franz Globotschnig, der sich nun schon „Globočnik" schrieb, schlug die Laufbahn eines aktiven Offiziers in der k. u. k. Armee ein. Als Franz Anna Pecsinka, die Tochter eines Beamten aus Werschetz (heute das serbische *Vrsac*) im Banat, kennen lernte und beschloss sie zu heiraten, musste er sich in den Stand der Reserve zurückversetzen lassen: Aus dem Oberleutnant wurde ein Postbeamter – es war dem jungen Paar unmöglich, die geforderte „Kaution", die zum Ausscheiden aus der Armee berechtigte, aufzubringen. Anna und Franz Globočnik heiraten am 28. Oktober 1898 und lassen sich zunächst in Triest nieder; ihre Wohnung befindet sich in der Via della Caserma Nr. 9, heute die Via XXX Ottobre. Hier wird ihnen als drittes Kind nach der früh verstorbenen Tochter Hildegardis (geb. 1900) und der Tochter Lydia (geb. 1901) am 21. April 1904 ein Sohn geboren, der am 19. Juli dieses Jahres in der Kirche San Giovanni Decollato auf den Namen „Odilo Lothar Ludovicus" getauft wird; Taufpaten sind Ludovicus und Elisa Hullerl, vermutlich Verwandte der Familie. Der erste Vorname „Odilo" ist ein Programm, niemand in der Familie hat bisher so geheißen: Da schwingt, nicht zuletzt in der Verbindung mit den beiden König- und Kaisernamen „Lothar Ludovicus", altdeutsch-germanische Heldenmystik mit; Odilo hieß ein Bayernherzog aus dem Geschlecht der Agilolfinger (vor 700–748), der Name selbst leitet sich wohl von *odhil* („Gut, Besitz") her. Und er zeichnet sich durch Vokalharmonie mit dem Familiennamen aus – für Franz und Anna Globočnik daher die perfekte Lösung.

Im Herbst 1910 beginnt Odilo in Triest die Volksschule zu besuchen. Der Unterricht findet in italienischer Sprache statt; der Sohn der Globočniks, die streng darauf achten, dass in der Familie nur Deutsch gesprochen wird, muss daher Italienisch lernen. Der aufgeweckte Junge hat damit jedoch keine Schwierigkeiten; er bringt durchwegs gute Noten nach Hause und ist außergewöhnlich ehrgeizig – eine Charaktereigenschaft, die später immer wieder genannt werden wird.

Am 26. August 1913 erfolgt Franz Globočniks (in der Folge: Globocnik) letzter Karriereschritt – er wird von der k. k. Post- und Telegrafendirektion für Triest, Küstenland und Krain zum *Postoberoffizial ad personam* mit der Einreihung in die IX. Rangklasse der Staatsbeamten ernannt. Sein Jahresgehalt legt die hohe Behörde mit 2.800 Kronen fest, dazu kommt er noch in den Genuss einer „Aktivitätszulage“ von jährlich 960 Kronen.

Odilo hat vier Klassen Volksschule absolviert, als die Schüsse von Sarajevo den Auftakt zum Untergang der *Welt von gestern* markieren. Als Reserveoffizier erhält auch der *Postoberoffizial* Franz Globocnik den Einberufungsbefehl, wegen eines Magenleidens bleibt ihm die Front erspart; Einsatzort ist die ungarische (heute slowakische) Gemeinde Cseklész (Landschütz, heute Bernolákovo) in der Nähe von Pressburg, wo er in der Etappentrain-Werkstätte Nr. 100 tätig ist. Der Vorteil dieser Regelung: Er kann die Familie nach dem Norden mitnehmen.

Auch wenn Franz Globocnik nur in der Etappe eingesetzt wird, so würdigt man doch seine Verdienste um das Vaterland: Am 1. November 1917 wird er zum Hauptmann ernannt, 1918 zum Rittmeister. Eine Offizierskarriere in der Armee des Kaisers sieht Franz Globocnik offenbar auch für seinen Sohn noch immer als erstrebenswert an und so wird der elfjährige Odilo nach St. Pölten geschickt, wo dieser am 13. Dezember 1915 nach bestandener Aufnahmsprüfung in die Militär-Unterrealschule eintritt. Er erhält als Sohn eines Offiziers einen „ganz freien Ärarialplatz“ zugesprochen, die Kosten werden also vom k. k. Ministerium für

Landesverteidigung übernommen; es bleibt pro Schuljahr ein bescheidenes Schulgeld von 28 Kronen zu bezahlen. Das Ziel der Ausbildung: Die Schüler sollen im Laufe von vier Jahren für die weitere Ausbildung an einer Militärakademie vorbereitet werden. Die Militär-Unterrealschule in St. Pölten, die seit 1875 als solche geführt wird, genießt durchaus einiges Ansehen; ihr bekanntester Schüler, Rainer Maria Rilke, der hier von 1886 bis 1890 militärischem Drill unterzogen wird, spricht allerdings in einem Brief an einen seiner ehemaligen Lehrer von den „St. Pöltener Gefängnismauern", vom „Block eines undurchdringlichen Elends", der damals über „die zartesten Keimblätter" seines Wesens gewälzt worden sei. Die Vergewaltigung seiner Kindheit wird Rilke zeit seines Lebens als „Fibel des Entsetzens" in Erinnerung behalten; die Jahre in St. Pölten bleiben „abgelehnte Vergangenheit", er habe die Militär-Unterrealschule als ein „Erschöpfter, körperlich und geistig Mißbrauchter" verlassen.

Der junge Odilo Globocnik scheint mit den Herausforderungen der Militärerziehung besser zurechtgekommen zu sein. Eine im Österreichischen Staatsarchiv, Kriegsarchiv, erhaltene *Abschlussklassifikation* für das Schuljahr 1916/1917 zeichnet das Bild eines Musterschülers: Unter 49 Zöglingen des Jahrgangs wird Odilo der 8. Rang zugesprochen; seine „Gemütsbeschaffenheit" wird mit „willig, ruhig, ehrgeizig, strebsam" beschrieben, die „Geistesgaben" klassifiziert die Schule mit „recht gut begabt, fleißig", die Umgangsformen mit „anständig und gefällig", die „Adjustierung" des Schülers Globocnik qualifiziert man als „musterhaft". Unter der Rubrik „Besondere Kenntnisse und Geschicklichkeiten" vermerkt der Klassenkatalog „Violinspieler". Zusammenfassend heißt es unter „Bemerkungen zum allgemeinen Verhalten" am 2. Februar 1917: „ruhig, begabt, strebsam"; am 8. Juni 1917 notiert der Klassenvorstand: „ernst, willig, verläßlich". In den militärischen Fächern Turnen und Exerzieren sowie im Fach „Dienstvorschriften und Anstandslehre" wird er durchgehend mit „sehr gut" beurteilt.

III. Jahrgang.

Zögling Odilo

Zugewachsen in den I. Jahrgang aus: der 4. Klasse Volksschule in Triest

Beteilt mit: einem ganz freien Ärarialplatz

(Zahlt Schulgeld 28 K).

Name, Stand und Wohnort des Vaters (der Mutter und des Vormundes):

Franz k.u.k. Oberleutnant a. D., Postoberoffizial in Cseklesz

Geburtsort und Datum, Religion, Muttersprache: Triest – 24/4. 1904, röm. kath. deutsch

Wiederholt (hat wiederholt): –

In	Abschlußklassifikation, bezw. Beschreibung		
	im vorigen Schuljahr	für den halbjähr. Abschluß	für den ganzjähr. Abschluß
Konduite, Charakteranlagen, Gemütsbeschaffenheit	sg willig, ruhig, ehrgeizig, strebsam	sg heiter, willig, strebsam, kameradschaftlich	sh heiter, willig, strebsam, kameradschaftlich
Geistesgaben, Fleiß — sofern sich Anhaltspunkte zu seiner Beurteilung bieten — besondere Veranlagungen	recht gut begabt, fleißig	begabt, fleißig	begabt, fleißig
Umgangsformen	anständig und gefällig	anständig ~~artig~~ und gefällig	
Adjustierung	musterhaft	rein und ordentlich	
Besondere Kenntnisse und Geschicklichkeiten	Violinspieler	Violinspieler	
Einheitenzahl A	40	46	48
Gesamterfolg	sg	sg	sh
Jahrgangsrang	8. unter 49	7. unter 49	7. unter 49

Folgen der Klassifikation

Beim halbjährigen Abschluß	behält die doppelte Auszeichnung
Beim ganzjährigen Abschluß	behält die doppelte Auszeichnung

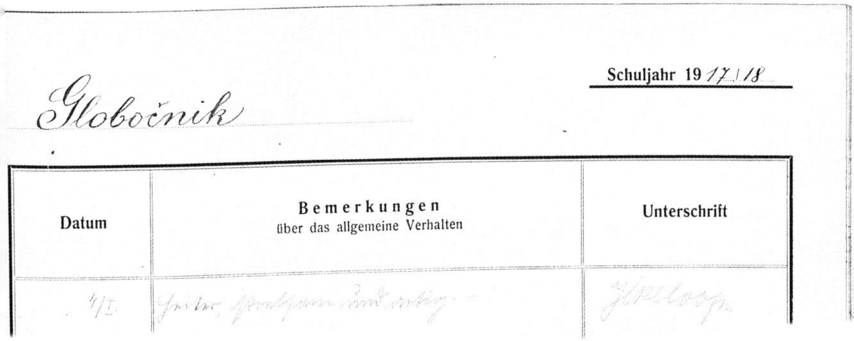
Globočnik

Schuljahr 1917/18

Datum	Bemerkungen über das allgemeine Verhalten	Unterschrift
[illegible]	[illegible]	[illegible]

Jahrgangsrang 7 unter 49 Schülern: „Abschlußklassifikation" der Militär-Unterrealschule St. Pölten, Schuljahr 1917/1918.

Wann genau der Zögling Globocnik die Schule und das Internat in St. Pölten verlassen hat, ist unbekannt; zu Beginn des Schuljahres 1918/1919 wird er jedenfalls noch als Schüler des 4. Jahrgangs geführt. Mit dem Zusammenbruch der Monarchie ist der Traum von einer glanzvollen Offizierslaufbahn im Dienste des Kaisers dahin – gut möglich, ja wahrscheinlich, dass sich der 14-Jährige, der nun zu den inzwischen nach Klagenfurt übersiedelten Eltern zurückkehren muss, die Argumentation der in rechten Kreisen populären Dolchstoßlegende zu eigen macht: Die „vaterlandslosen Gesellen" des internationalen Judentums und der Sozialdemokratie seien schuld an der militärischen Niederlage der Mittelmächte; das Feinbild „Jude" bekommt so wohl bereits jetzt Konturen und verfestigt sich. Es wächst die Bereitschaft, etwas gegen diesen „Feind" zu unternehmen.

Die Familie entscheidet sich für ein neues Ausbildungsziel – man wechselt vom Offizier zum Techniker: Ab 1919 wird Odilo die Höhere Staatsgewerbeschule für Maschinenbau in Klagenfurt besuchen. Inzwischen haben sich jedoch die Ereignisse überschlagen: Ab Anfang November 1918 besetzen SHS-Truppen, die Hilflosigkeit der eben erst gegründeten Republik ausnützend, das Gebiet südlich der Drau und das Lavanttal bis St. Paul; die provisorische Landesregierung Kärntens, geleitet von Landesverweser Arthur Lemisch, beschließt den bewaffneten Widerstand; Oberstleutnant Ludwig Hülgerth als Landesbefehlshaber und Oberleutnant Hans Steinacher organisieren den „Abwehrkampf", dem sich nicht nur kriegserfahrene Soldaten, sondern auch junge Freiwillige anschließen – zu ihnen will auch Odilo Globocnik gezählt haben. Glaubt man einer biografischen Skizze, die anlässlich seiner Ernennung zum Gauleiter im Mai 1938 an diverse Zeitungsredaktionen verteilt wird, so gehörte auch er „den freiwilligen Schutzabteilungen an und machte die Gefechte bei Grafenstein und Bleiburg mit, bei denen kleine deutsche Schutzabteilungen einer großen jugoslawischen Übermacht gegenüberstanden. Für sein tapferes Verhalten in den Kämpfen um Bleiburg wurde er mit dem Kärntner Kreuz ausgezeichnet." Die Namenslisten der Träger des Kärntner Kreuzes sind im Kärntner Landesarchiv erhalten, der Name Globocnik fehlt allerdings. Nicht ganz überraschend, wenn man bedenkt, dass Odilo im Winter 1918/19 noch nicht einmal 15 Jahre alt ist – was mag er an „tapferem Verhalten" geleistet haben? Vermutlich taucht der Absolvent der Militär-Unterrealschule tatsächlich im Kampfgebiet auf, übertreibt aber später seine „Leistung", die eher im Bereich Nachschub und Kommunikation gelegen haben mag. Für einen knapp 15-Jährigen auch dies keine Selbstverständlichkeit. Er will etwas bewegen und engagiert sich; in der erwähnten biografischen Skizze heißt es weiter: „Während der Vorbereitungen für die Volksabstimmung in Kärnten war Globocnik bereits als ‚illegaler' Propagandist tätig, indem er das von jugoslawischen Sokoln besetzte Kärntner Gebiet jenseits der Demarkationslinie aufsuchte, um dort Plakate und Anschriften, die für die deutsche Sache werben sollten, anzubringen." Das klingt glaubwürdig und passt zum Profil Odilos, der sich in der Rolle des jugendlichen Kämpfers für Heimat und Deutschtum offenbar zunehmend wohlfühlt. Daneben muss er ja auch zur Schule gehen, es kommt, nicht verwunderlich, zu Konflikten – laut Beschluss der Lehrerkonferenz vom 30. April 1921 wird ihm der Ausschluss von der Staatsgewerbeschule angedroht, es bleibt allerdings bei der Androhung; in der Folge konzentriert er sich aufs Lernen, am 11. Juli 1923 maturiert er mit Auszeichnung.

Die familiäre Situation hat sich indes dramatisch geändert: Am

1. Dezember 1919 stirbt sein Vater Franz Globocnik, erst 49 Jahre alt, in Klein Sankt Paul an einer „Krankheit, die er sich im Krieg zugezogen hat“; für Anna Globocnik, die nun mit drei unversorgten Kindern allein dasteht, beginnt ein verzweifelter Kampf ums Überleben. Die ihr regulär zustehende Witwenpension beträgt jährlich nur 1.200 Kronen, für die drei Kinder erhält sie zusätzlich je 240 Kronen „Erziehungsbeitrag“, das bedeutet ein Monatsbudget von 160 Kronen. Zu Weihnachten 1919 schreibt sie daher an die Postdirektion Klagenfurt und bittet um Unterstützung, „weil ich aller Mittel entblößt, mitten unter fremden Leuten mit meinen drei Kindern dem Hungertode anheimfallen müßte“. Anna Globocnik steht auf dem Standpunkt, dass ihr Mann schon in die VIII. Rangklasse vorgerückt gewesen sei und ihr daher auch eine höhere Pension zustünde, eine Behauptung, die sich allerdings nicht beweisen lässt, da entsprechende Unterlagen aus Triest nicht mehr zu erhalten sind. Schließlich schaltet sie in dieser Angelegenheit den Klagenfurter Hof- und Gerichtsadvokaten Dr. Josef Pflanzl ein, der tatsächlich bei Postdirektor Hofrat Dr. Sveceny interveniert: Die Lage der Frau Globocnik sei „derart bedauernswert, dass es tatsächlich unbedingt notwendig ist, dass so rasch als möglich Abhilfe geschaffen wird“. Die Frage der Pensionshöhe für Anna Globocnik wird zum bürokratischen Exzess – eindrucksvoll dokumentiert durch den Akt über Franz Globocnik im Kärntner Landesarchiv.

Odilo, der diesen Überlebenskampf hautnah miterlebt, fühlt sich von nun an als einziger „Mann“ in der Familie für seine Mutter und für seine jüngere Schwester Erika verantwortlich. Da auch seine ältere Schwester Lydia, die später den Fotografen Karl Pommerhanz heiraten und Mutter einer Tochter Henny (Henrica Maria) wird, noch zu Hause wohnt, sind die räumlichen Verhältnisse in der Wohnung der Globocniks in der Klagenfurter Getreidegasse 3 sehr beengt. Um das knappe Familienbudget zu entlasten, verdient sich Odilo durch Koffertragen am Klagenfurter Bahnhof zumindest sein Schulgeld. Und er betätigt sich weiter-

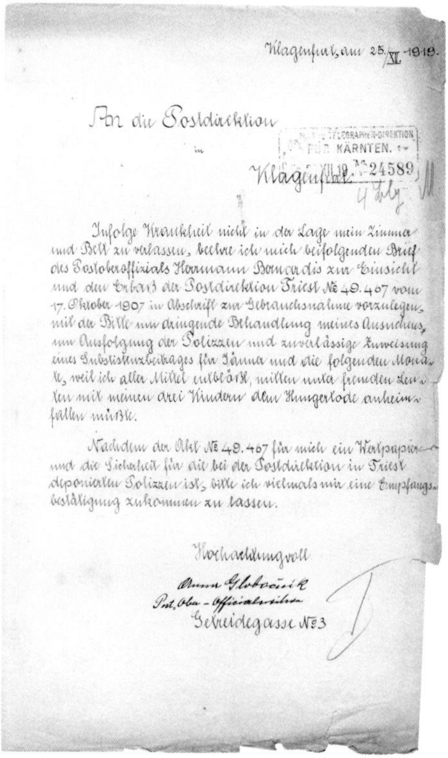

Klagenfurt, am 25./XII 1919.

An die Postdirektion

in

Klagenfurt.

POST- U. TELEGRAPHEN-DIREKTION FÜR KÄRNTEN.
XII 19 No 24589

Infolge Krankheit nicht in der Lage mein Zimmer und Bett zu verlassen, beehre ich mich beifolgenden Brief des Postoberoffizials Hermann Bernardis zur Einsicht und den Erlass der Postdirektion Triest No 49.407 vom 17. Oktober 1907 in Abschrift zur Gebrauchsnahme vorzulegen, mit der Bitte um dringende Behandlung meines Ansuchens, um Ausfolgung der Polizzen und zuverlässige Zuweisung eines Subsistenzbeitrages für Jänner und die folgenden Monate, weil ich aller Mittel entblößt, mitten unter fremden Leuten mit meinen drei Kindern dem Hungertode anheimfallen müßte.

Nachdem der Akt No 49.407 für mich ein Wertpapier und die Sicherheit für die bei der Postdirektion in Triest deponierten Polizzen ist, bitte ich vielmals mir eine Empfangsbestätigung zukommen zu lassen.

Hochachtungsvoll

Anna Globočnik
Post-Ober-Officialswitwe
Getreidegasse No 3

Ein verzweifelter Hilferuf: das Schreiben Anna Globocniks an die Postdirektion Klagenfurt.

hin politisch – die Parolen der extremen Rechten sind längst auch die seinen geworden: Der Kaiser, für den zu kämpfen er noch gedrillt worden ist, ist Vergangenheit, er ist bereit für radikale Lösungen und die Szene in Klagenfurt bietet ihm dazu entsprechende Aktionsfelder. Innerhalb des aus den Abwehrkämpfen hervorgegangenen „Heimatschutzes“ bildet sich eine „nationalsozialistische Sturmabteilung“, eine „erste Kärntner SA“, die auf dem Heimwehrhut bereits das Hakenkreuz trägt. Und auch eine erste nationalsozialistische Partei formiert sich, die „Deutschnationalsozialistische Arbeiterpartei“ (DNSAP), eine „auf dem Boden des Volksfreistaates fußende deutscharische Arbeiter- und Volksreform-Partei“, wie es ihr Programmatiker Theodor Denk formuliert. Unermüdlich trommelt die DNSAP, unterstützt vom *Kärntner Volkswillen,* dem Sprachrohr der Partei, ihre Hassparolen: Es gibt zwar in Kärnten kaum Juden, dennoch sollen sie es sein, die „das Volk bis in den Kern seiner arisch-deutschen Seele vergiften“, die „deutsche Männer“ zwingen würden, sich „an den Mammonismus der Juden zu verkaufen“. „Verjudet“ seien aber auch Sozialdemokratie und Bolschewismus, ja, die Demokratie selbst; es gebe nur einen Weg zur völkischen Gesundung: sich von dieser „artfremden Geißel“ zu befreien. Zum Judenhass gesellen sich der Hass auf die Slowenen, die das „deutsche Kärnten“ bedrohen würden, und eine ausgeprägt antikapitalistische Haltung – es sind genau diese radikalen Parolen und Feindbilder, die dem jungen Globocnik zur politischen Heimat werden. Für einen Schüler der Staatsgewerbeschule nicht ungewöhnlich, wird er zudem Mitglied der Klagenfurter Burschenschaften „Marcomannia“ und „Teutonia“; sein von Antisemitismus und Antislawismus bestimmtes politisches Weltbild findet hier Bestätigung und neue Nahrung.

Dennoch bleibt auch Zeit für Vergnügungen: Irgendwann im Laufe des Jahres 1922 besucht der nunmehr 18-jährige Schüler einen Tanzabend im Café Lerch in der Wiener Gasse in Klagenfurt. Et trägt einen dunklen Anzug, der etwas seltsam aussieht: geschneidert aus der Uniform seines verstorbenen Vaters. Der Aufzug Odilos erregt die Aufmerksamkeit zweier Mädchen, die mit ihrem Vater, dem bekannten Abwehrkämpfer Emil Michner, Oberstleutnant a. D., gekommen sind. Grete und Herta Michner machen sich über den „unmöglichen“ Anzug Odilos derart lustig, dass es schließlich dem aufrechten Oberstleutnant zu viel wird – empört lässt er „demonstrativ jenen Odilo Globocnik“ zu sich an den Tisch bitten; zwei Schulkollegen, die Söhne eines mit Michner bekannten Offiziers, stellen Odilo dem Abwehrkämpfer vor. Man versteht sich sofort gut, Michner gefällt die politisch stramme Haltung des Achtzehnjährigen und auch bei den beiden Mädchen kommt Odilo trotz seines merkwürdigen Tanzanzugs gut an, besonders bei der 16-jährigen Grete, geboren 1906 in Maria Saal. Man trifft sich bald regelmäßig, schließlich verlobt sich Odilo mit Grete. Und Emil Michner nützt seine Kontakte und verschafft Odilo eine Arbeitsstelle: Der Oberstleutnant a. D. setzt sich bei Adolf Wolf, dem Direktor der KÄWAG (Kärntner Wasserwirtschafts-AG) für ihn ein, prompt wird Globocnik angestellt, sein erster Auftrag 1924: ein Kraftwerksbau in Frantschach im Lavanttal. Als Bauleiter ist er in der Folge auf verschiedenen Baustellen für die KÄWAG im Einsatz, dann, im Sommer 1925,

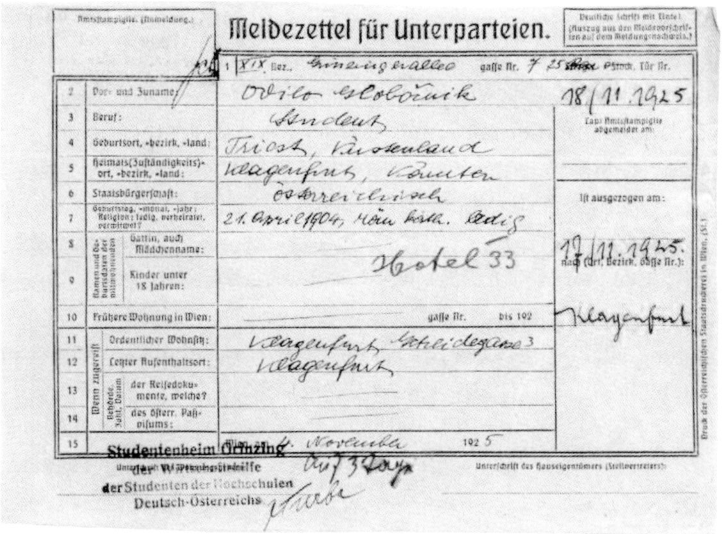
Meldezettel für Unterparteien.

1	XIX Bez., Grinzinger Allee	gasse Nr. 7	
2	Vor- und Zuname:	Odilo Globočnik	18/11.1925
3	Beruf:	Student	
4	Geburtsort, -bezirk, -land:	Triest, Küstenland	
5	Heimats(Zuständigkeits)-ort, -bezirk, -land:	Klagenfurt, Kärnten	
6	Staatsbürgerschaft:	österreichisch	Ist ausgezogen am:
7	Geburtstag, -monat, -jahr; Religion; ledig, verheiratet, verwitwet?	21. April 1904, röm. kath. ledig	
8	Gattin, auch Mädchenname:		17.12.1925.
9	Kinder unter 18 Jahren:	Hotel 33	nach (Ort, Bezirk, Gasse Nr.):
10	Frühere Wohnung in Wien:		Klagenfurt
11	Ordentlicher Wohnsitz:	Klagenfurt, Schleidegasse 3	
12	Letzter Aufenthaltsort:	Klagenfurt	
13	der Reisedokumente, welche?		
14	des österr. Passivums:		
15	Wien, am 4. November 1925		

Studentenheim Grinzing der Wirtschaftshilfe der Studenten der Hochschulen Deutsch-Österreichs

„Student" in Wien für wenige Tage: der Meldezettel Globocniks vom November 1925, abgestempelt vom Studentenheim Grinzing.

beschließt er, es doch noch mit einem Studium zu versuchen. Der 21-Jährige geht nach Wien und findet einen Platz im Studentenheim Grinzing in der Grinzinger Allee 7. „Student" steht nun auf seinem Meldezettel, er besucht Vorlesungen und versucht sich in der Großstadt zu orientieren. Das akademische Zwischenspiel ist jedoch rasch zu Ende: Noch vor Weihnachten, am 17. Dezember 1925, verlässt er das Studentenheim und kehrt nach Klagenfurt zurück. Was bewegt ihn, das Studium so rasch abzubrechen? Will er seine Mutter und die beiden Schwestern nicht im Stich lassen? Überfordert ihn das Studium? Oder fehlt es einfach nur an den finanziellen Mitteln?

Zurück in Kärnten, ist die KÄWAG offenbar bereit, ihn wieder aufzunehmen; bis 1930 werkt Globocnik als Kraftwerksbauer, dann wechselt er in das Unternehmen des Klagenfurter Stadtbaumeisters Ing. Robert Rapatz (1890–1964), diesmal als Bauleiter bei Hochbauten. Offenbar versteht er es, sich bei seinem neuen Arbeitgeber gut in Szene zu setzen, denn Rapatz lässt ihn auffallend selbstständig arbeiten – so unternimmt Globocnik im Auftrag der Firma Dienstreisen nach Wien, um hier in den Ministerien für soziale Verwaltung bzw. Unterricht Bauprojekte zu verhandeln, und er hat immer wieder in der Kärntner Landesregierung bei Oberbaurat Karl Gunzer zu tun.

Allmählich rückt jedoch das politische Engagement in den Vordergrund, aufregende Zeiten kündigen sich an. Das Gedankengut der Nazis, der Dienst für die „Bewegung", wird zu seinem Lebensinhalt. Siegfried J. Pucher zitiert das Urteil einer „der damaligen Verlobten Globocniks nahestehenden Person": „Er war vor Begeisterung in Ekstase über die NS-Idee und vollkommen unkritisch gegenüber diesen Ideen und auch antisemitisch." Er verschreibt sich „ganz, ganz" der Arbeit für die Partei; bei den Spaziergängen mit seiner Verlobten Grete Michner hält er, so die von Pucher befragte Zeitzeugin, immer wieder „eine neue Lobrede auf die Nazi. (...) Offenbar war er nur von diesen Gedanken an seine Partei beherrscht. Und was die Gutes bringen wird, und wie großartig das sein wird, und wie großartig er dastehen wird natürlich durch sie."

Odilo Globocnik tritt der Partei, für die er mit seinem ganzen Ehrgeiz tätig sein will, am 1. März 1931 bei; am 22. April 1931 wird die provisorische Mitgliedskarte für ihn ausgestellt, das Mitgliedsbuch trägt das Datum 6. September 1932; die Mitgliedsnummer lautet 442.939. Die Kärntner Parteiführung betraut den engagierten jungen Mann mit einer ersten Funktion: Globocnik wird Propagandaleiter der NS-Betriebszellenorganisation; er unterstützt den Gau-Betriebszellenleiter Erwin Seftschnig.

„Globus“, der Verbindungsmann

Die „Kärntner Gruppe“ und der illegale Kampf

Junge Nazis in bester Stimmung: Odilo mit den Schwestern Erika und Lydia zu Besuch bei Ada (2. von rechts) und Friedrich Rainer.

Bei den Nazis herrscht Aufbruchsstimmung: Nachdem die „Hakenkreuzler“ einige Jahre lang auf der politischen Bühne nur mehr ein bescheidenes Schattendasein gefristet haben, gibt der Erfolg Hitlers bei den Wahlen zum deutschen Reichstag im September 1930 auch den Kärntner Parteigenossen neuen Auftrieb. „Es war ein unaufhaltsamer Marschbeginn in ein neues, stolzes Jahrtausend der deutschen Nation“, schreibt Gauhauptstellenleiter Richard Moschner, Leiter des Gaupresseamtes Kärnten, 1940 im Rückblick: „Abend für Abend Versammlungen, Nacht für Nacht Klebekolonnen und schwere Zusammenstöße mit dem Gegner erforderten ganze Männer.“ Im Mai 1931 wird in Klagenfurt ein „Gau-SA-Tag“ abgehalten, 1.200 „gaueigene SA“ mit zwei Musikzügen und die „Motor-SA“ marschieren auf, ein „erster Propagandamarsch“ in das „rote“ St. Ruprecht, damals noch eine eigene Gemeinde, beschließt diesen Auftritt: „Wie lachten da die Herzen der SA-Männer! In straffer Haltung ging's, allenthalben begeistert begrüßt von der zahlreich an den Straßen des Aufmarsches versammelten deutsch denkenden Bevölkerung, durch die Stadt, begleitet von Marschmusik und Kampfliedern, hinein in das kommunistisch-marxistische St. Ruprecht. Pfeifkonzert, Gejohle, das war die Begleitmusik im roten St. Ruprecht.“
Auf Anordnung Hitlers wird im Juli 1931 die NSDAP in Österreich umgestaltet, mit der „Landesleitung Österreich“ eine neue oberste Parteibehörde mit Sitz in Linz installiert. Zum Landesleiter ernennt der „Führer“ den Linzer Gemeinderat Alfred Proksch, Landesgeschäftsführer wird der gebürtige Wiesbadener Theo Habicht (1898–1944), der eben seine Zeitung *Rheinwacht* in den Bankrott geführt hat. Habicht, der sich ab August 1932 „Landesinspekteur“ nennen darf, setzt auf Führungs- und Organisationsstrukturen, die sich am deutschen Vorbild orientieren, eine für den Nationalsozialismus insgesamt typische „Parteibürokratie“ mit Parteidienststellen, Parteiämtern und Parteibehörden wird geschaffen, man will seine politische Klientel auf breiter gesellschaftlicher Front ansprechen. Nicht ohne Erfolg – begünstigt

von der schweren Wirtschaftskrise und hoher Arbeitslosigkeit, schnellen die Mitgliederzahlen in die Höhe: Hält man in Kärnten im Februar 1930 noch bei 820 Mitgliedern, so steigt deren Zahl Ende 1931 auf 3.600 und Ende 1932 sind es bereits 6.060 Parteigenossen; am 19. Juni 1933, dem Tag des Verbots der NSDAP, kann man auf 10.460 Mitglieder verweisen, die nun mit einem Schlag zu „Illegalen" werden.

Neben der steigenden Arbeitslosigkeit ist es in Kärnten vor allem auch die Verschuldung der Bauern, die der Propaganda der Nazis in die Hände spielt; allein 1934 werden in Kärnten 876 Zwangsversteigerungen von Bauernhöfen beantragt. In einem Bericht des Landesgendarmeriekommandos von 1932 heißt es zur dramatischen Lage der Bauern: „Die Unzufriedenheit unter der Landbevölkerung ist (...) eine derartige, daß, falls sich die wirtschaftliche Lage nicht bessern sollte, Unruhen zu befürchten sind. Es gibt Bauern, die früher finanziell sehr gut gestanden, heute aber auch schon stark verschuldet sind. Es gibt heute fast keinen Besitzer mehr, der nicht durch die Wirtschaftskrise in Schulden geraten wäre" (zitiert nach Elste/Hänisch, *Auf dem Weg zur Macht*) – eine Situation, die die Nazi-Propagandisten geschickt zu nützen wissen: Sie gewinnen bei der bäuerlichen Wählerschaft und bei ländlichen Berufsgruppen wie etwa den Holzarbeitern massiv an Anhängerschaft, wobei es zweifellos nicht nur das „Programm" der NSDAP ist, das sie erfolgreich macht: Es ist die Art und Weise, wie sie auftreten, Ängste und Hoffnungen schüren. „Gau-SA-Führer" wird der „unvergeßliche Standartenführer Max Seunik", unter „seiner Führung übertrugen sich im Sinne unserer Weltanschauung alle guten Werke auf Führer und Männer der SA Kärnten". In Reifnitz am Wörthersee wird eine „mustergültige Führer-Vorschule" eingerichtet, in zahlreichen Wochenendlehrgängen trimmt man die neu zur NSDAP Stoßenden ideologisch und schwört sie auf die „Bewegung" ein.

Die Strategie der Nazis: Sie provozieren mit Aufmärschen und Versammlungen in den Hochburgen des politischen Gegners, sie beeindrucken durch pathetisch-heroische Inszenierungen, sie schrecken vor Diffamierungen ihrer Gegner, vor Gewalt und Terror nicht zurück und locken andererseits mit karitativen Aktionen wie der NS-Nothilfe – ein Konzept, das einem Mann wie Odilo Globocnik gleichsam auf den Leib geschneidert ist. Als Gau-Betriebszellen-Propagandaleiter, der Gau-Betriebszellenleiter Erwin Seftschnig unterstützt, ist es seine Aufgabe, in den Betrieben mit nationalsozialistischen „Zellen" Fuß zu fassen. „Keine Arbeitsstelle ohne Nazizelle!" lautet eine Parole, mit der von der Nationalsozialistischen Betriebszellenorganisation (NSBO) in Kärnten agitiert wird, und man bleibt nicht ohne Erfolg: Ein Rundschreiben der Gau-Betriebszellenleitung nennt für den August 1932 bereits Betriebszellen in 26 Orten, in einzelnen Gemeinden, so etwa in St. Veit an der Glan, kann man erstmals „Stützpunkte" installieren.

Mit dem Ausbau eines persönlichen Netzwerks versucht Globocnik seine Position in den Reihen der „Bewegung" zu stärken. Freundschaften schließt er etwa mit Gesinnungsgenossen aus Wolfsberg, das sich durch eine rege Nazi-Szene auszeichnet. Da sind die Brüder Herbert Gasser (1910–1971) und Paul Gasser (1904–1941), Söhne des Wolfsberger Bürgermeisters Gregor Gasser, der politisch im Lager der „Großdeutschen Volkspartei" steht. Während sich Herbert Gasser 1934 beim Juli-Putsch exponiert und im Lavanttal gegen das „System" kämpft, wird Paul Gasser nach dem „Anschluss" mit Globocnik nach Wien gehen. Aus Wolfsberg ist auch die blutjunge Lyrikerin Ingeborg Teuffenbach, Jahrgang 1914, die bei den Treffen der braunen Recken ihre begeisterten Gedichte an den „Führer" vorträgt. Mit Globocnik verbindet sie bald eine enge Freundschaft; aus Anlass ihrer Heirat im November 1937 mit Heinz Capra wird sie ihn zum Trauzeugen wählen.

Der Handgranatenüberfall zweier SA-Männer auf ein Pionierbataillon des Bundesheers und christlich-deutsche „Wehrturner" im Alauntal in der Nähe von Krems am 19. Juni 1933 zieht noch am selben Tag das Verbot der NSDAP und all ihrer Organisationen nach sich; Justiz- und Unterrichtsminister Kurt Schuschnigg rechtfertigt in einer Rundfunkrede dieses Vorgehen, die Regierung werde im Kampf gegen den SS-Terror „ihre Pflicht erfüllen". Im Gefolge dieses „schwersten Mordverbrechens seit dem Bestehen der Republik", wie die *Reichspost* am 20. Juni titelt, wird Globocnik in Kärnten zum Gauleiterstellvertreter berufen – Gauleiter ist der ehemalige Bundesheeroffizier Hubert Klausner – und rückt damit erstmals deutlicher ins Visier der Staatspolizei. Am 30. August 1933, um 7.45 Uhr, wird Globocnik von Beamten des Bundespolizeikommissariates Klagenfurt vorübergehend festgenommen, sein Vergehen: Er wagt es, vor dem Fenster des Polizeigefangenenhauses in Klagenfurt mit inhaftierten NS-Häftlingen – im Juni 1933 sind allein in Kärnten 252 Nazi-Funktionäre hinter Gitter gewandert – über politische Themen zu sprechen. Nach „vorgenommener Perlustrierung" wird er jedoch wieder auf freien Fuß gesetzt.

Als Gauleiter Hans von Kothen, eine „der dubiosesten Figuren der deutschen NSAP" (Alfred Elste), bei einem Treffen der Kärntner NS-Führungsspitze vom 17. bis zum 19. Juli 1933 in Tarvis versucht, seine Position durch die Bestellung verlässlicher Gefolgsleute abzusichern, ist es Globocnik, der gegen Kothen in die Schranken tritt: Sein Aufenthalt in Tarvis sei „sinn- und zwecklos", außerdem gefährde ein Agitationszentrum in Tarvis – ein Vorschlag Kothens – die Parteiarbeit in Kärnten.

Wenig später, am 17. September 1933, macht das Bundespolizeikommissariat Klagenfurt ernst: Globocnik wird ein erstes Mal verhaftet und zu sechs Wochen (42 Tagen) Haft wegen illegaler Betätigung für die NSDAP verurteilt. Der konkrete Vorwurf: Er sei „mit seinem Auto F-20 in Begleitung des Karl Grasmug, des Otto Drumbl und des Lehrers Robert Tusch im Lavanttal umhergefahren" und habe NSDAP-Flugschriften mitgeführt, die am nächsten Tag in der Region verteilt worden seien. Außerdem habe man in seinem Besitz auch einen Brief des ehemaligen Gauleiters Hans von Kothen gefunden, den er einem NS-Kurier übergeben hätte sollen. Wieder ist es Emil Michner, der ihm zu Hilfe kommt:

Er interveniert bei Landeshauptmann Hülgerth, seinem Waffenbruder aus den Abwehrkämpfen; *Globus* wird entlassen und darf sogar die Baumeisterprüfung ablegen; seinen Arbeitsplatz behält er vorerst noch; daran ändert auch eine neuerliche Verhaftung am 13. November 1933 nichts, die eine Haftstrafe von 4 Wochen (28 Tagen) nach sich zieht. Grund für den Zugriff ist der Verdacht, dass er an den Sprengstoffanschlägen in Klagenfurt und Umgebung beteiligt gewesen sein könnte. Das Bundespolizeikommissariat lässt ihn ins Landesgericht Klagenfurt einliefern, doch wieder erweisen sich die Helfer des verdächtigen Nazis im Hintergrund als stärker: Die Staatsanwaltschaft stellt das gegen Globocnik eingeleitete Strafverfahren ein, bereits nach acht Tagen wird dieser wieder auf freien Fuß gesetzt.

Im Juni 1934 wird Globocnik, wie er später in einem Lebenslauf angibt, „wegen pol. Betätigung aus dem Beruf entlassen". Was sich hinter dieser harmlos klingenden Entlassung wegen „politischer Betätigung" verbirgt, erhellt die Aussage des Sohnes von Globocniks Arbeitgeber. Demnach, so erzählt er 1995 Siegfried Pucher, sei der junge Nazi von Robert Rapatz rausgeworfen worden, weil er „auf dem damaligen Lagerplatze meines Vaters – ohne dessen Wissen – Sprengstoff versteckt hatte. Dieser Sprengstoff wurde angeblich für Attentate, Brückensprengungen etc. verwendet. Im Zuge der damaligen polizeilichen Ermittlungen wurde auch mein Vater einige Tage festgenommen, bis sich herausstellte, daß er von dem Sprengstoff nichts wußte und daß Globocnik völlig eigenmächtig und unerlaubt gehandelt hat. Nach diesem Vorfall wurde Globocnik von meinem Vater entlassen." Bis zu seinem Rauswurf weiß dieser die Vorteile, die ihm sein Arbeitsplatz bietet, offenbar gut zu nützen. Eine in der Familie überlieferte Anekdote, die Siegfried Pucher berichtet wird, illustriert den Einfallsreichtum Globocniks: So lernt er beim Bau des neuen Priesterseminars der Diözese Gurk in Klagenfurt – Rapatz hat ihm die Leitung dieses Bauprojekts anvertraut – den Bischof von Kärnten Adam Hefter kennen. Eines Tages lädt er den Bischof zu einer Fahrt ins Mölltal ein, unter dem

Vorwand, einigen Verwandten Essenspakete zu überbringen. Die angeblichen Essenspakete, die auch unter dem Sitz des Bischofs verwahrt werden, enthalten jedoch weder Speck noch Eier, sondern Sprengstoff, der an die Parteigenossen verteilt werden soll. Im Auto des ehrwürdigen Herrn Bischofs, so das schlaue Kalkül, würde man die Straßensperren der Polizei ungehindert passieren können – der Coup gelingt ohne Zwischenfall.
Die Entlassung beschleunigt die Verwandlung Globocniks zum illegalen Aktivisten – er opfert seine bürgerliche Karriere als Bautechniker und Baumeister endgültig dem Kampf für die NSDAP im Untergrund. Eine neue Bleibe findet der Gauleiterstellvertreter in der Villa von Emil Michner in Krumpendorf, der hier zusammen mit seiner Frau eine Fremdenpension führt. Von den Michners offiziell als „Gärtner“ beschäftigt, kann er hier weiter die Fäden im „illegalen Kampf“ der Nazis ziehen, die Villa wird zur Drehscheibe der NS-Untergrundarbeit.
Nach dem gescheiterten Putschversuch der Nazis am 25. Juli 1934 hilft *Globus* einigen von der Polizei gesuchten Putschteilnehmern: Er versteckt die Flüchtigen in der Villa der Michners in Krumpendorf und lässt sie anschließend über die Grenze nach Jugoslawien bringen, von dort reisen die Parteigenossen per Schiff weiter nach Deutschland.
Die parteiinterne Karriere erhält durch das Scheitern des Juliputsches neuen Anschub – mehr denn je benötigt man Männer wie Globocnik: junge, dynamische, gut ausgebildete Kräfte mit Durchsetzungsvermögen und hervorragendem Netzwerk.
Im „Reich“ ist inzwischen ein Mann, der all dies ebenfalls verkörpert, auf Globocnik aufmerksam geworden: SS-Gruppenführer Reinhard Heydrich. Die „richtige“ Umgebung für einen derart organisatorisch geschickten Parteigenossen könne nur die SS sein – Globocnik folgt dem Wunsch aus Berlin und tritt am 1. September 1934 mit der Nr. 292.776 der „Schutzstaffel“ bei, ein entscheidender Schritt, denn von nun an wird seine Parteikarriere, wie schon Alfred Elste und Dirk Hänisch betont haben, steil nach

oben weisen. Reinhard Heydrich betraut den Neuen in Kärnten gleich mit einer speziellen Aufgabe: Der von Globocnik und SS-Untersturmführer Albert Gayl geschaffene „Sonderdienst der Gauleitung“ soll in die SS integriert und weiter ausgebaut werden; die Leitung wird dem Parteigenossen Rudolf Thaller übertragen. Aufgabe dieses „Sonderdiensts“ ist die umfassende Nachrichtenbeschaffung, er soll „Tast- und Sinnesorgan am Körper des Volkes, in allen Gegnerkreisen, auf allen Lebensgebieten“ und „bewegliches Instrument“ (Heinz Höhne) sein. Für den agilen Globocnik genau das Richtige, öffnet sich doch damit für ihn ein weites Aktionsfeld. Da sind zum einen die Überwachung und die Beobachtung des politischen Gegners, die bis auf die obersten Dienststellen der „Systembehörden“ in Kärnten ausgedehnt werden; Richter, Ärzte und Wissenschaftler werden als Informanten gewonnen. Es sind Männer wie der aus dem deutsch-nationalen Lager kommende Slowenenhasser Alois Maier-Kaibitsch (1891–1958), der im Beirat der Landesführung der Vaterländischen Front und im Vorstand des „Kärntner Heimatbunds“ sitzt und „zum wichtigsten geheimen Mitarbeiter“ des SD avanciert. Die verdeckten Nazis unter den Beamten der Polizei, der Kriminalpolizei und der Gendarmerie werden in einem eigenen „SS-Polizeisturm“ organisiert; Führer dieser Informanten- und Spitzeltruppe ist der SS-Mann Theo Bauer aus Krumpendorf.

Zum anderen „organisiert“ Globocnik, der gerne unter dem Decknamen „Herr König“ agiert, NS-Hilfsgelder aus dem „Reich“, die über Triest bzw. die Schweiz nach Österreich geschleust werden; im Gegenzug „bezahlt“ *Globus* mit Informationen über die politische Szene in Österreich – insgesamt sind es 8,226.435,- Schilling, die so vom September 1934 bis zum März 1938 über das illegale „Hilfswerk“ zur Finanzierung der Untergrundaktivitäten ins Land gelangen. Und er sorgt für Nachschub, um den Terror aufrechterhalten zu können: Italienische Spediteure bringen in seinem Auftrag Propagandamaterialien, Sprengstoff und Bomben nach Triest, von hier wird das brisante Gut von österreichischen und deutschen Mittelsmännern – Globocnik setzt dafür eigene Sonderkuriere ein – über die jugoslawische Grenze nach Kärnten geschmuggelt.

Auf die Spur Globocniks gerät die Polizei bei einer Hausdurchsuchung am 11. Dezember 1934 in Krumpendorf bei Maria Bauer, einer ehemaligen Pflegerin der Landesirrenanstalt in Klagenfurt. Anlass für die Polizeiaktion ist eine „vertrauliche Anzeige" und tatsächlich finden die Beamten belastendes Material: so vor allem Listen von NSDAP-Mitgliedern, die „durch das Vorgehen der Behörden irgendwie Nachteile erlitten hatten, sowie viele Unterstützungs- und Darlehensansuchen von in Kärnten ansässigen Nationalsozialisten". Ein Dokument sticht ihnen jedoch sofort besonders ins Auge: ein vom österreichischen Generalkonsulat in Triest im Januar 1934 ausgestellter und von der Bezirkshauptmannschaft Klagenfurt bis Februar 1939 verlängerter Reisepass, lautend auf den „Bautechniker" Odilo Globocnik. Das Auffallende an dem Dokument: Die Einträge weisen darauf hin, dass der Pass im Februar 1934 und von Juli bis November 1934 zu zahlreichen Auslandsreisen benützt worden ist.

Maria Bauer wird sofort verhaftet, am nächsten Tag, dem 12. Dezember 1934, nimmt man Globocnik fest; beide werden wegen Verdachtes des Hochverrates in das Landesgericht Klagenfurt eingeliefert. Maria Bauer gibt bei ihrer Einvernahme an, die beschlagnahmten Listen von einem gewissen Herbert Maurer in Klagenfurt erhalten und für diesen fallweise Schreibarbeiten übernommen zu haben; die auf den Listen genannten Personen seien ihr unbekannt, Herbert Maurer inzwischen ins „Reich" geflüchtet. Auch *Globus* hat sich eine ähnliche Verteidigungslinie zurechtgelegt: Er habe seinen Reisepass nach der Rückkehr aus Triest nach Klagenfurt im Februar 1934 einem „Bekannten aus Triest" namens Erhard Berger übergeben, damit dieser das Reisedokument an das Generalkonsulat in Triest zurückstelle. Über das „weitere Schicksal des Passes" wisse er nichts, er habe weder um Verlängerung der Gültigkeitsdauer des Passes angesucht noch

diesen zu weiteren Auslandsreisen benützt, Erhard Berger halte sich in Deutschland auf.
Es beginnen umfangreiche Ermittlungen rund um den mysteriösen Reisepass und die bei Maria Bauer gefundenen Namenslisten. Dem Fall wird von der Bundespolizeidirektion höchste Bedeutung zugemessen: Da man die Kärntner Kollegen damit etwas überfordert sieht und um die zahlreichen Nazi-Sympathisanten in den Kärntner Polizeireihen Bescheid weiß, betraut man einen dem staatspolizeilichen Büro des Bundeskanzleramtes zugeteilten Referenten mit der Leitung der „Amtshandlung"; am 5. Januar 1935 trifft dieser in Begleitung von fünf Kriminalbeamten der Bundespolizeidirektion in Klagenfurt ein. Rasch erhärtet sich der Verdacht, dass Globocnik gelogen hat, eine Hausdurchsuchung in der Villa von Emil Michner in Krumpendorf wird angeordnet. Hier finden die Beamten am 10. Januar 1935 in einer Handkassette ein versiegeltes Paket mit der Aufschrift „Meine Ersparnisse". Emil Michner erklärt, dass dies Ersparnisse seiner Tochter Margarete seien, das Paket wird geöffnet, es enthält 2.300,- Schilling und 350,- Lire. Als Grete versichert, dass sie keine Ersparnisse habe und sie das Paket von Erika Globocnik im Auftrag von Odilos Mutter Anna Globocnik zur „Aufbewahrung" erhalten habe, werden beide, Vater und Tochter Michner, verhaftet und ins Bundespolizeikommissariat Klagenfurt gebracht; auch Anna Globocnik wird festgenommen – die Mutter Odilos tappt in die Falle, als sie behauptet, das Paket beinhalte ihre Ersparnisse, dann aber weder Betrag noch Geldsorten zu nennen weiß. Schwester Erika, die sich angeblich auf einer Skitour befindet, wird zur Fahndung ausgeschrieben.
Weitere Nachforschungen ergeben, dass der Beamte, der den Pass Globocniks in der Bezirkshauptmannschaft Klagenfurt verlängert hat, Nazi-Sympathisant ist, wegen des Verdachts auf Missbrauch der Amtsgewalt wird auch er verhaftet, eine Hausdurchsuchung bei ihm fördert zahlreiche NS-Flugschriften und -Zeitungen zutage. Bei einer Gegenüberstellung mit Globocnik behauptet der

Bundespolizeikommissariat
K l a g e n f u r t

Zl. 4291/St/34. Klagenfurt, am 19. Jänner 1935.

Maria B a u e r und
Odilo G l o b o c n i k;
Uebermittlung von Lichtbildern.

An das

Bundeskanzleramt, Staatspolizeiliches Büro

in

W i e n I .

Herrengasse 7

Das Bundespolizeikommissariat beehrt sich in Entsprechung des dortigen fernmündlichen Auftrages vom 18. d.Mts. die verlangte Anzahl von Lichtbildern der Maria B a u er und des Odilo G l o b o c n i k in Vorlage zu bringen.

Der Amtsleiter:

23 Beilagen.

Die Bundespolizeidirektion hat Globocnik im Visier: das in Klagenfurt angefertigte Fahndungsfoto des jungen Illegalen.

Beamte, diesen nicht zu kennen. Die Kriminalbeamten aus Wien glauben dem Mann kein Wort, weitere Hausdurchsuchungen in Spittal an der Drau, in Greifenburg, Feldkirchen, Millstatt und Villach werden vorgenommen, das aufgefundene Material, in mehreren Fällen ein umfangreicher Briefwechsel, erlaubten es den

Beamten allmählich, ein genaueres Bild des „Systems Globocnik" zu gewinnen: Das Geld zur Unterstützung der illegalen Nazis fließt vorwiegend aus dem Deutschen Reich. Drehscheibe der Transaktionen ist eine Hilfsstelle der NSDAP in München, die Kontakte zu Mittelsmännern in der Schweiz und in Italien unterhält, angeblich auch zu einem Schweizer Bankkonsortium, das zur Versteigerung gelangende Liegenschaften von NS-Parteigängern aufkaufen soll. Eine Schlüsselrolle kommt hier Dr. Franz Albertini zu, dem Mitbegründer und Leiter einer Privatkrankenanstalt in Spittal an der Drau; zu den Eingeweihten zählen auch dessen Verwalterin Marie Zmölnig und deren Bruder Stefan Zmölnig sowie die Fabriksbesitzerin Maria Merlin in Dellach. Ein Zimmermädchen in Interlaken namens Edith Pippan soll in diesem geheimen Netzwerk ebenso eine Rolle gespielt haben wie die italienischen Außenhandelsfirmen A. Erker in Mailand und Mazzucato & Figli in Padua oder eine Hotelbesitzerin in Greifenburg.
Globocnik selbst, der regelmäßig Kontakt mit SS und SD im „Reich" knüpfen muss, hält diesen „Unterstützungskreislauf" durch zahlreiche Reisen am Leben; immer wieder benützt er Decknamen für seine Tätigkeit, insgesamt sollen es „20 oder 30" gewesen sein. Sein bevorzugtes Reiseziel ist die NSDAP-Hilfsstelle in München; um keinen Verdacht zu erregen, wählt er den Umweg über den Flughafen S. Nicolo del Lido in Venedig, von dem aus er, wie die Beamten der Staatspolizei recherchieren, zwischen 17. Januar und 22. Oktober 1934 viermal nach München abfliegt und gleich achtmal aus München zurückkehrt. Seine Kontaktmänner in Venedig sind, wie die Ermittlungen ergeben, der erwähnte deutsche Staatsbürger Erhard Berger, dem er später seinen Reisepass übergeben haben will, und ein Italiener namens Paul Canappele, wohnhaft in Lavarone.
Im Zuge der Erhebungen im Fall Maria Bauer und Odilo Globocnik wird von den Untersuchungsbeamten auch Hubert Klausner auf seinem Besitz in Latschach am Faaker See aufgestöbert und am 17. Jänner 1935 einvernommen; zu Globocnik befragt, gibt er

zu Protokoll: „Den Odilo Globocnik kenne ich noch aus der Zeit meiner Betätigung für die NSDAP. Er war damals in der Betriebszellenorganisation tätig. In der Zeit von der Auflösung der Partei bis zum Juliputsch dürfte ich den Globocnik 1 oder zweimal zufälligerweise auf der Straße oder in einem Caféhaus getroffen haben. Ob ich mit ihm längere Zeit beisammen war, kann ich nicht mehr angeben, doch dürfte dies wahrscheinlich nicht der Fall gewesen sein, da meine Klagenfurter Aufenthalte ohnehin stets von kurzer Dauer waren. Glaublich im April oder Mai 1934 unmittelbar nach den ersten schweren Sprengstoffanschlägen sprach ich mit ihm längere Zeit im Caféhaus Lerch oder auf der Straße irgendwo über die Attentate. Da er damals, ebenso wie ich, diese Anschläge verurteilte, so zog ich ihn als die Aktion Reinthallers einsetzte, trotzdem er noch ein jüngerer Mensch war, wegen seiner Gesinnung ins Vertrauen."

Über die konkreten Untergrundaktivitäten Globocniks weiß Klausner also kaum etwas, seine Aussage lässt jedoch darauf schließen, dass *Globus* im Kreis seiner Parteigenossen durchaus für fähig gehalten wurde, in der illegalen Partei höhere Ämter zu bekleiden. Und sie wirft einiges Licht auf Globocniks Rolle bei der „nationalen Befriedungsaktion" Anton Reinthallers, des späteren ersten Bundesparteiobmanns der FPÖ. Der oberösterreichische Bauer Reinthaller (1895–1958), ursprünglich für den Landbund tätig und seit 1930 NSDAP-Mitglied, sucht die Aussöhnung mit dem Ständestaat und tritt für ein Ende des Bombenterrors ein; in einem Komitee der „Nationalen Aktion" will er, von Hitler zum „Führer der NSDAP in Österreich" ernannt, alle Kräfte versammeln, die diesen Weg unterstützen. Globocnik hat also keineswegs das Image eines Polit-Rowdys und Bomben-Werfers und ist in diesem Komitee, wie die Aussage Klausners weiter zeigt, als Vertreter eines neuen „gemäßigten" Kurses der Kärntner Nazis nicht unwillkommen: „Einige Zeit nach dem Putsch, es dürften die ersten Tage im August gewesen sein, kamen zwei Herren aus Wien zu mir nach Unteraichwald, stellten sich als Abgesandte des

Ing. Reinthaller, den ich vorher persönlich noch nicht gekannt habe, vor und fragten mich, ob ich an der nationalen Befriedigung (sic!) in Österreich mitarbeiten wolle. Die Namen dieser beiden Herren sind mir nicht mehr in Erinnerung. Der eine von beiden stammt aus Oberösterreich. Die beiden waren zuerst in Klagenfurt und wurden angeblich von hier an mich gewiesen. Wer die Bekanntschaft vermittelt hat, weiß ich nicht.

Als Bedingung für die nationale Aktion wurde von den beiden verlangt, dass man 1.) weder direkt noch indirekt am Putsch beteiligt war, 2.) dass man die Terroranschläge unbedingt verurteilt, und 3.) nicht der radikal nat. soz. Richtung angehört hat. Ich habe den beiden meine Mitarbeit zugesagt.

Ich trat bald darauf in der Sache mit einem gewissen Longin, Beamter in der BH in Villach (= NS-Bezirksleiter Hubert Longin – J. S.), und mit dem Odilo Globocnik in Klagenfurt in Verbindung. Auch mit dem Kommerzialrat Haslacher (= der Unternehmer Franz Haßlacher, 1884–1951, u. a. Vizepräsident der Creditanstalt, Präsident des „Ständestaatlichen Holzwirtschaftsrates" und Präsident der österreichischen Sägeindustrie – J. S.) hatte ich diesbezüglich einige Verhandlungen, und zwar dürfte ich 1 bis 2 mal in Klagenfurt beisammen gewesen sein und einmal hat er mich zuhause besucht.

Mit Globocnik war ich 3 mal in Wien, und zwar glaublich das 1. Male mit einem Auto in Begleitung meiner Frau, meines Bruders samt Frau. Ich wurde mit dem Auto von meinem Hause von Globocnik abgeholt, fuhr dann zuerst mit ihm nach Villach, wo ich meinen Bruder samt Familie abholte und von dort weiter über Klagenfurt nach Wien.

Das zweite und 3. Mal fuhr ich mit dem Globocnik mit dem Zuge nach Wien. Die Auslagen für das Auto und den Zug habe ich selbst aus eigener Kasse getragen.

In Wien haben wir mit Ing. Reinthaller, Radetzkystraße 14 oder 17, in den Amtsräumen der Deutschen Verkehrgewerkschaft verhandelt. Reinthaller gab uns anlässlich unserer Vorsprachen Auf-

klärungen über den Stand der Verhandlungen mit der Regierung und gleichzeitig Weisungen bezüglich des Verhaltens der einzelnen Mitglieder in den Bundesländern. Hauptsächlich sollten wir auf die nationale Befriedigung hinarbeiten.
Das in meinem Besitz gefundene Schreiben datiert mit 22. 10. 1934, dem auch das Schreiben des Ing. Reinthaller, datiert mit 17. Oktober, angeschlossen war, erhielt ich durch die Post in meine Wohnung zugestellt. Die Unterschrift ist mir unbekannt, doch dürfte der Schreiber der Sekretär des Ing. Reinthaller sein,
Den vorläufigen Vorschlag für die Mitglieder des nationalen Führerrates für Kärnten erhielt ich glaublich im Dezember 1934 ebenfalls durch die Post. Die Aufstellung dürfte meiner Meinung nach durch den RA Dr. Günther erfolgt sein. Seither habe ich mich mit der Sache nicht mehr beschäftigt, und habe auch meine Teilnahme im engeren Landesausschusse des Führerrates wegen finanzieller Schwierigkeiten abgelehnt.
Ob Globocnik im Laufe der vergangenen Jahre in Italien, Schweiz oder Deutschland war, ist mir unbekannt. Er hat mir auch während unserer Reisen nach Wien, obwohl wir über verschiedene Sachen sprachen, hievon nichts erzählt. Ich weiß nur so viel, dass er im Laufe des Herbstes einmal nach Jugoslawien hätte fahren sollen, doch wurden damals zwei andere Herren hinuntergeschickt, und zwar Dr. Günther und Ing. Geil (= Ing. Albert Gayl – J. S.).
Die Mutter und die Schwester des Odilo Globocnik sind mir flüchtig bekannt. Der Oberst Michner ist mir persönlich aus den Abwehrkämpfen bekannt. Ich dürfte ihn seit meiner Abreise von Klagenfurt, d. i. seit Juli 1933, wahrscheinlich nicht mehr gesprochen haben. Seine Tochter Margarete kenne ich nicht.
Dass die Familie Globocnik im Besitz von größeren Geldbeträgen war, ist mir nicht bekannt. Globocnik hat mir einmal während der Fahrt mitgeteilt, er habe von seinem früheren Dienstgeber eine Abfertigung in der Höhe von einigen Tausend Schilling erhalten. Er erzählte mir auch, dass er seinerzeit seine Mutter unterstützt hat, weil sie damals keine Pension erhielt."

Die Aussage Hubert Klausners kann am Sachverhalt nichts mehr ändern – das Misstrauen gegen die „Aktion Reinthaller" ist groß, man traut den Nazis nicht über den Weg. Globocnik wird des Hochverrats für schuldig befunden und zu sechs Monaten (183 Tagen) Haft verurteilt. Unklar ist, wie lange er tatsächlich im Gefängnis ist – die Indizien deuten darauf hin, dass er noch vor dem Ablauf der gesamten Strafe entlassen wird und sofort wieder seine Untergrundaktivitäten aufnimmt. Es gelingt ihm, sich parteiintern immer stärker zu profilieren. Sein neuer „Spezi" ist der knapp ein Jahr ältere Friedrich Rainer (1903–1947), der Sohn eines Lehrers aus St. Veit an der Glan, promovierter Jurist und Notar in Klagenfurt, auch er SS-Angehöriger und Mitarbeiter des „Sonderdiensts". So wie *Globus* ist auch Rainer bei Gauleiter Hubert Klausner gut angeschrieben, man trifft sich in Klausners „Villa Alpenheim" in Latschach am Faaker See; zu diesem engen Kreis gehören auch der Landesbeamte Wladimir von Pawlowski (1891–1961), der Sohn des Bezirkshauptmanns von Spittal an der Drau und Propagandaleiter des Gaus, sowie der schon oben von Klausner erwähnte Villacher Bezirksleiter Hubert Longin. Die Gruppe um Klausner, bald auch als „Kärntner Gruppe" bekannt, gewinnt mit ihren Ansichten rasch an Gewicht; immer stärker kristallisiert sich auch der Gegensatz zur Politik von Hauptmann Josef Leopold (1889–1941) heraus, der seit dem 29. Januar 1935 Landesleiter der NSDAP ist und den Kurs der illegalen Nazis vorgeben möchte. Auf zwei „Führerbesprechungen" in Villach im Sommer 1935, bei denen Rainer als politischer Referent auftritt und Globocnik als Organisationsreferent fungiert, wird bereits der Vorschlag dis-

Mit der Familie Rainer verbindet Globocnik bald eine enge Freundschaft.

Entspannung beim Tischtennisspiel im Garten der Rainers, vermutlich im Frühjahr 1936.

kutiert, Hubert Klausner in das Amt des Landesleiters zu hieven – Klausner, der den Vorsitz bei diesen Treffen führt, lehnt jedoch ab. *Globus* und „Friedl“ Rainer sind von nun an im Führerkader der österreichischen NSDAP feste Größen.

Als Klausner und auch Rainer 1935 für einige Zeit ins Gefängnis wandern, ist es Globocnik, der für einige Zeit, angeblich von Budapest aus, die Parteiagenden führt. Nach seiner Rückkehr kann er sich jedoch nur kurz in Freiheit bewegen – ein Versuch, in Wien unterzutauchen, scheitert kläglich: Am 22. August 1935 meldet sich in Wien ein „Versicherungskaufmann“ Odilo Globocnik unter der Adresse Wiedner Hauptstraße 59/2/7 an; bereits wenige Tage später, am 29. August 1935, wird er über Ersuchen des Bundespolizeikommissariates Klagenfurt von Beamten der Bundespolizeidirektion Wien neuerlich verhaftet und nach Klagenfurt überstellt, man wirft ihm vor, unter dem Decknamen „Schlagg“ von einem gewissen Emil Klauer einen „größeren Geldbetrag“ für „NSDAP-Propagandazwecke“ übernommen zu haben. Wieder lautet die Anklage auf „Hochverrat" und wieder beträgt das Strafausmaß, verhängt am 29. August 1935, sechs Monate Haft, davon wird ihm „infolge einer Amnestie für 70 Tage Strafaufschub gewährt".

Der „neue Weg" der Kärntner Gruppe sieht in der „Anschlussfrage", dem großen Ziel der Nazis, eine „evolutionäre" Lösung vor – eine Strategie, für die das Abkommen der Schuschnigg-Regierung mit Hitler vom 11. Juli 1936 zu einem Wendepunkt wird. Das Deutsche Reich verpflichtet sich darin zwar, sich nicht mehr in die inneren Angelegenheiten Österreichs einzumischen, dafür muss Schuschnigg jedoch ein verhängnisvolles Zugeständnis machen: Vertreter der „Nationalen Opposition" sollen zur politischen Mitarbeit herangezogen werden – der verstärkten Infiltration öffentlicher Stellen mit Nationalsozialisten und NS-Sympathisanten ist damit Tür und Tor geöffnet; mit dem „betont nationalen" Nachrichtenoffizier Edmund Glaise-Horstenau und Dr. Guido Schmidt, dem Kabinettsvizedirektor von Bundespräsident Miklas, ziehen zwei Vertrauensleute der Nationalsozialisten in die Regierung ein. Während Schuschnigg in einer Rundfunk-Sondersendung noch über die „Wiederkehr normaler freundnachbarlicher Beziehungen" und den „wertvollen Beitrag zur Sicherung des europäischen Friedens" jubelt, rüsten sich die Nazis zu neuem Kampf, nicht zuletzt begünstigt durch die im Juliabkommen vereinbarte Amnestie für inhaftierte Parteigenossen.

Für Globocnik und seinen Freund Rainer ist die Stunde der ersten großen Bewährung gekommen: Da alle anderen leitenden Funktionäre noch im Gefängnis sitzen, empfängt sie am 16. Juli 1936 der „Führer" persönlich am Obersalzberg. Das Treffen ist ursprünglich schon für den 10. Juli festgesetzt, durch einen „Verständigungsfehler", wie Globocnik in seinem Memorandum von 1938 meint, verschiebt Hitler den Termin, spricht aber am 10. Juli mit Edmund Glaise-Horstenau, dem Beauftragten Schuschniggs, von dem er die in einem streng vertraulichen Gedächtnisprotokoll festgehaltene Zusage erhält, dass die Regierung in Wien in Zukunft die „nationale Opposition“ einbinden würde. Bei dieser Gelegenheit plaudert Glaise-Horstenau wohl auch über die aktuelle Situation der Nazis – Hitler weiß also bereits im Vorfeld bestens Bescheid. Auf einem Schleichweg überqueren die beiden jungen Nazis die Grenze zu Bayern, die Hoffnung jedoch, dass sie ihr Abgott „väterlich empfangen“ und für ihre Arbeit loben würde, wird bitter enttäuscht. In seiner „Gauleiterrede“ zum vierten Jahrestag des „Anschlusses“ am 11. März 1942 schildert Friedrich Rainer die denkwürdige Begegnung am Berghof: „Der Führer ist uns angefahren. Er sagte uns klar und eiskalt, warum er dieses Abkommen geschlossen habe. Der Führer sagte: Meine außenpolitischen Aktionen vertragen diese Belastung mit Österreich nicht. Ich bekomme dauernd Demarchen über Paris und London und ich muß ein freundschaftliches Verhältnis mit Italien ausbauen und ich brauche Zeit, die deutsche Wehrmacht auszubauen ... Ich brauche noch zwei Jahre, um Politik machen zu können. Solange hat die Partei in Österreich Disziplin zu bewahren. Sie hat sich zu fügen, sie hat mit allen Mitteln Politik zu machen und auf dem Boden der Tatsachen zu stehen.“ Rainer wagt es nachzufragen, was denn mit „Politik machen“ genau gemeint sei, ob das auch eine Tätigkeit im Rahmen der Vaterländischen Front bedeuten könne, was Hitler bejaht; Globocnik, der nun auch zu Wort kommt, schildert die schwierige Lage der vielen verhafteten Parteigenossen und ihrer Familien und verweist darauf, dass man mit der Unterstützung des Reiches rechne. Hitler, der in Gegenwart von Martin Bormann und Joseph Goebbels mit den beiden Kärntnern spricht, gibt sich allmählich versöhnlicher und überträgt ihnen die Verantwortung für die künftige Entwicklung der NS-Bewegung in Österreich. Rainer zeigt sich als gehorsamer Parteisoldat: „Mein Führer, wir verstehen, was Sie wollen, wir werden uns bemühen, dem Rechnung zu tragen.“ Hitler meint daraufhin: „Ich bin ja der treue Eckart Österreichs.“ Dann tritt er zum großen Fenster des Berghofs und erklärt: „Hier stehe ich, und werde Euch nicht verlassen.“ Rainer, der die einstündige Begegnung in der Rückschau etwas verklärt,

verschweigt, dass Enttäuschung und Irritation groß sind, mit dem Unmut Hitlers hatte man in dieser Form nicht gerechnet.
In der Nacht vom 16. zum 17. Juli kehren sie über die grüne Grenze zurück nach Österreich, um 4 Uhr früh erreichen sie Großgmain. Friedl Rainer fasst das Erlebte zusammen: „Lieber Globus, die Situation ist einfach. Machen wir einen Fehler, werden wir vom Führer ins KZ gesteckt, machen wir die Sache richtig, werden wir dem Führer helfen können." Vorsorglich haben sie die Vertreter der Gauleitungen nach Anif bestellt, wo sie noch am selben Tag Bericht über ihr Abenteuer am Obersalzberg geben, vor allem die von Hitler gewünschte Strategie vorstellen. Man einigt sich darauf, den „Anweisungen" des „Führers" zu folgen und die Zusammenarbeit mit der „Vaterländischen Front" zu suchen. Globocnik obliegt es, mit den Parteigenossen die organisatorischen Fragen zu besprechen.
Wenige Tage später, am 23. Juli 1936, wird Landesleiter Hauptmann Josef Leopold aus dem Anhaltelager Wöllersdorf entlassen, am 31. Juli gibt es ein Treffen mit den Kärntner Parteigenossen in Leopolds Wohnung in Krems. Globocnik und Rainer berichten über ihr Gespräch mit dem „Führer" und sichern dem Landesleiter ihre Loyalität zu; Leopold, der damit wieder die Führung der Partei übernimmt, zeigt sich zur Zusammenarbeit bereit – Rainer und Globocnik sollen mit ihm als Chef das leitende „Kabinett" bilden. Die beiden Kärntner Freunde nehmen den Vorschlag an, nach zwei Wochen ist der Pakt von Krems jedoch bereits Makulatur – der alte „Kämpfer" Leopold kann sich mit der neuen Taktik, die Passivität, geduldiges Abwarten und politische Aktivität auf legaler Ebene verlangt, nicht anfreunden und er misstraut ihnen – er hat Angst, dass die beiden jungen „Rebellen" eine oppositionelle Gruppe gegen ihn anführen könnten, etwa im Bündnis mit dem steirischen Gauleiter Walter Rafelsberger. Und er fürchtet, nicht ganz zu Unrecht, mögliche direkte Kontakte der Kärntner mit Berlin hinter seinem Rücken. Das Verhältnis zwischen der Landesleitung und Klagenfurt verschlechtert sich kontinuierlich; Leopold-Intimus

und Stabsführer der SA Alfred Persche notiert über diese Zeit: „Menschen wie Dr. Rainer, Globotschnigg (sic!), Seys-Inquart (sic!) haben überhaupt kein Gesicht und nicht die geringste Aussicht, sich irgendwie durchzusetzen; wenn sie sich aber auf Namen berufen können, wie Clausner (sic!), Reinthaler" – es ist das immer stärker werdende Netzwerk der Kärntner Gruppe, das Leopold beunruhigt. Was Reinthaller betrifft, so vertritt er eine klare Linie: Reinthaller sei „undiszipliniert" und überschreite „den Rahmen der ihm zugewiesenen Aufgaben", er habe sich um die „Organisation der Bauernschaft zu kümmern, aber um sonst nichts", stattdessen „fuhrwerke er ununterbrochen in der Geschichte herum und versuche große Politik zu machen", wie Alfred Persche referiert, nun sei aber die Geduld des Landesleiters zu Ende: Große Politik, die will Hauptmann Leopold selbst machen, und so wird Reinthaller im Lauf des Jahres 1937 „entmachtet" und an den Rand gedrängt. Gleiches hat Leopold mit Rainer und Globocnik vor, doch in ihrem Fall muss er zunächst etwas Geduld beweisen. Die „nationale Opposition" hat sich indessen eine neue „politische Leitfigur" (Maurice Williams) erkoren: den Rechtanwalt Dr. Arthur Seyß-Inquart (1892–1946). Während Rainer mit Seyß-Inquart, der 1936 von Schuschnigg in den Staatsrat berufen wird, hervorragend zusammenarbeitet, ist das Verhältnis zwischen Globocnik und dem „Verbindungsmann" zum Kabinett Schuschnigg von Anfang an gespannt: Der katholisch-nationale Seyß-Inquart kann mit der hemdsärmeligen „Macher"-Mentalität Globocniks nichts anfangen, *Globus* wiederum gefällt die zögerliche, betuliche Art des Rechtsanwalts nicht. Seyß-Inquart ist zudem noch nicht einmal Parteimitglied, er beugt sich aber der Mehrheit der Parteigenossen, die ihn an die Spitze schieben wollen.

Noch weniger kann ihn aber Hauptmann Leopold leiden, der sich zunehmend einer wahren Phalanx von Gegnern seines Kurses gegenübersieht. Im August 1937 kommt es zum Eklat: Leopold schließt Globocnik aus der Partei aus, Seyß-Inquart und seine Anhänger nennt er „Verräter, Schurken und Lumpen"; den

Parteigenossen wird jeder Kontakt zu diesen Männern untersagt. Auch Rainer wird geächtet und erhält die Anweisung, sich nicht mehr in Angelegenheiten der Partei einzumischen – eine Aktion, die letztlich Hauptmann Leopold selbst zum Verhängnis werden wird. Da hilft es auch nichts, dass er Hitler gegenüber Globocnik und Rainer als Feinde der NS-Bewegung anschwärzt – er hat sich selbst ins Aus gestellt: Hitler wird ihm das nicht verzeihen und ihn am 20. Februar 1938 endgültig mattsetzen.

Vom wilden Rundumschlag Leopolds wenig beeindruckt, widmen sich Globocnik und Rainer weiter ihren illegalen Aktivitäten; Probleme mit der Polizei gibt es wieder im Frühjahr 1937, als die Landesleitung des NS-Hilfswerks in Kärnten „aufgedeckt“ wird. Globocnik reagiert mit gewohnter Ruhe und Übersicht: Am 8. März 1937 gibt er einer gewissen Karoline Thaler den Auftrag, dem aus Wien anreisenden Rechtsanwalt Dr. Heinrich Gmoser, der einen „größeren Geldbetrag“ für das NS-Hilfswerk bei sich trage, bis nach St. Veit an der Glan entgegenzufahren und ihn vor einer Kontrolle durch die Polizei zu warnen. Gleichzeitig solle sie von Gmoser das Geld übernehmen und „gesichert“ nach Klagenfurt bringen. Globocnik erwartet Karoline Thaler, die den Auftrag erfolgreich abwickelt, in der Bahnhofstraße in Klagenfurt, nimmt ihr das Geld ab – und verschwindet. Die Sicherheitsdirektion für das Land Kärnten schreibt ihn daraufhin im Z. P. Bl. unter dem Art. 3886/36 wegen „Verdachtes des Hochverrates“ zur Verhaftung aus.

Am 14. Juli 1937, um 12.10 Uhr, wird Globocnik aufgrund dieses Haftbefehls in Klagenfurt verhaftet, doch noch am gleichen Tag, um 17 Uhr, trifft aus Wien der „fernmündliche Auftrag“ von Staatssekretär Michael Skubl ein, dass Globocnik auf freien Fuß zu setzen und die Ausschreibung zu widerrufen sei. Michael Skubl, der Staatssekretär für Angelegenheiten des Sicherheitswesens und Leiter der Bundespolizeidirektion, ist wie Globocnik Kärntner und 1877 in Bleiburg geboren – *Globus*, so scheint es, hat nun schon einflussreiche Fürsprecher.

Ich habe für Sie die Macht ergriffen!

Der „Anschluss“-Agent

Ein „Macher“ im braunen Hemd: beim Kameradschaftsabend der „alten Kämpfer“ in den Wiener Sofiensälen am 7. April 1938. Links vor Globocnik Bürgermeister Hermann Neubacher, hinter ihm Arthur Seyß-Inquart.

Ende Januar 1938 geht Globocnik von Klagenfurt nach Wien, er will vor Ort sein, wenn hier die Entscheidung im Ringen um die Macht fällt. Eine Wohnung ist rasch gefunden: Am 25. Januar 1938 meldet er sich als „Baumeister" in der Köstlergasse 11/2/22 im 6. Bezirk Mariahilf an; von hier sind alle wichtigen Adressen in der Innenstadt gut zu erreichen.

In seinen nach dem Krieg in jugoslawischer Gefangenschaft verfassten Schriften behauptet Friedrich Rainer immer wieder, dass es der „gut entwickelte und ausgeprägte politische Instinkt" Globocniks gewesen sei, der die Arbeit der Partei geprägt habe. Und so sei es auch die Idee Globocniks gewesen, Schuschnigg und Hitler zum Treffen vom 12. Februar 1938 am Obersalzberg in Berchtesgaden zu bewegen. Umsichtig arbeitet man an der Umsetzung dieses Plans: Rainer und Seyß-Inquart führen Ende Januar 1938 in Garmisch-Partenkirchen Gespräche mit Franz von Papen, dem deutschen Botschafter in Wien, dann reisen Globocnik und Rainer gemeinsam nach Berlin, um hier für eine Regierungsbeteiligung Seyß-Inquarts Stimmung zu machen.

Alles läuft nach Plan: Am 4. Februar 1938 nimmt Schuschnigg die Einladung Hitlers an; von Seyß-Inquart über die vorbereitenden Gespräche und die geplante Taktik informiert, gibt Friedrich Rainer alle Informationen sofort telefonisch an den in Berlin weilenden Globocnik weiter. Die beiden Freunde haben sich auf ihre „Agententätigkeit" gut vorbereitet: „Ich konnte mit Globus vollkommen offen reden. Wir hatten für jeden einzelnen Namen einen Geheimcode und außerdem sprachen wir beide einen solch schrecklichen Dialekt, dass uns keine Menschenseele verstanden hätte." (zitiert nach Maurice Williams, *Gau, Volk und Reich*)

Ausspioniert und verraten, geht Schuschnigg in die Falle. Am Berghof wird er einem geschickt inszenierten Psychoterror ausgesetzt, mit massiven Drohungen zwingt Hitler ihn und Guido Schmidt, den Staatssekretär für Äußeres, zum „Berchtesgadener Abkommen" – Schuschnigg muss Seyß-Inquart als Innen- und

Sicherheitsminister akzeptieren und der freien politischen Betätigung der Nazis zustimmen.
Die Drahtzieher dieses tödlichen Stoßes gegen die Souveränität Österreichs sind Rainer und Globocnik, die nur eine Woche später zufrieden den Erfolg einer weiteren Intrige konstatieren können: Landesleiter Hauptmann Leopold wird am 20. Februar nach Berlin zitiert und von Hitler abgesetzt.

Mittwoch, 9. März 1938. Pünktlich um 8.10 Uhr verlässt der D-Zug 121 nach Innsbruck den Wiener Westbahnhof. Mit an Bord Bundeskanzler Kurt Schuschnigg, der am Abend in der Tiroler Hauptstadt die Bombe platzen lassen will: Eine Volksbefragung soll über die Zukunft Österreichs entscheiden. Den Entschluss dazu hat er in den Tagen zuvor mit seinen engsten Beratern gefasst; er ahnt nicht, dass die Sekretärin seines Freundes Guido Zernatto, eine Illegale, den Plan bereits an die Nazis verraten hat.
Im Büro von Walther Pembaur, dem aus Innsbruck stammenden Leiter des „Volkspolitischen Referats“, in der Seitzergasse 1 in der Wiener Innenstadt beraten die Kärntner Freunde Klausner, Rainer und Globocnik sowie Parteigenosse Dr. Hugo Jury aus St. Pölten die weitere Vorgangsweise. Sie beschließen, zu Innenminister Seyß-Inquart in dessen Rechtsanwaltskanzlei Am Hof zu fahren; ihr Parteifreund in der Regierung weiß jedoch bereits Bescheid. Er hat zwar dem Bundeskanzler sein Ehrenwort gegeben, nichts über die Volksbefragung verlauten zu lassen, übergibt den aufgeregten Genossen jedoch die Kopie eines diesbezüglichen Briefes an Schuschnigg; damit, so meint Seyß-Inquart, könnten sie ja Berlin informieren. Die vier Männer kehren in die Seitzergasse zurück, sie wissen, dass es jetzt schnell zu handeln gilt – vor allem dem „Führer“ muss man Bescheid geben. Friedrich Rainer ruft daher Staatssekretär Wilhelm Keppler an, den Beauftragten Hitlers für Österreich, der eben von Wien nach Berlin zurückgekehrt ist und Hitler über die erfreuliche Entwicklung in Österreich berichtet hat. Keppler ist konsterniert, will die Nachricht zunächst nicht

glauben und ruft bei Seyß-Inquart an; als dieser bestätigt, eilt er zu Hitler in die Reichskanzlei – der „Führer" befiehlt ihm, sofort nach Wien zu fliegen.

Inzwischen haben auch die Kärntner Freunde einen Entschluss gefasst: „Organisationsleiter" *Globus* muss mit der nächsten planmäßigen Maschine den Brief Seyß-Inquarts Hitler persönlich überbringen. Ohne Gepäck, nur mit der Briefkopie als „Beweismittel" in der Tasche, fährt man Globocnik zum Flugfeld in Aspern und hat Glück: Es gibt einen freien Platz nach Berlin.

Am Nachmittag steht *Globus* in der Reichskanzlei wieder einmal seinem Idol, dem „Führer", gegenüber. Er übergibt ihm den Brief, Hitler, von Keppler bereits instruiert, bleibt ruhig und bittet ihn, vorerst in Berlin zu bleiben: „Sie bleiben hier. Sie bekommen gut zu essen und warten das weitere ab." Globocnik wagt zu widersprechen, er werde in Wien gebraucht und müsse daher zurück, doch Hitler zeigt sich unnachgiebig: „Sie werden schon das weitere hören" – der Kärntner Briefträger muss sich fügen. Während seine Freunde in Wien vor dem Radiogerät gespannt der Rede Schuschniggs folgen, sitzt er in Berlin fest.

Donnerstag, 10. März 1938. Zu Mittag ist sich Hitler im Klaren darüber, was er Globocnik als Botschaft mit auf die Reise geben will: Er lässt ihn wieder zu sich in die Reichskanzlei kommen, bittet ihn, Seyß-Inquart zu bestellen, dass ein Sonderkurier in Kürze genaue Instruktionen nach Wien bringen werde. Und dann drückt er Globocnik noch ein Briefkuvert in die Hand, einen an die österreichischen Nazis gerichteten Befehl: Von nun an sei es ihnen erlaubt, dem Schuschnigg-Regime auch mit „kämpferischen" Mitteln entgegenzutreten, sie haben nun die ersehnte „Handlungsfreiheit". Damit ist Globocnik entlassen; mit einem Sonderflugzeug, das man ihm nun großzügig zur Verfügung stellt, kehrt er am Abend nach Wien zurück; am Flugplatz in Aspern wartet schon „Friedl" auf ihn; gemeinam fährt man zum Hotel Regina am Dollfußplatz, um im Kreis der Parteiführung die nächsten Schritte zu beraten. Doch vorerst ist *Globus* am Wort: Der „Führer" habe ihnen Handlungsfreiheit gewährt, kann er stolz aus Berlin berichten. Als dann Innenminister Seyß-Inquart zur Runde stößt, verschweigt man ihm diese Botschaft Hitlers, Globocnik informiert ihn nur darüber, dass ein Sonderkurier aus Berlin ihm am folgenden Tag neue Direktiven überbringen werde.

Globus, so zeigt sich an diesem 10. März erstmals, ist kein Freund Seyß-Inquarts, der ihm zu wenig entschlossen ist – vor allem aber ist der Innenminister mit seinen bekannten Sympathien für das katholische Lager ein Konkurrent im Kampf um die Macht.

„Friedl" Rainer formuliert schließlich nach langen Diskussionen die Verhaltensmaßregeln für die nächsten Tage:

„Es gibt in den nächsten Tagen drei mögliche Fälle:

1. Fall: Rückziehung der Volksabstimmung, in diesem Fall ist angeordnet, Demonstrationen größeren Stiles zu veranstalten.
2. Fall: Schuschnigg demissioniert: für diesen Fall ist das Übergehen von Demonstrationen zur Machtergreifung angeordnet.
3. Fall: Schuschnigg nimmt den Kampf auf: für diesen Fall ist sämtlichen Führern der Partei Handeln auf eigene Faust mit Einsatz aller Mittel zur Gewinnung der Machtpositionen anbefohlen."

Mittlerweile ist auch Ernst Kaltenbrunner, der Chef der österreichischen SS, aus Linz kommend in Wien eingetroffen – die Nazi-Riege ist komplett und für die Ereignisse des nächsten Tages gerüstet.

Freitag, 11. März 1938. Noch in der Nacht bereiten sich die Truppen der 8. deutschen Armee zum Einmarsch in Österreich vor. Um zwei Uhr früh gibt Hitler die „Weisung Nummer 1, Betr. Unternehmen Otto" aus, allerdings vorläufig noch ohne Unterschrift; er selbst behält sich den Oberbefehl vor, legt er doch Wert darauf, dass alles nach seinen Weisungen abläuft, Ziel ist ein „von der Bevölkerung begrüßter friedlicher Einmarsch".

Um 10 Uhr bespricht sich Bundeskanzler Schuschnigg mit seinen beiden Nazi-Ministern Seyß-Inquart und Edmund Glaise-Horstenau, Minister ohne Portefeuille, der soeben aus Berlin zurückgekehrt ist. Die beiden Handlanger des „Führers“ bedrängen den Kanzler, die Volksabstimmung abzusagen; Seyß-Inquart liest den Brief Hitlers vor und stellt Schuschnigg ein Ultimatum: Bis 14 Uhr müsse er eine Entscheidung treffen. Seine tatsächlich für ihn vorgesehene Rolle in diesem verlogenen Spiel verschweigt der Innenminister: dass es seine Aufgabe sein wird, Hitler zu „Hilfe“ zu rufen.

Im „Volkspolitischen Referat“ in der Seitzergasse warten die Parteigenossen um Klausner, Globocnik und Rainer indessen schon ungeduldig auf die neuesten Nachrichten; neu dazugestoßen ist nun auch „Gschaftelhuber“ (Tomkowitz/Wagner) Kajetan Mühlmann. Gegen Mittag treffen Seyß-Inquart und Glaise-Horstenau ein und berichten ausführlich über die Unterredung mit Schuschnigg; Seyß-Inquart liest auch hier den Brief Hitlers vor. Man telefoniert mit Berlin und schildert die Lage, Seyß-Inquart verfasst einen Brief an Schuschnigg, in dem er das Ultimatum bestätigt und bei dessen Nichterfüllung mit Rücktritt droht. In Berlin unterschreibt Hitler um Punkt 13 Uhr die „Weisung Nummer 1“.

Um 14.45 Uhr gibt Schuschnigg nach langen Beratungen nach – er sagt die Volksabstimmung ab. Doch in Berlin will man jetzt nicht mehr zurück, Göring drängt bei Hitler auf die „ganze und klare Lösung“, den „Anschluss“, Schuschnigg habe das Berchtesgadener Abkommen gebrochen. Ein zweites Ultimatum wird formuliert und um 15.05 Uhr Seyß-Inquart telefonisch übermittelt: Schuschnigg und die „nationalen“ Minister müssten sofort zurücktreten, Seyß-Inquart von Bundespräsident Miklas mit der Regierungsbildung beauftragt werden.

Als man in der Seitzergasse vom zweiten Ultimatum erfährt, beschließt man, Globocnik und Mühlmann ins Bundeskanzleramt zu schicken – um 15.30 Uhr betreten die beiden Nazis das Gebäude am Ballhausplatz; im Säulensaal treffen sie auf Glaise-Horstenau,

Mühlmann fragt ihn nach der Lage: „Is scho a Leich", antwortet der Herr Minister ohne Portefeuille und meint damit seinen Chef, den Bundeskanzler. Globocnik berichtet Seyß-Inquart über die Forderungen Berlins, dann ruft er Rainer an und bestätigt diesem, dass nun der Innenminister genau Bescheid wisse. Rainer hat für seinen Freund einen neuen Auftrag, der an Seyß-Inquart weitergegeben werden soll: „Es kommt darauf an, die Formationen zu legalisieren. SA und SS müssen mit der Polizei als Sicherheitsorgane eingesetzt werden."

Zur gleichen Zeit erklärt Schuschnigg in den Amtsräumen von Bundespräsident Miklas den Rücktritt seiner Regierung. Die Ernennung Seyß-Inquarts zum Bundeskanzler verweigert Miklas jedoch kategorisch, er „weiche nur der Gewalt". Staatssekretär Michael Skubl, dem er die Kanzlerschaft anträgt, lehnt ab; Hitler werde das auf keinen Fall akzeptieren und mit dem Einmarsch antworten – da sei ein Kanzler Seyß-Inquart noch das kleinere Übel.

Um 15.55 Uhr meldet sich Göring wieder telefonisch aus Berlin, der ungeduldige Reichsfeldmarschall will wissen, ob Schuschnigg schon zurückgetreten sei und ob Seyß-Inquart schon den Auftrag zur Regierungsbildung erhalten habe; nochmals betont er, dass dies eine „unumstößliche Forderung des Reiches" sei. Seyß-Inquart vertröstet Göring mit der Antwort auf 17.30 Uhr, spätestens dann wisse er Bescheid. Inzwischen haben Schuschnigg und seine Diplomaten vergeblich versucht, Unterstützung bei den Westmächten zu finden. Aus London kommt knapp nach 16.30 Uhr eine wenig ermutigende Antwort: „Die Regierung Seiner Majestät kann die Verantwortung nicht übernehmen, dem Kanzler zu raten, einen Kurs einzuschlagen, der sein Land Gefahren aussetzen könnte, für die die Regierung Seiner Majestät nicht in der Lage ist, Schutz garantieren zu können" – wohlgesetzte Worte, die die Wahrheit nicht verhüllen können: Chamberlain ist bereit, Österreich zu opfern. Frankreich und Italien folgen ihm mit Tatenlosigkeit; die Bewunderung für den „Führer" ist noch groß ...

Rainers „Verbindungsmann" Globocnik beobachtet die Vorgänge im Bundeskanzleramt mit Ungeduld, ihm geht das alles zu langsam. Er beschließt, das Lokal zu wechseln: Gemeinsam mit Freund „Friedl“ fährt er zur deutschen Gesandtschaft in der Metternichgasse; im Auto unterrichtet er Rainer über die Lage am Ballhausplatz; die beiden sind entschlossen, die „Sache“ etwas zu beschleunigen. In der deutschen Gesandtschaft angekommen, lässt sich Globocnik sofort mit Göring verbinden; um Punkt 17 Uhr steht die Leitung – jetzt will er zeigen, was er kann. Er beginnt das Gespräch mit dem Generalfeldmarschall.

Globocnik: „Ich muss Folgendes melden: Also, Seyß-Inquart hat mit dem Bundeskanzler bis 16.30 Uhr gesprochen. Er ist aber nicht in der Lage, das Kabinett bis 17.30 Uhr aufzulösen, weil es technisch nicht geht.“

Göring zeigt sich kompromissbereit: „Bis 19.30 Uhr muss das Kabinett gebildet sein … Ist der Seyß-Inquart da?“

Globocnik: „Der ist eben nicht da. Der ist in der Verhandlung. Darum hat er mich hergeschickt, das zu telefonieren.“ Er will noch etwas gegen einen Einmarsch der Österreichischen Legion sagen, doch Göring, dem die Befindlichkeit der österreichischen Nazis ziemlich egal ist, unterbricht ihn.

Göring: „Davon ist nicht die Rede! Ich will wissen, was los ist. Hat er Ihnen gesagt, daß er Bundeskanzler ist?“

Globocnik sucht sein Heil in der knappen Lüge: „Jawohl!“

Göring: „Ist ihm übertragen worden?“

Globocnik: „Jawohl!“

Göring: „Jawohl! Weiter! Bis wann kann er das Kabinett bilden?“

Globocnik: „Das Kabinett kann er bis 9.15 Uhr vielleicht …“

Göring will keine weiteren Verzögerungen: „Das Kabinett muss bis halb acht gebildet sein.“

Globocnik erzählt ihm daraufhin, dass inzwischen die Partei mit all ihren Gliederungen wieder erlaubt worden sei und SS und SA als eine Art von „Hilfspolizei“ auf den Straßen „Dienst“ tun würden. Den Generalfeldmarschall interessiert aber nur die angeblich schon stehende neue Regierung:

Göring: „Da bringt der Keppler die Namen. Ich habe da noch vergessen: Fischböck, Fischböck muss Handel und Wirtschaft bekommen."
Globocnik willfährig: „Selbstverständlich, das ist doch klar."
Göring: „Kaltenbrunner soll das Sicherheitswesen bekommen und Beyer soll die Wehrmacht bekommen. Das Bundesheer soll Seyß-Inquart kriegen. Dann Justiz ist klar, wissen Sie wen?"
Globocnik: „Ja, ja!"
Göring: „Nennen Sie den Namen!"
Globocnik glaubt zu wissen, worauf Göring hinaus will: „Ja, Ihr Schwager, nicht?" (gemeint ist Franz Hueber, verheiratet mit einer Schwester Görings, der bereits 1930 für kurze Zeit Justizminister war – J. S.)
Damit ist das Gespräch beendet; Globocnik reicht den Hörer weiter an Generalleutnant Wolfgang Muff, den Militärattaché der deutschen Gesandtschaft. Auch Muff will vor einem Einmarsch der Österreichischen Legion warnen, doch Göring lässt sich erst gar nicht auf eine Diskussion ein, die Entscheidung darüber liege allein in Berlin. Und er hat es eilig, dem „Führer" die Nachricht vom Rücktritt Schuschniggs und von der Ernennung Seyß-Inquarts zum Bundeskanzler zu überbringen. Die Lüge Globocniks hat nun Folgen: Hitler setzt den Befehl zum Einmarsch der deutschen Truppen in Österreich vorerst aus; Göring telefoniert weiter: Zuerst spricht er mit seinem Schwager Franz Hueber, der auf Wunsch Hitlers auch das Außenministerium übernehmen soll, dann mit Seyß-Inquart, der inzwischen in sein Büro in der Herrengasse zurückgekehrt ist – und jetzt wird klar, dass der Generalfeldmarschall einer falschen Information Globocniks aufgesessen ist. Göring ist außer sich, drängt darauf, dass Seyß-Inquart sich selbst zu Miklas begibt, und wiederholt sein Ultimatum: Wenn ihn Miklas nicht sofort zum Bundeskanzler ernenne, werde die Wehrmacht noch in dieser Nacht mit dem Einmarsch beginnen.
Inzwischen sind Rainer und Globocnik wieder zum Bundeskanzleramt gefahren, hier treffen sie wieder auf Seyß-Inquart, der sich

weigert, zum Bundespräsidenten zu gehen, und auf Glaise-Horstenau; Generalleutnant Muff teilt Miklas daraufhin das neuerliche deutsche Ultimatum mit, doch der Bundespräsident bleibt bei seiner Haltung: Er ernenne keinen Bundeskanzler unter der Androhung von Gewalt. Österreich sei ein freier und unabhängiger Staat und bestelle ebenso frei und unabhängig seine Regierung. Auch Wilhelm Keppler, der aus Berlin in Wien eingetroffen ist, scheitert kurz darauf bei Miklas – Göring scheint die Nerven zu verlieren, droht wieder mit dem Einmarsch; Rainer und Globocnik drängen in der Säulenhalle des Bundeskanzleramts auf die „Machtübernahme", sie wollen einen entsprechenden Befehl an die Gauleiter herausgeben, doch Keppler lehnt ein gewaltsames Vorgehen ab.

Von Staatssekretär Michael Skubl wird die Falschmeldung verbreitet, dass die Deutschen bereits einmarschieren würden; Miklas weigert sich weiter, die Nazis zu inthronisieren. Knapp vor 20 Uhr verkündet Schuschnigg in einer Rundfunkansprache seinen Rücktritt: „Der Herr Bundespräsident beauftragt mich, dem österreichischen Volk mitzuteilen, daß wir der Gewalt weichen." Und er schließt: „So verabschiede ich mich in dieser Stunde von dem österreichischen Volke mit einem deutschen Wort und einem Herzenswunsch: Gott schütze Österreich!"

Das Ende der Schuschnigg-Regierung, der „System-Zeit", ist damit offiziell, die Nazis feiern ihren „Sieg", ihr Exponent im Bundeskanzleramt ist Odilo Globocnik. Jetzt, im Augenblick des Zusammenbruchs der alten Ordnung, fühlt er sich so richtig in seinem Element, er genießt und spielt Regierung: Er ist der Mann, der am Telefon sitzt und Weisungen an die NS-Funktionäre erteilt, der Anfragen staatlicher Dienststellen beantwortet und Telegramme verschickt – all das im Namen von Innenminister Seyß-Inquart, der zwar um 20.18 Uhr im Rundfunk die Bevölkerung zu „Ruhe und Ordnung" aufruft, ansonsten aber mit dem Aktionismus des „Machers" Globocnik nicht mithalten kann.

In Berlin beraten Hitler und Göring die weitere Vorgangsweise, durch das Ultimatum – dessen Existenz gleichzeitig von Goebbels in einer „Richtigstellung“ des Deutschen Nachrichtenbüros bestritten wird – sind sie selbst unter Druck geraten: Reagieren sie nicht wie angedroht mit dem Einmarsch, verliert das Regime an Glaubwürdigkeit und Prestige. Der „Führer“ überlegt nicht allzu lange, die Chance, sich Österreich schon jetzt einverleiben zu können, ist da – und Hitler entscheidet sich dafür, die günstige Konstellation zu nützen. Euphorisch soll er sich in diesem Moment auf den Oberschenkel geklatscht und gerufen haben: „Jetzt geht's los!“ Um 20.45 Uhr gibt er mit der „Weisung Nummer 2“ betreffend das „Unternehmen Otto“ den schriftlichen Einmarschbefehl. Der „Vormarsch der deutschen Wehrmacht nach Österreich“ solle am 12. März bei Tagesanbruch „nach Weisung Nummer 1“ stattfinden; begründet wird die Okkupation des Nachbarlandes nun doch mit der Feststellung: „Die Forderungen des deutschen Ultimatums an die österreichische Regierung sind nicht erfüllt worden.“ Der zweite Schönheitsfehler der „Weisung Nummer 2“: Seyß-Inquart und seine Nazi-Kumpane haben die deutsche Regierung noch gar nicht offiziell um Hilfe gebeten; dieses Mäntelchen zur Legitimierung muss nachträglich konstruiert werden: Wilhelm Keppler erhält von Göring den Auftrag, für ein entsprechendes Telegramm Seyß-Inquarts nach Berlin zu sorgen. Doch der Ex-Innenminister und Noch-nicht-Bundeskanzler – inzwischen hat Miklas den Rücktritt der Regierung Schuschnigg bestätigt – weigert sich, das gehöre nicht zu seiner Aufgabe als österreichischer Innenminister. Schließlich wird ein Telegramm-Text formuliert, der von Reichspressechef Otto Dietrich an das Deutsche Nachrichtenbüro weitergegeben wird – eine Fälschung, mit der sich Seyß-Inquart einverstanden zeigt.

Kurz nach 22 Uhr fällt die letzte wichtige Entscheidung: Hitler erhält beruhigende Nachrichten von seinem Kurier in Italien, Prinz Philipp von Hessen: Der Duce habe die „ganze Sache“ sehr freundlich aufgenommen, Österreich sei für ihn eine „abgetane Angelegenheit“. Hitler ist erleichtert und verspricht: „Wenn die österreichische Sache jetzt aus dem Weg geräumt ist, bin ich bereit, mit ihm durch dick und dünn zu gehen (...) ich werde ihm das nie, nie vergessen.“ Prinz Philipp von Hessen bestätigt: „Jawohl, mein Führer!“

Globocnik, der die „Telefonwache“ hält und sich ungeniert als „Beauftragter“ der Regierung ausgibt, sammelt und genießt weiterhin die „Siegesmeldungen“ der Parteiführer in den Bundesländern – und aus der Bundeshauptstadt: Nazitrupps sind inzwischen im Wiener Rathaus eingedrungen, Vizebürgermeister Fritz Lahr, ein ehemaliger Heimwehrführer, hat die „kommissarische Führung“ der Stadt übernommen, über den Rathausplatz dröhnen Deutschland- und Horst-Wessel-Lied. Rainer kommt mit Klausner, Jury und Edmund Veesenmayer, dem Adjutanten Kepplers, zurück ins Bundeskanzleramt; umgeben von seinen Freunden tippt er auf einem Sofa in der Säulenhalle eine erste Ministerliste, die sich an Görings Vorschlägen orientiert.

Um 22 Uhr stehen 40 mit Pistolen bewaffnete SS-Leute in weißen Hemden und schwarzen Hosen vom Sturm 89 unter Führung des ehemaligen Spitzenläufers Felix Rinner beim Hintereingang des Bundeskanzleramts, sie seien auf Befehl Seyß-Inquarts gekommen, um den „Schutz der Verhandlungspartner“ zu übernehmen – eine von Friedrich Rainer geschickt inszenierte Aktion, die Erfolg hat: Seyß-Inquart will zwar keine Bewachung, willigt dann aber doch ein; die SS-Männer beziehen Posten vor den wichtigsten Räumen. Ausgerechnet jene SS-Einheit, die beim Putsch am 25. Juli 1934 gescheitert ist, macht sich nun kampflos im Bundeskanzleramt breit.

Unter dem „Druck der bereits vollzogenen Machtübernahme in ganz Österreich durch die NSDAP“ ist schließlich auch Bundespräsident Wilhelm Miklas zum Einlenken bereit. Um 23 Uhr betraut er Seyß-Inquart mit der „Fortführung der Geschäfte der Bundesführung“, eine Möglichkeit, die der Paragraf 84 der Maiverfassung von 1934 definiert und mit der Auflage verbindet, dass alle Entscheidungen der Regierung durch den Bundespräsidenten gegengezeichnet werden müssen – für die Nazis eine halbe Lösung, die sie nicht akzeptieren wollen, sie schicken Seyß-Inquart wieder zu Miklas. Immerhin: Ein Status der Legalität ist damit erreicht; die Meldung von diesem ersten Teilerfolg geht um 23.14 Uhr über die Ravag an die Öffentlichkeit.

Es geht gegen Mitternacht, als Miklas, bedrängt von Seyß-Inquart, der immer wieder darauf verweist, dass er doch kein „Revolutionär" sei und auf legalem Wege Bundeskanzler werden wolle, von Schuschnigg und Ex-Außenminister Guido Schmidt, seinen Widerstand endgültig aufgibt und bereit ist, Seyß-Inquart zum Bundeskanzler zu ernennen. Er knüpft an die Ernennung drei Bedingungen:

„1. Vermeiden Sie Blutvergießen! 2. Stellen Sie Ruhe und Ordnung wieder her! 3. Sichern Sie dem Land den Frieden!" – Bedingungen, die Österreichs Unabhängigkeit sichern und einen deutschen Einmarsch verhindern sollen, doch dazu ist es bereits zu spät.

Seyß-Inquart marschiert zu den Parteigenossen im Säulensaal, jetzt endlich bringt er die Botschaft mit, die sie seit langen Stunden hören wollen: „Ich bin zum Bundeskanzler ernannt." Die Freunde gratulieren, nur Globocnik kann es nicht lassen, einen kritischen Ton anzubringen, er meint etwas süffisant zum neuen Kanzler: „Wissen Sie, ich habe für Sie die Macht ergriffen und Regierung gespielt, aber ich habe Ihnen nichts gesagt, denn Sie wären dagegen gewesen." Es ist Mitternacht, als sich „Friedl" Rainer wieder an die Schreibmaschine setzt und eine neue Ministerliste tippt: Vizekanzler soll Glaise-Horstenau werden, Außenminister der katholisch-nationale Ministerialrat im Bundespressedienst Dr. Wilhelm Wolff, Justizminister wie mit Göring abgesprochen Franz Hueber, Minister für Soziale Verwaltung Hugo Jury und Anton Reinthaller soll für seine treuen Dienste mit dem Landwirtschaftsministerium betraut werden. Um Mitternacht sendet die Ravag eine neue Bekanntmachung, Seyß-Inquart sei, so der Kernsatz, „noch in Besprechungen über die Durchführung der Betrauung mit dem Bundespräsidenten befasst". Dieser ist nun auch bereit, die ihm vorgelegte Ministerliste zu akzeptieren –

Zwei Sieger und doch keine großen Freunde: Arthur Seyß-Inquart, bis zum 30. April 1939 Reichsstatthalter in der „Ostmark", und Odilo Globocnik im Sommer 1938.

er unterschreibt sie ohne Einwände; die Vereidigung des neuen Kabinetts wird für den Vormittag festgesetzt. Seyß-Inquart hat noch immer die Illusion, dass ein Einmarsch der Deutschen verhindert werden könne, und will mit Berlin verhandeln; seine Parteigenossen wollen davon eigentlich nichts mehr hören, auch sie befinden sich bereits im „Anschluss"-Rausch. Landesleiter Hubert Klausner bleibt es vorbehalten, den „Sieg" zu verkünden. Um 1.08 Uhr ruft er vom Balkon des Bundeskanzleramts: „In tiefer Bewegung verkünde ich in dieser feierlichen Stunde: Österreich ist frei geworden! Österreich ist nationalsozialistisch! Durch das Vertrauen des ganzen Volkes emporgetragen, ist eine neue Regierung gebildet worden, die nach den Grundsätzen unserer herrlichen nationalsozialistischen Bewegung ihre ganze Kraft für das Glück und den Frieden dieses Landes einsetzen wird. Arbeit und Brot für alle Volksgenossen zu schaffen, wird ihre erste Aufgabe sein. (...) An Euch, deutsche Volksgenossen und Volksgenossinnen, aber ergeht mein Ruf: An die Arbeit! Unser Ziel ist erreicht: Ein Volk, ein Reich, ein Führer! Heil unserm Führer! Heil Hitler!" Alle wollen auf den Balkon und sich als Sieger feiern lassen; Globocnik holt auch seinen Freund Rainer: „Friedl, du musst auch auf den Balkon!" Dann geht's für die neuen Regierungsmitglieder zum Fotografieren, man hat auch schon einen Platz ausgewählt: das Zimmer des Kanzlersekretärs Franz Krisch, in dem 1934 Engelbert Dollfuß verblutet ist …

In Wien und in den Landeshauptstädten macht der triumphierende NS-Mob die Nacht zum Tag. Zum Schlafen bleibt auch für die führenden Nazi-Funktionäre in der Nacht vom 11. zum 12. März 1938 keine Zeit. Als man erfährt, dass Himmler mit seinem Gefolge von München-Oberwiesenfeld Richtung Wien abgeflogen ist, beschließt man, den Reichsführer-SS gebührend zu empfangen. In der Stunde des Triumphes erwarten sie von ihm Lob und Anerkennung. In drei „Regierungsautos" fährt man hinaus zum Flugplatz Aspern: Landesleiter Hubert Klausner, Friedrich Rainer und Odilo Globocnik, Ernst Kaltenbrunner, Sicherheitsstaatssekretär Michael Skubl und Edmund Veesenmayer, der Mitarbeiter Wilhelm Kepplers; begleitet werden sie von „wild kostümierten" SA- und SS-Leuten (Tomkowitz/Wagner). Da man zu früh am Flugplatz ist, macht man es sich im Restaurant des Flugplatzes gemütlich und beschließt, endlich etwas zu essen – Veesenmayer gelingt es, einen

Kranz Zervelat zu organisieren, das gute Stück Wurst wird mit Heißhunger verschlungen, die Stimmung ist bestens.
Um 4.30 Uhr kommt von der Flugleitung die Meldung, dass die beiden Maschinen aus München in Kürze landen würden; der Leiter des Flugplatzes, Polizeioberstleutnant Oscar von Schmoczer, begleitet Klausner und Co hinaus auf das Flugfeld. Und dann sind die Chefs aus dem „Reich" auch schon da: Zwei Junkers 52 rollen aus, deutsche SS-Männer, bewaffnet mit Maschinenpistolen, stürzen aus der einen Maschine, sichern zackig das Erscheinen ihres Herrn: Reichsführer-SS Heinrich Himmler wird begleitet von Reinhard Heydrich, dem Chef der Sicherheitspolizei, und Kurt Daluege, SS-Oberführer der Ordnungspolizei.
Als Führer der SS in Österreich übernimmt es Ernst Kaltenbrunner, er trägt Knickerbocker, Sportjackett und Fliege, Himmler Meldung zu erstatten. Markig tönt er: „Melde Reichsführer vollen Sieg der Bewegung! Die SS zur weiteren Befehlsausgabe angetreten!" – Himmler zeigt sich von den stramm stehenden Österreichern wenig beeindruckt und eilt zu den wartenden Autos; gemeinsam mit Klausner und Kaltenrunner fährt er mit seinem Gefolge ins Hotel Regina.
Globocnik und Rainer haben großzügig auf ihre Plätze im Auto verzichtet und stehen an diesem kühlen Märzmorgen allein auf dem Fluplatz im Nordosten Wiens – erst nach stundenlangem Telefonieren gelingt es ihnen, ein Taxi in die Stadt zu bekommen. Sie ahnen, dass die Plätze an der Macht hart umkämpft sein werden. Beide haben an diesem langen Tag und in dieser langen Nacht entscheidend zur „Machtübernahme" beigetragen, beide sind jedoch vorerst leer ausgegangen. Auf die ihnen ihrer Meinung nach gebührende Belohnung für die großen Verdienste werden sie aber nicht verzichten wollen …
Deutsche Truppen besetzen in diesen Minuten bereits die Grenzübergänge nach Österreich, sie stoßen nirgends auf Widerstand; um 8 Uhr überschreiten Soldaten der 8. Armee die Grenze, jubelnd begrüßt von der Bevölkerung; die Erste Republik ist Geschichte.

Kein Imperium Globocnik

Als Gauleiter in Wien

Auftritt für „Groß-Wien“: Spatenstich zur Arbeitersiedlung in Guntramsdorf, benannt nach dem hingerichteten Juli-Putschisten Franz Holzweber, 13. August 1938.

Die Sieger des 11. März haben am 12. nur einen Wunsch: Sie wollen das Erscheinen ihres „Führers“ nicht untätig abwarten, sondern ihm auf halbem Weg entgegeneilen. So chartern der neue Bundeskanzler Arthur Seyß-Inquart und seine Freunde eine Maschine, die sie nach Linz bringt, mit an Bord natürlich auch Odilo Globocnik und Friedrich Rainer. Zunächst wartet man auf dem Hauptplatz in Linz auf die Ankunft des „Führers“; um 17.50 Uhr beschließt man ihm entgegenzufahren, nach 15 Kilometern hält man an, um sich der Triumphfahrt Hitlers anzuschließen. Gegen 19.30 Uhr trifft die Wagenkolonne des „Führers“ in Linz ein, gemeinsam mit Seyß-Inquart, Himmler, Eigruber und anderen prominenten Nazis betritt Hitler unter dem frenetischen Jubel der hier seit Stunden wartenden Menge den Balkon des Linzer Rathauses. Bundeskanzler Seyß-Inquart spricht die Begrüßungsworte und nützt die Gelegenheit, um „in feierlicher Weise“ den Artikel 88 des Staatsvertrags von St. Germain 1919 als „unwirksam“ zu erklären. Die „Unabhängigkeit Österreichs ist unabänderlich, es sei denn, daß der Rat des Völkerbundes einer Abänderung zustimmt“, hatte der Artikel gelautet, das ist vergessen, jetzt sei das Ziel „das volksdeutsche Reich der Ordnung, des Friedens und der Freiheit der Völker“. Hitler greift in seiner Replik das Wort vom „volksdeutschen Reich“ auf, das der „Wunsch und Wille des deutschen Volkes“ sei; dann spricht er von seinem historischen Auftrag, seine „teure Heimat dem Deutschen Reich“ wiederzugeben, für den er „gelebt und gekämpft“ und den er nun erfüllt habe. Die Menge am Hauptplatz tobt, überhört, dass Hitler auch von einem „Beitrag“ spricht, den sie für die Zukunft Deutschlands, für „seine Größe und seine Herrlichkeit“ zu leisten haben werde.

Nach diesem ersten öffentlichen Auftritt in Österreich zieht sich Hitler ins Hotel Weinzinger an der Linzer Donaulände zurück und jetzt dürfen auch seine Kärntner Getreuen mit ihm sprechen – er empfängt NS-Landesleiter Klausner, Rainer und Globocnik. Die Aussprache dauert nicht allzu lange, Hitler weiß, was er den drei Kärntner „Musketieren“ zu verdanken hat; jetzt gilt es, für sie entsprechende Ämter zu finden. Dann sind Österreich-Beauftragter Wilhelm Keppler und Bundeskanzler Seyß-Inquart beim „Führer", die anderen warten inzwischen in der Halle des Hotels, sie hoffen, dass Hitler noch zu ihnen herunterkommt – werden jedoch enttäuscht. Seyß-Inquart schweigt sich über die mit dem „Führer" besprochenen Details aus; noch in der Nacht fährt er mit seiner Entourage nach Wien zurück.

Sonntag, 13. März 1938. Während Hitler im Hotel Weinzinger mit seinen Beamten den Entwurf zum „Wiedervereinigungsgesetz" bespricht und zu Mittag zum Grab seiner Eltern nach Leonding fährt, baut Seyß-Inquart seine Regierung um – jetzt gibt es auch für Hubert Klausner ein Amt: Er wird Minister für die „politische Willensbildung"; SS-Führer Ernst Kaltenbrunner übernimmt nach dem Rücktritt von Michael Skubl das Staatssekretariat für Angelegenheiten der Sicherheit. Am Nachmittag tagt dann die NS-Landesleitung im Haus der ehemaligen Vaterländischen Front am Platz Am Hof, die neuen Funktionen für Odilo Globocnik und Friedrich Rainer werden festgelegt: *Globus* wird Leiter des Stabs im Amt von Landesleiter Hubert Klausner, Rainer erhält die Leitung des politischen Amts der Landesleitung – ehrenwerte Ämter, die jedoch bei den beiden Kärntner Aktivisten einen bitteren Nachgeschmack hinterlassen: Sollte das alles gewesen sein? Denn ins Rampenlicht treten andere: Da ist vor allem Josef Bürckel, der Gauleiter der Saarpfalz, der von Hitler den Auftrag erhält, als kommissarischer Leiter die Volksabstimmung am 10. April 1938 über den „Anschluss an das Deutsche Reich" vorzubereiten und die österreichische NSDAP zu reorganisieren. Hitler vertraut dem ehemaligen Volksschullehrer, der sich schon 1935 als „Abstimmungskommissar" im Saarland bewährt hat, und erhofft sich von ihm vor allem, dass er die österreichischen Parteigenossen im Zaum hält. Hitler hat seine Lektion gelernt.
Inzwischen wird der „Anschluss" auch legistisch vollzogen: Im Ministerratszimmer des Bundeskanzleramts ist an diesem Sonn-

tagnachmittag eine Kabinettsitzung anberaumt. Bundeskanzler Seyß-Inquart, der am Vormittag noch neue Minister nominiert hat, muss nun darangehen, sich selbst und die Regierung zu eliminieren. Als einziger Punkt auf der Tagesordnung steht die Verabschiedung des „Gesetzes über die Wiedervereinigung Österreichs mit dem Deutschen Reich", den Text haben deutsche Beamte aus Linz gebracht, Wilhelm Keppler und Staatssekretär Dr. Friedrich Wimmer besprechen vor der Sitzung noch letzte Modifikationen. Die Sitzung verläuft ruhig, keiner der anwesenden Minister wagt ein Wort des Widerspruchs – das Gesetz wird einstimmig angenommen. Da damit eine Verfassungsänderung vorliegt, ist es notwendig, dass der Bundespräsident gegenzeichnet, doch Miklas lehnt ab. Er tritt als Bundespräsident zurück und überträgt seine Funktionen gemäß Artikel 77, Punkt 1, der Verfassung an Seyß-Inquart – dieser kann nun, Bundespräsident und Bundeskanzler in einer Person, gegenzeichnen; mit der Unterschrift sind beide Ämter obsolet, es gibt keinen selbstständigen österreichischen Staat mehr. Keppler übernimmt es, den „Führer" in Linz über den erfolgreichen Coup zu informieren.

Zwei Tage später, am 15 März 1938, zelebriert Hitler am Wiener Heldenplatz die „Heimkehr" Österreichs ins Reich. Im Trubel des Tages geht eine letzte anerkennende Geste für die österreichischen Parteigenossen beinahe unter: Globocnik und Rainer werden noch zu Staatssekretären ohne Geschäftsbereich in der Landesregierung von Reichsstatthalter Seyß-Inquart ernannt. Eine Auszeichnung für die beiden Kärntner, auf die sie mächtig stolz sind, auch wenn die Funktion ihnen keine besonderen politischen Möglichkeiten eröffnet. Globocnik überlegt offenbar sogar, Wien zu verlassen und nach Kärnten zurückzugehen, ein Nachdenkprozess, der wohl einige Wochen andauert – wie aus einem Brief von Emil Michner an das Büro Hitlers hervorgeht (siehe unten), borgt er sich bei seinem Schwiegervater *in spe* sogar Geld aus, um eine Wohnung und ein Büro in Klagenfurt zu mieten. Doch dann, rechtzeitig vor der Volksabstimmung am 10. April, ist er zurück in Wien, um sich wieder ins Rennen um eine Führungsposition zu bringen. Es geht – und daraus macht er kein Geheimnis – um den Posten des Wiener Gauleiters. Offiziell ist er wegen der Volksabstimmung in Wien, ist er doch „Inspekteur“ im Stab von Josef Bürckel, dem „Beauftragten des Führers für die Volksabstimmung“. Das

Volksabstimmung und Großdeutscher Reichstag

Stimmzettel

st Du mit der am 13. März 1938 vollzogenen

Wiedervereinigung Österreichs mit dem Deutschen Reich

verstanden und stimmst Du für die Liste unseres Führers

Adolf Hitler?

Ja

Nein

Hotel Kaiserhof in der Frankenberggasse 10 unweit vom Karlsplatz wird für einige Tage zu seinem Hauptquartier. Am 8. April meldet sich der Herr Staatssekretär Globocnik unter dieser Adresse an; in der Spalte „Familienstand“ vermerkt er als mitgemeldete Gattin „Margarete, geboren 19. 10. 1906“ – Indiz dafür, dass zu diesem Zeitpunkt die Hochzeit mit Grete, die ihn offenbar nach Wien begleitet, fix ist. Der junge Nazi-Karrierist will seiner Verlobten etwas bieten, eigentlich hätte man ja auch in seiner nicht allzu weit entfernten Wohnung in der Köstlergasse absteigen können. Der gemeinsame Aufenthalt im „Kaiserhof“ wird jedenfalls rasch vorbei sein, am 12. April, zwei Tage nach der Volksabstimmung, die zum glorreichen Sieg der Nazis stilisiert wird, melden sich Globocnik und „Gattin“ wieder nach Klagenfurt ab. Seine Karriere steht in den folgenden Wochen auf des Messers Schneide; für alle Fälle baut Globocnik vor und besorgt sich wie geplant Wohnung und Büro in Klagenfurt: Am 6. Mai meldet er sich laut Klagenfurter Melderegister in der Bahnhofstraße 65/2/12 an – eine Zukunft als biederer Baumeister steht im Raum.

Doch Globocnik ist nicht der Mann, der kampflos resigniert: Das Paar ist an diesem 8. April 1938 aus Linz nach Wien gekommen, wo sich *Globus* mit Helmut Friedrichs, dem Hauptamtsleiter im Stab von Rudolf Heß, dem Stellvertreter des „Führers“, getroffen hat. Friedrichs unterstützt Christian Opdenhoff, den stellvertretenden Leiter der Abteilung VIII (Personalfragen) in der Wiener Dienststelle Bürckels, der mit Planstudien und der Ausarbeitung von Lösungsvorschlägen für die „Neuorganisation Österreichs“

betraut ist. In einer für Opdenhoff bestimmten Notiz vom 9. April 1938 berichtet Friedrichs über das Treffen: „Lieber Pg. Opdenhoff! Gestern hatte ich in Linz eine Besprechung mit Pg. Globotschnigg (sic!), der mit Genehmigung von Pg. Heydrich beim (sic!) dem R.F.S.S. gewesen war, nachher den Stabsleiter (= Martin Bormann – J. S.) sprechen (wollte), aber an mich verwiesen wurde. Meine Frage, ob die beiliegenden Vorschläge Gauleiter Bürckel übergeben seien, bejahte er. Er wies im übrigen darauf hin, daß er sich nicht selbst auf die Liste gesetzt hätte, die ‚Anderen' hätten das getan." (BA, Sammlung Schumacher 304/zitiert nach Botz, *Eingliederung*)

Friedrichs dokumentiert mit seiner Notiz, wie hartnäckig und zielgerichtet Globocnik versucht, den ersehnten Gauleiterposten zu bekommen. Taktisch geschickt wählt er – protegiert von Reinhard Heydrich – den Reichsführer-SS Heinrich Himmler zu seinem Verbündeten und schafft damit ein bedeutendes Gegengewicht zur Heß-Bormann-Bürckel-Fraktion, die Globocnik in ihren Überlegungen für die neu zu bestellenden Gauleiter ursprünglich gar nicht miteinbezieht. Die Liste, die Globocnik am 8. April Friedrichs vorlegt und die er mit nach Wien bringt, sieht ihn jedoch bereits als Gauleiter von Wien vor, für den Posten des Bürgermeisters ist Hermann Neubacher nominiert. Der Kommentar zu diesem Vorschlag spiegelt die Perspektive Globocniks: „Die Gauleiter können nur ausgewählt werden nach ihren tatsächlichen Leistungen besonders in der Verbotszeit nach dem 25. Juli 1934. Die Gauleiter, die den künftigen Neuaufbau der Partei in Österreich durchführen werden, müssen gewachsen sein aus der Zeit, die entscheidend war für die Vorbereitung der Machtergreifung. Es wäre eine Gefahr, Gauleiter zu wählen, die aus der Zeit vor dem 25. Juli 1934 stammen und aus dieser Zeit belastet sind mit der damaligen Fehlentwicklung der Partei in Österreich und die in der Zeit nach dem 11. Juli 1936 entweder nicht an der Front des Kampfes gestanden haben oder diesen Kampf selbst an der Front nicht verstanden und falsch geführt und beeinflusst haben" – eine deutliche Spitze gegen Männer wie Alfred Eduard Frauenfeld, den Gauleiter Wiens von 1930 bis 1933, oder den Erzfeind Hauptmann Leopold, der nun kaltblütig von den Parteigenossen völlig ausgebootet wird. Alfred Persche, der Stabschef Leopolds, notiert in seinem unveröffentlichten Manuskript über die Ereignisse nach dem „Anschluss": „Die SS hat auf allen Linien gesiegt. (...) Gauleiter Bürckel schlug vor, Major Klausner nickte zustimmend mit dem Kopfe und der Führer sagte ja. Interesselosigkeit? Gleichgültigkeit des Großen für das, was da unter ihm quirlt? Vergesslichkeit? Wer weiß das!"

Globocnik weiß, dass er auch bei Bürckel selbst nicht locker lassen darf. Sein Stellvertreter als NSDAP-Inspekteur für Österreich, ein gewisser Hupfauer, hat daher schon am 1. April an Karl Barth, den persönlichen Referenten Bürckels, einen Brief geschrieben, der nur allzu deutlich die Handschrift Globocniks trägt: „Für die schwierige Aufgabe, den Gau Wien zu leiten und sich insbesondere gegenüber den Stellen des Staates und der Stadt durchzusetzen, bedarf es eines Mannes, der diese Fragen restlos versteht und der in entscheidendem Maße den Umschwung Österreichs mit herbeigeführt hat und auch dem Führer bekannt ist ... Ich habe die Überzeugung gewonnen, daß der Parteigenosse Globocnig (sic!) der richtige Mann für diese Stelle wäre, er strebt nicht nach Posten, ist dabei aber unermüdlich tätig, um seinen Einfluß bei der Ordnung der Dinge geltend zu machen und versteht auch die Fragen, die es hier zu lösen gibt. Ich bin der Überzeugung, daß für die Aufgaben, die der Gauleiter Bürckel im Auftrage des Führers zu lösen hat, der Parteigenosse Globocnig gerade in dem schwierigen Gau Wien ein hervorragender Helfer wäre. Ich mache diesen Vorschlag deswegen, weil die bisherige Erfahrung mir gezeigt hat, daß Wien eine stärkere, eine restlos auf die Partei eingestellte Person eingesetzt erhalten muß. Außerdem kann ich feststellen, daß Parteigenosse Globocnig sich restlos den Weisungen des Gauleiters (= Bürckel – J.S.) fügt und fügen wird." (Bundesarchiv, zitiert nach Botz, *Wien vom „Anschluß" zum Krieg*)

So umsichtig *Globus* auch vorgeht – Opdenhoff und dessen Chef

Bürckel zeigen sich wenig beeindruckt. In einem Schreiben an Friedrichs vom 29. April 1938 sieht Opdenhoff Hubert Klausner als Gauleiter von Wien vor; für den Parteigenossen Globocnik sei allenfalls die Leitung eines Wiener „Treuhand-Bezirks" möglich. Da Klausner Wien nicht übernehmen und nach Kärnten will, schlägt Opdenhoff am 10. Mai August Eigruber als Kandidaten für den Wiener Gauleiterposten vor; Globocnik möchte er am liebsten als stellvertretenden Gauleiter nach Ostpreußen abschieben, was darauf hinweist, dass Opdenhoff und wohl auch Bürckel mit dem Kärntner ein grundsätzliches Problem haben und ihn für diesen Posten nicht geeignet halten. Ein anderer Vorschlag zur Lösung des Globocnik-Problems, der von Opdenhoff vorgelegt wird: In der Dienststelle Bürckels solle man ein Referat „Österreich" einrichten und mit dem Unruhegeist aus Kärnten besetzen – deutlich ist das Bestreben spürbar, ihm nicht allzu viel Befehlsgewalt zukommen zu lassen. Bereits am 2. April hatte Opdenhoff diesbezüglich in einer Aktennotiz für seinen Chef vermerkt: „Für Pg. Globotschnigg (sic!) ist es unbedingt gut, wenn er einige Zeit in der Zentralstelle der Partei arbeiten kann. Seine Tätigkeit würde sich für das alte Österreich sicher ungeheuer segensreich auswirken, denn er ist einer der besten Kenner der österreichischen Verhältnisse und energisch und klar genug, alles Notwendige durchzuziehen (…) Pg. Globotschnigg könnte umfassender und trotzdem in seiner Aufgabenstellung eingeschränkter für Österreich wirken (…)" (BA, Sammlung Schumacher/304, zitiert nach Botz, *Wien vom „Anschluß" zum Krieg*)
Knapp zwei Wochen später, trotz aller Bedenken und aller Anfeindungen, entscheidet sich Hitler für Globocnik. Am 23. Mai 1938 ernennt er ihn im Beisein von Bürckel und Heß zum Gauleiter von Wien – Bürckel akzeptiert die Ernennung offenbar, weil er weiß, dass Globocnik im Hintergrund mit Heydrich und Himmler einen mächtigen SS-Rückhalt hat.
In seiner Antrittsrede am 27. Mai lässt er keinen Zweifel an seinem Ziel: „In sechs Monaten gibt es in Wien nur eine einzige Macht

– die Nationalsozialistische Deutsche Arbeiterpartei.“ Und der neue Gauleiter meint es ernst mit der braunen „Revolution“: „Die politische, geistige, wirtschaftliche, kulturelle Durchdringung des gesamten öffentlichen Lebens muß durchgeführt werden auf dem Boden wahrer Volksgemeinschaft unter Ausschaltung aller Hemmungen und Schwierigkeiten, die entweder aus der vergangenen Zeit stammen, oder aber der Entwicklung durch Disziplinlosigkeit vorgreifen wollen.“

Globocnik stürzt sich mit Feuereifer in die Aufgabe, jetzt will er es, so hat man den Eindruck, allen Kritikern zeigen. Zeigen, dass er es ernst meint mit den Phrasen, die man von ihm und seinen Parteigenossen alltäglich zu hören bekommt. Ja, es ist eine Art „Revolution“, die er anstrebt. In den ersten Wochen und Monaten nach seinem Amtsantritt steht deshalb ein ungeheurer Aktionismus am Programm, der von ihm auch konsequent umgesetzt wird – Gauleiter Globocnik, der Mann des Volkes, wie er glaubt, ist in der Stadt allgegenwärtig. Am Vormittag des 11. Juni steht er, die Sammelbüchse in der Hand, zusammen mit Reichsstatthalter Seyß-Inquart bei der Staatsoper und sammelt für den Deutschen Schulverein Südmark; nachdem die Fotografen ihre Bilder geschossen haben, geht es zurück in die Gauleitung; am Nachmittag trifft Reichsminister Goebbels in Wien ein, da muss auch er am Asperner Flugplatz sein. Anlass für den Goebbels-Besuch sind der Beginn der ersten „Reichstheater-Festwoche des Großdeutschen Reiches“ und der Kongress des kontinentalen Reklameverbandes in der Wiener Hofburg. In der feierlichen Schlusssitzung erklärt der Reichsminister den Teilnehmern die Bedeutung des Begriffs „Propaganda“ im nationalsozialistischen Staat: Propaganda habe nichts mehr mit der „Wühlarbeit“ politischer Hasardeure zu tun, sondern sei die „Verkündung vollbrachter Taten und erlebter Leistungen“, durch sie lasse die nationalsozialistische Staatsführung „das Volk teilnehmen am politischen Geschehen“, es gehe um die „Wahrheit der Argumentation und Klarheit der vorgetragenen Gedankengänge“.

Triumphale Inszenierung am Heldenplatz: Rede zum 5. Jahrestag des Parteiverbots, 19. Juni 1938. Foto: Fritz Zvacek.

Im Rathaus wird ein „Generalappell des Gaues Wien“ abgehalten, bei dem Globocnik vor über 2.200 politischen Leitern die Rolle Wiens neu definiert: „Es gibt nur eine zentrale politische Führung des deutschen Volkes und daher ist es lebensnotwendig, die zweite politische Zentrale, die einst Wien verkörperte, restlos und für alle Zeiten zu zerschlagen" – Formulierungen, die den Wien-Hasser verraten. Die „wahre Mission Wiens" sei es dagegen, „Kulturmittelpunkt des deutschen Volkes" und „wieder der große Wirtschaftsplatz" zu sein.

Am nächsten Tag, Sonntag, dem 12. Juni, gilt es Goebbels und die Reichstheater-Festwoche weiterzufeiern. Am Abend begleitet Globocnik den Reichsminister gemeinsam mit Bürckel, Seyß-Inquart und Bürgermeister Neubacher zur Festvorstellung in die Staatsoper, am Programm steht der „Rosenkavalier". Von der Oper versteht er wenig, aber es geht ja auch nicht um Musik und nicht um Theater, die Aufgabe lautet vielmehr: Nur keinen Fehler machen, man weiß um den Einfluss des *Humpelstilzchen*s auf Hitler. An die Vorstellung schließt sich ein Empfang im Rathaus; Neubacher bedankt sich bei Goebbels für die Verlegung der Reichstheater-Festwoche nach Wien; man ist gespannt auf die „richtunggebende Rede" des NS-Propagandachefs bei der Kundgebung der Reichstheaterkammer am 13. Juni in der Staatsoper.

In dem mit den Flaggen des Reiches geschmückten Gebäude nimmt diese Veranstaltung dann auch, wie das *Kleine Blatt* in seiner Ausgabe vom 14. Juni berichtet, einen glanzvollen Verlauf: „Zahlreiche Vertreter von Staat, Partei und Wehrmacht" sind gekommen; das Erscheinen des Reichsministers wird „vom stürmischen Jubel umbrandet"; die Wiener Philharmoniker spielen unter der Leitung von Generalmusikdirektor Karl Böhm das Concerto grosso Op. 3 Nr. 5. in D-Moll von Händel. Ludwig Körner, der Präsident der Reichstheaterkammer, eröffnet die „historische Kundgebung", dann folgt die Rede des Ministers: Die Reichstheater-Festwoche sei eine „kulturelle Demonstration" vor der Welt, das Ziel sei eine „klare und verständliche Kunst" für das Volk, die „artfremden" jüdischen Künstler und das „dazugehörige Publikum", eine ebenfalls jüdische „überfütterte, blasierte Intelligenz", seien ja von den Wiener Bühnen bereits verschwunden. „Größtes

Ziel", so schließt Dr. Goebbels, sei die Schaffung eines „deutschen Volks- und Nationaltheaters".
Die Begeisterung des Publikums über diese Ausführungen ist groß – die Jubelstürme sind „nicht endenwollend", die Wiener Philharmoniker spielen den „majestätisch-prunkvollen" Schlusssatz von Franz Schuberts 7. Symphonie, dann dankt man dem „Führer", dem „ersten Künstler des Landes", mit einem kräftigen „Sieg Heil!".
Das Goebbels-Zwischenspiel ist damit gut überstanden, jetzt widmet man sich in der Gauleitung wieder dem „sozialrevolutionären" Aktionismus, etwa dem Kampf gegen „Preiswucher". Man glaubt zu wissen, was beim „kleinen Mann" gut ankommt, und hat auch schon wieder eine Idee, die unverzüglich in die Tat umgesetzt wird: Am 15. Juni 1938 taucht Globocnik um 4 Uhr früh plötzlich am Naschmarkt auf, begleitet wird er von den Parteigenossen Karl Schneeberger, dem „Sachbearbeiter" der „Deutschen Arbeitsfront" (DAF), der ihm in diesen Tagen wie ein Schatten folgt, und Wolf, dem Leiter des Landesarbeitsamtes Wien. Beinahe drei Stunden lang sind der Gauleiter und seine beiden Begleiter zwischen den Marktständen unterwegs, die Aktion findet durchaus Anklang: „Jeder drängte heran, um persönlich von seinen Verhältnissen zu berichten, und oft schwirrten zahllose Stimmen durcheinander, die alle gleichzeitig erzählen wollten. Auf seinem Rundgang ließ sich der Gauleiter von den Standbesitzern ihre Nöte schildern, sprach mit vielen Marktarbeitern über ihre Lage, ebenso mit den auf dem Markt beschäftigten Frauen und mit den mit ihren Waren auf dem Markt stehenden Bauern. Der Gauleiter erhielt so einen umfassenden und oft bis ins einzelne gehenden Einblick in die gesamte Lage des Marktes, seine Arbeitsweise und seine wirtschaftlichen Voraussetzungen", schreibt tags darauf das *Kleine Blatt*. Schuld an so manchen Missständen, da ist man sich einig, sei die „Systemzeit", nun verspricht Globocnik jedoch Abhilfe durch das „Eingreifen der zuständigen Parteistellen"; er lädt den Vertrauensmann des Marktes zu einer Unterredung ein. Zum Abschied gibt es für Glo-

bocnik sogar Blumen – eine Blumenfrau bedankt sich „unter dem Beifall der Umstehenden“ mit einem Strauß Nelken und Kornblumen: Es sollte dies, so das *Kleine Blatt,* „schlichter Ausdruck der Freude der Menschen des Wiener Naschmarktes sein, daß Gauleiter Globocnik sich um ihre Not kümmert und durch einen persönlichen Augenschein sich über ihre Lage unterrichtet“.

Während sich der Gauleiter als volksnaher Menschenfreund inszeniert, verschärfen sich die Schikanen gegen die jüdische Bevölkerung: Der Wiener Polizeipräsident verfügt, dass die am rechten Ufer des Donaukanals gelegenen Parkanlagen des 1. und 9. Bezirks „ausnahmslos“ von Juden nicht betreten werden dürfen. „Zuwiderhandelnde haben strengste Ahndung zu gewärtigen.“ Die *Reichspost* jubelt am 15. Juni 1938 über das „Judenverbot für den stadtseitigen Kaipark“, das sei nur gerecht angesichts des „anmaßenden Verhaltens von Juden gegenüber der arischen Bevölkerung“, begrüßt wird auch die „durchgreifende Entjudung der Mittel- und Handelsschulen“.

Am selben Tag nimmt Globocnik an einer Kundgebung des Wiener Gast- und Schankgewerbes in den Sofiensälen teil. Er darf, wie das *Kleine Blatt* berichtet, als erster Redner vor das Mikrofon. Die „neue Zeit“, sagt er zu den Wirten, sei nicht „irgendwie austarockiert worden, sondern wurde in harten revolutionären Kämpfen erstritten“; man habe Opfer gebracht, aber nicht dafür, dass „es vielleicht gemütlich beim Alten bleibe, sondern dass grundlegende Änderungen zum Besseren auf allen Lebensgebieten Platz greifen können, auch im Gastgewerbe. Wer in die neue Zeit des Nationalsozialismus schreite, müsse sich für die neue Gemeinschaft eignen.“ Die Schlussfolgerung des Gauleiters: Neue Opfer seien notwendig, es werde einem nichts geschenkt, alles müsse erarbeitet werden.

Die Woche vom 20. zum 27. Juni 1938 wird von der Wiener Hitlerjugend als „Werbewoche“ deklariert; Globocnik unterstützt diese Aktion mit einem Appell an die „deutschen Jungen und Mädel“: „Ich rufe daher die ganze Jugend des Gaues auf, einzu-

4 Wien, Donnerstag Das Kleine Blatt 16. Juni 1938 Nr. 164

Gauleiter Globocnik besucht um vier Uhr früh den Wiener Naschmarkt

Der Wiener Naschmarkt hat um 4 Uhr früh seine Hauptzeit. In allen umliegenden Straßen stehen die Pferdefuhrwerke und die Transportautos der Einkäufer, die um diese frühe Tagesstunde ihren Bedarf an Lebensmitteln, Kartoffeln, Gemüse und Obst bei den Großhändlern und den Bauern, die mit ihren Erzeugnissen auf den Naschmarkt aus der näheren und weiteren Umgebung Wiens kommen, decken. Wenn Wien noch schläft, sind hier bereits Tausende von Menschen tätig, um den in einigen Stunden zu ihnen kommenden Wiener Hausfrauen mit allen zum Lebensbedarf notwendigen Früchten und Landesprodukten dienen zu können. Jeder der Einkäufer möchte natürlich im Interesse seiner Kunden der erste sein, der seine Ware erhält. Das gibt nun ein lebhaftes und lautes Treibel auf dem ganzen Platz. Erregtes Stimmengewirr der Käufer und Verkäufer, laute Rufe der schwere Lasten tragenden Marktarbeiter, die sich durch die dichtgeballte Menschenmenge ihren Weg bahnen müssen, der Lärm der ab- und zufahrenden Fuhrwerke, das alles lagert sich als vibrierende Atmosphäre über diesem Markt, der für die Lebensmittelversorgung der Zweimillionenstadt von ausschlaggebender Bedeutung ist.

Gestern um 4 Uhr früh, es lag noch schwacher Dämmerschein über dem weiten Raum, erschien unangemeldet Gauleiter Globocnik, begleitet von seinem Sachbearbeiter der DAF. Pg. Schneeberger und dem kommissarischen Leiter des Landesarbeitsamtes Wien Pg. Wolf, um sich bei einem fast dreistündigen Rundgang zwischen den Verkaufsständen über die gesamten Verhältnisse auf dem Markt zu unterrichten. Im Nu hatte sich die Anwesenheit des Gauleiters herumgesprochen und freudige Zurufe begrüßten ihn auf seinem Wege. Jeder drängte heran, um persönlich von seinen Verhältnissen zu berichten, und oft schwirrten zahllose Stimmen durcheinander, die alle gleichzeitig erzählen wollten. Auf seinem Rundgang ließ sich der Gauleiter von den Standbesitzern ihre Nöte schildern, sprach mit vielen Marktarbeitern über ihre Lage, ebenso mit den auf dem Markt beschäftigten Frauen und mit den mit ihren Waren auf dem Markt stehenden Bauern. Der Gauleiter erhielt so einen umfassenden und oft bis ins einzelne gehenden Einblick in die gesamte Lage des Marktes, seine Arbeitsweise und seine wirtschaftlichen Voraussetzungen.

Wo ihm Zustände geschildert wurden, die

(Privatbild.)

Gauleiter Globocnik im Gespräch mit Marktleuten.

Berliner Bauarbeiter grüßen den Führer

In der Rolle des volksnahen Menschenfreundes: Globocnik bei seinem überraschenden Auftritt am Wiener Naschmarkt am 15. Juni 1938.

treten in die Reihen der Jugend des Führers, damit wir mit vereinten Kräften an die großen Aufgaben herangehen können, die auf uns warten. Jeder Junge, jedes Mädel meldet sich in diesen Tagen bei den Anmeldestellen der Hitlerjugend und wird Kämpfer für Großdeutschland und Adolf Hitler!" Wiederum stellt er „das System" an den Pranger, das für die „Not der Jugend nicht das Geringste übrig hatte und ein Meer von jugendlichen Arbeitslosen zurückließ". Er aber erachte es als eine besonders wichtige Pflicht, sie wieder „in Arbeit zu bringen".

Nach wie vor sieht Globocnik jedoch einen Schwerpunkt seiner Arbeit in der Durchsetzung der Deutschen Arbeitsfront und so spricht er am 18. Juni vor den Betriebszellenobmännern Wiens. Auch hier die Bitte an die Parteigenossen, die „noch abseits Stehenden" und „noch Misstrauischen" in die Gemeinschaft „hineinzuführen", erst dann könne man sich dem „sozialen Fortschritt" widmen, der sich allerdings „organisch" entwickeln müsse. Die

Betriebszellenobmänner selbst müssten hier in ihrer „Leistung als auch in der Einfachheit ihrer Lebenshaltung“ beispielgebend sein.

Sonntag, der 19. Juni 1938, ist ein strahlender Sonnentag; am Programm der Wiener NSADP steht ein neues Ritual: die Sonnwendfeier „nach altem gutem Brauch“ im Prater. 300.000 Volksgenossen, glaubt man den Zeitungsberichten, pilgern „froh und freudig“ auf die Jesuitenwiese. Knapp vor 17 Uhr treffen Globocnik, Seyß-Inquart, Bürckel, Bürgermeister Hermann Neubacher und Vizebürgermeister Hanns Blaschke mit ihrem Ehrengast, begrüßt mit „brausendem Jubel“, auf dem Festplatz ein – einmal mehr ist es Joseph Goebbels, der es versteht, in seiner Rede die Stimmung anzuheizen, indem er sich über die „Federhelden der Demokratie“ in Paris und London lustig macht; er sei gekommen, um hier in Wien mit den „deutschen Volksgenossen ein wahres Fest der Freude zu feiern“. Die „Feuerrede“ nach dem Entzünden des am Festplatz aufgeschichteten Holzstoßes hält schließlich Bürgermeister Neubacher. Er behauptet, dass diese Sonnwendfeier das „erste wirklich bodenständige Wiener Volksfest“ seit dem Ende des Krieges sei, und kündigt „unter stürmischer Zustimmung“ an, dieses Volksfest „in Einvernehmen mit Gauleiter Globocnik“ zu einer „ständigen Wiener Einrichtung“ machen zu wollen. Deutschlandlied, Horst-Wessel-Lied und „vieltausendstimmige Sieg-Heil-Rufe“ beschließen den offiziellen Teil des Festes. Die ausdrückliche Erwähnung Globocniks verrät, dass Neubachers Verhältnis zum Gauleiter bereits unter einer gewissen Spannung steht.

Am 30. Juni findet im Konzerthaus ein „Gemeinschaftsappell“ der Wiener Betriebsführer und ihrer Betriebszellenobmänner statt, ein Termin, den Globocnik natürlich nicht auslässt. Parteigenosse und DAF-Mann Karl Schneeberger eröffnet den Appell, dann kommt der Gauleiter zu Wort. Nach dem Hinweis auf die erste „Kraft durch Freude“-Fahrt, die nach Hamburg führe und zum Preis von 65 Reichsmark zu buchen sei, gibt er den aktuellen Mitgliederstand der DAF bekannt – 306.000 Wiener seien bereits in der

Deutschen Arbeitsfront organisiert. Dann kommt Globocnik wieder auf sein Lieblingsthema zu sprechen – die braune „Revolution". Das *Kleine Blatt* zitiert seine Ausführungen: „Die Ostmark habe nach fünf schweren Jahren eine Revolution gehabt, und daß die Revolution manches gezeitigt hat, was nicht schön war, sei klar. Demgegenüber aber müsse festgestellt werden, daß das Schöne dabei so überwältigend war, daß das Unschöne gar nicht zur Bedeutung gelangen konnte. Und deshalb sei man entschlossen, nach nationalsozialistischen Grundsätzen die Revolution weiterzuführen, und diese Revolution werde nie zu Ende sein. Was bei uns geschieht, gehe mit größter Disziplin vor sich. Man klage über Übergriffe, aber sie seien nirgends vorhanden. Früher seien wir lästige Inländer gewesen, mit denen Volksfremde kommandiert haben. Keine Presse habe sich gerührt, wenn ein Volksgenosse auf die Straße gesetzt und brotlos gemacht wurde. All den Nachsagen müsse festgestellt werden, daß wir die Gastgeber sind und daß der Gast sich unserer Hausordnung zu fügen, im anderen Falle aber die Folgen zu tragen habe. Er sei, so führte Gauleiter Globocnik weiter aus, für den sozialen Frieden in dieser Stadt verantwortlich. Und wenn in einem Betrieb die gesund denkende Gefolgschaft dem Betriebsführer sagt, daß sie mit Juden nicht zusammenarbeiten will, dann seien die Juden herausgenommen worden, weil die Wahrung des sozialen Friedens es verlangte. Die ausländische Presse habe dies aber gleich zum Anlass genommen, um von Pogromen zu sprechen. Er appelliere an alle, auch weiterhin Disziplin zu halten, denn was notwendig sei, werde er anordnen, und was nicht notwendig ist, abstellen."

Globocnik, der Lenker und Visionär. Zeichnung von Hedwig Holtz-Sommer aus dem DAF-Band „Wir gehen durch die Betriebe ..." (1938)

Die täglichen Erfolgsmeldungen und geschickt inszenierte Spektakel verschleiern, dass im Hintergrund bald dunkle Wolken aufziehen. Nur wenige Wochen nach seiner Ernennung zum Gauleiter gibt es den ersten Ärger mit Reichsschatzmeister Franz Xaver Schwarz. Anlass dafür ist das neue Dienstauto Globocniks, das er als „privat erworben" deklariert hat, tatsächlich hat man es „requiriert". Als Schwarz dieses Vorgehen kritisiert, kommt es, wie der Reichsschatzmeister in einem Schreiben an Reichskommissar Bürckel beklagt, zu „derartigen Ausfällen" Globocniks, wie er sie in seiner jahrelangen Tätigkeit noch nicht erlebt habe. Globocnik lenkt dann zwar ein und entschuldigt sich Mitte August 1938 bei Schwarz, mittlerweile liegt diesem aber ein Geheimbericht von Reichsamtsleiter Ludwig Meiler, dem Beauftragten des Reichsschatzmeisters, vor, in dem gegen den Wiener Gauleiter schwere Vorwürfe erhoben werden. „Der Gauleiter, Parteigenosse Globocnik, weicht von allen Gauleitern der Ostmark in jeder Beziehung distanziert ab. Er kümmert sich grundsätzlich um alles. Die Verwaltungsangelegenheiten scheinen sein besonderes Augenmerk zu finden. Er versucht auch das Mitgliedschaftswesen so zu regeln, wie es ihm paßt. Auch hinsichtlich des Beitragsaufkommens, der Gehaltsordnung usw. hat er seine eigene Meinung, die er in jeder Hinsicht in die Tat umzusetzen versucht … Ich kann wohl sagen, daß ich mit dem Gauleiter Globocnik stets einen frisch-fröhlichen Kampf zu führen habe. Nachdem ich ihm des öfteren gründlich den Kopf gewaschen habe, scheint er hinsichtlich seiner Befugnisse wieder einigermaßen klar zu sehen."

Tatsächlich schert sich Globocnik auch weiterhin wenig um die mahnenden Worte aus der Parteizentrale in München. Er braucht dringend Geld für den Aufbau der Partei und prompt findet sich auch eine üppig sprudelnde Geldquelle: das Vermögen der „Vaterländischen Front", das nun liquidiert wird. Globocnik nimmt diese Aktion persönlich in die Hände, kennt er doch die Verflechtungen der Vaterländischen Front mit den österreichischen Unternehmen sehr gut. Auf eine genaue Buchführung verzichtet er, da die lukrierten Mittel ja für „gemeinnützige Zwecke" verwendet würden. Ludwig Meiler hat auch dafür kein Verständnis, Anfang September 1938 berichtet er: „Bei der Nachprüfung des Vaterländischen Front-Vermögens wurde festgestellt, daß er rd. 1,500.000 ö. Sh. der V. F. beim Umbruch entzogen hat. Über den Verbrauch dieses Betrages konnte er bisher keine Rechnung legen" – eine Situation, die die Finanzbeamten der Partei nicht akzeptieren können, und so prüft man weiter. Zehn Monate lang wird man die Bücher der Liquidierungsstelle der Vaterländischen Front durchleuchten – vergeblich. Die Transaktionen des Gauleiters lassen sich nicht mehr nachvollziehen.

Was die Herren in der Parteizentrale zu diesem Zeitpunkt noch nicht wissen: Um finanziell einen größeren „Handlungsspielraum" zu gewinnen, richtet Globocnik neben der offiziellen Buchhaltung der Gauleitung zwei geheime Spendenkonten ein, über die all jene Geschäfte abgewickelt werden, die er nicht unbedingt öffentlich kommentiert wissen möchte.

Da ist zum einen sein Traum von einem eigenen „kleinen Presseimperium" (Gerhard Botz). Der Plan: eine Übernahme des finanziell angeschlagenen Adolf Luser Verlags, der mit dem ehemaligen jüdischen Modeverlag „Societät-Graphik" verschmolzen werden soll. Weiters soll sich an dem neuen Verlagsgebilde auch die „Deutsche Arbeitsfront" (DAF) beteiligen. Der Adolf Luser Verlag ist Globocnik und seinen Mitarbeitern bestens bekannt, hier erscheint die Zeitschrift *Der getreue Eckart*, ein Sprachrohr österreichischer Nazi-Autoren auf „streng arischer Grundlage", herausgegeben von Verlagsgründer Adolf Luser und Erich August Mayer, einem seiner Autoren. Abgewickelt wird das Geschäft über einen Strohmann, den Parteigenossen Karl Konrad Bauer, seines Zeichens 28-jähriger Schriftleiter des Wochenblatts des Deutschen Turnerbundes *Der Turner*. Bauer, nach dem „Anschluss" von Reichssportführer von Tschammern zum „Gaudietwart" des „Gaues XVII, Ostmark" ernannt, tritt als Käufer des Verlags auf, das Geld dazu, insgesamt knapp 300.000 Reichsmark, kommt aus der Kassa

der Gauleitung Wien. Mit einer abgetretenen Darlehensfordereung erhöht sich der Gesamtaufwand auf exakt 666.333,33 Reichsmark, das sind genau 1 Million Schilling.
Adolf Luser verlässt den Verlag, der weiter seinen Namen trägt, aber auch Karl Konrad Bauer, der neue Eigentümer, hat nichts zu sagen: Die Entscheidungen liegen bei Globocnik und seinen Freunden Hubert Klausner und „Friedl" Rainer.
Als Mann seines Vertrauens inthronisiert Globocnik mit Bruno Brehm einen der bekanntesten „nationalen" Autoren der illegalen Zeit als Herausgeber des *Getreuen Eckart*. In einem Schreiben vom 23. Juni 1938, das beigeheftet zum *Getreuen Eckart* erscheint, darf er dazu Stellung nehmen: „Als Gauleiter von Wien begrüße ich es besonders, daß ein Mann, der im Rahmen der Pflichten Wiens eine ungewöhnlich starke, prägende Kraft entwickelt hat, Bruno Brehm, die Herausgeberschaft des ‚Getreuen Eckart' übernommen hat."
Was der „Verleger" Globocnik nicht bedacht hat: Eine Transaktion wie der Kauf des Luser Verlags bedarf der Genehmigung durch den Reichsschatzmeister, ein Fehler, den ihm Franz Xaver Schwarz nie verzeihen wird. Und wie die strengen Revisoren ab dem Januar 1939 herausfinden werden, verstößt der Gauleiter Globocnik auch in anderen Fällen gegen die Regeln: So plant Globocnik den Verkauf des Hauses der Vaterländischen Front an den „Reichsnährstand" zum Preis von RM 630.000,-; durch das Eingreifen der Revisoren kann der Handel im letzten Augenblick verhindert werden, der dann tatsächlich erzielte Verkaufspreis: 1,2 Millionen Reichsmark. Keine Genehmigung des Reichsschatzmeisters hat Globocnik auch für den Kauf des Hauses Johannesgasse 4 in der Wiener Innenstadt für den „Verein zur Neugestaltung und Verschönerung Groß-Wiens".
Kritisch sieht Franz Xaver Schwarz aber auch einen zinsenlosen Kredit über RM 20,000,- an den HJ-Oberstammführer Hussek, der keine Sicherheiten vorlegen kann, und ein Darlehen über 13.000 Reichsmark, das Globocnik seinem Freund „Friedl" Rai-

ner zur Verfügung stellt. Das Geld dafür hätte ursprünglich noch aus dem illegalen Fonds des „Krumpendorfer Kreises" kommen sollen, da dieser jedoch erschöpft ist, bedient sich Globocnik aus den Mitteln der Liquidierungsstelle der Vaterländischen Front – der Reichsschatzmeister zeigt sich später großzügig und erlässt Rainer die Rückzahlung des Kredits.

Der getreue Eckart

Monatsschrift der Ostmark

Herausgegeben von Bruno Brehm

Hubert Hager: Der Friede von München

Karl Springenschmid: Böhmen – Land ohne Mitte?

Generalarbeitsführer Decker: Nationalsozialistische Feiergestaltung

K. R. Ganzer: Der Hitlerprozeß

Deutsch: Der Waffenstillstand 1918 / Hartmann: Ihr letztes Gesicht / Pupp: Wiener Secession / Grimme: Baukunst im Dritten Reich / K. v. Möller: Der Aufklärer / Politische Monatsumschau / Bühne / Film / Musik / Kunstberichte Glossen / Das neue Buch

Wien, 1. November 1938 Heftpreis RM 1.50 16. Jahrgang / Heft 2

Gedacht als „literarisches" Sprachrohr der neuen Herren: die im Luser Verlag erscheinende Zeitschrift „Der getreue Eckart".

Von den Transaktionen über die beiden Spendenkassen im Büro des Gauleiters können die Revisoren später anhand von aufgefunden Quittungen einiges rekonstruieren: So fließen etwa 50.000,- Reichsmark von der Vermögensverkehrsstelle über den Gauleiter an den Wiener Eislaufverein, 200.000,- Reichsmark von Kommerzialrat Gerhold über Globocnik an die Deutsche Arbeitsfront oder 10.000,- Reichsmark von der Österreichischen Creditanstalt über Globocnik an das „Haus der Presse" – alles Fälle, in denen ihm die Entlastung durch den Reichsschatzmeister verweigert werden wird. Um die Kassa des Gaues zu füllen, verfällt Globocnik auch auf überraschend „kreative" Lösungen: So will er etwa die aus Bronze gefertigten Original-Plaketten zum Reichsparteitag im September 1938 durch Plaketten aus Papiermaché ersetzen und diese zum gleichen Preis verkaufen – ein Vorhaben, das von Franz Xaver Schwarz im letzten Moment verhindert wird. Ende August 1938 ist die finanzielle Lage des Gaues bereits katastrophal, er stehe, wie Meiler feststellt, „vor einer restlosen Pleite"; Schwarz will sich die „Eigenmächtigkeiten" Globocniks nicht länger bieten lassen.

Der Terror gegen die jüdische Bevölkerung Wiens erfährt inzwischen mit der Einrichtung der „Zentralstelle für jüdische Auswanderung“ im Juli 1938 einen neuen Höhepunkt: „Judenreferent“ SS-Sturmbannführer Adolf Eichmann, der später in Lublin die Wege Globocniks kreuzen wird, bringt die auswanderungswilligen Juden mit eiskalter bürokratischer Präzision um Hab und Gut. Bis Ende Oktober 1938 verlassen 50.000 Juden das Land, doch den neuen Herren geht das zu langsam und so inszeniert man am 5. und 6. Oktober 1938 „spontane Kundgebungen“ des „Volkes“ gegen die Juden, die so zur Emigration gezwungen werden sollen. Eichmann unterstützt die „Aktionen“ durch Zwangsräumungen von jüdischen Wohnungen; die Gewaltbereitschaft wächst, angeheizt nicht zuletzt durch die von Globocnik am 2. August miteröffnete Ausstellung „Der ewige Jude“ in der Nordwestbahnhalle. Am 7. Oktober wüten in der Stadt SA und HJ: Jüdische Passanten werden auf den Straßen überfallen und jüdische Geschäfte und Wohnungen zerstört.

Gleichzeitig hat man noch einen zweiten „Gegner“ im Visier: Als es anlässlich einer „Rosenkranzfeier“ zum Gedenken an die Seeschlacht von Lepanto am 7. Oktober zu einer Demonstration am Stephansplatz für Kardinal Innitzer kommt, bei der Rufe wie „Innitzer befiehl – wir gehorchen dir!“ oder „Christus ist unser Führer!“ laut werden, zeigen sich die Nazis äußerst dünnhäutig: Den „Führer“ reklamieren sie ausschließlich für sich und die Herren auf der Straße sind sie – das beweisen Angehörige der HJ und verschiedener NSDAP-Ortsgruppen bereits einen Tag später. Am Abend des 8. Oktober dringen sie in das Erzbischöfliche Palais ein, zerschlagen Fensterscheiben, zerstören Einrichtungsgegenstände und werfen im „Kurhaus“ den Domkuraten Johannes Krawarik aus dem Fenster, der mit Oberschenkelbrüchen im Hof liegen bleibt. Die Polizei lässt den NS-Mob eine Stunde lang gewähren, erst dann bequemt man sich zu einem „Einsatz“ auf dem Stephansplatz. Die Wiener NSDAP-Führung versucht sich zunächst von den Ausschreitungen zu distanzieren, doch dann entschließt man sich zu einem offensiven Vorgehen gegen die „Schwarzen“ – in

Gesteuerter Terror gegen die jüdische Bevölkerung: in der Reichspogromnacht zerstörte Wiener Synagoge.

einer Versammlung am 12. Oktober glaubt Globocnik weiter Öl ins Feuer gießen zu müssen: Die Partei habe bisher „unerhörte Langmut" bewiesen und sich um den Schutz von Kirchen und Pfarrhäusern bemüht, „ja er selbst habe sogar auf eigene Kosten die gläserne Fassade des Erzbischöflichen Palais richten lassen, damit die Fremden nicht sagen können, Innitzer werde im Winter frieren müssen". Der Gau und die Partei, so behauptet er wiederum unverfroren, hätten mit den „Vorgängen" jedoch nichts zu tun. Dann folgt die Drohung: „Wenn mir aber jetzt eben die Meldung zugegangen ist, daß an mehreren Stellen der Stadt heute abend verschiedene schwarze Stänkerer versucht haben, einzelne unserer Leute zu überfallen, – daß das ein fauler Plan war, der angesichts der harten Fäuste unserer Leute wenig Erfolgsaussichten hatte, ist eine andere Sache – wenn, sage ich, in Wien solche geradezu abenteuerlichen Herausforderungen möglich sind, dann ist es mit meiner Geduld zu Ende … Ich werde morgen früh zum

Gauleiter Bürckel gehen und ihm sagen, daß dieser Gau die unerhörteste Disziplin an den Tag gelegt hat, sowohl gegenüber den Tschechen wie gegenüber den Juden und den Schwarzen. Und zur Bekundung dessen, daß die ganze Bevölkerung die klerikale Herausforderung ablehnt und zurückweist, ordne ich sofort an, daß morgen, Donnerstag abend, jeder anständig denkende Volksgenosse aus unserem Gau auf den Heldenplatz kommt, und dort an einer Massenkundgebung gegen die schwarzen Herausforderer teilnimmt." Unterstützt vom *Völkischen Beobachter*, der die Rede in seiner nächsten Ausgabe abdruckt und den Aufruf Globocniks wiederholt, kommen am Abend des 13. Oktober 1938 etwa 200.000 Menschen auf den Heldenplatz; Bürckel übernimmt es, in einer einstündigen Rede über den „politisierenden" und „machthungrigen" Klerus herzuziehen, der die Religion gegen den Staat ausspiele; man werde nicht dulden, dass „gewissenlose Hetzer den jämmerlichen Versuch unternehmen, ihre sogenannten christlichen Österreicher vom deutschen Volk loszubeten".
Mit dem katholischen Flügel der NSDAP hat es sich Globocnik seit dem Oktober 1938 endgültig verscherzt; schlimmer ist jedoch das Kesseltreiben in Berlin, das nun gegen ihn einsetzt, vor allem Hermann Göring intrigiert gegen den Kärntner, der ihn am 11. März so düpiert hat. Reichskommissar Josef Bürckel, der befürchtet, dass auf Betreiben des Reichsfeldmarschalls alte Rivalen wie Bürgermeister Hermann Neubacher oder der ehemalige Gauleiter Alfred Frauenfeld wieder ins Spiel kommen könnten, bewegt Göring dazu, Globocnik noch eine „letzte Chance" einzuräumen. Die Debatte über mögliche Nachfolger geht weiter, auch Hubert Klausner, nunmehr Gauleiter in Kärnten, wird genannt. Globocnik reagiert auf die Diskussion um seine Person mit Passivität – der Elan der ersten Wochen und Monate ist zur Gänze verschwunden. Als Bürckel von ihm einen Rechenschaftsbericht verlangt, ignoriert er dieses Ansinnen. Seine letzte Hoffnung, um eine Entlassung abwenden zu können, ist Rudolf Heß, der Stellvertreter des Führers, doch das ist die falsche Adresse: Heß ist nicht der Mann,

um in einer derart komplexen Personalentscheidung bei Hitler etwas bewirken zu können.

Die Ereignisse verdecken die Krise des Gauleiters. Nach dem Pariser Attentat von Herschel Grynszpan auf den deutschen Botschaftssekretär Ernst vom Rath am 7. November verschärft sich auch in Wien die Pogromstimmung; die Nazis planen für den 9. November eine „Aktion", die alles bisher Dagewesene in den Schatten stellen soll. Globocnik will vorbauen und ruft noch in der Nacht vom 8. zum 9. November seinen Rechtsberater Dr. Viktor Sauer an, um von ihm zu erfahren, wie man es anstellen solle, dass die Täter strafrechtlich nicht belangt werden können. Als Sauer ihn warnt und meint, dass nach geltendem Recht auch die Anstifter strafrechtlich belangt werden könnten, fragt Globocnik „höhnisch, ob auch er eingesperrt werde" – „mit blutleeren Paragraphenreitern" sei eben nichts zu machen, er werde „die Sache schon schaukeln" (zitiert nach Rosenkranz, *Novemberpogrom* 1938). Und er will die „Sache schaukeln", obwohl er gar nicht in Wien sein wird: Am Nachmittag des 9. November reist er nach München, wo sich die Nazi-Führer mit Hitler im Alten Rathaus zum Gedenken an den Marsch zur Feldherrnhalle 1923 treffen. Als aus Paris die Nachricht vom Tod des Botschaftssekretärs eintrifft, ist die „Judenhatz" nicht mehr aufzuhalten. Von seinem Hotel aus ruft Globocnik um etwa 22.30 Uhr in Wien an und gibt die Anweisungen zum Losschlagen; am Morgen setzen sich die Rollkommandos der SS in Bewegung, das Ziel: die Zerstörung von Bethäusern und Synagogen. Um 9.35 Uhr brennt in der Neuen Weltgasse 7 der erste jüdische Tempel, insgesamt sind es 42 jüdische Gotteshäuser, die dem „gesteuerten Vandalismus" zum Opfer fallen. Gleichzeitig werden von SA und Schutzpolizei jüdische Geschäfte demoliert und Tausende jüdische Wohnungen durchsucht und beschlagnahmt, 6.547 Juden, erstmals auch Frauen und Kinder, werden verhaftet, 3.700 von ihnen überstellt man am 13. November 1938 ins KZ Dachau.

Im Laufe des 10. November kehrt Globocnik nach Wien zu-

rück, so wie Reichskommissar Bürckel ist er mit „dem Erfolg der Aktion durchaus zufrieden“; sein abschließender Bericht zur „Kristallnacht“ fasst die aus seiner Sicht „positiven“ Effekte zusammen: So seien von den 5.000 jüdischen Einzel- und Kleinhandelsgeschäften in Wien nun 4.000 „innerhalb kürzester Zeit“ gesperrt und der „arische Kleinhandel dadurch auf eine gesunde Wirtschaftslage gebracht“ worden, ca. 2.000 Parteigenossen hätten durch diese Aktion entsprechende Kleinwohnungen erhalten, die Lagerbestände der demolierten Geschäfte werde man „arischen“ Geschäftsleuten übergeben. Über die „Skandalszenen“ in der „Nacht der langen Finger“ ist man parteiintern nicht unbedingt glücklich, in einer Sitzung im Gauwirtschaftsamt am 12. November ist es vor allem Hermann Göring, der sich gegen die unnötige Zerstörung von „Konsumgütern“ und „Volksgütern“ ausspricht, um dann zynisch zu resümieren: „Mir wäre lieber gewesen, ihr hättet 200 Juden erschlagen und nicht solche Werte vernichtet.“ Die Herren stimmen dem zu – gemeinsam beschließen sie die sofortige Sperre aller jüdischen Bankguthaben, vor allem auch jener Juden, die von der Gestapo festgenommen worden sind.
Die von Bürckel eingeräumte „Bewährungsfrist“ (Gerhard Botz) kann Globocnik nicht entscheidend nützen, zu groß ist inzwischen der Kreis seiner Gegner, zu denen nun auch Seyß-Inquart zählt, der auf eine Ablöung des Wiener Gauleiters drängt. Eine Intervention bei Göring, den er „inständig“ bittet, weiterarbeiten zu dürfen, bleibt erfolglos. Einziger Lichtblick bleibt ein Besuch Himmlers im Dezember 1938. Gemeinsam mit dem Reichsführer-SS verbringt er am 12. Dezember einige angenehme Stunden, die beiden Männer verstehen sich außergewöhnlich gut – Globocnik wird auf Himmler in Zukunft zählen können.
Mit der Einführung der deutschen Lohnsteuer per 1. Januar 1939 verschärft sich die Lage im Gau: In verschiedenen Wiener Betrieben kommt es zu Unruhen unter den Arbeiterrn, Globocnik weiß dagegen kein Mittel, sein Elan vom Frühsommer ist längst geschwunden. Am 30. Januar 1939 ist es schließlich so weit: Hitler

kann und will Globocnik nicht länger halten und enthebt ihn seines Amtes. Ein einziger karger Satz verkündet der Öffentlichkeit dieses Ereignis: „Ich habe der Bitte des Pg. Odilo Globocnik, ihn von seinem Amt als Gauleiter des Gaues Wien zu entheben, entsprochen." Für den „Führer" ist die wenig ruhmvolle Angelegenheit damit vom Tisch; Zeitungen und Rundfunk sind zum Schweigen veranlasst, allein in der Pariser Exilzeitschrift *Der Kampf* findet sich am 11. Februar 1939 ein hämischer Kommentar: „Der Wiener Nazi-Gauleiter Globocnik ist seines Postens enthoben worden. Globocnik, ein Kärntner, war ein völlig unbedeutender Mensch und daher ein willfähriges Werkzeug: diesem Umstand verdankte er offenbar seine Ernennung gegenüber vielen anderen streitenden Bewerbern, aus denen ebenso viele Neider wurden." Das knappe Fazit des Blattes: „Als Gauleiter war Globocnik eine Niete, das hatten selbst die Nazis bald erkannt." Als unmittelbaren Anlass für seine Entlassung nennt auch *Der Kampf* die „Meutereien" in den Betrieben. Globocniks Kollegen im Gauleiteramt ziehen es vor zu schweigen, nur Hubert Klausner zeigt sich betroffen darüber, dass ein aufrechter Nazi wie Globocnik so aus dem Amt gejagt werde. Wenig später, am 12. Februar 1939, wird Klausner tot in seiner Wiener Wohnung aufgefunden, die Umstände seines Todes bleiben mysteriös …

Von seiner Absetzung als Gauleiter ist Globocnik schwer getroffen, er, der doch der Beste unter den neuen Gauleitern der Ostmark sein wollte, musste nun als Erster gehen. Was seine Zukunft im Reich Hitlers betrifft, so steht sein Entschluss jedoch bald fest: Er wird alles auf die Karte SS setzen und Himmler enttäuscht ihn nicht. Mit Wirkung 1. Februar 1939 wird er von seiner „Dienststellung als SS-Führer beim Stab SS-Oberabschnitt Donau" enthoben und zum Persönlichen Stab des Reichsführers-SS versetzt, zunächst aber geht er vier Wochen auf Urlaub, Wien, der Stätte seiner schweren Niederlage, kehrt er vorerst den Rücken. Seine Wohnung in der Köstlergasse gibt er auf; im Abmeldevermerk vom 1. Februar wird vom Meldebeamten, vielleicht sogar mit leichter Genugtuung über den Fall des Nazi-Führers, notiert: „abgereist, unbekannt wohin".

Nach dem Urlaub absolviert Globocnik gemeinsam mit Paul Gasser vom 1. März bis zum 3. Juni 1939 eine dreimonatige Schulung bei der SS-Standarte „Der Führer". Der Gauleiter a. D. lässt sich nicht hängen: Wie das Dienstleistungszeugnis verrät, zeigt er sich „geistig sehr rege" und beweist „großen Eifer und sehr viel Verständnis für den Dienst in der Truppe. Seine körperlichen Fähigkeiten, die durch einen ausgeprägten Willen zur Leistung unterstützt wurden, ließen ihn jeden Dienst zur vollen Zufriedenheit seiner Vorgesetzten versehen."

Und auch eine Fortsetzung der Karriere zeichnet sich ab: Wie ein Gewährsmann Siegfried Puchers berichtet, deutet er wohl im Frühsommer 1939 bei einem Gespräch in einer Wiener Kaserne seinem Schwiegervater *in spe* Emil Michner an, dass man ihm ein „großes Amt" versprochen habe, er aber darüber noch nicht sprechen dürfe. Und – was Michner gerne hört und nicht vergessen wird – er werde Grete tatsächlich heiraten. Es bleibt jedoch vorerst bei dieser Absichtserklärung.

Erstaunlich ist, dass Himmler seinen Wiener Schützling nicht aus den Augen verliert. So deponiert der Reichsführer-SS in der Wiener SS-Personalkanzlei den Wunsch, dass sich Globocnik nach seiner Ausbildung bei der SS-Standarte „Der Führer" bei ihm in Berlin mit Vorschlägen für einen dreiwöchigen Urlaub zu melden habe, er rate ihm „möglichst einen Urlaub an der See". *Globus* selbst will zunächst einmal wissen, wie es nach dem Dienst bei der SS-Standarte um seine Gesundheit bestellt ist, und so unterzieht er sich am 5. Juni 1939 bei Dr. Hans Kutschera von Aichbergen, dem Vorstand der I. medizinischen Abteilung im Wiener Wilhelminenspital, einer gründlichen Untersuchung „nach dem für die Prüfung von Flieger-Anwärtern vorgeschriebenen Schema". Die Befunde sind jedoch in Ordnung, „Herz und Kreislauf derzeit normal leistungsfähig", der Standortarzt der SS-Verfügungstruppe Wien 16 vermerkt im „Truppenärztlichen Zeugnis": „Außer einer nervös bedingten Schlaflosigkeit fanden sich keine Anhaltspunkte für das Vorhandensein eines Leidens oder Gebrechens."

Am 5. Juli 1939 werden Globocnik und Gasser wie von Himmler angekündigt zu einer zusätzlichen „Führerausbildung" im Rahmen der SS-Standarte „Germania", I. Bataillon, in die Nähe von Hamburg versetzt, das Ausbildungsziel: „Befähigung zur Führung eines Zuges, später einer Kompanie".

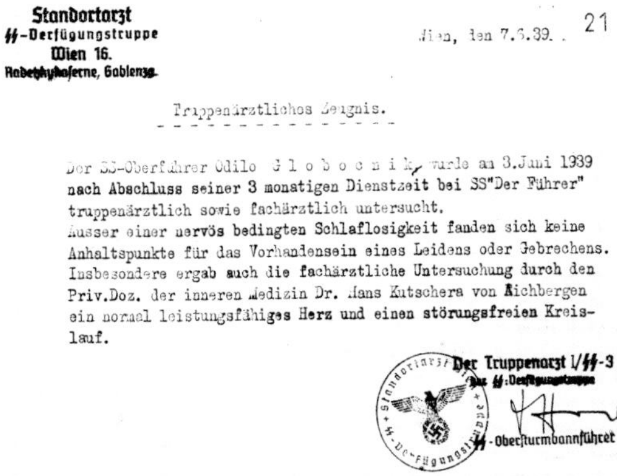
Standortarzt
SS-Verfügungstruppe
Wien 16.
Radetzkykaserne, Gablenzg.

Wien, den 7.6.39. 21

Truppenärztliches Zeugnis.

Der SS-Oberführer Odilo G l o b o c n i k, wurde am 3.Juni 1939 nach Abschluss seiner 3 monatigen Dienstzeit bei SS"Der Führer" truppenärztlich sowie fachärztlich untersucht.
Ausser einer nervös bedingten Schlaflosigkeit fanden sich keine Anhaltspunkte für das Vorhandensein eines Leidens oder Gebrechens.
Insbesondere ergab auch die fachärztliche Untersuchung durch den Priv.Doz. der inneren Medizin Dr. Hans Kutschera von Aichbergen ein normal leistungsfähiges Herz und einen störungsfreien Kreislauf.

Der Truppenarzt I/SS-3
SS-Obersturmbannführer

Außer einer „nervös bedingten Schlaflosigkeit" keine gesundheitlichen Probleme für den Gauleiter a. D.

Nun wirft der Krieg bereits seine Schatten voraus: Am 19. August werden die beiden Kärntner Nazis mit den Einheiten der „Germania", die der 14. Armee unter Generaloberst Wilhelm List angeschlossen ist, Richtung polnische Grenze in Marsch gesetzt.

Kurz vor Kriegsbeginn hat Heinrich Himmler für Freund *Globus* noch eine Überraschung parat: Am 23. August 1939 verleiht er ihm den Totenkopfring der SS. Die Titel- und Ordenssucht des gefallenen Gauleiters treibt indes seltsame Blüten: Ohne noch von dieser Auszeichnung zu wissen, meldet sich Globocnik, offenbar in den ersten Kriegstagen, beim Reichsführer-SS mit der Nachricht, dass er nun den Titel „Ingenieur" zugestanden bekommen habe und mit der Sudeten-Erinnerungsmedaille ausgezeichnet worden sei.

In Himmlers Schuld

Blutiger Auftakt in Polen

Himmlers Mann im Osten: der SS- und Polizeiführer Lublin.

Es regnet in Strömen, als wir auf dem Weg nach Lublin die Weichselbrücke bei Puławy passieren. „Nowa Aleksandria" hieß die Stadt unter russischer Herrschaft, um 1910 waren über 60 % der Bevölkerung Juden. Hier begann einst das Globocnik-Land, das Land der Lager und des Massenmords, das „Sonderlaboratorium" der SS. Und auch an diesem Ort regierte der Tod: Etwa 4.000 Menschen leben im Ghetto von Puławy, im Mai 1942 werden sie nach Sobibór deportiert und ermordet. Heute gibt es in Puławy keine jüdische Gemeinde mehr.
Die Straße führt geradeaus nach Lublin, hinter grauen Regenschleiern flaches Land, deutlich immer wieder zu erkennen die Kanäle zur Entwässerung – hier brachte die „Wasserwirtschaftsinspektion" der deutschen Okkupanten jüdische Zwangsarbeiter zum Einsatz. Dann endlich Lublin, das pulsierende Zentrum Ostpolens, Stau auf dem vielspurigen „Gürtel", der sich um die Altstadt legt; wir parken an der Lubartowka-Straße, einst die Grenze des Ghettos. Und unweit von hier liegt jener Teil Lublins, der von Globocnik und der SS zum Machtzentrum einer blutigen Terrorherrschaft ausgebaut wird …

In seinem Dankschreiben an Himmler für die Verleihung des Totenkopfrings – die Post stellt ihm den Ring am 10. Oktober 1939 zu – verweist Globocnik stolz darauf, dass er seit „dem 19. 8. am Marsche, sodann am ganzen polnischen Feldzug beteiligt" gewesen sei. Details über seine „Leistungen" während des Feldzugs verschweigt er wohlweislich – die jungen Männer der SS-Standarte „Germania" zogen es vor, die polnische Zivilbevölkerung zu terrorisieren, und überließen das Kämpfen ihren Kollegen von der Wehrmacht. Am 18. September beschwerte sich sogar Generaloberst List in einem Brief über die sich häufenden Misshandlungen von unbewaffneten Zivilisten, die Zerstörung von Synagogen und Erschießungen ohne entsprechende vorhergehende Verhandlung nach dem Kriegsrecht.
Während der SS-Mann Globocnik in den Reihen der „Germania"

siegreich nach Osten marschiert, braut sich in Wien Ungemach über ihm zusammen. Das Reichsrevisionsamt prüft in seinem ehemaligen Büro die beiden ominösen von ihm geführten Spendenkassen und kommt in seinem „Sonderbericht“ vom 29. September 1939 zur Auffassung, dass „dem früheren Gauleiter Pg. Globocnik auch unter Würdigung der damaligen ganz besonders schwierigen Verhältnisse in der Ostmark die Entlastung nicht vorgeschlagen werden kann“ – der Beginn einer langwierigen Auseinandersetzung mit den Prüfern; erste Bitten der Revisoren um eine Stellungnahme wird er ignorieren, die Angelegenheit bis ins Jahr 1941 verschleppen.

Unangenehmes zu ignorieren fällt ihm leicht, denn nun fällt die Entscheidung über seine Zukunft in den Reihen der SS: Reichsführer-SS Heinrich Himmler ernennt Odilo Globocnik am 1. November 1939 zum Höheren SS- und Polizeiführer im Distrikt Lublin; einen Tag zuvor, am 31. Oktober, besucht Joseph Goebbels Łódź, empfangen wird er von Seyß-Inquart, dem Stellvertreter von Generalgouverneur Hans Frank. Nach einer Unterredung mit Frank besichtigen die neuen Herren der Stadt das Ghetto der „Untermenschen“. Über seine Eindrücke notiert Goebbels am 2. November 1939 im Tagebuch: „Fahrt durch das Ghetto. Wir steigen aus und besichtigen alles eingehend. Es ist unbeschreiblich. Das sind keine Menschen mehr, das sind Tiere. Das ist deshalb auch keine humanitäre, sondern eine chirurgische Aufgabe. Man muß hier Schnitte tun, und zwar ganz radikale. Sonst geht Europa einmal an der jüdischen Krankheit zugrunde.“ Eine Meinung, die Goebbels zweifellos mit den Verantwortlichen vor Ort teilt. „Ganz radikale Schnitte tun“ wird zur wichtigsten Handlungsanweisung der Okkupation, der man sich von Beginn an verpflichtet fühlt.

Am 9. November trifft der Mann aus Kärnten in Lublin ein, motiviert bis in die Zehenspitzen – er will den Reichsführer-SS nicht noch einmal enttäuschen. Er wolle alles einsetzen, schreibt er zum Jahresausklang 1939 an Himmler, um zusammen mit seinen Männern „kleiner Helfer“ sein zu können. Seine neue Machtfülle

Das nach dem „Führer" benannte „Deutsche Haus" in der „Krakauerstraße" in Lublin. Foto: Bruno Wiśniewski, Februar 1940.

ist beträchtlich, untersteht ihm doch nicht nur die SS, sondern der gesamte Polizeiapparat: Er ist Chef der Gestapo, des Sicherheitsdienstes *(SD)* und der „Ordnungspolizei", die die städtische „Schutzpolizei" und die Gendarmerie am Land umfasst. Die Ordnungspolizei kontrolliert auch die polnische Polizei und die ukrainischen Hilfskräfte. Sein „Herrschaftsgebiet", der „Distrikt Lublin", umfasst etwa 26. 000 km^2 mit ca. 2,5 Millionen Einwohnern und entspricht der ehemaligen Wojewodschaft Lublin, abgetrennt hat man nur die Kreishauptmannschaft Siedlec und Teile der Kreishauptmannschaft Łuków, die dem „Distrikt Warschau" angeschlossen worden sind, vier Gemeinden der Wojewodschaften Lwów (Lemberg) und Krakau sind neu dazugekommen: Belz, Bełżec, Cieszanów und Ulanów. Zehn Kreishauptmänner sollen in den zehn Kreishauptmannschaften Biała Podlaska, Biłgoraj, Chełm, Hrubieszów, Janów Lubelski, Krasnystaw, Lublin, Puławy, Radzyń und Zamość die Vorstellungen Hans Franks von „Recht und Ordnung" umsetzen.

Zweieinhalb Wochen nach Kriegsbeginn, am 18. Oktober 1939,

haben deutsche Truppen Lublin besetzt. Noch am selben Tag rollt eine Verhaftungswelle an, 2.000 Menschen, Polen und Juden, werden festgenommen, innerhalb weniger Tage verwandelt sich in dramatischer Weise die Welt: Jüdische Familien werden aus ihren Wohnungen in den Hauptstraßen der Stadt wie Krakowskie Przedmieście vertrieben, Möbel und Wertgegenstände müssen den Besatzern übergeben werden, die Bewegungsfreiheit der jüdischen Bewohner wird eingeschränkt, von nun an müssen sie, sichtbar gebrandmarkt für alle, den gelben Stern tragen. Recht und Gesetz gelten für sie nicht mehr, sie sind zu Freiwild geworden.
Für die polnischen Bewohner Lublins wird der Tag von Globocniks Ankunft zum ersten großen Schreckenstag der Besatzungszeit. Noch hat man gehofft, dass die Deutschen sich etwa so verhalten würden wie die Österreicher im Ersten Weltkrieg, manches deutet auch darauf hin: Die Volks- und Mittelschulen sind weiter geöffnet, auch an der Katholischen Universität Lublin hat man den Lehrbetrieb wieder aufgenommen; Kinos und Theater dürfen wieder spielen, es erscheint weiter eine Tageszeitung, der *Ekspres Lubelski*. Und man weiß natürlich auch, dass Globocnik Österreicher ist – eine „Eigenschaft“ des neuen SS- und Polizeichefs, die manche hoffen lässt.
Am 9. November 1939 werden jedoch all diese Hoffnungen brutal zerstört: Der Schlag der Besatzer richtet sich gegen Angehörige der Intelligenz, gegen jene, von denen man annimmt, dass sie polnisches nationales Selbstbewusstsein und die polnische kulturelle Identität weitergeben und weitervermitteln würden. So verhaftet die Gestapo Lehrer, Richter, Rechtsanwälte, Ingenieure und Priester; insgesamt einige Hundert Personen werden in die Kerkerzellen des Schlosses gebracht. Unter den Festgenommenen ist Antoni Szymański, der Rektor der Katholischen Universität, die zwei Tage später, am 11. November, zum Mittelpunkt einer nächsten Verhaftungswelle wird. Alle 14 in Lublin sich aufhaltenden Professoren werden arretiert, unter ihnen der Slawist Władysław Kuraszkiewicz und Stanisław Wojsa, der Direktor des Konvikts; beide

werden später in Konzentrationslager verschleppt; Kuraszkiewicz überlebt in Sachsenhausen, Wojsa stirbt 1941 in Dachau.

Am 17. November wird die Universität geschlossen, das Gebäude, so ein erster Plan, soll als Kaserne dienen, später wird hier ein Spital der Wehrmacht eingerichtet. Die Gestapo verhaftet an die 60 Studenten, gleichzeitig geht man weiter gegen die Kirche vor: Gestapobeamte dringen in die Räume der bischöflichen Kurie ein und führen hier eine „Revision" durch; die beiden Lubliner Bischöfe Marian Leon Fulman und Władysław Goral werden festgenommen. Der Vorwand für die Aktion: angebliche Waffenfunde im bischöflichen Garten und die Verbreitung verbotener deutschfeindlicher Schriften. Die beiden Bischöfe und eine Gruppe von Priestern werden daraufhin am 27. November 1939 vor ein Sondergericht gestellt und zum Tode verurteilt – nach heftigen Protesten und einer Intervention des Vatikans wandelt Gouverneur Hans Frank die Todesurteile in lebenslängliche Haftstrafen um. Fulman und Goral werden nach Sachsenhausen gebracht; Ende Februar 1940 wird der 73-jährige Fulman freigelassen, Goral stirbt dagegen unter nicht geklärten Umständen 1945 in Sachsenhausen.

Rasch erkennt Globocnik, dass im Ringen mit den zivilen Verwaltungsstellen eine schlagkräftige, ihm treu ergebene „Palastwache" (Peter R. Black) zur gewichtigen Trumpfkarte werden könnte. Diese ausschließlich von ihm kontrollierte Truppe findet er im „Lubliner Selbstschutz", der sich aus jungen „Volksdeutschen" rekrutiert, die bereit sind, gegen Polen und Juden auch mit Gewalt vorzugehen. Mitte November 1939 befiehlt er SS-Standartenführer Walter Gunst die Aufstellung erster Einheiten. Bereits am 23. November steht in Janów, Kreis Janów Lubelski, ein Bataillon bereit, bestehend aus fünf Kompanien in einer Stärke von je 100 bis 150 Mann, uniformiert und bewaffnet. Es sind vor allem junge Leute vom Land, meist Bauern oder Landarbeiter, die bei den Werbern von der SS für den Selbstschutz unterschreiben, die Mehrzahl von ihnen Protestanten und Baptisten – das begünstigt die Identifikation mit den Besatzern. Manche von ihnen kommen aus Familien, die während des Ersten Weltkriegs von den russischen Behörden nach Sibirien deportiert worden sind.

Walter Gunst und seine Selbstschutz-Männer werden rasch zum Schrecken der Region: Anfangs noch in Zusammenarbeit mit den Zivilbehörden umstellen sie Dörfer und durchsuchen sie nach arbeitsfähigen Männern, die dann nach Lublin in zwei Lager in der Krochmalna-Straße verschleppt werden; zum wichtigsten Ziel wird die Beraubung der Juden: Jüdische Arbeitskommandos werden von Selbstschutz-Wachen gezwungen, die Häuser und Geschäfte von Juden nach Wertgegenständen und Gütern zu durchsuchen, die Beute wird im Selbstschutz-Hauptquartier in der Chopinstraße gesammelt. Bald geht man dazu über, die Juden auch einfach auf der Straße auszurauben; Gunst und sein Adjutant betreiben einen florierenden Handel mit Waren aller Art bis hin zu kompletten Schlafzimmereinrichtungen – unter Korruptionsverdacht wird Gunst schließlich 1940 aus Lublin entfernt und nach Warschau versetzt, sein Nachfolger wird SS-Oberführer Ludolf von Alvensleben. Die Übergriffe der Selbstschutz-Formationen halten jedoch an, Gouverneur Emil Zörner, seit März 1940 im Amt, beklagt sich immer wieder über ihre „mangelnde Disziplin".

Am 25. Jänner 1940 wird von den Deutschen der „Judenrat" eingerichtet, eine Institution, die Handlangerdienste leisten soll: bei der Beschaffung von Gold und Juwelen, beim Ausheben von Arbeitskräften und bei der Mobilisierung für die „Umsiedlungen". Zunächst sind es 24 angesehene Mitglieder der Gemeinde, die verzweifelt versuchen, auf der eine Seite die Deutschen zu besänftigen, auf der anderen Seite ihren eigenen Leuten zu helfen. In vielen Fällen werden sie das Los ihrer Gemeindeangehörigen teilen: den Tod in einem Vernichtungslager. Aharon Bach, ein Mitglied des Judenrats, wird verhaftet und im November 1940 zu Tode geprügelt.

Globocnik hat zunächst ein großes Ziel: Er will die Kontrolle über die Rekrutierung und Beschäftigung jüdischer Arbeitskräf-

Inspektion des Panzergraben-Projekts: Globocnik (1. von rechts) mit Gouverneur Hans Frank (2. von rechts) an der Demarkationslinie zur Sowjetunion, Juli 1940.

te – Aufgaben, die offiziell bei den Zivilbehörden liegen, die er jedoch systematisch an sich zu ziehen beginnt: mit dem Aufbau eines Arbeitslagers in der Lipowa-Straße etwa (siehe unten), vor allem aber durch groß angelegte Razzien, mit denen er versucht, Zwangsarbeiter für die geplanten Grenzbefestigungen am Bug zu bekommen. Sein gigantisches Projekt: ein Panzergraben entlang der Demarkationslinie zur Sowjetunion, bei dessen Bau Zehntausende Juden zum Einsatz kommen sollen. Ab dem Mai 1940 werden Arbeitslager in Bełżec, Plaszów, Lipsko und Cieszanów eingerichtet; im September 1940 berichtet der Judenrat in Lublin, dass bereits 11.000 Juden in den Camps an der Grenze arbeiten würden, bewacht vor allem von Selbstschutz-Einheiten. Gearbeitet wird an sieben Tagen der Woche jeweils neun Stunden, die sanitären und hygienischen Bedingungen sind „ziemlich primitiv", wie der Kreishauptmann von Zamość am 10. September der Regierung des Generalgouvernements in Krakau meldet, es fehlt an Seife und Waschgelegenheiten, vor allem aber an adäquatem Arbeitsgerät.

Wenige Monate nach seinem Amtsantritt in Lublin zeigt Globocnik, dass er bereit ist, im äußersten Fall auch den Massentod der jüdischen Bevölkerung in Kauf zu nehmen. Wie Hans Frank in seinem „Diensttagebuch" vermerkt, erklärt er auf einer Distriktssitzung am 14. Februar 1940: „Die Juden und Polen sollten sich selbst ernähren und von ihren Landsleuten unterstützen lassen, da diese Juden genug hätten. Falls dies nicht gelänge, sollte man sie verhungern lassen."

Am 5. Mai 1940, knapp vor Beginn des Westfeldzugs, besucht der Reichsführer-SS seinen Freund *Globus* erstmals in Lublin. Begleitet wird Himmler von seinem Adjutanten Jochen Peiper und von SS-General Karl Wolff. Das Mittagessen nimmt man im Casino ein, das Gespräch dreht sich wohl um die großen Umsiedlungspläne für das „Sonderlaboratorium" Distrikt Lublin. Die Herren aus Berlin übernachten in Lublin, „Fortsetzung des Programms" steht am 6. Mai auf der Tagesordnung, am Abend geht es mit dem Flugzeug zurück nach Berlin.
Globocnik ist bereits ungeduldig, er will endlich Fortschritte beim Bau des „Ostwalls" an der Demarkationslinie zum sowjetisch besetzten Teil Polens sehen. Ab August 1940, so verkündet er allen betroffenen Stellen, benötige er 30.000 ungelernte Arbeiter und 1.000 Facharbeiter, untergebracht werden sollen diese Zwangsarbeiter in eigenen SS-Lagern entlang der Demarkationslinie. Und außerdem seien noch unbedingt 3.000 Mann für den Bau des ersten Lagers in Bełżec notwendig. Max Frauendorfer, der Chef der Hauptabteilung Arbeit des Generalgouvernements, sieht das völlig anders: In einem Rundschreiben vom 5. Juli 1940, das an alle Arbeitsabteilungen geht, formuliert er die neuen Spielregeln: Die Zuteilung der jüdischen Arbeiter habe ausschließlich durch die Abteilung Arbeit der örtlichen Arbeitsämter zu erfolgen, außerdem stehe den jüdischen Arbeitskräften eine Bezahlung zu, wolle man, dass sie ihre Familien erhalten können. Ihr Lohn müsse 80 Prozent dessen erreichen, was ein Pole für die gleiche Arbeit erhielte.

Ein willfähriger Handlanger: Brigadeführer Globocnik im Gespräch mit Reichsführer-SS Heinrich Himmler, zwischen ihnen UWZS-Chef Hermann Krumey. Foto: Bruno Wiśniewski.

Lohn für jüdische Arbeiter? – Das gefällt dem Brigadeführer nun gar nicht und so entschließt er sich zum Handeln auf eigene Faust: In der Nacht vom 22. zum 23. Juli 1940 schickt er seine SS-Männer los, bei einer Razzia in Lublin nehmen sie 300 Juden fest; die Abteilung Arbeit wird natürlich über diese Aktion nicht verständigt. Als nun Mitarbeiter der Abteilung Arbeit am nächsten Tag empört protestieren, zeigt ihnen Globocnik die kalte Schulter: In Kürze erwarte er eine Änderung der Arbeitspolitik, bis dahin werde sich die SS die Juden beschaffen, die sie benötige. Bei einem Treffen seiner Mitarbeiter mit dem Leiter der Abteilung Arbeit in Lublin, Oberregierungsrat Jache, handelt man schließlich einen Kompromiss aus: Die bei der Razzia festgenommenen Juden bleiben in Gewahrsam der SS, ein zurückdatierter Antrag des SSPF auf Überlassung von Arbeitskräften solle dafür die rechtliche Grundlage bilden. Im Gegenzug versprechen Globocniks Männer, sich weiterer „Sondermaßnahmen" zur Beschaffung von Arbeitskräften zu enthalten. Bereits am 6. August wird das Problem der

Arbeitskräftezuteilung in Krakau weiter verhandelt; Max Frauendorfer leitet die Sitzung, für Globocnik nimmt daran sein Judenreferent SS-Untersturmführer Dr. Karl Hofbauer, ein 29-jähriger Kärntner Jurist aus Villach, ehemals Dozent für Völkerrecht in Wien, teil. Hofbauer erweist sich als nicht ungeschickt: Man einigt sich schließlich darauf, dass die SS im Distrikt Lublin „im Einvernehmen und unter Beteiligung der zuständigen Arbeitsämter" verstärkte Anstrengungen unternehmen könne, um arbeitsfähige Juden aufzutreiben. Die Leiter der Arbeitsabteilungen in den Distrikten Radom und Warschau sagen zudem Unterstützung zu – sie würden jüdische Arbeitskräfte nach Lublin schicken. Am 8. August verhandelt schließlich die Abteilung Arbeit selbst mit Globocnik, der für die nächsten Tage „Großrazzien" ankündigt, „um die Juden zu erfassen, die für den Grenzwall sowie für die anderen Bauvorhaben benötigt" werden. Der SSPF verspricht, in Zukunft die Abteilung Arbeit rechtzeitig vor einem Einsatz zu benachrichtigen, „damit die karteimäßige Erfassung und Aufteilung der aufgebrachten Juden durch die Arbeitsämter sichergestellt werden kann. Die Benachrichtigung der Arbeitsämter soll mittels Kennwortes erfolgen." Zumindest theoretisch einigt man sich über die „Verteilung der erfaßten Juden": Die Abteilung Arbeit solle der SS laufend die Zahl der von anderen „Bedarfsträgern" angeforderten Arbeitskräfte mitteilen, dann würde man „im Verhältnis zu der Zahl der angeforderten Kräfte" teilen. Die Untersuchung der Juden solle durch SS-Ärzte stattfinden – ein geschickter Schachzug Globocniks, der damit für die SS die wichtige medizinische Entscheidungskompetenz sichert.

Tatsächlich befiehlt der SSPF, der dringend frische Arbeitskräfte für das Lager in Bełżec benötigt, am 9. August 1940 die angekündigte „Großrazzia" – eine regelrechte „Judenjagd" in weiten Teilen des Distrikts, die unter dem Decknamen „Stieglitz" am 14. August beginnt, betroffen sind vor allem die Städte Biłgoraj, Tarnogród, Cholm, Krasnystaw, Hrubieszów, Werbkowice, Tomaszów und Zamość. Neben Angehörigen des Hamburger Reserve-Polizeibataillons 104 und der Gendarmerie beteiligt sich auch eine Wehrmachtseinheit an der Menschenjagd; das Ergebnis ist für Globocnik jedoch enttäuschend – es zeigt sich, dass die Juden gewarnt worden sind und sich entsprechend vorsichtig verhalten; er reagiert darauf mit dem Befehl, die Razzien weiter fortzusetzen. Am erfolgreichsten ist noch die 3. Kompanie des Polizeibataillons 104: Am 21. August 1940 meldet sie 888 angehaltene Juden, die man in das Sammellager in der Zitadelle von Zamość gebracht hat, von diesen hat man 64 Männer nach Bełzec überführt.

Ungefähr dreieinhalb Kiometer vom Zentrum Lublins entfernt liegt das Dorf Rury Jezuickie. Hier befinden sich die sogenannten „Doły" – eine Talsenke, die gegen Norden von einem steilen Hang begrenzt wird. Im Sommer 1940 tauchen hier plötzlich die Deutschen auf, Gestapo und SS. Eine Grube wird ausgehoben, etwa 2 Meter tief und 17 Meter breit. In der Nacht vom 29. zum 30. Juni 1940 schreckt Motorenlärm die Dorfbewohner aus dem Schlaf – LKWs der *Hitlerowców* sind unterwegs zu den „Doły". Auf den Ladeflächen liegen zur Erschießung bestimmte Polen: Männer und Frauen, Studenten, Beamte, Richter, Lehrer, Polizisten, die Bewacher sitzen der Einfachheit halber auf ihnen. Knapp vor der Grube halten die LKWs an, die Opfer werden von den Ladeflächen gezerrt, man verbindet ihnen die Augen und fesselt ihnen die Hände auf den Rücken. In Fünferreihen zusammengebunden, treibt man sie an den Rand der Grube, wo sie erschossen werden. Manche fallen, wie man später feststellen wird, noch lebend in das Massengrab und werden so wie die Toten mit Erde bedeckt. Wenige Tage später, in der Nacht vom 3. zum 4. Juli, tauchen die LKWs wieder auf, eine neue Grube ist ausgehoben worden, dieses Mal sind es vier Fahrzeuge, beladen mit Menschen, die ermordet werden. Noch dreimal wiederholen sich die nächtlichen Erschießungen; das letzte Mal, es ist die Nacht vom 15. zum 16. August 1940, sind es fünf LKWs, die Opfer herankarren. Wieder gibt es keinen Überlebenden.

Die Massengräber werden von den Polen mit Blumen geschmückt, die von den Deutschen konsequent immer wieder entfernt werden. Zu Allerseelen 1940 findet sich auf einem von ihnen eine Blechtafel mit der Aufschrift *Cześć Bohaterom* („Ehre den Helden"). Die Deutschen forschen nach dem Täter, stoßen aber auf eine Mauer des Schweigens und bleiben erfolglos. Nach dem Krieg lässt die ihn Lublin gebildete Kommission zur Untersuchung der Naziverbrechen die Gräber öffnen – und entdeckt, dass sich die Leichen im Lehm der „Doły" relativ gut erhalten haben. Die Gesichtszüge der Opfer sind zwar nicht mehr zu erkennen, ihre Kleidung hat jedoch, obwohl stark vermodert, die Farbe behalten, einzelne Teile wie Gürtel und Schnallen sind gut zu erkennen und erleichtern die Identifizierung.

Das Tauziehen zwischen dem SSPF und den Beamten von Zivilgouverneur Ernst Zörner um die jüdischen Arbeitskräfte geht im Herbst 1940 munter weiter. In einem Bericht vom 7. September 1940 beschwert sich die Abteilung Innere Verwaltung im Amt des Gouverneurs im Distrikt Lublin neuerlich über das Vorgehen des Brigadeführers: „Den Maßnahmen des planmäßigen Arbeitseinsatzes der Juden standen die eigenmächtigen Eingriffe des SS- und Polizeiführers für den Distrikt Lublin gegenüber. Durch wilde Razzien sind wirtschaftlich wichtigen Betrieben im Distrikt jüdische Facharbeiter entzogen worden, ohne die der Betrieb nicht ordnungsgemäß weitergeführt werden kann." Das Resümee der Abteilung: „Bei dieser Sachlage ist ein planmäßiger Arbeitseinsatz nicht durchzuführen …"

Rund 4.000 jüdische Zwangsarbeiter benötigt die SS allein für die zahlreichen Arbeitslager der „Wasserwirtschaftsinspektion", die es sich zum Ziel gesetzt hat, durch den Bau von Kanälen die Ernteerträge zu steigern. Um menschenwürdige Bedingungen kümmert man sich nicht, wie ein Bericht des Referats Arbeitslager beim jüdischen Arbeitsbataillon in Warschau von Ende 1940 festhält: „Die bei diesen Arbeiten beschäftigten Arbeiter erhielten we-

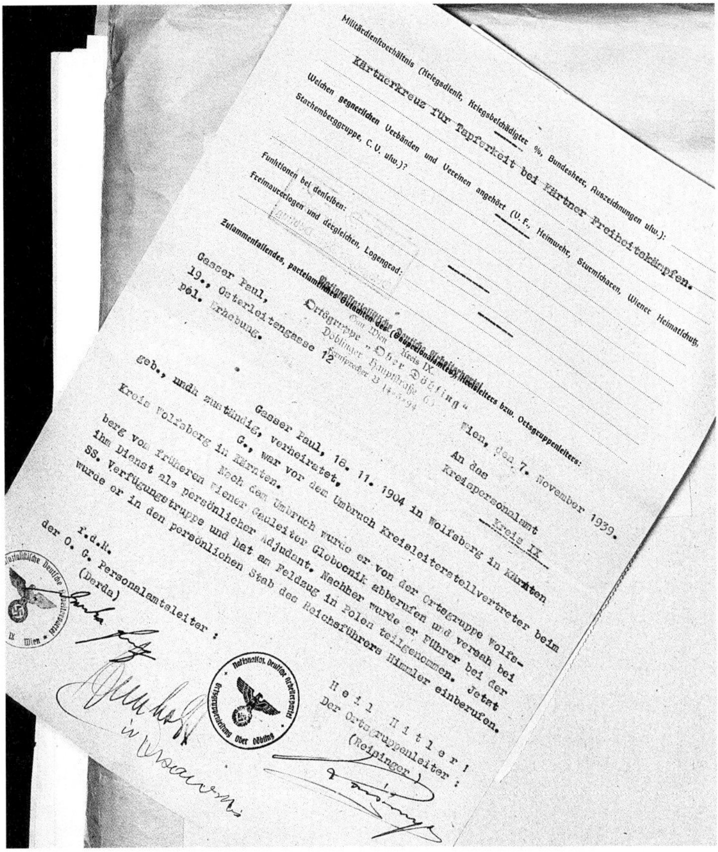

Militärdienstverhältnis (Kriegsdienst, Kriegsbeschädigter — %, Bundesheer, Auszeichnungen usw.):
Kärtnerkreuz für Tapferkeit bei Kärtner Freiheitskämpfen.
Welchen gegnerischen Verbänden und Vereinen angehört (V. F., Heimwehr, Sturmscharen, Wiener Heimatschutz, Starhemberggruppe, C. V. usw.)? —
Funktionen bei denselben: —
Freimaurerlogen und dergleichen, Logengrad: —
Zusammenfassendes, parteiamtliches Gutachten des (Gaupersonalamtsleiters), Kreisleiters bzw. Ortsgruppenleiters:

Nationalsozialistische Deutsche Arbeiterpartei
Ortsgruppe „Ober Döbling"
Gau Wien Kreis IX
Döblinger Hauptstraße 65

Gasser Paul,
19., Osterleitengasse 12
pol. Erhebung.

Wien, den 7. November 1939.

An das
Kreispersonalamt
Kreis IX

Gasser Paul, 18. 11. 1904 in Wolfsberg in Kärnten geb., und zuständig, verheiratet, G., war vor dem Umbruch Kreisleiterstellvertreter beim Kreis Wolfsberg in Kärnten. Nach dem Umbruch wurde er von der Ortsgruppe Wolfsberg vom früheren Wiener Gauleiter Globocnik abberufen und versah bei ihm Dienst als persönlicher Adjudant. Nachher wurde er Führer bei der SS. Verfügungstruppe und hat am Feldzug in Polen teilgenommen. Jetzt wurde er in den persönlichen Stab des Reichsführers Himmler einberufen.

Heil Hitler!
Der Ortsgruppenleiter:
(Reisinger)

f.d.R.
der O. G. Personalamtsleiter:
(Derda)

Schulkollege Paul Gasser folgt Globocnik als Leiter des persönlichen Stabs nach Lublin.

der geeignete Kleidung noch spezielle Stiefel für Wasserarbeit; bei dieser Art Arbeit mussten sie 8 bis 10 Stunden täglich bis zu den Knien im Wasser stehen; sie hatten keine Möglichkeit, ihre nasse Kleidung zu trocknen, also blieben sie darin, weil der Mangel an Anzügen und Wäsche das Wechseln unmöglich machte. Beim Arbeiten im Wasser ohne Schuhe und Beinkleider waren Blutegel eine besondere Plage; diese bissen den Leuten schreckliche Wunden in die Beine. Alle Arbeiten erforderten große Anstrengungen seitens der Arbeiter." Tagwache ist um 4 Uhr morgens, um 6 Uhr

beginnt die Arbeit, die bis 16 Uhr dauert. Zum „Frühstück" gibt es schwarzen Kaffee ohne Zucker und ein Stück Brot; nach der Rückkehr von der Arbeit wartet auf die ausgehungerten Männer ein halber Liter Suppe mit Grütze, Kartoffeln und Erbsen und etwas Fleisch, angeblich 5 dkg, oft sind es jedoch nur Knochen mit dürftigen Fleischresten, die da in der Suppe schwimmen.
Das Lamento der Zivilbehörden, die gegen Globocnik kein Mittel finden, geht weiter. Der Vertreter der Abteilung Bevölkerungswesen und Fürsorge beklagt sich am 21. Oktober 1940 wieder einmal über die Rücksichtslosigkeit des SSPF: „Bei der stattgefundenen Besprechung wurde für den augenblicklichen Stand des Arbeitseinsatzes der Juden und das dabei vorhandene Mißverhältnis zum SS- und Polizeiführer der kennzeichnende Ausdruck ‚Zirkus' geprägt; eine Kennzeichnung, der nichts hinzuzufügen ist."
Für die Zivilbehörden des Generalgouvernements in Lublin und Krakau werden die Umrisse von Globocniks „Judenpolitik" immer klarer: Der SSPF beansprucht das Recht des Handelns für sich, kompromisslos und brutal. Globocnik ignoriert Regeln und Abmachungen, wenn sie ihm nicht in den Kram passen. Und er nimmt sich das Recht heraus, seine eigenen Visionen von der „Lösung" der „Judenfrage" zu entwickeln. Nach einer Besprechung vom 13. Dezember 1940 notiert Hans Frank in seinem Diensttagebuch: „Brigadeführer Globocznik (sic!) hält es für notwendig, daß nunmehr im Distrikt Lublin mit größerer Schärfe gegen die Juden vorgegangen werde. Er empfiehlt die Unterbringung der Juden in eigens hierfür zu bestimmenden Orten, wo sie Zwangsarbeit zu leisten hätten."

24. Dezember 1940. Heiliger Abend. Die Wasserleitungen sind eingefroren, doch das hindert nicht am Feiern – es werden, wie Minni von Seltmann, die Frau seines „Volkstums"-Referenten Lothar von Seltmann, inzwischen zum dritten Mal Mutter geworden, berichtet, „wunderschöne Weihnachtstage", vom Krieg ist nichts zu merken. Globocnik hat Lothar und Minni zu sich nach Hause eingeladen,

Im Zeichen des Totenkopfs: Die SS wird dem jungen Kärntner Odilo Globocnik zur neuen Heimat.

Neuer „Lebensraum" im Osten für Millionen Deutsche. NS-Propagandakarte im Jahre 1942, Museum Zamość.

Oben: Das im März 1941 eingerichtete und ein Jahr später „liquidierte" Ghetto Lublin erstreckte sich zu Füßen des Schlosses, das von der Gestapo als Gefängnis genützt wurde. Foto von Max Kirnberger, 1941.

Unten: Das Lubliner Schloss heute. Nur mehr Gedenktafeln erinnern an die Tragödie der jüdischen Bevölkerung.

Bilder einer von den Nazis zerstörten Welt: Max Kirnberger, ein Offizier der Fernmeldetruppe, fing das Leben im Ghetto Lublin mit seiner Kamera ein.

בל
SKI

Im Reich Globocniks: Das „Lubliner Land“ zwischen Weichsel, San und Bug umfasste rund 26.000 km², die Einwohnerzahl betrug 1941 etwa 2,4 Millionen Menschen. Foto: Max Kirnberger, 1941.

In seinem Buch über das Generalgouvernement schrieb der NS-Publizist Maximilian du Prel 1942: „Das Untermenschentum der jüdischen Bastardrasse beherrschte fast die ganze Wirtschaft des Lubliner Landes."

Oben: Das Ziel von Globocniks und Himmlers Umsiedlungsplänen: das „Zamośćer Land", die Zamojszczyzna. Foto von Max Kirnberger, 1941.

Unten: Der Hauptplatz von Zamość mit dem Rathaus, in dem sich Nazi-Behörden einquartierten. Foto von Max Kirnberger, 1941.

am zweiten Weihnachtstag besucht er die Familie von Seltmann. Als Minni von Seltmann im Februar 1941 schwer erkrankt – zu einer eitrigen Angina gesellen sich eine septische Infektion und eine Venenthrombose – und zehn Tage lang über 40 Grad Fieber hat, veranlasst Globocnik, dass eine Krankenschwester nur für Minni abgestellt wird, er selbst kommt nach der Operation Minnis mitten in der Nacht an ihr Krankenbett, das „ganze Deutsch-Lublin" nimmt in „rührender Weise" Anteil an ihrem Leiden. Nach der Genesung Minnis fahren die Seltmanns zur Erholung nach Bad Krynica in die Beskiden, Lothar ist begeistert von seinem neuen BMW – die deutschen und österreichische Kolonialherren haben sich im Generalgouvernement bereits gut eingelebt.

Verschlechtert hat sich allerdings das Verhältnis Globocniks zu seinem Freund und Berater Paul Gasser. Der Wolfsberger Kamerad aus der Zeit des illegalen Kampfes kann offenbar seine Entscheidungen in der Judenpolitik nicht mehr mittragen und verschwindet plötzlich aus Lublin. Im Frühjahr 1941 meldet sich SS-Obersturmführer Paul Gasser zur Wehrmacht – er fällt noch im selben Jahr im Zuge von „Unternehmen Barbarossa". *Globus* fühlt sich für seinen langjährigen Freund noch immer verantwortlich und beantragt die Vormundschaft für Paul Gassers zwei minderjährige Kinder, die ihm auch zugsprochen wird. Damals 14 ist Sohn Wolfgang Gasser (1927–2007), der später als Schauspieler am Wiener Burgtheater zum Star wird. Er besucht zu diesem Zeitpunkt das Gymnasium, mit 17 wird er zur Wehrmacht einrücken und an der Westfront in amerikanische Gefangenschaft geraten. Über die Verstrickungen seines Vaters in die österreichische Nazi-Szene und über seinen Vormund Odilo Globocnik wird er schweigen …

Seinen „Auftrag" hat *Globus* nicht vergessen und so bleibt er über die Weihnachtsfeiertage nicht untätig – im Januar 1941 hat er seinen „Judenplan" fertig und legt diesen dem HSSPF Krüger in Krakau vor. Der Plan hat sich zwar nicht erhalten, alle Indizien deuten jedoch darauf hin, dass der Zwangsarbeitsgedanke zu diesem Zeitpunkt noch im Mittelpunkt steht.

Zum neuen Jahr 1941 hat sich Globocnik vorgenommen, endlich mit einer lästigen „Altlast" aufzuräumen: Noch immer schwelt der Konflikt mit Reichsschatzmeister Franz Xaver Schwarz und Franz Müller, der Revisor der Reichsleitung, hat ihm eine letzte Frist bis zum 10. Januar 1941 gesetzt, um sich zu rechtfertigen. Wie immer in solchen Fällen entschließt er sich zu einem Brief an Himmler, sein Mentor und Protektor soll wieder einmal helfend eingreifen. Er reagiert damit auch auf einen Befehl des Reichsführers-SS, zu den Revisionsberichten des Reichsschatzmeisters vom 29. September und 6. Oktober 1939 endlich Stellung zu nehmen – eine Aufforderung, die er unter diesen Umständen nicht weiter ignorieren kann, auch wenn er dem Revisor am Silvestertag noch knapp beschieden hat, dass ihn die „allgemeine Arbeitsüberlastung" zwinge, die „notwendigsten Dinge voranzustellen". Er setzt auf die gewohnte Taktik: Dinge zu behaupten, die nicht der Realität entsprechen. Er sei, so schreibt er am 3. Januar 1941 an den Reichsführer-SS, als Gauleiter gezwungen gewesen, sich „finanziell durchzukämpfen", und da die „in Aussicht gestellten Mittel nie einlangten", habe er eben „die Beträge, die mir als Stabsleiter der Landesleitung aus den verschiedenen Fonds der Vaterländischen Front zur Verfügung standen, für die Aufbauarbeit des Gaues Wien verwendet. Diese gesamte Gebarung ist als einwandfrei festgestellt worden. Die Revisionsberichte aber erstrecken sich auf Fragen, ob ich überhaupt das Recht hatte, Mittel zu verwenden, und zum anderen auf Vermutungen, ob ich nicht doch irgendwo Mittel gehabt hätte, die nicht ausgewiesen waren." Er könne die „aufgeführten Vorwürfe" nicht auf sich ruhen lassen und bitte daher, den „Reichsschatzmeister zu einer abermaligen Stellungnahme zu veranlassen".

Himmler wendet sich sofort an Franz Xaver Schwarz, dieser antwortet prompt am 10. Januar. Der Reichsschatzmeister zählt noch einmal alle Finanzsünden des ehemaligen Gauleiters auf, verweist darauf, dass Revisor Franz Müller den Pg. Globocnik zwischen Mai und Oktober 1940 nicht weniger als achtmal vergeblich um zur Verfügung gestellt worden, um ihm die Möglichkeit zur Rechtfertigung zu geben, wodurch unter Umständen die Voraussetzungen für eine nachträgliche Entlastungserteilung herbeigeführt werden konnten. Obwohl Pg. G l o b o c n i k durch den genannten Revisor in der Zeit von Mai bis Oktober 194o achtmal um Rücksendung der Berichte unter Beifügung der wiederholt zugesagten Stellungnahme zu den Ausführungen im Revisionsbericht gebeten wurde, war eine Erledigung nicht zu erreichen, weshalb Revisor Müller sich gezwungen sah, Parteigenossen G l o b o c n i k eine letzte Frist auf den 1o.Januar 1941 zu stellen unter gleichzeitiger Mitteilung, daß ich mich mit der Reichsführung-SS ins Benehmen setzen müßte, falls diese Frist wiederum fruchtlos verstreichen würde. Anstatt nunmehr mit allen Mitteln seine Stellungnahme auszuarbeiten, hat Parteigenosse G l o b o c n i k geglaubt, einer solchen Arbeit überhaupt aus dem Wege gehen zu können unter Hinweis auf das ihm angeblich "in einer so brüsken Art gestellte Ultimatum". Abschrift des Globocnik'schen Briefes vom 31.12.194o füge ich mit der Bitte um Kenntnisnahme hier bei. Ganz abgesehen davon, daß dem Brigadeführer G l o b o c n i k 8 Monate Zeit gelassen wurde, um von sich aus die für die Verweigerung der Entlastung maßgeblich gewesenen Feststellungen der Revisoren zu entkräften und infolgedessen von einem "Ultimatum" gar nicht die Rede sein kann, muß ich es als ungehörig bezeichnen, sich der verantwortlichen Äußerung zu einem Revisionsbericht in dieser Weise entziehen zu wollen.

Von dieser Sachlage gebe ich Ihnen Kenntnis in der Annahme, daß das Globocnik'sche Verhalten für seine weitere Beurteilung von Wichtigkeit ist.Selbstverständlich verbleibt es nach wie vor bei der Entlastungsverweigerung.

Heil Hitler!

Nationalsoz. Deutsche Arbeiterpartei Reichsleitung

1 Briefabschr.

13. Jan. 19..

740/44

Reichsschatzmeister Franz Xaver Schwarz setzt Himmler mit den „Wiener Geschichten" des Parteigenossen Globocnik unter Druck.

eine Stellungnahme gebeten habe, deshalb habe man ihm nun eine letzte Frist stellen müssen – neuerlich mit wenig Erfolg: „Anstatt nunmehr mit allen Mitteln seine Stellungnahme auszuarbeiten, hat Parteigenosse Globocnik geglaubt, einer solchen Arbeit aus dem Wege gehen zu können unter Hinweis auf das ihm angeblich ‚in einer so brüsken Art gestellte Ultimatum'. (...) Ganz abgesehen davon, daß dem Brigadeführer Globocnik 8 Monate Zeit gelassen wurde, um von sich aus die für die Verweigerung der Entlastung maßgeblichen Feststellungen der Revisoren zu entkräften und infolgedessen von einem ‚Ultimatum' gar nicht die Rede sein kann, muß ich es als ungehörig bezeichnen, sich der verantwortlichen Äußerung zu einem Revisionsbericht in dieser Weise entziehen zu wollen. Von dieser Sachlage gebe ich Ihnen Kenntnis in der Annahme, daß das Globocnik'sche Verhalten für seine weitere Beurteilung von Wichtigkeit ist. Selbstverständlich verbleibt es nach wie vor bei der Entlastungsverweigerung."

Aufgerüttelt durch den scharfen Ton des Reichsschatzmeisters, erhöht Himmler den Druck auf Globocnik, indem er eine Kopie des Briefes auch Friedrich Rainer zukommen lässt, damit dieser seinen Freund „berate". Globocnik bequemt sich schließlich am 28. Januar zu einer ersten Stellungnahme, die Schwarz zur „Aufklärung undurchsichtiger Vorgänge" aber noch nicht ausreicht, er muss daher am 3. März 1941 noch einmal nachbessern. Inwischen hat Himmler für ihn am 20. Februar noch einmal bei Franz Xaver Schwarz interveniert und die Lage in Lublin als Ausrede benützt: „Die Verhältnisse sind dort so grauenhaft, daß eine Wegreise des SS- und Polizeiführers von mir nicht genehmigt wurde. Die Schwierigkeiten in Lublin sind sehr groß. Es gibt dort Arbeiten Tag und Nacht, um einesteils den Grenzgraben (Tankgraben), der durch Juden unter Aufsicht von SS und Polizei gezogen werden mußte, fertigzustellen, andernteils die Aussiedlung von 35.000 Chelmer-Deutschen im Laufe des Jahres 1940 zu bewältigen, und weiterhin SS- und Polizeiviertel mit sicheren Unterkünften, Verpflegungs- und Bekleidungsdepots sowie Verteidigungsmöglichkeiten zu schaffen." Himmler räumt ein, dass Globocnik in der „Revolutionszeit" „finanziell töricht" und „leichtfertig" gehandelt habe, „unanständig" könne dies aber nicht genannt werden. Und Globocnik werde sich für sein „unüberlegtes und unrichtiges Verhalten" persönlich beim Reichsschatzmeister entschuldigen –

damit trifft der Reichsführer-SS genau den richtigen Ton: Schwarz will den Respekt, der ihm zusteht, und genau diese Karte sticht: Der Reichsschatzmeister erteilt Globocnik in einem Schreiben vom 18. März 1941 die Entlastung, allerdings nicht ohne noch einmal auf die „Unrichtigkeiten" hinzuweisen, die Globocniks Ausführungen weiter beinhalten würden. Er habe als Gauleiter Aufgaben übernommen, die eigentlich in das „Arbeitsgebiet des Gauschatzmeisters" gehörten, was in „Unkenntnis der Verwaltungsvorschriften" dazu geführt hätte, dass „zweckgebundene Gelder angegriffen werden mußten, um eingegangenen Verpflichtungen nachzukommen". In „Ansehung der damaligen schwierigen Verhältnisse" und im Hinblick auf die Abberufung, die weitere „ins Auge gefasste Maßnahmen und Abwicklungsarbeiten" verhindert hätte, würde er sich aber mit den Ausführungen „als befriedigt" erklären. Franz Xaver Schwarz wird seine „mehr als wohlwollende und nachsichtige Haltung" gegenüber Globocnik schon wenig später wieder bereuen; Himmler und sein Handlanger haben die peinlichen „Wiener Geschichten" endlich hinter sich gelassen, sie können sich nun ganz den großen Plänen widmen – die vorbereitenden Maßnahmen sind bereits angelaufen …

Ein angenehmer Chef

In Lublin wie zu Hause

Wichtig beim Fototermin mit dem SSPF Lublin:
Die Orden müssen gut sichtbar sein ...

Anfang des Jahres 1940 wird der Lubliner Hausbesitzer Gustaw Haberlau in die Dienststelle der SS in der Lubomelska-Straße befohlen. Man legt ihm einen fertig ausgestellten Mietvertrag für sein Haus in der Lubomelska 8 A und 8 B vor – vorerst für zwei Jahre will die SS sein Haus mieten; der vorgesehene Mietzins: 120 Zloty im Monat. Für Haberlau gibt es nur eine Möglichkeit: mit dem Vorschlag einverstanden zu sein.

Die Deutschen nennen die Straße „Ostlandstraße" und hier, im neu angemieteten Haus, zieht nun SS-Brigadeführer Globocnik ein. Für den Chef wird umgebaut: Durch das Entfernen einer Mauer im Erdgeschoss werden die beiden großen Zimmer des Hauses miteinander verbunden – es entsteht ein zehn mal zwölf Meter großer Saal, der Salon, in dem nun Globocnik residieren wird. Das Schlafzimmer wird im ersten Stock eingerichtet, die ursprünglich weißen Türen versieht man mit einem dunkelbraunen Holzfurnier, über den Türen bringt man ein Hakenkreuzfries an. Auch über dem Bett und am schweren dreitürigen Kleiderschrank, so erzählt Jerzy Lobarzewski, der Enkel Gustaw Haberlaus, der heute hier wohnt, habe man Hakenkreuz-Intarsien befestigt. Auch ein schwerer Schreibtisch im Erdgeschoss wird mit Hakenkreuzdekor versehen, an die Wand kommt das Bild des „Führers". Die Zentralheizung des Hauses und die Installationen werden modernisiert, die Heizkörper verbaut man „elegant und effektiv". Die Heizung, sagt Herr Lobarzewski, funktioniere bis heute einwandfrei.

Um sich bei Sport und Spiel entspannen zu können, lässt Globocnik eine 20 Meter lange Kegelbahn anlegen, die zum Teil auf das Gelände des Nachbarhauses hinüberreicht, das aber ebenfalls von der SS angemietet ist. Es sei eine „Sommerkegelbahn" gewesen, wie Herr Lobarzewski betont, da sie zum Garten hin offen gewesen sei. Die Kegelbahn gebe es nicht mehr, er habe nach einem Umbau einige Zeit lang sein Auto hier eingestellt gehabt.

Den Garten habe Globocnik durch das Verlegen von Platten zerstört, hier habe er sich im Sommer im Freien aufhalten kön-

Sommervergnügen: der Brigadeführer auf der Kegelbahn.

nen – immerhin ein Platz von etwa 6 x 15 Metern.

Im Frühjahr 1940 bezieht Globocnik sein neues Domzil und fühlt sich hier von Beginn an wohl – er beschließt, seine Mutter Anna Globocnik, seine Nichte Henny, die Tochter von Schwester Lydia, verheiratet mit dem Klagenfurter Fotografen Karl Pommerhanz, und seine Schwester Erika mit ihrer kleinen Tochter nach Lublin nachkommen zu lassen. Erika, verheiratet mit einem Baron von Gail, findet Arbeit als Lehrerin an einer Lubliner Schule; hier arbeitet sie zusammen mit der Frau des aus Klagenfurt stammenden SS-Mannes Othmar Egger, eines Schulkollegen von Reinhold von Mohrenschildt, der in der „Forschungsstelle für Ostunterkünfte" beschäftigt ist.

Mit nach Lublin kommt auch Ebba, die Schwester Reinhold von Mohrenschildts. Sie führt einige Zeit den Haushalt Globocniks in der Lubomelska und heiratet dann einen gewissen Ernst Natter.

Dazwischen hält sich Globocnik auch einige Male wieder in Wien auf. Wie die Beamten des Bezirkspolizeikommissariats in der Taubstummengasse 1947 eruieren können, wird er von Zeugen beobachtet, wie er einige Male den in der Wohllebengasse 7, Haus 4, wohnenden Parteigenossen Gottfried Schenker-Angerer besucht. Schenker-Angerer, seit 1933 NSDAP-Mitglied und Chef der 1872 gegründeten Spedition Schenker & Co, an der ursprünglich mit Moritz Karpeles und Moritz Hirsch zwei jüdische Geschäftspartner beteiligt waren, hat in der illegalen Zeit den mit prominenten Unternehmern besetzten „Industriesturm", bekannt auch als „SA-Sturm Schenker-Angerer", geleitet. Gibt es nun Aufträge für die Spedition zu besprechen, etwa Transporte nach Lublin oder von Lublin nach Wien?

Oben: Von der SS für Globocnik angemietet: das Haus in der „Ostlandstraße".
Unten: Von Globocnik immer wieder zu geselligen Treffen mit seinen Mitarbeitern und Gästen genützt: der Salon im Erdgeschoss mit offenem Kamin und dem Bild des „Führers".

Das „SS-Viertel“ in Lublin gleicht einer Festung. Für die Nichte von Gustaw Haberlau, die sich jeden Monat in der SS-Hauptkassa den Mietzins auszahlen lässt, wird der Gang vorbei an den Wachen und Kontrollen zur Hölle; die Menschen in der Umgebung des SSPF sind mit ihrem Arbeitsplatz durchaus zufrieden. „Er war ein angenehmer Chef“, wird seine Sekretärin Wilhelmine Trsek über ein halbes Jahrhundert später über ihn sagen. Die blonde Wienerin aus Hadersdorf-Weidlingau, Jahrgang 1912, hat in einer Buchhandlung gearbeitet und bei der Filmgesellschaft „Helios“ und ist noch in der illegalen Zeit der NSDAP beigetreten. „Mimi“, wie sie genannt wird, wird durch ihre Freundin Friedl Christl, die als Sekretärin in der Wiener Gauleitung arbeitet, auf Globocnik aufmerksam. Als sie erfährt, dass der neue SS- und Polizeichef in Lublin noch Mitarbeiter sucht, bewirbt sie sich, man würde gut bezahlt – prompt wird sie von SS-Obersturmführer Paul Gasser, dem „Büroleiter“ Globocniks, zu einem Vorstellungsgespräch eingeladen. Wilhelmine Trsek erhält den Job und reist im Dezember 1939 nach Lublin. Rasch gewinnt sie das Vertrauen Globocniks, dem sie absolut loyal und zuverlässig dient. Und auch wenn Lublin nicht Wien ist – das Gehalt passt, da sieht man über manche Nachteile hinweg.

Zweifel an der Rechtmäßigkeit der „Aufträge“, die ihr Chef zu erfüllen hat, kommen ihr nicht, ist dieser doch, wie ihr scheint, ein „sehr guter Mensch“, aufgeschlossen und ruhig, keineswegs brutal und sehr auf seine Familie bedacht. Ja, Globocnik, so habe sie es empfunden, sei „einmalig gut“ gewesen, ein „sensibler“ und „sehr gütiger Mensch“, der durchaus auch einmal einen Witz erzählen konnte und sich in Gesellschaft wohlfühlte. Jemand also, von dem man annimmt, dass er keiner Fliege etwas zuleide tun kann. Es imponiert ihr, dass er Familiensinn beweist und seine Angehörigen nach Lublin holt. Niemand könne schlecht über ihn sprechen.

„Mimi“ ist ihrem Chef treu ergeben; ab und zu wird sie von der Familie Globocnik zum Mittagessen eingeladen, man unterhält sich über alles Mögliche, auch über die Juden, denen es, so ist sie auch später noch der Überzeugung, in Lublin gut geht, zumindest jenen im Lager an der Lipowastraße. Da es der Brigadeführer des Öfteren vorzieht, zu Hause zu bleiben, wird sie immer wieder in seine Wohnung zitiert, um hier Diktate aufzunehmen. Für die Mitarbeiter seines Stabs organisiert der Brigadeführer im großen Saal im Erdgeschoss jeden Monat eine Party, offiziell „Stabsabend" genannt, bei der Champagner und Wein in Strömen fließen. Den Auftakt zu diesen Trinkgelagen bilden Filmvorführungen, gezeigt werden die neuesten, eben aus Berlin eingetroffenen Streifen. Für die musikalische Untermalung sorgt eine Sammlung von Richard-Wagner-Platten, ein dreibeiniges Piano steht für Livemusik zur Verfügung. Und wenn die Stimmung danach ist, setzt man sich zusammen und stimmt die heimatlichen Kärntner Lieder an – der Kärntner Dialekt ist in seiner Umgebung fast so etwas wie die Amtssprache; bis zu 17 Kärntner von „Ernstl" Lerch und „Judenreferent" Karl Hofbauer bis zu seinem Chauffeur Franz Eigner, der aus Hermagor kommt, stehen in seinen Diensten.

Globocnik sorgt als umsichtiger Chef dafür, dass es trotz der Kriegszeiten keinen Mangel gibt: Die Alkoholvorräte sollen in die Tausende von Flaschen gegangen sein. In seinen Aufzeichnungen über die Verhältnisse in Lublin berichtet SS-Obersturmführer Johann Offerman: „Er war ein Trinker, der nicht nur große Mengen Alkohol, in der Hauptsache Cognac, sondern auch unheimliche Mengen Bohnenkaffee zu sich nahm. Ebenso war er ein überaus starker Raucher. Um seine Schnaps-, Sekt- und Weinbestände wieder aufzufrischen, fuhren nach der Besetzung Frankreichs mehrmals LKWs zum Einkauf nach Frankreich." Auch sonst lässt man es im Haushalt des SSPF an nichts fehlen. Willy Natke, Ordonnanzoffizier Globocniks, geboren 1902 in Groß-Räschen in der Niederlausitz, nennt einige Zahlen: Der tägliche Durchschnittsverbrauch an Eiern liege bei 25 Stück, verkocht würden pro Tag 1,5 bis 2 kg Butter, dazu kommen noch

Speck und andere Fette. Der Hamburger Kriminalpolizei erzählt Natke, der im Herbst 1942 die Ordonnanz bei Globocnik übernimmt und zuvor die neu eingerichtete SS- und Polizeikantine in Lublin geführt hat, dass er seinen Chef häufig betrunken gesehen habe; in diesem Zusammenhang fällt ihm noch Folgendes ein: „Der Boden der Terrasse im Hause Globocniks (= der ehemalige Garten) war mit Grabsteinen des jüdischen Friedhofs ausgelegt. Ich erinnere mich, daß er einmal gegen einen solchen Grabstein mit der Bemerkung trat, daß die Juden alle verrecken müssten." Natke, der nach eigener Aussage immer in der Nähe von Globocnik zu sein hatte, wenn dieser wach war, weiß auch zu berichten, dass im Keller der Unterkunft Globocniks häufig „Kisten und Koffer abgeladen wurden, die später wieder verschwanden" und wohl zur Dienststelle von Georg Wippern, der „Abteilung IVa beim SSPF" gelangten.

Der „Umsiedlungs-Experte" Lothar von Seltmann bescheinigt seinem Chef „hohes Format".

Ende Mai 1940 trifft Lothar von Seltmann in Lublin ein, der „Umsiedlungs-Experte", am 11. Januar 1917 in Graz als Sohn des k. u. k. Hofrats Dr. Josef Armand von Seltmann geboren, hat im Winter 1939/40 bei der Heimholung von 65.000 Wolhynien-Deutschen mitgewirkt und soll nun Globocnik bei der Verwirklichung der großen Umsiedlungspläne unterstützen. Über seine ersten Eindrücke in Lublin schreibt von Seltmann an eine Freundin: „Ich wohne direkt beim SS- und Polizeiführer, Brigadeführer Globocnik, dem früheren Gauleiter von Wien. Es gibt mir eine große Befriedigung, diesem Mann, der unleugbar hohes Format besitzt, auch wenn er in Wien dem genius loci im schlechten Sinne und der politischen Intrige zum Opfer gefallen ist, hier bei seinen in die weite Zukunft greifenden Planungen helfen zu können."

Lothar von Seltmann muss sich zwar an die „Unausgeglichenheit und Launenhaftigkeit" des Brigadeführers gewöhnen, findet die Arbeit mit ihm jedoch „sehr erfreulich", Globocnik, so sein Urteil, sei ein „fantastisch ordentlicher Chef" und „wirklich eine Persönlichkeit von vitaler Kraft und gesunder Vernünftigkeit", Wien habe an ihm „jedenfalls allerhand verloren". Begeistert zeigt er sich von den Visionen seines Vorgesetzten: „Die Pläne des Brigadeführers sind so großartig, dass sie in die Jahrhunderte hinein wirken werden."

Die erste Aufgabe für den jungen Mann, der für das Abenteuer im Osten auch die Arbeit an seiner Dissertation ruhen lässt: die Rückführung von Volksdeutschen aus dem Gebiet zwischen Weichsel und Bug. Bis Oktober 1940 sollen 32.000 Menschen ins „Reich" übersiedelt werden. Ende Juni kommt seine schwangere Frau Minni aus Wien zu Besuch nach Lublin; gemeinsam mit ihr besichtigt er das „Judenghetto"; Minni hält ihre Eindrücke fest: „Nach Lothars Dienstschluss waren wir im Ghetto, es sind 80.000 zugereiste Juden dort. Dass man das dazusagen muss, leuchtet einem ein, wenn man die engen, finsteren Löcher sieht, in die man ja nie bis zum letzten Winkel vordringen kann. Zwischen 6 und 7 h abends ist dort ein unheimliches Gewimmel, weil sie da aus der Stadt ins Ghetto verschwunden sein müssen, aber noch nicht in die Häuser brauchen. Alle Männer müssen die uniformierten Deutschen durch Mützeziehen grüßen. Vom Ghetto aus hat man einen schönen Blick auf die große, alte Burg, in der jetzt ein Gefängnis ist."

Von den Verhältnissen, in denen ihr Mann in Lublin wohnt und arbeitet, ist die junge Wienerin durchaus angetan, Der „Umsiedlungsstab" Lothar von Seltmanns – neben ihm umfasst dieser noch weitere zehn Mitarbeiter – ist in der Ostlandstraße in den Häusern der Dienststelle von Brigadeführer Globocnik untergebracht: „kleine Häuser schön im Grünen, die Juden bauen grad

eine Mauer drum. Nach dem Essen kann man im Garten Tischtennis spielen, abends tragen sie Faustballmatches auf der Wiese aus." Minni beschließt ihrem Lothar in den „Wilden Osten" zu folgen; am 30. August 1940 übersiedelt sie mit ihren beiden Kindern und dem Hausmädchen Lizzy von Wien nach Lublin. Rasch lebt sie sich ein – die Hauptmahlzeiten werden im Gemeinschaftsraum eingenommen, für die beiden Kleinen werden im „Judenlager" „2 feine Kinderbettchen" angefertigt und auch sonst lässt man die Juden gerne für sich arbeiten, so auch beim Umzug im Februar 1941 in ein Haus in der Parkstraße 8.
Doch es gibt auch Unangenehmes: Das Wasser ist weit entfernt von der aus Wien gewohnten Trinkwasserqualität und die wenigen bezugscheinpflichtigen deutschen Geschäfte für Lebensmittel, Kleider und Schuhe hätten zwar Preise „wie bei uns", bei den „Polen und Juden" müsse man aber wahre Fantasiepreise zahlen. Es gebe keine Auswahl an Stoffen und auch keinen Zwirn, nur selten Käse und Fischkonserven würde man vergebens suchen. Das einzige deutsche Kino der Stadt zeige immerhin immer die neueste Wochenschau, ansonsten sei es mit der Kultur nicht weit her.

Ab dem Frühjahr 1942 ist SS-Oberscharführer Max Runhof (auch Max Chichotski), Jahrgang 1916, Adjutant bei Globocnik. Er stammt aus der polnischen Adelsfamilie der Cichockich und spricht Polnisch; seit 1940 hat er die Hitlerjugend in Lublin geleitet. Als Chauffeur und „Mädchen für alles" wird er dem SSPF rasch unentbehrlich, Runhof begleitet Globocnik auf allen Dienstreisen nach Berlin, Wien, Warschau und Krakau, aber auch zum „Führer" auf den Obersalzberg. So wie Natke bewohnt auch er ein Zimmer in der Lubomelska; wie er später vor Gericht erklärt, habe er aufgrund der gemeinsam verbrachten langen Zeit Globocnik besser gekannt als andere. Sein Chef, so erzählt er, sei keineswegs, wie manchmal behauptet, faul gewesen, sondern unglaublich arbeitsam, alles habe er persönlich und direkt geregelt. Überrascht sei er vor allem vom Wissen Globocniks in verschiedenen Bereichen gewesen – er habe sich in technischen Themen genauso gut ausgekannt wie in der Politik. Besonders stark habe er sich für Musik, Poesie und Theater interessiert, auf diesen Gebieten, seien seine Kenntnisse einfach erstaunlich gewesen. Deshalb habe auch Reichsleiter Fritz Todt, der Vorgänger Albert Speers, engen Kontakt zu ihm gepflegt. Ihr gemeinsames großes Thema: die geplanten Bauunternehmungen in den eroberten Ostgebieten.

Runhof berichtet auch, dass so manche Wehrmachtsgeneräle auf ihrem Weg an die Ostfront gerne in Lublin Station gemacht hätten, so zum Beispiel Erich von Manstein, Heinz Guderian oder Walter von Reichenau, der als Kommandant der 6. Armee seine Soldaten zur „harten, aber gerechten Sühne am jüdischen Untermenschentum" aufhetzte und am Massaker von Babyn Jar mitwirkte.

Globocnik habe sich nicht gern in der Öffentlichkeit gezeigt und sei kein großer Redner gewesen, habe es aber verstanden, persönlich enge Beziehungen zu Leuten aufzubauen. Die Angehörigen seines Kreises hätten ihn für einen faszinierenden Menschen gehalten, eine Erfahrung, die auch andere HJ-Führer gemacht hätten. Manchmal habe Globocnik einen von Sorgen geplagten Eindruck erweckt, als Chef sei er bestrebt gewesen, allzu schwierige Dinge von seinem jungen Adjutanten fernzuhalten. Wenn er ihn manchmal gefragt habe, wie es ihm gehe, hätte er immer nur stereotyp geantwortet: „Kümmere dich um deine Sachen und sorge dich nicht um mich!"

Runhof beobachtet auch das Verhältnis Globocniks zu Himmler, das sich seinem Eindruck nach gegen Ende der „Aktion Reinhardt" verschlechtert – es seien die „Funken geflogen". Eines Tages habe ihn Globocnik mit all seinen Auszeichnungen, seinem Ehrendegen, seiner Uniform und dem SS-Siegelring zu Himmler nach Lötzen geschickt; dort habe er alles deponieren müssen; Globocnik habe zwei Wochen lang nur Zivil getragen. Das sei im Herbst 1942 oder Anfang 1943 gewesen.

Fahndung nach deutschem Blut

Entsiedlung, Zusammensiedlung & Aussiedlung

Das Kolonialreich der deutschen Besatzer auf polnischem Gebiet: die fünf Distrikte des Generalgouvernements. Galizien wurde 1941 angeschlossen.

Ein Zufall verleiht der „Raum- und Bevölkerungsplanung" Globocniks im Herbst 1940 neue Impulse: In einem Privatarchiv in Zamość tauchen Quellen über die Gründung einiger „Pfälzerdörfer" in der Umgebung der westgalizischen Stadt durch Kaiser Joseph II. im Jahre 1790 auf; die Funde können durch Unterlagen im Wiener Haus-, Hof- und Staatsarchiv bestätigt werden. Globocnik ist begeistert: deutsches Blut in „seinem" Distrikt! Von den Pfälzer Ansiedlern, die sich längst assimiliert haben, fehlt zwar zunächst jede Spur; der Kreis Zamość musste im Frieden von Schönbrunn 1809 an Napoleon abgetreten werden und fiel dann an das Großherzogtum Warschau und später an Russland. Doch das kann den Tatendrang des SSPF nicht bremsen, er weiß, dass er sich damit beim Rassefanatiker Himmler weiter in den Vordergrund schieben kann – am 26. Oktober 1940 setzt er sich mit dem Reichsführer-SS in Verbindung; bei einem Treffen in Krakau stellt er dann Himmler seine Pläne vor: Die alten habsburgischen Ansiedlungen sollen lokalisiert und zusammengefasst werden; die jungen Leute aus diesen Dörfern sollen „ins Reich" verschickt werden, wo sie mit der deutschen Kultur konfrontiert und zum „Deutschtum" bekehrt werden sollen. Zurück in ihrer Heimat, sollen diese neuen „Deutschen" einen „Keil in die gewachsenen Familienstrukturen" treiben (Ingo Haar). Und gleichzeitig plane er eine aufwändige „Fahndungsaktion nach deutschem Blut" – die große Zukunftsvision: eine deutsche „Siedlungsbrücke", die von den deutschbesiedelten baltischen Ländern bis zu den deutschen Gebieten Siebenbürgens reicht; das „Polentum" gelte es daher siedlungsmäßig „einzukesseln", wirtschaftlich und biologisch zu „erdrücken".

Noch im November 1940 wird die Kampagne zur „Fahndung" nach deutschstämmigen Bewohnern im südöstlichen Teil des Distrikts begonnen. Begleitet von volksdeutschen Hilfspolizisten, die als Dolmetscher dienen, ziehen HJ-Führer durch die Dörfer, sprechen mit den Bewohnern und füllen Fragebögen aus, die dann zu einem ersten „Register" der Deutschstämmigen zusammengefasst werden; im Januar 1941 startet dann der „Einsatz Blumberg“: BDM-Führerinnen, Schülerinnen am NSV-Reichsseminar Blumberg im Bezirk Potsdam, lösen die Hitlerjugend ab. Die Mädchen sind ausgebildete „Volkspflegerinnen“, die während ihres Aufenthalts zahlreiche praktische Aufgaben übernehmen: Sie beraten die Frauen in den Dörfern in Fragen der Kinderpflege und der Hygiene und organisieren die Einrichtung von Kindergärten und Schulen. Und sie bieten Kurse zum Erlernen der deutschen Sprache an und eine „Einführung in deutsche Verhältnisse“. Ab dem Frühjahr 1941 erhalten die „Mädels“ Unterstützung durch ausgebildete Kindergärtnerinnen von der Abteilung „Bevölkerungswesen und Fürsorge“ der Zivilverwaltung des Distrikts. Koordiniert wird deren Einsatz von der in Straßburg geborenen Marie-Luise Gilgenmann, die seit dem Juli 1940 in Lublin ist – unter ihrer Aufsicht werden bis Oktober 1941 neun Dorfkindergärten gegründet. Ergänzend dazu verteilt man in den Dörfern ein zweisprachiges Propagandablättchen mit dem Titel *Kolonistenbriefe/Listy Kolonistów*, das im Auftrag Globocniks in Zusammenarbeit mit der Abteilung Propaganda beim Chef des Distrikts Lublin erscheint; veranwortlich für den Inhalt ist der Grazer Lothar von Seltmann. Einziges Ziel des Blättchens ist es, am Beispiel glücklicher neuer Dorfgemeinschaften die Überlegenheit der deutschen bäuerlichen Siedlerkultur zu verkünden.

Während eines Besuchs in Klagenfurt im November 1940 bekommt Globocnik Gelegenheit, vor den Führern der 90. SS-Standarte sein ehrgeiziges Programm auch in der Heimat zu präsentieren. Das „deutsche Volkstum im Osten“, so erklärt er, könne nur durch die „Ansiedlung rein deutscher, gesunder und kräftiger Bauern als Grenzbollwerk gegen alle fremdvölkischen Einflüsse“ gesichert werden.

Seine ursprüngliche Idee, die sich in der Klagenfurter Rede noch spiegelt, sind „Wehrbauernhöfe“ und „Wehrsiedlungen“, entsprechende Vorschläge, die er Himmler schon im August 1940 unterbreitet, muss er auf Wunsch seines Mentors jedoch modifi-

Zwei Bauern Hans und Antek dort.
Der erste fleißig sät den Hafer,
der andere ein fauler Gaffer,
er pflegt der Ruhe immerfort.

Die Sonne brennt, Hans ist beglückt.
Die Frucht steht voll, der Hafer reift,
und als Hans nach der Sense greift,
der Antek sich noch immer drückt.

Das Scheunentor ist fast zu klein
für Hansens vollbeladnen Wagen.
Der Antek hat nur dünn geladen,
und wenige Fuhren bracht er ein.

Das Jahr geht um, dem Antek graut.
Hans mit den Seinen kann wohl leben.
Die Scheune kann noch manches geben.
Doch Anteks Frau in leere Töpfe schaut.

Geschichten von Hans und Antek: In den „Kolonistenbriefen" wird die angebliche Überlegenheit der deutschen bäuerlichen Siedlungskultur demonstriert.

zieren – Himmler denkt praktischer und wünscht sich die Errichtung von SS- und Polizeistützpunkten; ein diesbezüglicher Befehl des Reichsführers-SS ergeht am 2. November 1940. Globocnik erfüllt ihm diesen Wunsch und lässt noch im Herbst 1940 sechs Liegenschaftsgüter zur „Übernahme" auswählen; mit Wirkung vom 1. März 1941 werden die Güter Rachów, Wola Żółkiewka, Siemien, Wytyóczne, Turów und Sarny mit insgesamt immerhin knapp 9.000 Hektar Grund zu SS- und Polizeistützpunkten erklärt. In einem undatierten Bericht über die Aktion, erhalten im SS-Personalakt Globocniks, schildert sein Mitarbeiter Gustav Hanelt die dabei „gesammelten Erfahrungen" und Schwierigkeiten: „Die Bauten bzw. Hofanlagen der übernommenen Betriebe sind unwirtschaftlich, raumunzulänglich und stillos, ebenfalls unhygienisch in jeder Beziehung. Vorschläge für einen grundsätzlichen Wandel auf diesem Gebiete werden von Seiten der Betriebsleiter, da die Hofanlagen lage- und umgebungsbedingt sind, im Laufe der Zeit erarbeitet werden. (…) Trotz der Schwierigkeiten in der Materialbeschaffung gelang es den Betriebsleitern Mittel und Wege zu finden, die dringendsten Arbeiten zu erledigen. Insbesondere wurden Pferde- und Kuhställe gründlich gesäubert und ordnungsgemäß hergerichtet. Jedes Tier hat seine Namenstafel, die Auskunft über Name, Alter und Abstammung sowie bei den Kühen über Deck- und Abkalbedaten und Milchleistung der Tiere gibt. (...) Die Äcker fast aller Betriebe sind nass, uneben, nährstoffarm, versauert und verqueckt. Überall ist die Entwässerung mangelhaft, weil Dränagen (sic!) fehlen." Hanelt ist nach diesen ausführlichen Klagen über die „polnische Misswirtschaft" dennoch überzeugt, dass die Güter „in Zukunft einen wesentlichen Beitrag" für den „Aufbau einer neuen Boden- und Siedlungsordnung im gesamten Generalgouvernement" leisten werden. Sie werden, so sein Fazit, „deutsche Lebenszentren auf dem flachen Lande sein" und für die „Aufrechterhaltung der Ordnung und Festigung der politischen Macht" sorgen, bereits jetzt seien sie Stützpunkte zur „Bekämpfung von Schleichhandel, Schmuggel und Diebstahl".

Dem ungeduldigen Globocnik, der im Juni 1941 das zur Germanisierung bestimmte Dorf Huszczka besucht, ist jedoch das alles nicht genug – seine mit Nachdruck vorgebrachte Bitte an Himmler: Er brauche umgehend mehr Geld, es schwebe ihm der Bau eines „SS-Mannschaftshauses" in Lublin vor, das als zentrales „Forschungsinstitut" seiner Bevölkerungspolitik dienen solle. Himmler, der vom Aktionismus des Brigadeführers beeindruckt ist, genehmigt diesen Plan und stellt dafür sofort 5.000 Reichsmark zur Verfügung.

Den wie er glaubt idealen Mann für seine „Fahndungsaktion" findet Globocnik im ehrwürdigen Finanz- und Hofkammerarchiv in Wien: den Historiker und Archivar Dr. Franz Stanglica

(1907–1946), einen Schüler Heinrich von Srbiks. Das Fachgebiet des jungen Wissenschaftlers entspricht genau den Anforderungen: die Siedlungspolitik des Habsburgerreichs unter Kaiser Joseph II. im Banat, in der Batschka und in Siebenbürgen; für das Deutsche Ausland-Institut in Stuttgart hat er Informationen über die „Volksdeutschen" in Südosteuropa und von April 1939 bis März 1940 so genannte „Judenregesten" geliefert. Stanglica, ein „vorbildlicher" und „sehr eifriger" Nationalsozialist, ist seit Mai 1938 Mitglied der NSDAP und ein Besessener der „völkischen" Expansion im Osten. Globocnik ernennt Stanglica, der 1940 zur Waffen-SS einrückt und in Oranienburg und Auschwitz eine Ausbildung zum KZ-Aufseher durchläuft, zum Leiter des „Volkspolitischen Referats" in seiner Dienststelle, später zum Planungschef der „Forschungsstelle für Ostunterkünfte". Seinen Dienst tritt Stanglica als einfacher SS-Sturmmann an, doch rasch beweist er, dass er für den SSPF esentielle Informationen liefern kann. So ist er es, der nun verlässliche statistische Daten über die Verteilung der jüdischen Bevölkerung im Generalgouvernement bereitstellt – eine wichtige Voraussetzung für die Planung des Massenmords an den Juden. Sein Hauptinteresse richtet sich dabei auf den Raum um Zamość, wo auf Wunsch seines Chefs das große Experiment „Umvolkung" beginnen soll. Unterstützung findet er durch den deutschen Archivar Roland Seeberg-Elverfeldt (1909–1993) – in der Bundesrepublik wird er als Archivleiter des Bundespresseamtes Karriere machen –, der im Lubliner Archiv die Akten zur habsburgischen Kolonisation im Kreis Zamość durcharbeitet und sich auf die „Zurückgewinnung polonisierter Siedlungen" spezialisiert. Mit der Erstellung einer präzisen „Raumordnungsskizze" für die künftigen deutschen Siedlungen im Raum Zamość schafft Stanglica, der am 1. April 1943 zum SS-Untersturmführer befördert wird, dafür die Grundlage. In seinem an Himmler gerichteten Beförderungsgesuch spart Globocnik denn auch nicht mit Lob für seinen Mitarbeiter: Stanglica habe sich durch „hervorragende wissenschaftliche Arbeit" bewährt. In einem Brief an die Volksdeutsche Mittelstelle vom 12. März 1941 umreißt Stanglica seine Tätigkeit in Lublin so: „Zu meinen Aufgaben gehören: Umsiedlung von Deutschen, Polen und Juden, Rückgewinnung deutschblütiger, reinrassig deutsch gebliebener, aber polonisierter Menschen., Einrichtung einer volksdeutschen Bibliothek in Lublin, Betreuung der Volksdeutschen im hiesigen Distrikt, Aufspürung verschollenen deutschen Blutes auf den polnischen Dörfern und Rückführung zum Deutschtum usw. Mein Chef ist SS-Brigadeführer Globocnik, dem als Beauftragten des Reichskommissars zur Festigung deutschen Volkstums diese Aufgaben zugewiesen sind. Es sind dankbare, aber schwierige Aufgaben in diesem scheußlichen Polen." (zitiert nach Herbert Hutterer, *Der Dienst an der „Schönen Sache"*)

Der promovierte Archivar aus Wien, über seine historischen Kenntnisse hinaus ein penibler Siedlungsgeograf und Statistiker, wird in Lublin nicht nur am Schreibtisch sitzen – für seinen Chef, dem er Respekt zollt, ist er bereit, die vom Berufsbild des Archivars vorgezeichneten Grenzen zu überschreiten: „Mit der Waffe in der Hand", so seine eigene Aussage, wird er an den Deportationsaktionen bei Zamość teilnehmen. Der Überfall auf die Sowjetunion am 22. Juni 1941 und die Erfolge der Wehrmacht in den ersten Wochen werden die Fantasien Globocniks und seiner Mitarbeiter im SS-Mannschaftshaus geradezu beflügeln; riesige neue Gebiete können nun in die Überlegungen zur Germanisierung des Ostens miteinbezogen werden; alles scheint plötzlich möglich, eine neue Aufbruchsstimmung setzt ein.

Bereits im Februar 1941 schlägt Fritz Sauermann, der Stadthauptmann von Lublin, Globocnik die Schaffung eines „Forschungsinstituts für Ostfragen" vor; dadurch inspiriert, richtet dieser im SS-Mannschaftshaus, das von SS-Obersturmführer Gustav Hanelt geleitet wird, die erwähnte „Forschungsstelle für Ostunterkünfte" ein, für die Bautechniker und Architekten rekrutiert werden. Aufgabe des Teams in der „Forschungsstelle" ist es, unter Hanelts und Stanglicas Führung „die Gesamtplanung der

SS- und Polizeistützpunkte, der Judenbereinigung, den wissenschaftlichen Einsatz (...) theoretisch zu erarbeiten".

Reichsführer-SS Heinrich Himmler schafft mit einem Befehl vom 30. Juli 1941 – er hält sich an diesem Tag in Zamość und Lublin auf – den nötigen Handlungsspielraum: „Die Aktion ‚Fahndung nach deutschem Blut' wird für das gesamte Generalgouvernement erweitert und ein Großsiedlungsgebiet in den deutschen Kolonien bei Zamość geschaffen. Die Gestaltung der Höfe, der Äcker usw. ist zwecks raschester Herbeiführung eines rein deutschen Gepräges ehestens in Angriff zu nehmen."

Der erste praktische Umsetzungsversuch zu dieser Globocnik'schen Umvolkungsvision erfolgt im November 1941: Über 2.000 Polen werden zwischen dem 6. und 25. November aus sieben Dörfern – Huszczka Mała, Huszczka Duża, Wysokie, Dulnik, Białobrzegi, Bortatycze und Zawada – nördlich von Zamość vertrieben; an ihre Stelle rücken 100 volksdeutsche Familien aus dem Nachbardistrikt Radom nach. Die hier gesammelten Erfahrungen werden von den Mitarbeitern Globocniks genützt, um zusammen mit der Umwandererzentralstelle in Litzmannstadt die detaillierten Pläne für die ein Jahr später im Raum Zamość startende große Aussiedlungsaktion zu erarbeiten.

Trotz des wachsenden Widerstands der polnischen Bevölkerung wird die „Fahndung nach deutschem Blut" bis zum Herbst 1943 fortgesetzt. Globocnik, der nicht wenig stolz auf seine Initiative ist, stellt dazu in der Dienstanweisung Nr. 8 vom 11. Mai 1943 fest: „Die von mir im Jahr 1941 eingeleitete Aktion ‚Fahndung nach deutschem Blut' ist keine politische Maßnahme, sondern eine auf rassischen Erkenntnissen aufgebaute Tätigkeit zur Rettung deutschen Blutes. Sie hat einzig und allein den Zweck, jeden deutschen Blutsträger zu erfassen und ihn dem Volksganzen wieder zuzuführen." Wer Träger deutschen Blutes sei, könne dies nicht als Privateigentum betrachten, er sei vielmehr verpflichtet, sich der deutschen Volksgemeinschaft wieder zuführen zu lassen. Globocniks Resümee: „Eine Weigerung gibt es nicht."

Lösen Sie die Verbindung!

Die Rickheim-Affäre

Odilo Globocnik mit seiner Braut Irmgard Rickheim, vermutlich in Sobieszyn.

Aufgestiegen zum gefürchteten Herrn über Leben und Tod, empfindet der SSPF Odilo Globocnik in Lublin das „heftige Bedürfnis“, wie er am 4. März 1941 an Himmlers Stabschef Karl Wolff schreibt, die wenig ruhmvollen „Wiener Geschichten“ zu vergessen. Vergessen wird dabei von ihm auch seine Verlobte Grete Michner, die er einst nach dem „Anschluss“ schon als „Gattin“ nach Wien mitgebracht hatte. Noch während seiner Amtszeit als Gauleiter teilt Globocnik seinem Freund „Friedl“ Rainer mit, dass er Grete nicht mehr liebe. Dennoch will er die Verlobung zunächst nicht lösen; Rainer interveniert jedoch im November 1938 bei Himmler, der auf Globocnik entsprechend „einwirken“ solle. Himmler, der Grete kennt und selbst gegen die Verbindung mit ihr ist, kommt dieser Bitte gerne nach, doch *Globus* lässt sich Zeit, erst im Herbst 1939, kurz vor seiner Versetzung nach Lublin, löst er die Verlobung auf und bietet Grete als „Rekompensation“ eine Zahlung von 10.000 Reichsmark an. Schriftlich informiert er darüber auch den Reichsführer-SS. Gretes Vater Emil Michner, der seine Träume als Schwiegervater eines hochrangigen Nazi-Führers platzen sieht, will dies nicht so einfach hinnehmen und schreibt am 8. November 1939 einen erbitterten Brief an das Büro des „Führers“, in dem er Globocnik vorwirft, sein Ehrenwort gebrochen und seine Tochter auf das Schändlichste behandelt zu haben. Grete habe ihn während des illegalen Kampfes immer unterstützt, man habe ihn und andere gesuchte Nationalsozialisten in der Villa in Krumpendorf versteckt und sogar das Gefängnis dafür in Kauf genommen. Und noch im März 1938 habe er Globocnik mit einem Darlehen unterstützt, als es darum ging, eine Wohnung und ein Büro in Klagenfurt zu mieten. Mit seiner Ernennung zum Gauleiter im Mai 1938 habe er jedoch begonnen, Grete zu vernachlässigen. Er sei nicht mehr zu Besuch gekommen und habe auch keine Briefe mehr geschrieben; im Frühjahr 1939 habe er allerdings sein Ehrenwort gegeben, dass er Grete heiraten werde, sobald er es sich nur auf dem neuen Posten eingerichtet hätte.

Angesichts dieser heftigen Angriffe gegen einen prominenten SS-Führer wendet sich Hitlers Büroleiter Martin Bormann sofort an Globocnik und dieser sucht wie gewohnt Unterstützung bei Himmler. Der Brief Michners an den „Führer“, so schreibt er ihm, sei zwar nicht allzu ernst zu nehmen, aber doch sehr unangenehm. Er bitte den Reichsführer um Rat in dieser Sache, da dieser alle Details kenne. Himmler informiert zunächst Bormann, dass er sich „gerne“ des Falls annehme, und kontaktiert dann Friedrich Rainer – er bittet den Salzburger Gauleiter um eine genaue Analyse der Situation. Rainer antwortet am 24. November 1938 mit einem ausführlichen Schreiben, in dem er die Gründe seines Freundes für die Auflösung der Verlobung darlegt: Globocnik habe über seine Gefühle für Grete nie genau gesprochen, es habe sich aber gezeigt, dass er die Verbindung nur aus Gewohnheit aufrechterhalten habe, vor allem in seiner Zeit als Gauleiter. Die Familie habe das zwar gemerkt, habe jedoch weiter auf der Hochzeit bestanden. Er selbst habe damals Globocnik geraten, die Verlobung aufzulösen, sein Ratschlag sei jedoch auf die leichte Schulter genommen worden. Darum habe er sich damals auch an den Reichsführer gewendet. Die Abberufung als Wiener Gauleiter sei dann ein nur schwer zu ertragender Schlag für Globocnik gewesen, dazu sei der unablässige Druck der Familie Michner gekommen. Ob Globocnik tatsächlich sein Ehrenwort gegeben habe, wisse er nicht; sein Fehler sei es jedenfalls gewesen, so lange gezögert und zu spät seine wahren Gefühle geoffenbart zu haben. Das Fazit Rainers: Nach genauem Abwägen aller Umstände sei er der Auffassung, dass eine Heirat im Hinblick auf den Rang Globocniks als SS-Offizier nicht sinnvoll sei.

Das ist genau das, was Himmler hören wollte, er bittet Rainer in seinem Antwortbrief, mit der Familie Michner in Krumpendorf ein Abkommen auszuhandeln. Er könne damit argumentieren, dass sie – Himmler und Rainer – Globocnik geraten hätten, die Verlobung zu lösen. Am 21. Dezember 1939 fährt Rainer zu den Michners nach Krumpendorf, die sich nach einigem Hin und Her mit dem vorgeschlagenen Kompromiss einverstanden erklären: Globocnik müsse 10.000 Reichsmark Entschädigung an Grete Michner zahlen, das sei zumindest die Hälfte der aufgelaufenen Kosten; außerdem wollen Vater und Tochter ein persönliches Gespräch mit Himmler führen. Der Reichsführer-SS sagt dies sofort zu – mit dem zynischen Zusatz: „wohl am besten nach dem Krieg“. Globocnik rät er, großzügig zu sein, und zur Zahlung von 15.000 Reichmark, er wolle ihm dafür 8.000 Reichsmark an Unterstützung zukommen lassen.

Globocnik zahlt sofort die von Himmler vorgeschlagene Summe, was ihm nicht allzu schwer fällt, da er nun „akkurat“ über so viel Geld verfügt – der Judenmord macht sich offenbar bereits bezahlt. An Himmler, der die 8.000 Reichsmark bereits auf Globocniks Lubliner „Ordinario“-Konto überwiesen hat, richtet der SSPF ein kurzes Dankschreiben, in dem er sich für die edle Gabe bedanke, allerdings sage ihm sein Gewissen, dass es sicher jemanden gäbe, der das Geld dringender benötige …

Losgelöst von seinem Eheversprechen, schreitet Globocnik in Liebesdingen wieder zu neuen Taten. Eifersüchtig verfolgt Sekretärin Wilhelmine „Mimi“ Trsek die Affären ihrer Kolleginnen in der Dienststelle mit Globocnik, so sagt man ihm eine Romanze mit Marianne Hillmann nach, einer Mitarbeiterin aus Berlin, über die das Gerücht kursiert, dass sie Halbjüdin sei, sowie Beziehungen zu einer Frau Radischat und einer Frau Hamacher, Mitarbeiterin des BDM. Johann Offerman in seiner „Beurteilung“ des SSPF: „In Bezug auf Frauen nahm es G. auch nicht so genau, denn unterrichtete Kreise erzählen, dass seine Sekretärinnen grundsätzlich bei ihm ‚durch die Betten‘ gingen.“

Groß ist offenbar der Ärger bei „Mimi“, als sich der Chef mit Irmgard Rickheim einlässt, die als Sekretärin von SS-Sturmbannführer Hans Maubach am 7. Januar 1940 nach Lublin kommt. Maubach, der im Berliner Außenministerium für Ribbentrop tätig gewesen ist, arbeitet zunächst einige Zeit für die Zivilverwaltung Ernst Zörners, wird dann aber Adjutant bei Globocnik. Während

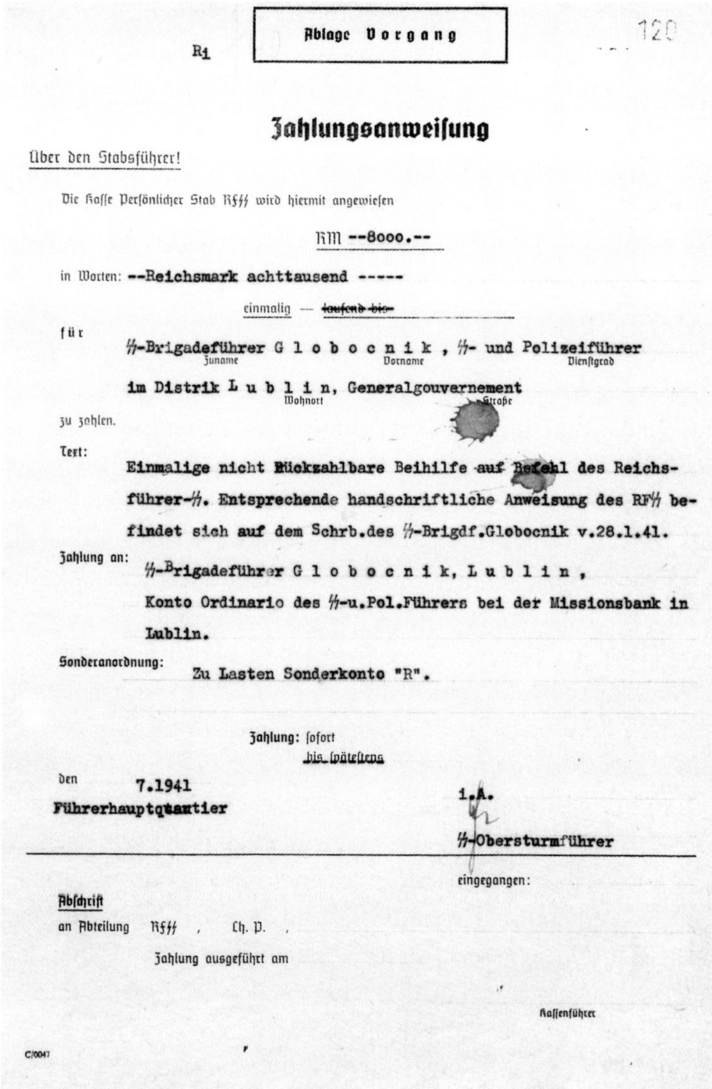

Ri

Ablage Vorgang

120

Zahlungsanweisung

Über den Stabsführer!

Die Kasse Persönlicher Stab RfSS wird hiermit angewiesen

RM --8000.--

in Worten: --Reichsmark achttausend -----

einmalig — ~~laufend bis~~

für

SS-Brigadeführer G l o b o c n i k , SS- und Polizeiführer
Zuname Vorname Dienstgrad

im Distrik L u b l i n, Generalgouvernement
Wohnort Straße

zu zahlen.

Text:

Einmalige nicht Rückzahlbare Beihilfe auf Befehl des Reichsführer-SS. Entsprechende handschriftliche Anweisung des RFSS befindet sich auf dem Schrb.des SS-Brigdf.Globocnik v.28.1.41.

Zahlung an: SS-Brigadeführer G l o b o c n i k, L u b l i n, Konto Ordinario des SS-u.Pol.Führers bei der Missionsbank in Lublin.

Sonderanordnung: Zu Lasten Sonderkonto "R".

Zahlung: sofort
~~bis spätestens~~

den 7.1941
Führerhauptquartier

i.A.
SS-Obersturmführer

eingegangen:

Abschrift

an Abteilung RfSS , Ch. P. ,

Zahlung ausgeführt am

Kassenführer

C/0047

Was die Trennung von Grete Michner betrifft, so zeigt sich Himmler großzügig: Er lässt 8.000 Reichsmark auf das „Ordinario"-Konto Globocniks in Lublin überweisen.

Maubach nach Unstimmigkeiten mit dem Brigadeführer Lublin im September oder Oktober 1941 wieder verlässt, bleibt Irmgard Rickheim – sie zieht im Sommer 1941 bei Globocnik in der Lubomelska ein, der ihr das Zimmer seines Freundes Reinhold von Mohrenschildt im ersten Stock überlässt. Die eifersüchtige „Mimi" glaubt, dass ihr Chef ein Opfer der Verführungskünste der Rickheim ist – in der „Bar des Ostens" soll sie ihn umgarnt und schließlich „erobert" haben. Ihre Rivalin, so berichtet Berndt Rieger, wird später jedoch erzählen, dass es der „Ernsti", Enst Lerch, gewesen sei, der sie verkuppelt habe. Er habe ihr geraten, „sich um den Odilo Globocnik zu kümmern", dieser habe sich bereits in sie verliebt, sei aber zu scheu, ihr das auch zu sagen. Sie habe diesen Rat befolgt und beim nächsten „Stabsabend" die Gesellschaft des schon wie üblich ziemlich betrunkenen Brigadeführers gesucht, der sie schließlich gefragt habe, ob man sich nicht „zusammentun" könne. Sie habe *Globus* gebeten, diesen Vorschlag zu wiederholen, wenn er wieder nüchtern sei. Am nächsten Tag habe er sie prompt zu einem gemeinsamen Ausritt eingeladen; er habe lustige Geschichten erzählt und man habe zusammen viel gelacht. Während der Picknickpause, irgendwo in der Natur, auf einem Baumstamm sitzend, habe er dann ihre Hand ergriffen und seine Frage wiederholt, sie habe nicht abgelehnt und sei gegen seine Schulter gesunken: „Natürlich liebte ich ihn nicht, aber ich war sehr aufgeregt, weil er mich ausgewählt hatte, das einzige deutsche Mädel in einer Schreibstube voller Österreicherinnen, die grün vor Neid waren, weil das Auge des Chefs auf mich gefallen war." (zitiert nach Berndt Rieger) Es ist nicht nur der Triumph über ihre österreichischen Konkurrentinnen, der sie jubeln lässt – für die um 16 Jahre jüngere Bürokraft bietet sich die Chance ihres Lebens. Als Geliebte oder später vielleicht sogar Frau eines mächtigen SS-Granden würde sie in der „Führergesellschaft" der Nazis ganz nach oben aufsteigen. Globocnik ist, das nimmt sie in Kauf, zu diesem Zeitpunkt kein fescher Mann mehr, sondern etwas übergewichtig mit aufgeschwemmtem Gesicht.

Wichtig für Irmgard ist nicht zuletzt, dass ihr Auserwählter von seinem Wesen her, „im Umgang mit uns allen", ein „herzensguter" Kerl ist, und das trifft, so ihr Eindruck, durchaus zu.

Von Himmler als Frau für „Globus" abgelehnt: Irmgard Rickheim.

Globocnik steht zu seiner Beziehung mit der 1920 geborenen Berlinerin, die ihre Karriere in der Verwaltung der Hitlerjugend begonnen hat: In einer fingierten „Sondermeldung" gibt er vor versammelter Mitarbeiterschaft seine Verlobung mit Irmgard, die nun im „Mannschaftshaus" beschäftigt ist, bekannt und genießt in der Folge das Zusammenleben mit der jungen Frau. Gemeinsam unternehmen Odilo und Irmgard, die ihn in der Öffentlichkeit mit „Herr SS-Gruppenführer" ansprechen muss, einen Ausflug in die Ostmark. Im eleganten Mercedes lassen sie sich zunächst nach Salzburg chauffieren, um hier Freund und Gauleiter Friedrich Rainer zu treffen, dann geht es nach Klagenfurt, wo Odilo sie seinen Kärntner Verwandten und Freunden vorstellt.

Pflichtgemäß wird auch Berlin informiert. In einem Telegramm an Himmler vom 5. Juli 1941 bittet er um die Erlaubnis zur Heirat; der Reichsführer-SS ist nicht sonderlich begeistert und will noch prüfen, angeblich hat er, der vom Zuchtwahn Besessene, den Plan, seinen so tüchtigen Kärntner Freund mit der Leichtathletin Gisela Mauermayer (1913–1995), der Diskus-Olympiasiegerin von Berlin 1936, zu verheiraten. Mauermayer, seit 1932 Mitglied der NSDAP, 1,72 groß, durchtrainiert und blond – das ist eine Frau, die er sich für den „Tatmenschen" im Osten vorstellen kann. Als er während seines Aufenthalts in Lublin im September 1941 Irmgard Rickheim vorgestellt wird, macht er aus seiner Voreingenommenheit keinen Hehl – er spricht mit ihr kein Wort, starrt sie nur prüfend an und ist von ihrer Anwesenheit sichtlich irritiert. Wie Berndt Rieger später von Irmgard Rickheim erfährt, verlangt Himmler beim gemeinsamen Abendessen plötzlich, ihre „Ahnentafel" zu sehen – eine perfide Aktion, hat er doch die allerdings unbestätigte Information bekommen, dass Irmgard angeblich eine jüdische Großmutter habe. Weitere Vorbehalte Himmlers: Das Fräulein Rickheim sei zu jung und übe im Parteiapparat keine Funktionen aus. Irmgard ihrerseits ist, wie sie Joseph Poprzeczny berichtet, geschockt von der „außergewöhnlichen Macht", die Himmler über ihren Partner ausübt, sie erkennt die Rollenverteilung: Herr und Diener sind in einem seltsamen Abhängigkeitsverhältnis miteinander verbunden.

Der Auftritt Himmlers und sein unerfreuliches Verhalten gegenüber Irmgard Rickheim hinterlassen bei der jungen Frau einen schalen Nachgeschmack, unter dem letztlich auch ihr Verhältnis zu *Globus* zu leiden beginnt. Zu kämpfen hat sie schließlich auch mit der zunehmend ablehnenden Haltung von Anna Globocnik, die im Dezember 1941 in Lublin eintrifft. Die Mutter Globocniks vertritt – vielleicht auch „motiviert" durch Himmler, wie Berndt Rieger vermutet – immer entschiedener die Meinung, dass die junge „Preußin" nicht zu *Globus* passe, sie sei nur auf Männerfang aus und in Wirklichkeit eine „Hure". Unterstützung findet Anna Globocnik bei Wilhelmine Trsek, für die das Verhältnis ihres verehrten Chefs mit der jüngeren Kollegin sicherlich ein schwerer Tiefschlag gewesen ist. Globocnik, der diesen Konflikt zwischen den drei Frauen bemerkt, zeigt sich Irmgard gegenüber durchaus loyal und versucht ihr zu helfen. Als Irmgard auch gesundheitliche Probleme bekommt – sie leidet an Nervosität und einer akut gewordenen Hautkrankheit –, empfiehlt er ihr im Februar 1942 einen Urlaub in Zakopane, er selbst muss ihn Lublin bleiben, es laufen die letzten Vorbereitungen zur „Aktion Reinhardt" …

Ahnungslos tappt Irmgard Rickheim während dieses Urlaubs in eine Falle. Joseph Poprzeczny vermutet nun in seinem Buch, dass es „Mimi" Trsek gewesen sein könnte, die den anonymen „Hassbrief" an Himmler verfasste, eventuell im Bunde mit Globocniks Mutter Anna. Der konkrete Vorwurf des anonymen Schreibens vom 10. April 1942, das angeblich von einem SS-Sturmbannführer mit unleserlicher Unterschrift unterzeichnet worden ist:

Irmgard habe während eines 14-tägigen Urlaubs in Zakopane, den sie hier Ende Februar/Anfang März 1942 gemeinsam mit Globocniks 17-jähriger Nichte Henny Pommerhanz verbracht habe, „in großzügigster Weise ungeniert im öffentlichen Lokal herumpoussiert und auch sonst mit ihrer Aufmachung und durch ihr Gehabe den Unwillen und Abscheu aller inzwischen aufmerksam gewordenen Gäste erregt".

Noch am selben Tag ruft Himmler Globocnik an und berichtet ihm über den Brief, seine Verlobte, so die Interpretation des Reichsführers-SS, habe ihm offensichtlich Hörner aufgesetzt. *Globus* stellt daraufhin Irmgard zur Rede, sie widerspricht der Darstellung des Anonymus jedoch energisch.

Globocnik reagiert auf die Anschuldigungen und lässt Irmgard Rickheim im Mai 1942 in ein Gutshaus nach Sobieszyn, etwa 60 km nordöstlich von Lublin, bringen. Betreut und beaufsichtigt wird sie in diesem kleinen Ort, einst Besitz von König Jan III. Sobieski, von einem SS-Mann namens Hilse, einem ehemaligen Bauern, der zusammen mit seiner Frau und seinem Sohn das Gutshaus bewohnt. Globocnik besucht sie hier, wann immer er Zeit hat; als er jedoch überlegt, auch seine Mutter nach Sobieszyn zu bringen, spricht sich Irmgard dagegen aus; sie hat Anna Globocnik noch immer nicht verziehen. Ansonsten verbringt sie einen erholsamen Sommer. Während ihr Bräutigam den Mord an Hunderttausenden Menschen steuert und seine Einsatzkommandos in Blut waten, reitet sie aus und unternimmt Ausflüge an das Flüsschen Wieprz.

Gleichzeitig versucht Globocnik die Vorwürfe gegen seine Braut zu entkräften – es gelingt ihm, Emilie Thomas, eine Krankenschwester im Zentralrevier der SS beim SSPF, die den Abend in Zakopane miterlebt hat, zu einer Art „Gegendarstellung" zu bewegen, in der die „Schuld" einem angetrunkenen Wehrmachtsoffizier zugewiesen wird. Emilie Thomas' Version des „Vorfalls": „Gemeinsam mit Fräulein Rickheim und Henny Pommerhanz verbrachte ich diesen Abend an einem Tisch schwerverwundeter

Soldaten, an dem auch verschiedene Rote-Kreuz-Schwestern und Nachrichtenhelferinnen saßen. Das Bestreben der Veranstalter dieses Abends war es, diesen schwer- und schwerstverwundeten Soldaten bevor sie wieder an die Front bzw. in Umschulungslager für Kriegsversehrte gingen, noch einen frohen und heiteren Abend zu bereiten. Da ich selbst Krankenschwester im Zentralrevier der SS beim SS- und Polizeiführer Lublin bin, fiel es mir nicht schwer, eine fröhliche Stimmung um mich herum aufkommen zu lassen, und bat auch Fräulein Rickheim wiederholt, doch ein wenig aus sich herauszugehen und mitzumachen. Fräulein Rickheim war allerdings zu dieser Zeit gerade wegen eines Hautekzems bei Herrn Dr. Beck, Zakopane, in Behandlung und war deshalb an diesem Abend nicht so recht in Stimmung."

Die Initiative, so Emilie Thomas weiter, sei dann von besagtem Offizier ausgegangen: „Vorübergehend gesellte sich dann auch der Hauptmann an unseren Tisch. Nach kurzer Begrüßung entfernte er sich dann jedoch bald wieder, und als ich ihn später wiedersah, war er schon angetrunken. Es ergab sich aber noch die Gelegenheit, dass Henny Pommerhanz zwecks Briefmarkenaustauschs die Adresse des Hauptmanns erhielt. Im Laufe dieses Abends wurde Fräulein Rickheim von einem SS-Unterscharführer angesprochen, der von dem Hauptmann erfahren hatte, dass Fräulein Rickheim die Braut des SS-Brigadeführers Globocnik sei, den er, der Hauptmann, auch kenne. Der SS-Unterscharführer erzählte begeistert Fräulein Rickheim, dass er selbst den Brigadeführer Globocnik von der SS-Standarte ‚Germania' her kenne und sie beide gemeinsam den Polenfeldzug mitgemacht hätten, und freute sich, Fräulein Rickheim von Erlebnissen dieses Feldzuges zu erzählen, wobei er dann noch bat, dem Brigadeführer Grüße auszurichten.

Als ich später mit Fräulein Rickheim und Henny Pommerhanz nach Hause gehen wollte, wurde unsere Aufmerksamkeit noch einmal auf den jetzt schon recht stark angetrunkenen Hauptmann gelenkt, der eine heftige Auseinandersetzung mit schwerverwundeten Soldaten hatte, die Träger des EK I und II waren. Wir hörten noch die Worte des Hauptmanns, er ließe sich doch nicht an der Front die Knochen kaputt schießen, und traten an ihn heran, um uns zu verabschieden. Fräulein Rickheim, die schon immer zum Nach-Hausegehen drängte, ging, nachdem sie sich vom Hauptmann zuerst verabschiedet hatte, voraus und wartete auf uns vor der Tür, worüber sich der Hauptmann uns gegenüber noch ausließ. Wir folgten etwas später Fräulein Rickheim, um gemeinsam nach Hause zu gehen." Eine Abschrift dieser sichtlich „geschönten" und mit 21. September 1942 datierten Sachverhaltsdarstellung gelangt schließlich auch auf den Schreibtisch Himmlers, an dessen Entscheidung vermag sie allerdings nichts mehr zu ändern – Globus muss sich von Irmgard Rickheim trennen.

Zuvor, während Himmlers Besuch im Juli 1942, gelingt es Globocnik offenbar nicht, die Turbulenzen um seine Braut, entscheidend und klärend zur Sprache zu bringen. Da er endlich wissen will, woran er wirklich ist, entschließt er sich am 30. August 1942 zu einem Brief an SS-Obergruppenführer Dr. Rudolf Brandt, den Chef des persönlichen Stabes des Reichsführers-SS. Er berichtet zunächst über neue Informationen, die er bekommen habe, und dass es ein „Fliegerhauptmann Vogt" gewesen sei, der bereits in Zakopane angekündigt habe, sich wegen des „Benehmens meiner Braut" an den Reichsführer zu wenden. Auch sei er von anderer Seite darauf aufmerksam gemacht worden, dass an der Kritik „am allgemeinen Benehmen meiner Braut" doch „etwas Wahres" daran sei. Und er fährt fort: „Meine Braut bestreitet den Inhalt des Briefes. Ich will kein Unrecht tun und nicht etwas übers Knie brechen. Aber wenn ich bedenke, wie sehr der Reichsführer gegen diese Verbindung war, so möchte ich jetzt ihn ja nicht mehr enttäuschen und es aber vor allem von seinem Willen abhängig machen. Das nehme ich auf mich (...) So bitte ich Sie, Kamerad Brandt, den Reichsführer zu befragen, was er wünscht, das ich tun soll. Wenn man auch die Jugend meiner Braut berücksichtigen muß, so soll dem Ansehen dadurch kein Schaden zugefügt werden. Ich danke Ihnen für Ihre Hilfe und bin mit besten Grüßen und Heil Hitler! Ihr Globocnik." Der kriecherische Ton dieses Scheibens ist wohl Berechnung – Globocnik, der die Abläufe im Stab Himmlers gut kennt, weiß, dass der „liebe Kamerad" Brandt damit zu seinem Chef geht, und möchte durch vorauseilenden Gehorsam um „Gnade" buhlen.

Der Brief zeigt tatsächlich rasch Wirkung – wenige Tage später, am 11. September 1942, meldet sich Himmler in Sachen Irmgard Rickheim persönlich bei Globocnik. Das Schreiben des Reichsführers-SS klingt ungewohnt schroff, schon in der Anrede verzichtet Himmler auf das vertraute „Globus" und schreibt „Lieber Globocnik"; gleich zu Beginn verweist er darauf, dass er den Brief Globocniks an Dr. Brandt gelesen habe, und fährt dann im barschen Befehlston fort: „Stellen Sie fest, ob Ihre Braut tatsächlich mit anderen Männern in ein Kaffee (sic!) gegangen ist. Wenn ja, dann lösen Sie die Verbindung. Seien Sie sich darüber klar, daß mit der Jugend ihrer Braut gar nichts zu entschuldigen ist, denn wenn das Mädchen infolge ihrer Jugend unreif ist, würde sie Sie bei Ihrer vielen Arbeit, während der Sie sich doch wenig um Ihre Frau kümmern könnten, dauernd enttäuschen und – nehmen Sie mir das Wort nicht übel – betrügen. Ihre Ehe würde für Sie statt eine Stärkung eine Belastung sein. Und was das Schlimmste ist, es könnte der Augenblick kommen, in dem Ihnen Zweifel auftauchen, ob Ihre Kinder tatsächlich von Ihnen sind. Sie schreiben in Ihrem Brief noch, Sie seien auch von anderer Seite auf diese Tatsache aufmerksam gemacht worden. Daraus ersehe ich, daß die briefliche Warnung doch einigermaßen ernst zu nehmen ist. Im Ganzen kann ich Ihnen nur raten, die Verbindung zu lösen" – deutliche Worte, die Globocnik richtig zu interpretieren weiß: Das ist keine Empfehlung und kein gut gemeinter Rat, sondern ein Befehl. Und Befehlen weiß er zu gehorchen, auch in dieser Angelegenheit.

Den Namen des Denunzianten von Zakopane würde er dennoch nur allzu gerne wissen und so versucht er weiter, diesen auf eigene Faust zu finden – offenbar verdichtet sich ein Verdacht. Im Oktober lässt Globocnik Irmgard Rickheim von seinem Ordonnanzoffizier Max Runhof von Sobieszyn nach Berlin bringen, wo er ihr in der Mauerstraße 45 eine Wohnung mietet, um deren Möblierung er sich persönlich kümmert. In einem Brief an Himmler vom 25. November 1942 wagt dann Irmgard einen letzten Vorstoß, um ihre Ehre, die in „niedrigster Weise auf das Schändlichste" angegriffen worden sei, wiederherzustellen. Da alle Bemühungen zur Auffindung des ominösen Sturmbannführers vergeblich gewesen seien, bleibe ihr nur dieser Weg: „Ich möchte daher an Sie, Reichsführer, die inständige Bitte richten, mir den Namen des Schreibers zu nennen. Ich habe lange gezögert und bitte Sie, Reichsführer, mir zu glauben, daß ich nicht gewagt hätte, Ihre Zeit in Anspruch zu nehmen, wenn mir noch eine andere Möglichkeit geblieben wäre. Reichsführer! Ich fühle mich als deutsches Mädel und Braut eines SS-Führers verpflichtet, mich mit allen Mitteln und unter allen Umständen zu rehabilitieren und bitte Sie, Reichsführer, mir dies durch Bekanntgabe des Verfassers des Briefes und Gegenüberstellung mit diesem zu ermöglichen. Heil Hitler! Irmgard Rickheim."

Himmler, der am 19. Dezember dieses Schreiben vorgelegt bekommt, will zumindest guten Willen zeigen und weist Rudolf Brandt an, bei Globocnik noch einmal nachzuhaken: „Der Reichsführer-SS möchte nun doch, dass der Hauptmann der Luftwaffe, der zugleich auch in der Allgemeinen-SS Sturmbannführer ist, zu der ganzen Angelegenheit gehört wird. Ich wäre Ihnen daher sehr dankbar, wenn Sie mir die Anschrift dieses SS-Sturmbannführers (wenn ich mich recht entsinne, sagten Sie mir, Sie hätten herausbekommen, um welchen SS-Führer es sich handelt) mitteilen würden" – Globocnik antwortet auf diesen Brief am 29. Dezember 1942, resignierend kündigt er Brandt an, dass er die Verlobung mit Irmgard Rickheim lösen werde, er sehe sich durch den Brief des Reichsführers vom 11. September, den er ungefähr 20 Mal gelesen habe, zu diesem Schritt gezwungen. Von seiner Nichte

Henny Pommerhanz habe er nun doch die Adresse des Fliegerhauptmanns bekommen, der in Kazanitz stationiert sei. Dann wird Globocnik überraschend persönlich: Er gesteht Brandt, dass es nicht leicht für ihn sei, dass der Reichsführer-SS mit der Sache beschäftigt sei, es wäre besser gewesen, dies zu vermeiden. Wieder bittet er, offenbar zutiefst verunsichert, Brandt um Rat: Solle er an diesen Fliegerhauptmann noch schreiben und den Brief Irmgard zeigen oder nicht? Er wolle jedenfalls nichts unternehmen, was den Reichsführer-SS aufregen könne, und bitte so schnell wie möglich um eine Antwort – diese Antwort gibt es jedoch nicht mehr. Für Himmler und Brandt ist die Sache mit der Auflösung der Verlobung erledigt; ihr *lieber Globus* hat noch einmal Gehorsam und Unterwürfigkeit bewiesen.

Globocnik verzichtet auf einen Abschiedsbrief an Irmgard und wählt einen anderen Weg: Gemeinsam mit seiner Mutter und mit Henny fährt er nach Berlin, zu dritt treffen sie sich mit Irmgard zum Abendessen. Globocnik, so berichtet Irmgard Rickheim später Berndt Rieger, habe sich an diesem Abend so herzlich ihr gegenüber verhalten, dass sie geglaubt habe, noch immer mit ihm verlobt zu sein. *Globus* lässt sie auch nicht im Stich: Er verschafft ihr 1943 die Stelle einer Sekretärin in der Rundfunkabteilung des Goebbelschen Propagandaministeriums – hier wird Imrgard Rickheim bis zu Untergang des Dritten Reichs arbeiten.

Die Zakopane-Affäre trägt entscheidend dazu bei, dass das Verhältnis Himmlers zu Globocnik weiter abkühlt, die Zeit der sehr persönlichen, kameradschaftlichen Töne von Seiten des Reichsführers für seinen treuen Diener im Osten ist endgültig vorbei. Bei Globocnik hinterlässt die erzwungene Auflösung seiner Verlobung einen schwärenden Stachel der Unsicherheit und Irritation, der sich noch 1944 bei den Vorbereitungen zu seiner Hochzeit mit Lore Peterschineg bemerkbar machen wird. Er ist sich seines Herrn nicht mehr sicher, würde jedoch gerne noch die Aufmerksamkeit und Zuwendung vergangener Tage spüren …

„Das kommt von den dreckigen Juden!“

Ghettos & Arbeitslager

Razzia in Lublin: Juden werden aus ihrem Kellerversteck geholt, Dezember 1940.

Odilo Globocnik ist voll Tatendrang. Zunächst gilt es, sich einen genauen Überblick über den Anteil der jüdischen Bevölkerung in Lublin zu verschaffen. Vor allem will er wissen, mit wie vielen Juden er als Arbeitskräften rechnen kann. Seine Idee: eine öffentliche Zählung, ein Zensus unter freiem Himmel.

Ein Platz dafür ist rasch gefunden: Im Herzen von Lublin, in der Lipowastraße 7, gegenüber vom Friedhof, befindet sich die große Sportanlage des Lubliner Universitätssportvereins. Am 2. Dezember 1939 müssen sich hier alle männlichen Juden der Stadt einfinden – die SS führt unter entwürdigenden Umständen eine Zählung durch. Nach Abschluss der Zählung werden 200 Juden dazu bestimmt, mit dem Bau von Baracken für ein Arbeitslager zu beginnen.

Dem Judenrat wird die Aufgabe übertragen, die Arbeiter – Handwerker aus Lublin – zu benennen; die zur Zwangsarbeit ausgewählten Männer müssen ihr eigenes Werkzeug mitbringen; sie kommen am Morgen ins Lager und können am Abend nach Hause gehen. Die für die Produktion notwendigen Materialien und Rohstoffe müssen vom Judenrat besorgt werden, ebenso das karg bemessene Essen für die Arbeiter. Später treffen jüdische Handwerker aus Warschau und anderen Städten ein – sie leben nun bereits im Lager, das offiziell als „SS- und Selbstschutz-Durchgangslager“ firmiert. Die Aufsicht über das Lager obliegt den Lubliner Selbstschutz-Kommandanten, es ist dies zunächst SS-Standartenführer Walter Gunst, ihm folgt dann SS-Oberführer Ludolf von Alvensleben, der vor Ort von SS-Sturmbannführer Hermann Dolp vertreten wird. Im Frühsommer 1940 wird Dolp zum Bau des Bug-Grabens abkommandiert, der SS-Oberscharführer Franz Bartetzko rückt auf seinen Posten nach. Globocnik, der sich wenig darum kümmert, dass laut Geschäftsverteilungsplan die Errichtung und Betreibung von Zwangsarbeitslagern eigentlich Sache von Zivilgouverneur Ernst Zörner sein sollte, versucht seine „Herrschaft“ über die Lipowastraße konsequent weiter auszubauen. Im Sommer 1940 schickt er SS-Untersturmführer Horst

Riedel von der SS-Reiterstandarte Lublin ins Lager, um dessen Finanzgebarung zu überprüfen – Riedel ist einer der neuen Lieblinge des SS- und Polizeiführers, hat er doch einen exakten Finanzplan für den geplanten Bau der neuen SS-Unterkünfte in Lublin vorgelegt. Von Alvensleben und einige seiner Mitarbeiter werden sofort abgelöst, zum neuen Kommandanten ernennt Globocnik seinen Kontrollor Horst Riedel. Damit wird das Lager erstmals von jemandem geleitet, der nicht dem Selbstschutz angehört; wenig später zieht Globocnik auch die Wachtruppe des Selbstschutzes ab und ersetzt diese durch Angehörige des sogenannten „Wachkommandos Kluß" – die Lipowastraße ist nun endgültig „sein" Lager. Die neu angebrachte Aufschrift über dem Lagertor lautet jetzt: „Werkstätten des SS- und Polizeiführers"; auch auf den Briefköpfen der Lagerkorrespondenz taucht diese Bezeichnung auf. „Adjutant" Riedels ist der aus Celle stammende SS-Untersturmführer Wolfgang Mohwinkel (1911–2003), Absolvent einer Akademie für Maschinenbau, der allmählich die organisatorische Leitung an sich reißt, während sich Riedel auf kaufmännische Belange beschränkt.

Am 1. Februar 1941 übernimmt das SS-Unternehmen „Deutsche Ausrüstungswerke" (DAW) das Lager in der Lipowastraße; Riedel wird zum „Werkleiter der DAW" ernannt, eine Funktion, die er bis zum November 1941 ausüben wird. Zusätzliche Baracken werden errichtet und neue Maschinen angeschafft, man wälzt große Pläne: Jetzt soll die Zahl der Sklavenarbeiter und damit auch die Produktivität massiv gesteigert werden; neue „Arbeitskräfte" ziehen im Winter 1940/41 ein: jüdische Kriegsgefangene, die man aus Lagern im „Reich" hierher nach Lublin verlegt. Und neue Produktionsstätten werden eingerichtet, so eine Dachpappenfabrik auf dem Gelände der ehemaligen Flugzeugfabrik von Plage und Laskiewicz. Hier etabliert man auch einen Betrieb zur Herstellung von Schuhsohlen und eine Munitionsfabrik. Das Lager an der Lipowastraße und die angeschlossenen Betriebe entwickeln sich zum wichtigsten DAW-Unternehmen außerhalb des Reichsgebietes.

Zwei deutsche Soldaten beim Bummel durch das Lubliner Ghetto. Foto von Johannes Hähle, Mai 1941.

Als im Winter 1940/41 eines Nachts eine Gruppe von jüdischen Kriegsgefangenen aus dem Lager flieht, kommt Globocnik mit seinen Leuten persönlich in die Lipowastraße. Der SSPF Lublin beweist, dass ihm Brutalität durchaus nicht fremd ist: Er lässt die Kriegsgefangenen bei minus 20 Grad im Freien antreten, einer der Überlebenden berichtet über den Alptraum dieser Winternacht: „Wir wurden in der Nacht aus den Baracken auf den Hof getrieben, halbnackt und barfuß. Wir mußten uns längere Zeit im Schnee aufhalten, uns hinlegen und dann auf dem mit Schnee bedeckten Erdboden liegen. Man sagte uns, daß wir keine Kriegsgefangenen, sondern nur internierte Juden seien. Bei dieser Gelegenheit wurden wir geschlagen … Uns wurde dann befohlen, in die Baracken zurückzulaufen, wobei wir geschlagen und mit Hunden gehetzt wurden." Zehn Gefangene bezahlen diese „Strafaktion" mit dem Tod, sie sterben an Lungenentzündung. Auf Fluchtversuche steht von nun an die Todesstrafe.

Dann lässt sich *Globus* noch etwas Besonderes einfallen: Er gibt ein Fest für Hermann Dolp, den Ex-Kommandanten des Lagers, der nun bei den jüdischen Zwangsarbeitern am Bug sein Unwesen

„Judenhatz": Die Sicherheitspolizei stürmt ein Haus in der Lubliner Altstadt, Dezember 1940.

treibt. Der Anlass: Dolp hat angeblich den „50-tausendsten" Juden ermordet. Die makabre Feier findet in der Wohnung des Brigadeführers statt, die „Heldentat" Dolps ist das Tagesgespräch in der Lubliner SS-Kolonie. Der Hausherr selbst erlaubt sich zur Unterhaltung der Gäste einen kleinen Spaß, wie der jüdische Überlebende Joseph Birger-Ezrahi, der zu dieser Zeit im Haus Globocniks arbeiten muss, in einer Aussage berichtet: „Während dieser Feier rief mich Globocnik in den Saal und zwang mich unter Bedrohung mit einer Pistole, eine Flasche Wodka auszutrinken." Brutalitäten wie diese sind die Passion des Brigadeführers, vor allem vor den Angehörigen seines Stabs demonstriert er dem jüdischen Personal gegenüber sadistische „Härte". Willy Natke, der als SS-Ordonanz für Globocnik tätig ist, bezeugt später, dass dieser nicht gezögert hätte, einen Untergebenen zu töten. Außerdem habe er ihn häufig betrunken gesehen. Vom jüdischen Friedhof Lublins habe er Grabplatten auf die Terrasse seiner Wohnung bringen lassen; eines Tages, so Natke, habe er gegen eine dieser Grabplatten getreten und gerufen, dass man alle Juden vernichten müsse.

Das seltsame Verhalten, das Globocnik Juden gegenüber an den Tag legt, spricht sich in Lublin herum, auch bei den Juden selbst. So ist es dem jüdischen Schneider, der ihm die Maße für einen Anzug abnimmt, nicht erlaubt, ihm ins Gesicht zu sehen – der Schneider muss bei seiner Arbeit mit dem Maßband immer hinter ihm bleiben. Bezeichnend ist auch die folgende Episode: Als eine Typhusepidemie durch das jüdische Ärzteteam eingedämmt und zum Erlöschen gebracht werden kann, begibt sich *Globus* wieder einmal in das Lager. W. Schindler, der als mitverantwortlicher Arzt auserkoren ist, in dieser Angelegenheit mit dem SSPF zu sprechen und dabei immer nur mit „Ja“ oder „Nein“ zu antworten, schildert später diese Szene: „Als ich ins Zimmer trat, sah ich, dass Globocnik beim Fenster stand und hinausschaute. Ich stand noch in der Tür, als mir Mohwinkel (siehe unten) ein Zeichen gab, dass ich mich mit dem Gesicht zur Wand drehen solle. In dieser Position musste ich das Gespräch führen. Globocnik sagte, dass er vom Erlöschen der Epidemie im Lager gehört habe. Mohwinkel gab mir ein Zeichen, also sagte ich ‚Ja‘. Globocnik setzte fort und sagte, dass dies von den Läusen der dreckigen Juden komme. Wieder gab mir Mohwinkel ein Zeichen, wieder sagte ich ‚Ja‘. Globocnik daraufhin: Dagegen müsse man etwas unternehmen. Denn wenn sich nur ein Deutscher anstecke, lasse er uns alle erschießen. Dann verlangte er, dass die Epidemie innerhalb von 14 Tagen zur Gänze zum Erlöschen gebracht sein müsse. Er werde hierher zurückkommen, um sich zu überzeugen, dass sein Befehl ausgeführt worden sei. Ich sagte auf jeden seiner Sätze hin ‚Ja‘. Damit war das Gespräch dann beendet.“

Globocnik, der Horst Riedel zunächst gefördert hat, lässt ihn nun fallen: Riedel wird im November 1941 nach Berlin versetzt, angeblich ist es die „arrogante Art des Auftretens“ Riedels, die der SSPF nicht mehr länger hinnehmen kann. Mohwinkel ist jetzt der Mann seiner Wahl: Im Dezember 1941 rückt der SS-Untersturmführer, der von Juli bis Oktober in Lemberg tätig gewesen ist und sich dort beim Aufbau einer KFZ-Werkstatt bewährt hat,

als Lagerleiter nach. Mohwinkel, der nun für die Terrorherrschaft an der Lipowastraße verantwortlich ist, wird von den Gefangenen nur „Mordwinkel" genannt. Gearbeitet wird in zwei Schichten zu je zwölf Stunden pro Tag, also rund um die Uhr; die Arbeiter werden bei jeder Gelegenheit mit Peitschenschlägen traktiert; wer zu schwach zum Arbeiten ist oder für einen Augenblick mit der Arbeit innehält, wird erschossen. Am 8. Juni 1942 gibt Mohwinkel eine neue Arbeitszeitregelung bekannt, die jedoch vermutlich nur für die besser qualifizierten Facharbeiter gilt: Von Montag bis Samstag sind jetzt nur mehr zehn Stunden zu arbeiten, die Pause beträgt 30 Minuten, die Arbeitszeit am Sonntag sechs Stunden bei einer einstündigen Mittagspause.
Mohwinkel reduziert die tägliche Brotration von 250 g auf die Hälfte; wer zu fliehen versucht, wird vor all den anderen Arbeitern gehängt. Joseph Birger-Ezrahi bezeugt 1961 folgenden Vorfall: „Ich erinnere, daß im Zuge der Aussiedlungen aus dem Warschauer Ghetto – es war wohl im Frühjahr 1942 oder 1943 – ein Transport von Juden in unserem Lager ankam, unter denen man dann eine Auslese durchführte. Die Facharbeiter ließ man im Lager, die anderen wurden nach Majdanek abgestellt. Als diese Juden in das Lager geführt wurden, stand ich am Lagertor. Als die ganze Kolonne sich noch jenseits des Lagertores befand, war einer der Ankömmmlinge zurückgeblieben, da er offensichtlich mit den anderen nicht Schritt halten konnte. Mohwinkel, der in diesem Augenblick am Tor stand, zog seine Pistole und schoß diesem Mann vor meinen Augen in den Kopf. Ich sah, wie das Gehirn dieses Mannes an die Wand des Schildehauses spritzte, das vom Lager aus gesehen links stand. Der Mann fiel tot zu Boden, und 2 Wächter zogen seinen Körper auf die Seite. Ich war vom Tatort etwa 20 m entfernt."
Und Mohwinkel duldet unglaubliche Grausamkeiten seiner Untergebenen. Beim Prozess gegen Mohwinkel 1974 in Hamburg erzählt der Augenzeuge Pinchas Zyskind vom Mord an einem 12-jährigen Jungen namens Chaim, der als Bote im Lager tätig ist.

Eines Tages werden die Dokumente, die er zustellen soll, nass – der SS-Mann Inkuffer misshandelt ihn daraufhin so brutal, dass Chaim zu schreien beginnt. Aufgebracht darüber, zieht Inkuffer sein Taschenmesser und schneidet dem Jungen die Zunge ab. Der Anblick, so erzählt Pinchas Zyskind, sei so unerträglich gewesen, dass selbst die umstehenden Nazis Inkuffer gebeten hätten, die Leiden des Kindes zu beenden – am Abend habe man Chaim öffentlich gehängt.

Im Juli 1943, so bezeugt Pinchas Zyskind, sei es zu einem weiteren bestialischen Mord durch Inkuffer gekommen: Bei einer Durchsuchung der Häftlinge habe man bei einem der Männer eine Goldmünze gefunden. Inkuffer und ein SS-Mann namens Hausberg hätten den Häftling in einen hölzernen Block gespannt und mit einer Säge in zwei Teile geschnitten. Unter dem Kommando von Mohwinkel hätten die anderen Gefangenen antreten und dieser Mordtat zusehen müssen.

Das Lager in der Lipowastraße überdauert die Abreise Globocniks aus Lublin nur wenige Wochen. Im Rahmen der „Aktion Erntefest" werden am 3. November 1943 alle noch hier verbliebenen jüdischen Arbeiter ins KZ Majdanek gebracht und dort erschossen.

Wolfgang Mohwinkel wird 1974 von einem Hamburger Schwurgericht des mehrfachen Mordes schuldig gesprochen und zu lebenslanger Haft verurteilt, 1984 jedoch freigelassen.

Wien, 15. Februar 1941. Während der SSPF Lublin an einem Zwischenbericht über die „Tätigkeit auf dem Gebiete der Rückgewinnung polonisierter, ehem. deutsch-pfälzischer Siedlungen im Kreis Zamość" arbeitet, sammeln sich in einem ehemaligen Schulgebäude in der Castellezgasse 35 in der Leopoldstadt die „Teilnehmer" zum ersten Transport von Wiener Juden nach Polen. Die „Evakuierung" hat Adolf Eichmann per Fernschreiben an alle Staatspolizeileitstellen am 13. Februar angeordnet, in seiner Begründung für die Deportation beruft sich der konsequente Pflichterfüller Eichmann wieder einmal auf einen Befehl: „In Anbetracht der besonders gelagerten Verhältnisse in Wien hat der Führer die Evakuierung der in Wien ansässigen Juden angeordnet." Vorsorglich hat die Staatspolizeileitstelle Wien bereits am 1. Februar 1940 eine Verfügung erlassen, in der den Wiener Juden das Verlassen des „Gaugebietes" untersagt worden ist; am gleichen Tag hat man die Vertreter der Israelitischen Kultusgemeinde darüber informiert, dass die Deportationen ins Generalgouvernement nun wiederaufgenommen würden. Ziel des „3. Nahplans", auf den man sich bei einer Besprechung am 8. Januar 1941 im Reichssicherheitshauptamt in Berlin geeinigt hat, ist es, bis zum 1. Mai 1941 etwa 10.000 Juden aus Wien „auszusiedeln".

Der Transport umfasst 996 Menschen, etwa 60 Prozent Frauen, zum Großteil über 60 Jahre alt, darunter auch Kranke und Behinderte. Die „Auswahl" der Personen ist nach Familien vorgenommen worden und durch die „Zentralstelle für jüdische Auswanderung" erfolgt. Erlaubt ist die Mitnahme von 50 kg Gepäck; das Geld muss abgegeben werden. Dafür erhält jeder „Teilnehmer" lächerliche 40 Zloty, zusätzlich muss noch eine perfide Erklärung unterschrieben werden, in der man versichert, dass man sich dem Transport freiwillig anschließe und sein in Wien verbleibendes Vermögen dem Staat überlasse. An den beiden Sammelstellen werden sie von der Kultusgemeinde ein letztes Mal mit Lebensmitteln versorgt, dann geht es um halb sechs Uhr früh auf Lastautos zum Aspangbahnhof. Ein Personenzug steht bereit, die Menschen werden in Abteile zweiter und dritter Klasse gepfercht; über ihr genaues „Reiseziel" werden sie im Unklaren gehalten.

Am 17. Februar erreicht der Zug die südwestlich von Lublin gelegene Kleinstadt Opole Lubelskie, für die Ankömmlinge aus Wien ein wahrer Kulturschock: Etwa die Hälfte der Bevölkerung sind Juden, die in ärmsten Verhältnissen leben – für die Großstädter aus Wien ein niederschmetternder Eindruck, wie ein Brief der Deportierten J. E., die mit ihren Eltern nach Opole Lubelskie gekommen ist, dokumentiert. Am 18. Februar schreibt sie über die Ankunft in diesem „gottverlassenen Dorf": „Auf den Straßen kann man kaum gehen, man versinkt fast im Kot und die Häuser kann ich überhaupt nicht beschreiben, etwas größere Hundehütten. Wir haben uns bei einem Juden einquartiert, meine Mutter und ich schlafen in einem Bett; aber mein Vater hat noch kein Quartier gefunden und muß im Tempel auf dem Boden schlafen auf Stroh; es schlafen fast noch 80 % aller Leute dort, man kann kein Quartier finden. Was die Lebensmittel angeht, ist alles in Hülle und Fülle zu haben, aber entsetzlich teuer und wir hatten jeder bloß 40 Zl., von denen wir noch 10 Zl. Kopfsteuer zu bezahlen hatten, so daß jedem 30 Zl. blieben. Ein Brot, welches wie Ziegel aussieht, kostet 3 Zl., ein Liter Milch 1,10, Zucker ist unerschwinglich, Mehl nicht zu haben. Ein kg Kartoffeln 30 Groschen." Nach nur einem Tag in Opole ist die Verzweiflung groß; J. E. hat erkannt, dass es für sie und ihre Eltern hier keine Zukunft geben wird: „Ich kann Euch nur sagen, es wäre besser gewesen, man hätte uns alle in Wien an die Wand gestellt und erschossen. Es wäre ein schöner Tod gewesen, wir müssen elender sterben."

Von den zivilen und militärischen Behörden Opoles und der Kreishauptstadt Puławy ist kaum Hilfe zu erwarten und so greifen die Wiener Juden angesichts der verheerenden Zustände zur Selbsthilfe. Vor allem gilt es, die sanitäre Situation zu verbessern: Eine Latrine und ein Bad mit mehreren Duschen sowie eine eigene Küche mit Speiseraum und Baracken werden errichtet. Impfungen werden organisiert; das Wasser zum Trinken wird abgekocht. Über den einheimischen Judenrat versucht man Kontakt zum „Joint", der jüdischen Hilfsorganisation in Krakau und Warschau", aufzubauen; man bittet um Kleider, Decken, Kochgeräte, Werkzeuge, Lebensmittel und Geld. Über Freiburg gelingt es, eine Pakethilfe durch die Wiener Erzbischöfliche Hilfsstelle zu organisieren. Die Juden von Opole zeigen sich zunächst hilfsbereit, J. E. in ihrem Brief vom 18. Februar 1941: „Eines kann ich Euch aber sagen, so arm diese Menschen hier sind, ebenso rührend haben sie sich unser angenommen und sie sind so zuvorkommend und gut und hilfreich, daß alle Juden Wiens sich vor diesen polnischen Juden verstecken können. Das Wenige, das sie haben, wollen sie mit uns teilen."

Am 28. Februar 1941 kommt ein zweiter Zug aus Wien in Opole Lubelskie an, dieses Mal mit 1049 Menschen an Bord. Auch aus anderen Gebieten treffen Deportationszüge ein, die Zahl der Neuankömmlinge steigt auf insgesamt etwa 8.000 Menschen. Noch im März 1941 wird daher in Opole ein Ghetto eingerichtet. Das Gelände des „Judenbezirks" wird anfangs mit Stacheldraht eingezäunt, später lässt die SS einen massiven Holzzaun errichten. Über 10.000 Menschen werden hier schließlich zusammengepfercht – Juden aus den nahen Städten Puławy und Kazimierz Dolny ebenso wie Juden aus Wien, Frankreich und der Slowakei; alle polnischen Familien werden vom Ghettogelände abgesiedelt. Die Situation bleibt katastrophal: Für die Versorgung des Ghettos mit Wasser stehen nur zwei Brunnen zur Verfügung; die durchschnittliche Todesrate steigt nach Ausbruch einer Typhusepidemie auf 60 Tote pro Tag. Von den Juden aus Wien sterben bis zum April 1941 mindestens 30; Todesursachen sind Unterernährung und Typhus.

Zum Schrecken des Ghettos von Opole Lubelskie wird Landkommissar Horst Goede, ein Psychopath und Sadist, der für zahlreiche Hinrichtungen und Misshandlungen verantwortlich zeichnet. So wird der Judenrat gezwungen, Frauen auszuwählen, die im nahe gelegenen Lubomirski-Schloss Niezdów an diversen von den Deutschen organisierten „Festen" teilnehmen müssen, tatsächlich handelt es sich um wahre Orgien. Im Mai 1941 hat die SS schließlich Bedarf an männlichen Arbeitskräften: 800 Wiener Juden, zwischen 14 und 60 Jahren alt, werden zur Zwangsarbeit in Dęblin eingesetzt.

Die direkte Bahnverbindung nach Osten hat zur Folge, dass Opole ein Jahr später, im Frühjahr 1942, zum „Transitghetto" für die „Endlösung" wird. Am 31. März 1942 fertigen die verantwortlichen SS-Offiziere einen ersten Todeszug nach dem Vernichtungslager Bełżec ab; im Mai 1942 fahren weitere Züge Menschen

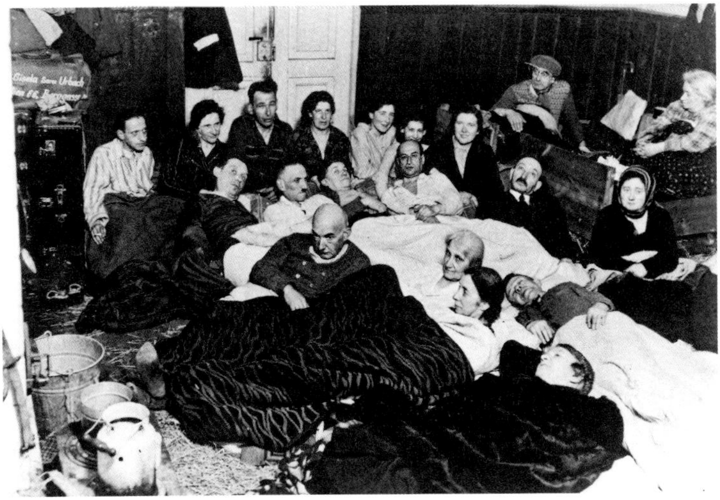

Massenquartier in Opole Lubelskie, Juni 1941. Foto, angefertigt im Auftrag des am 26. Februar 1942 aus Wien deportierten Juden Wilhelm Schischa.

nach Sobibór in den Tod. Am 24. Oktober 1942 wird das Ghetto von Opole Lubelskie liquidiert; es kommt zu einem Blutbad: Etwa 500 Menschen erschießt die SS an Ort und Stelle; die letzten Insassen, etwa 8000 Menschen, tötet man in Sobibór, ein Teil wird ins Arbeitslager Poniatowa gebracht. Nur wenigen Juden gelingt es, der Deportation zu entkommen und vor den SS-Schergen zu flüchten, manche haben Glück und finden Unterschlupf bei polnischen Familien. Die Befehle für diese Mordaktionen kommen direkt von Odilo Globocnik aus Lublin. In einem Bericht an Gouverneur Ernst Zörner schreibt der Kreishauptmann von Puławy: „… In der Zeit vom 6. Mai bis 12. Mai einschließlich sind auf Weisung des SS- und Polizeiführers 16822 Juden aus dem Kreis Puławy über den Bug ausgewiesen worden" – d. h. in den Gaskammern von Sobibór getötet worden.
Von den 2045 Wiener Juden der beiden Deportationszüge nach Opole Lubelskie werden, wie Jonny Moser in seiner *Demographie der jüdischen Bevölkerung Österreichs 1938–1945* vermerkt, nur 18 überleben …

Viel neue Arbeit

Himmler in Lublin

Der SSPF Lublin (2. von links) präsentiert Himmler das Arbeitslager in der Lipowastraße 7. Neben Himmler (3. von links) Hans Kammler, der Chef des SS-Hauptamtes für Haushalt und Bauten.

Im April 1941 wird in der Dienststelle des SSPF Lublin wieder einmal gemeinsam gefeiert: Zu Führers Geburtstag, am 20. April, übernimmt Minni von Seltmann von Odilo für ihren Mann das Kriegsverdienstkreuz 2. Klasse, da dieser wieder dienstlich unterwegs ist. Und tags darauf begeht man Odilos 37. Geburtstag – „bei fantastischster Stimmung und mit Riesenmengen von Sekt".

Er fühlt sich auf seinem Posten sicher, ist aber in Wirklichkeit nicht unumstritten: Sein Vorgesetzter in Krakau, Friedrich-Wilhelm Krüger, der Höhere SS- und Polizeiführer Ost, bohrt in einem Begleitschreiben an Himmler vom 2. April 1941 zu einem Bericht Globocniks über die „Gesamtaufgaben" im Distrikt Lublin nach: „Bei meinem letzten Vortrag wurde mir von Ihnen zur vertraulichen Kenntnisnahme mitgeteilt, daß mit der Möglichkeit einer anderen Verwendung des SS-Brigadeführers Globocnik zu rechnen sein dürfte." Vor der Entscheidung über einen möglichen Nachfolger Globocniks bitte er um eine „mündliche Aussprache" mit dem Reichsführer-SS, es müsse unbedingt jemand sein, der die „ausgesprochene Härte" besitze und „mit Erfolg die von SS-Brigadeführer Globocnik mit größtem Verständnis eingeleiteten Aufgaben" weiterführe.

Von Diskussionen über seine Person – sofern er überhaupt davon erfährt – lässt sich Globocnik nicht beirren, für ihn ist es Zeit, sich neu zu orientieren. Das Panzergraben-Projekt am Bug ist endgültig gescheitert, nur 13 Kilometer des „Judenwalls" sind gebaut worden – ein, wie sich angesichts der bereits angelaufenen Vorbereitungen zum „Unternehmen Barbarossa" immer deutlicher zeigt, militärisch völlig sinnloses Unterfangen, das auch zur Lösung des „Judenproblems" nichts beigetragen hat. Der Misserfolg spornt ihn nur noch mehr an, er weiß, es gilt, neue Initiativen zu setzen. Diesmal will er sich jedoch besser vorbereiten: Die neuen „wissenschaftlichen" Erkenntnisse seiner Spezialisten im SS-Mannschaftshaus sollen diese Planungen absichern. Und von den „Zivilisten" um Gouverneur Ernst Zörner will er sich

nichts mehr dreinreden lassen. In einem forschen Schreiben an den Chef des Amtes beim Gouverneur am 15. Mai 1941 lässt er keinen Zweifel daran, dass die „Judenangelegenheiten" sein „Arbeitsgebiet" sind: „Sie teilen mir im Schreiben vom 13. 5. 41 mit, daß die Zuständigkeit in Judenangelegenheiten geklärt wurde. Der Höhere SS- und Polizeiführer, SS-Obergruppenführer Krüger, hat mir hierüber noch keine Mitteilung gemacht, und weiß daher auch nicht, wie weit meine Befugnisse damit beendet sind. Ich werde daher seine Stellungnahme abwarten. Sollten Sie jedoch irgendwelche Fragen grundsätzlicher und politischer Bedeutung zu erörtern haben, so bitte ich Sie, zur Kenntnis zu nehmen, daß auf Wunsch des Chefs der Deutschen Sicherheitspolizei, Gruppenführer Heydrich, das Referat Judenangelegenheiten für die Sicherheitspolizei und den SD und meine Dienststelle gemeinsam von Hauptsturmführer Lerch in meinem Stabe bearbeitet wird."
Mitten in diese Aufbruchsstimmung trifft ihn ein schmerzhafter Nadelstich aus Berlin: Reichsschatzmeister Franz Xaver Schwarz informiert in einem Schreiben vom 19. Juni 1941 Reichsführer-SS Heinrich Himmler, dass der Antrag auf Verleihung des Blutordens an den „Gauleiter a. D." Globocnik abgelehnt sei; die Begründung: Für die Verleihung des Blutordens müsse man nach Anordnung des „Führers" eine Freiheits- bzw. Kerkerstrafe von mindestens einem Jahr verbüßt haben, das treffe aber im Falle Globocnik nicht zu. Tatsächlich habe dieser nach einer Aufstellung der Gestapo Klagenfurt insgesamt nur 10 Monate, 22 Tage und 7 Stunden im Gefängnis gesessen. Was den Reichsschatzmeister empört, ist die Tatsache, dass Globocnik „sowohl bei Reichsleiter Bouhler als auch bei Reichsleiter Bormann" versucht habe, „den Eindruck zu erwecken, angeblich ein Jahr Freiheitsstrafe verbüßt zu haben und daß deswegen meine Ablehnung grundlos erfolgt sei". Er sehe sich daher gezwungen, die Aufmerksamkeit des Reichsführers-SS auf das „mehr als eigenartige Gebaren des SS-Brigadeführers Globocnik zu lenken". Schwarz kann sich nicht verkneifen, auf die Probleme bei der Entlastung des Ost-

märkers hinzuweisen: „In diesem Zusammenhang muß ich sagen, daß die ganze Angelegenheit der seinerzeit doch reichlich dunklen Geldaktion während seiner Tätigkeit als Gauleiter von Wien eine besondere Beleuchtung erfährt. Sie werden sich noch erinnern, daß ich mit Schreiben vom 10. 1. 1941 mich ebenfalls an Sie wenden mußte, um überhaupt zu erreichen, daß Globocnik wenigstens eine einigermaßen erschöpfende Antwort gab. (...) Ich wäre Ihnen sehr zu Dank verbunden, wenn Sie mir mitteilen wollten, ob Sie sich auf Grund dieser Vorgänge veranlasst sehen, die gesamte Handlungsweise des Pg. Globocnik von Ihrem Standpunkt aus zu behandeln" – dazu sieht sich Himmler natürlich nicht verpflichtet, in einer kurzen Antwort an den „verehrten, lieben Parteigenossen Schwarz" vom 30. Juni 1941 bedauert er jedoch „den Fall mit Globocnik" sehr und kündigt ein Gespräch mit dem SSPF Lublin an: „Ich werde Gl. in den nächsten Wochen wohl einmal sehen und ihn sprechen. Dabei werde ich ihm sogleich meine sehr energischen Vorhaltungen machen. Ich darf Ihnen dann noch einmal schreiben." Himmler spielt auf die geplante Reise nach Lublin an, die „energischen Vorhaltungen" hat er nicht wirklich vor – der ersehnte Blutorden bleibt für Globocnik jedoch unerreichbar. Als kleiner Trost darf er sich im Frühjahr 1941 über die Verleihung des Kriegsverdienstkreuzes und des Ehrenzeichens für deutsche Volkstumspflege freuen.

Am 20. Juli 1941, – vier Wochen sind seit dem Start von „Unternehmen Barbarossa" vergangen, die Truppen der Wehrmacht stehen bereits tief auf sowjetischem Gebiet – bricht Reichsführer-SS Heinrich Himmler nun selbst gegen Osten auf. Bereits am 17. Juli hat er nach einem Mittagessen mit Rosenberg, Lammers und Bräutigam im „Sonderzug Heinrich" Globocnik zum „Beauftragten des Reichsführers-SS für die Errichtung der SS- und Polizeistützpunkte im neuen Ostraum" ernannt. Ziel ist es, in den besetzten Gebieten der Sowjetunion Wirtschaftsbetriebe für die SS zu übernehmen. Freund *Globus*, so ist Himmler überzeugt, hat das Zeug dazu, um auch diese Aufgabe zu bewältigen – er soll dafür sorgen, dass die SS bei der Verteilung der Beute in den sowjetischen Territorien nicht zu kurz kommt.

Der 20. Juli 1941 ist ein Sonntag, die Sonne scheint über dem Lubliner Land und Globocnik hat für seinen hohen Besuch ein nettes Programm vorbereitet: Gemeinsam besuchen Himmler und er im kleinen, von Ukrainern dominierten Dorf Horyszów *(Horyszów Polski)* ein spontan organisiertes Volksfest. Die beiden SS-Granden nehmen am Kopfende einer großen Tafel Platz, Himmler genießt sichtlich die Atmosphäre: „Bei den Spielen der Kleinen, der Vorstellung der Einsatzmänner, dem Herumreichen der guten Kuchen und des Backwerks, den Liedern und Volkstänzen der Burschen und Mädel hellt sich seine Miene, die schon von seinem Kommen an herzliche Freude ausgedrückt hatte, immer noch weiter auf."

Im Gespräch entwickelt der Reichsführer-SS seine Pläne und Visionen; ja, es gibt neue Aufträge für *Globus*: Himmler wünscht sich in Lublin ein SS- und Polizeiviertel, das die „deutsche Altstadt" miteinbeziehe, vor allem aber gelte es, ein „Großsiedlungsgebiet in den deutschen Kolonien" bei Zamość zu schaffen. Ein Konzentrationslager darf da nicht fehlen, gleich neben Lublin soll es errichtet werden, für 25.000 bis 50.000 Häftlinge, die als Arbeitskräfte in den Werkstätten und auf den Baustellen der SS zu arbeiten hätten. Das bereits existierende Lager in der Lipowastraße müsse ausgebaut werden, hier könne man Autos reparieren und Tischlerarbeiten durchführen lassen.

Beim Abendessen in Zamość sitzt Minni von Seltmann dann neben Himmler, der sich „ganz prima" gibt. Nur wenige Wochen später wird es in Horyszów zu ersten Massenhinrichtungen kommen; Ende 1942 wird die verbliebene Bevölkerung im Rahmen des „Generalplans Ost" ausgesiedelt; am 12. Januar 1943 greift eine AK-Einheit unter Bronisław Momota die deutschen „Kolonisatoren" an.

Odilo Globocnik ist mit den Ergebnissen des Himmler-Besuches

Himmler genießt die Atmosphäre in Horyszów: links neben dem Reichsführer-SS Minni und Lothar von Seltmann, rechts Globocnik mit seiner Nichte Henny und Schwester Erika.

zufrieden; an seinen Freund SS-Obergruppenführer und Generalleutnant der Waffen-SS Karl Wolff schreibt er am 22. Juli 1941: „Der Reichsführer war hier und hat uns viel neue Arbeit gegeben, daß nun alle unsere geheimsten Wünsche in Erfüllung gehen. Ich bin ihm so sehr dankbar dafür, denn das eine kann er gewiß sein, daß diese Dinge, die er wünscht, in kürzester Zeit erfüllt werden. Ihnen aber, Obergruppenführer, danke ich auch, denn es steht für mich fest, daß Sie bei diesem Besuch mitgeholfen haben …"
Rudolf Höß, Kommandant von Auschwitz, den eine Dienstreise nach Lublin führt, erlebt die Hochstimmung Globocniks in jenen Tagen mit: „Er tat unheimlich wichtig mit seinem vom RKF erfüllten Auftrag, im eroberten Gebiet Polizeistützpunkte zu errichten. Er entwickelte phantastische Pläne von Stützpunkten bis zum Ural. Schwierigkeiten gab es dabei für ihn nicht. Einwürfe tat er mit einer Handbewegung ab. Die Juden in diesen Gebieten wollte er, soweit er sie nicht für die Arbeiten an ‚seinen' Polizeistützpunkten brauchte, sofort an Ort und Stelle vernichten. Ihr

Eigentum wollte er in große Sammellager zusammenführen und für die SS auswerten." Höß, der im Vorfeld seines Aufenthalts in Lublin schon viel über Globocnik gehört hat, vor allem von SS-Brigadeführer Richard Glücks, dem Chef der Amtsgruppe D, ist „einigermaßen erschüttert" über diese großen Töne, vor allem aber über die Art und Weise, wie Globocnik sie vorbringt: „Er erzählte dies alles so im gemütlichen Plauderton in seinem Wiener Dialekt (sic!) in der Nacht am Kamin, als ob es sich um die harmlosesten Geschichten handelte."

Globocnik fühlt sich nach den Treffen mit Himmler im Oktober sicher: Er will nun endlich auch mit dern Aussiedlung polnischer Bauern im Zamośćer Land beginnen. Auf einer „Führertagung" in Lublin verkündet er den Leitern der SS- und Polizeistützpunkte, dass „das gegnerische Volkstum langsam seiner Vernichtung entgegengehen" müsse und „in diesem Gebiet ein Wall gegen das Slawentum" durch die Ansiedlung deutscher und deutschstämmiger Bauern entstehen werde. Man stehe auf „völkischem Vorposten" und müsse daher entsprechend handeln.

Eigenmächtig, ohne Abstimmung mit den zivilen Behörden, lässt er am 6. November 1941 seine Männer, unterstützt vom berüchtigten SS-Sonderkommando Dirlewanger, auf die polnische Bevölkerung los: 2.098 Bauern werden von ihren Höfen vertrieben, um Platz für die volksdeutschen Ansiedler zu schaffen. Ein Fachmann des Rasse- und Siedlungshauptamts der SS, der zur Unterstützung von Globocnik abgestellt worden ist, beginnt mit der „Musterung" der polnischen Bevölkerung und ihres Besitzes. Gleichzeitig werden die SS- und Polizeistützpunkte ausgebaut. Der Grundgedanke: Jeder Stützpunkt soll mehrere Bauernhöfe sowie diverse SS- und Polizeidienststellen umfassen und damit zwei Aufgaben erfüllen: einerseits als Vorposten der Germanisierung dienen, andererseits einen festen Platz im Kampf gegen die Partisanen bilden.

Schon bald wird jedoch klar, dass man die Widerstandskraft der Polen weit unterschätzt hat. Die Sicherheitslage im Distrikt Lub-

lin verschärft sich nach den „Aussiedlungen“ im Zamośćer Land entscheidend; der polnische Widerstand, bereits seit Beginn des Russlandfeldzugs im Aufwind, organisiert sich weiter. „Revolutionäre“, von kommunistischem Gedankengut beeinflusste Partisanengruppen formieren sich, so die „Gwardia Ludowa“, die bewaffnete Truppe der Polnischen Arbeiterpartei. In der Umgebung von Kraśnik gründen Aleksander Szymański und Michał Wójtowicz Ende Juli/Anfang August 1941die „Robotniczo-Chłopska Organizacja Bojowa“ (RChOB), die „Kampforganisation der Arbeiter und Bauern“, die bis zum Dezember 1941 in der Region Kraśnik an die 1.000 Kämpfer rekrutieren kann. Am 25. Dezember tagt in Lublin die Führung der RChOB, es wird ein gemeinsames politisch-ideologisches Programm beschlossen und ein fünfköpfiges Exekutivkomitee gewählt; wichtigste Ziele: die Wiedererlangung der polnischen Unabhängigkeit, eine demokratische Regierungsform für das neue Polen und einschneidende gesellschaftliche Reformen.
Während die RChOB im Westen des Distrikts operiert, kämpfen im Osten Angehörige der „Roten Partisanen“, der „Czerwona Partyzantka“, gegen die Deutschen. Gegründet wird diese Partisaneneinheit von ehemaligen Mitgliedern der Kommunistischen Partei der Westukraine; sie verstärkt sich vor allem mit flüchtigen Soldaten und Offizieren der Roten Armee, die hier eine Möglichkeit finden, gegen die verhassten Nazis wieder in den Kampf ziehen zu können. Drei Gruppen der „Roten Partisanen“ gewinnen besondere Bekanntheit: „Maksymowa“, „Jurka“ (befehligt vom polnischen Kommunisten Władyslaw Kowalczyk) und „Wasi“.
Im Norden des Lubliner Landes bildet sich die „Bojowa Organizacja Ludowa“, die „Kampforganisation des Volkes“, auch sie beseelt von radikal-revolutionärem Geist.

„Aktion Hühnerfarm“

Massenmord an sowjetischen Kriegsgefangenen

Sommer und Herbst 1941: Hunderttausende sowjetische Kriegsgefangene werden wie Vieh zusammengetrieben.

In der Nähe von Biała Podlaska, der Stadt der angesehenen polnischen Adelsfamilie Radziwiłł, richten die Quartiermeister der Wehrmacht nach dem Beginn des Russlandfeldzugs das Kriegsgefangenenlager Kaliłów ein, bekannt auch als Stalag 359 B. Im September 1941 hat man hier 40.000 bis 50.000 sowjetische Kriegsgefangene zusammengepfercht; da es so wie im benachbarten Frontstalag 307 nicht einmal Baracken gibt, müssen die ehemaligen Soldaten der Roten Armee in selbst gegrabenen Erdlöchern hausen; die Verpflegung ist katastrophal, viele verhungern und verdursten.

Ein sechs Mann starkes Kommando des SD erhält nun den Befehl, in Kaliłów mindestens 5.000 Gefangene auszusondern, die Kriterien für die Selektion: Personen, die aufgrund von Denunziationen als Funktionäre der kommunistischen Partei identifiziert werden können, weiters auch Personen mit ausgeprägt asiatischem oder jüdischem Aussehen. Für diese Kriegsgefangenen, so entscheidet Odilo Globocnik in Lublin, würden der Befehl des Oberbefehlshabers des Heeres vom 8. Juni 1941 und der Einsatzbefehl Nr. 8 des Chefs der Sicherheitspolizei und des SD vom 17. Juli 1941 zur Anwendung kommen – er veranlasst daher, dass diese ausgesonderten Kriegsgefangenen zu liquidieren seien. Der zynische Deckname für den geplanten Massenmord: „Aktion Hühnerfarm." Der Befehl dazu, natürlich „Geheime Reichssache", ergeht an das Polizeibataillon 306, dessen 2. Kompanie in Biała Podlaska stationiert ist. Das Polizeibataillon 306 ist seit 3. Oktober 1940 in Lublin, kommandiert vom Major der Schutzpolizei Ernst Dreier, hat es sich bei Umsiedlungsaktionen gegen polnische Bauern durch zahlreiche Morde hervorgetan; Höfe, deren Besitzer die vorgeschriebenen Abgaben nicht entrichten wollten, hat man ihn Brand gesteckt, die Bauern „auf der Flucht" erschossen.

Befehligt wird die 2. Kompanie von einem Oberleutnant der Schutzpolizei namens Schwarz; er macht sich gehorsam ans Werk. Als Ort für die Massenexekutionen wählt er den Wald Huișinka an der Straße Biała Podlaska–Terespol. Hier lässt er von 40 Kriegsgefangenen eine Grube von 50 Metern Länge, 20 Metern Breite und 3 Metern Tiefe ausheben. Als die 40 Sowjets mit der Arbeit fertig sind, lässt er sie erschießen – einen Teil gleich in der Grube, einen Teil im Wald daneben.

Am 21. September wird die Umgebung der Grube von den Polizisten der 2. Kompanie abgesperrt; ein Konvoi von LKWs fährt im Lager Kaliłów vor; eine perfide Lüge soll den Abtransport der Opfer erleichtern: Der Dolmetscher erklärt den ausgesonderten Gefangenen, dass sie in ein festes Winterlager überstellt werden würden. Daraufhin besteigen diese bereitwillig die Fahrzeuge, rund 50 Mann pro LKW, dann geht es zur Grube im Huisinka-Wald. Die Fahrzeuge halten etwa 25 Meter vor der Grube; die Kriegsgefangenen müssen absteigen und sich ausziehen, dann jagt man sie in Gruppen zu je zehn Mann in die Grube, wo sie sich mit dem Gesicht nach unten hinlegen müssen.

Himmler beim Besuch eines Kriegsgefangenenlagers

Ganz „normale Männer": das Polizeibataillon 306 ist seit Oktober 1940 in Lublin stationiert.

Geschossen wird von zehn Mann der 2. Kompanie aus einer Entfernung von 3 bis 5 Metern, sobald jeder Schütze fünf Gefangene erschossen hat, wird er abgelöst; zur Beruhigung der Nerven erhält jeder ausreichend Alkohol. Da die wartenden Opfer die Exekution ihrer Kameraden beobachten können, versuchen manche zu fliehen und werden sofort erschossen; daraufhin errichtet man in den folgenden Tagen rund um den „Warteplatz" ein Stacheldrahtverhau, in dem die LKWs nun entladen werden.
Jeden Abend wird nach Lublin „Vollzugsmeldung" erstattet. Ein Angehöriger der 2. Kompanie schildert bei seiner Vernehmung im Landesgericht Frankfurt im Mai 1962 Details: „Ich kann mich noch genau erinnern, daß ich bis zum letzten Tag ständig als Tele-

fonposten eingesetzt war, d. h., ich löste mich mit zwei oder drei anderen Kameraden ab. Ich kann mich noch daran erinnern, daß jeweils abends die Vollzugsmeldungen durchgegeben wurden. Dies geschah folgendermaßen: Meines Wissens erhielt ich damals vom Spieß oder einem Offizier den Auftrag, Verbindung mit dem Bataillonsstab in Lublin herzustellen. Nach der Herstellung des Gesprächs konnte ich deutlich hören, daß von den Betreffenden in der Schreibstube das Kennwort ‚Hühnerfarm' durchgegeben wurde, und zwar mit dem Zusatz ‚soundsoviel Eier sichergestellt'. Wenn ich mich recht erinnere, wurden Zahlen zwischen 350 und 450 durchgegeben. Dies bedeutete die Zahl der am betreffenden Tag exekutierten Personen." (A. R., StA Frankfurt/Main, 4 Ksl/71, Bd. 5, Vernehmung vom 21. Mai 1962, Bl. 1164)

Die Exekutionen werden bis zum 28. September1941 fortgesetzt; insgesamt ermorden die Männer vom Polizeibataillon 306 in diesen wenigen Tagen 5.000 bis 6.000 sowjetische Kriegsgefangene. Da die Grube die Leichen nicht mehr fassen kann, lässt Oberleutnant Rudolf Eckert von der 3. Kompanie das Massengrab noch am letzten Tag von seinen Männern erweitern.

Nur wenige Wochen später sind die Mörder, die nach dem Krieg nach Hause zurückkehren und ein „ganz normales" Leben führen werden, wieder im Einsatz, diesmal in der Nähe von Zamość. Wieder hat man einen vor Zynismus strotzenden Decknamen gewählt: „Aktion Hasenschießen". Beteiligt an der „Aktion" sind der dem Polizeibataillon 306 unterstellte Reiterzug sowie SD-Angehörige und der „Reiterzug Zamość" aus dem Polizeiregiment 25. Die Opfer, 780 sowjetische Kriegsgefangene, kommen aus dem Stalag 325. Wie der Augenzeuge Dr. K. H. vor Gericht aussagt, „waren es überwiegend politische Offiziere der russ. Armee mosaischer Religion. Sie waren von ihren Kameraden in den Gefangenenlagern, wie ich am Exekutionsort von M. oder S. erfuhr, für ein Stück Brot oder eine andere Vergünstigung verraten worden. Aus der Art der Uniform habe ich geglaubt entnehmen zu können, daß sich unter den zu Erschießenden auch einige höhere

Offiziere befanden." (Dr. K. H., StA Wiesbaden, 8Js 141/61, Bd. 2, Vernehmung vom 23. März 1961, Bl. 22ß)

Ort des Massenmords ist ein Waldstück an der Straße nach Lemberg, etwa 6 km südöstlich von Zamość. Auch hier werden die Opfer in LKWs transportiert, die unmittelbar vor der Grube halten; mit aufgepflanztem Bajonett und Reitpeitschen werden sie nackt oder in Unterwäsche in ihr Grab getrieben; wer zögert, den Weg in die Grube zu nehmen, wird mit Bajonettstichen drangsaliert, die Opfer kommen blutüberströmt unten an. Augenzeuge Dr. K. H. beobachtet die Tötungen aus nächster Nähe und sieht, dass die Mörder durchaus nicht widerwillig ihre „schwere Arbeit" verrichten: „Es schossen jeweils 4 oder 5 Leute, die am oberen Rand der Grube standen. M. selbst befand sich unter den Schützen. Er selbst schoß mit. Ich habe das mit eigenen Augen gesehen. Während seine Leute mit deutschen Karabinern schossen, bediente er sich eines russischen Beutegewehrs. Das Beutegewehr von M. hatte eine so große Durchschlagskraft, daß Blut, Gehirn und Knochensplitter der Erschossenen bis an den Grubenrand flogen. Nach einiger Zeit war der untere Rand des Kleppermantels von M. mit Blut, Knochensplittern und Gehirnmasse bespritzt." (Vernehmung vom 23. März 1961, Bl. 217/218)

Auf ein Abdecken der Leichenschichten mit Sand oder Erde verzichten die Polizisten; die nachfolgenden Kriegsgefangenen müssen sich direkt mit dem Kopf nach unten auf ihre toten Kameraden legen und so die tödlichen Schüsse erwarten. Anwesend bei dem Massaker ist auch Bataillonskommandeur Ernst Dreier; er zeigt sich mit der „Leistung" seiner Männer durchaus zufrieden und findet lobende Worte: „Gut so, weitermachen!"

Über den Bug

Planungen zur „Aktion Reinhardt“

Am Bug im Juli 1940: Hans Frank und Gouverneur Ernst Zörner (ganz rechts) folgen etwas skeptisch den Ausführungen Globocniks.

Besuch aus der Kärntner Heimat trifft in Lublin ein: Salzburgs Gauleiter Friedrich Rainer befindet sich auf einer Reise durchs Generalgouvernement, das Treffen mit seinem alten Freund *Globus* ist ein Fixpunkt des Programms. Rainer, der bereits um seine Ernennung zum Gauleiter von Kärnten weiß, will sich selbst ein Bild von der Lage im Distrikt Lublin machen, ist doch die Idee aufgetaucht, die Kärntner Slowenen in das Globocnik-Reich auszusiedeln. Gemeinsam mit „Ernstl" Lerch fährt man in den Raum Zamość, was er hier sieht, scheint Rainer jedoch nicht zu überzeugen; er erkennt wohl, dass die Voraussetzungen dafür noch nicht geschaffen sind.

Beflügelt vom Besuch des Reichsführers-SS, arbeiten Globocnik und die Männer vom SS-Mannschaftshaus mit Nachdruck an den Plänen für die bevorstehenden großen „Aktionen": Einerseits will man die „Zusammensiedlung" der Volksdeutschen im Raum Zamość in Angriff nehmen, andererseits in der „Judenfrage" einen radikalen neuen Weg aufzeigen. Noch im September kann Globocnik hochrangige Gäste in Lublin begrüßen: Viktor Brack, Oberdienstleiter des Amtes II, und Philipp Bouhler, der Chef der Kanzlei des „Führers", kommen zu Besuch. Die beiden Herren aus Berlin sind maßgeblich für die „Euthanasie"-Morde im Rahmen der „T4-Aktion" verantwortlich. Nach Einstellung der Krankenmorde durch einen Befehl Hitlers vom 24. August 1941 wittern sie jetzt für ihre „Spezialisten" ein neues Betätigungsfeld – man ist offenbar mit Globocnik rasch handelseins: Sie werden dem SSPF Lublin ihre im Töten mit Giftgas erfahrenen Mitarbeiter zur Verfügung stellen, Globocnik soll für den Aufbau entsprechender „Vernichtungslager" sorgen. Er ist offenbar auch damit einverstanden, dass Christian Wirth, dem Inspekteur der „Euthanasie"-Tötungsanstalten, wieder eine führende Rolle zukommen soll.

Ende September 1941 hält Globocnik seine Vorbereitungen für abgeschlossen und möchte die Pläne nun Himmler zur Genehmigung vorlegen. Am 1. Oktober 1941 bittet er für sich und den

HSSPF Krüger um einen Termin in Berlin; im Schreiben an Himmler umreißt er seine Sicht der aktuellen Situation: „Da die Vorbereitungen zu einer Zusammensiedlung beendet sind, könnte mit der Durchführung sofort begonnen werden, um noch vor dem Winter die Zusammensiedlung abzuschließen. In diesem Zusammenhang darf ich aber auch darauf hinweisen, dass eine Zusammensiedlung und eine durchgreifende Entsiedlung der Fremdvölkischen hier im Distrikt Lublin zu einer wesentlichen politischen Beruhigung führen kann, da sowohl der politische Aktivismus der Polen und Ukrainer als auch der Einfluss der Juden, vermehrt durch den Zuzug der zu Tausenden ausgebrochenen Kriegsgefangenen, eine Form angenommen hat, dass auch hier, rein sicherheitspolitisch gesehen, rasch zugegriffen werden muss."

Der Termin wird akzeptiert – für den Abend des 13. Oktober 1940, von 18 bis 20 Uhr, vermerkt Reichsführer-SS Heinrich Himmler in seinem Dienstkalender eine zweistündige Unterredung mit SS-Obergruppenführer Wilhelm Krüger und SS-Brigadeführer Globocnik. Er lässt seine beiden wichtigsten Männer im Osten nach Berlin kommen, um einmal mehr mit ihnen seine Herzensanliegen zu besprechen: die Vernichtung der Juden und die Germanisierung des Ostens. *Globus* trifft mit dem Flugzeug in Berlin ein, begleitet wird er von SS-Obersturmführer Gustav Hanelt, dem Chefplaner und Leiter des SS-Mannschaftshauses in Lublin, der sich inzwischen als fähiger Mitarbeiter herauskristallisiert hat. An diesem Herbstabend in der Reichshauptstadt will der SSPF Lublin seine Chance nützen und Himmler seine Pläne zur „Judenaussiedlung" im Detail schildern. Der Reichsführer-SS folgt tatsächlich seinen Vorschlägen – vermutlich gibt er an diesem Abend Globocnik den Befehl zur Errichtung des Vernichtungslagers in Bełżec. Fortschritte will der ungeduldige Himmler auch bei der Besiedlung des Distrikts Lublin mit Volksdeutschen sehen; Globocnik versichert ihm, dass er in Kürze im Kreis Zamość mit deren Ansiedlung beginnen wolle, die Pläne dazu habe er dem Reichsführer-SS ja schon am 1. Oktober übersandt.

Mit seiner Zustimmung zu den von Krüger und Globocnik vorgelegten Plänen fällt Himmler in der „Judenfrage" zweifellos eine Grundsatzentscheidung – bleibt die Frage: Hat sich der Reichsführer-SS beim „Führer" rückversichert und ihm die Massenmord-Vorschläge vorgetragen oder hat er im Alleingang entschieden? Der Historiker Bogdan Musiał ist überzeugter Verfechter der These, dass Hitler nach Vortrag Himmlers persönlich die Vernichtung der gesamten jüdischen Bevölkerung im Generalgouvernement befohlen und es somit eine klare Befehlshierarchie gegeben habe: Hitler–Himmler–Krüger bzw. Globocnik – wahrscheinlicher ist wohl, dass im Herbst 1941 nur vom Distrikt Lublin die Rede ist und sich der „Mordauftrag" erst allmählich später ausweitet; noch fehlen ja die Kapazitäten für die Ermordung so vieler Menschen. Die Methode der Tötung, so Musiał, sei von Globocnik vorgeschlagen worden: Ermordung der Juden in einem „Vernichtungslager" mit stationären Gaskammern. Der SSPF Lublin habe diese selbst erdacht und wohl schon seit dem Frühjahr 1941 experimentell erprobt. Musiał stützt sich bei dieser Annahme auf eine Aussage von Ferdinand Hahnzog, dem Kommandeur der Gendarmerie in Lublin, aus dem Jahre 1962. Laut Hahnzog habe es „eine tief im Grenzwald gegen Galizien bei Belzec verborgene primitive Anlage" gegeben, die „aus einem abgedichteten Schuppen bestand, in den die Sicherheitspolizei und der SD aus Zamość die Abgase von Kraftfahrzeugen hineinleitete, mit denen die ‚morituri' herangeführt worden waren!" Hahnzogs Ausführungen weisen darauf hin, dass Bełżec tatsächlich schon seit dem Frühjahr 1941 als Standort für die Massentötungen vorgesehen war.

Der „übersteigerte Aktivismus" (Jacek Andrzej Mlynarczyk) des SSPF Lublin bleibt jedenfalls in Berlin nicht unbemerkt. Man will mehr wissen über den Mann aus der Ostmark, der in der „Judenfrage" und der „Säuberung" des Generalgouvernements so ungestüm und so radikal voranprescht. SS-Hauptsturmführer Helmut Müller, der „Rasse- und Siedlungsführer" der Dienststelle Globocnik berichtet am 15. Oktober 1941 an SS-Gruppenführer Otto

Hoffmann, den Chef des Rasse- und Siedlungshauptamtes: „Er (Globocnik) steckt in diesem Zusammenhang voller weitgehender und guter Pläne, an deren Durchführung ihn lediglich die in dieser Beziehung beschränkte Einflussgewalt seiner jetzigen Dienststellung hindert, denn er braucht für alle Aktionen die Unterstützung der zivilen Dienststellen und Behörden des GG, d. h. also, ohne den Generalgouverneur und dessen Gouverneure (Distriktchefs) ist die Durchführung seiner Pläne und Gedanken nicht möglich." Die SS, das klingt in diesem Schreiben zweifellos an, unterstützt das Drängen Globocniks auf möglichst große Handlungsfreiheit. Müller nennt denn auch ohne Umschweife den Grund für dieses Streben seines Chefs nach Freiraum: Im Gegensatz zum Parteigenossen Zörner halte er „die allmähliche Säuberung des gesamten GG von Juden und auch Polen zwecks Sicherung der Ostgebiete usw. für notwendig …"

Dann kommt der „Rasse- und Siedlungsführer" auf die angesprochenen „guten Pläne" Globocniks noch ausführlicher zu sprechen, deutlich ist darin der Einfluss der Gedankenwelt Franz Stanglicas zu spüren: „Ziel des Bri(gadeführers) ist nun, aus einem Teilstück heraus die Deutschbesiedlung des gesamten Distrikts Lublin durchzuführen und darüber hinausgehend (...) im Anschluss an die nordisch bzw. deutschbesiedelten baltischen Länder über den Distrikt Lublin einen Anschluss an das deutschbesiedelte Siebenbürgen herzustellen. Er will so im westlichen Zwischengebiet das verbleibende Polentum siedlungsmäßig ‚einkesseln' und allmählich wirtschaftlich und biologisch erdrücken. Der west-östlich gerichteten Expansion aus dem Warthegau soll der ost-westlich gerichtete Druck aus dem Raum von Lublin und nördlich und südlich davon erfolgen" – der Hinweis auf den Warthegau verrät, dass sich Globocnik wohl auch im Wettlauf mit Gauleiter Greiser sieht, der inzwischen Himmler die „Sonderbehandlung" von 100.000 Juden vorgeschlagen hat; Anfang Oktober 1941 hat im Warthegau, dem „Mustergau des Nationalsozialismus", der Massenmord bereits begonnen. Den Sinn für das Mögliche habe der Brigadeführer, so Helmut Müller in seinem Lagebericht, jedoch nicht verloren, er sei „so vernünftig, organisch, mit seinen Worten ‚klein-klein', damit zu beginnen. Im ersten Teilstück habe ich jetzt die Unterlagen von 7 Dörfern für die Umsiedlung erstellt ..." Wie aus einer Aktennotiz von SS-Obersturmführer Reinhold von Mohrenschild vom 13. März 1942 hervorgeht, prägt der SSPF Lublin für sein ehrgeiziges Vorhaben den Begriff „Globocnik-Brücke" ...

Nur wenige Tage später, am 17. Oktober 1941, ist in Lublin eine große Konferenz angesetzt. Generalgouverneur Hans Frank ist mit seinem Zweiten Staatssekretär Dr. Ernst Boepple in den Osten gekommen; neben Gouverneur Ernst Zörner und dessen Amtschef Oberregierungsrat Dr. Wilhelm Engler nimmt auch Globocnik an den Beratungen teil. Hans Frank überrascht mit einer kryptischen Ankündigung: „Ich habe in der nächsten Zeit auf Grund eines besonderen Auftrags des Führers sowieso hier noch öfter zu tun und werde daher das Glück haben, öfter in Lublin zu erscheinen" – eine Anspielung darauf, wie Bogdan Musiał vermutet, dass Hitler den Massenmord an den Juden genehmigt hat?

Auf der Tagesordnung stehen zunächst wieder einmal „Sicherheitsfragen". In seinem Bericht zur Sicherheitslage im Distrikt Lublin stellt Globocnik fest, dass mit Beginn des Russlandfeldzuges die Aktivitäten des Widerstandes wieder etwas zugenommen hätten. Auch das „Banditentum" würde weitere Kreise ziehen, so hätte man etwa eine 24 Mann starke jüdische, „rein kommunistische" Bande gefasst, die sogar über Cholerabakterien verfügte. Es sei dies übrigens die erste politische Organisation gewesen, in deren Reihen man Juden angetroffen habe. Die Polizeikräfte würden weiters im Kampf mit dem Schmugglerunwesen und illegalem Handel stehen und dabei gute Erfolge erzielen. Diese Polizeiaktionen sollten unbedingt zentralisiert werden.

Wie immer ist auch diesmal die „Judenfrage" ein Hauptthema. Man ist sich rasch einig: Die Juden müssen aus Lublin „evakuiert“ werden, nur wirklich unabkömmliche Arbeitskräfte wie Handwerker sollen bleiben. Für den Anfang will man 1.000 Juden „hinter den Bug“ bringen, die Abwicklung der Aktion wird Globocnik übertragen; die Auswahl der Opfer dem Präsidenten der Stadt. Begleitend zu diesem „Grundsatzbeschluss“ wünscht sich der Verwaltungsjurist Wilhelm Engler – er kommt aus Karlsruhe und wird dort nach dem Krieg auch seinen Lebensabend verbringen, ohne jemals für seine Tätigkeit im Osten zur Rechenschaft gezogen zu werden – eine Verschärfung der Bestimmungen über die Aufenthaltsbeschränkungen der Juden. Im Distrikt Lublin, so vermerkt nüchtern das Protokoll der Sitzung, seien schon verschiedene Beschränkungen eingeführt worden. Es wäre aber zu begrüßen, wenn auf Verlassen des Ghettos die Todesstrafe stände – eine Forderung, die schließlich mit der 3. Verordnung über Aufenthaltsbeschränkungen im Generalgouvernement am 25. Oktober rückwirkend zum 15. Oktober 1941 (VO.Bl. GG. S. 595) beschlossen wird. Damit sind Juden, die ohne Erlaubnis außerhalb des Ghettos angetroffen werden, praktisch vogelfrei – der polnischen Bevölkerung wird gleichzeitig unter Androhung der Todesstrafe verboten, Juden Unterschlupf zu gewähren und ihnen Lebensmittel zu beschaffen oder zu verkaufen. Die Mörder wollen ihre Opfer zur Verfügung halten – die „Endlösung“ kündigt sich an …

Eben an diesem 25. Oktober, gleich nach dem Mittagessen im ehemaligen Gasthof „Friedrichsruh“ im ostpreußischen Gansenstein, unweit von Hitlers „Wolfsschanze“, trifft Himmler neuerlich mit Globocnik zusammen. *Globus* berichtet ihm über die letzten Sitzungen mit Hans Frank in Lublin und Krakau – hier hat er am 23. Oktober an einer Sitzung des Arbeitsbereichs Generalgouvernement der NSDAP teilgenommen; gemeinsam hat man eine „Arbeitsgemeinschaft zur Behebung des volksdeutschen Notstandes“ gegründet. Der Generalgouverneur hat bei dieser Gelegenheit die „verdienstvolle Arbeit des Pg. Globocnik“ gelobt, dieser drängt jedoch schon wieder zu neuen Taten: *Globus* holt sich in der „Friedrichsruh" wohl die Rückendeckung des Reichsführer-SS für die geplanten nächsten „Aktionen"; der Bau des ersten Vernichtungslagers ist endgültig beschlossene Sache, auch der Standort ist mit Bełżec fix; Anfang November will man mit den Bauarbeiten beginnen. Die Planungen sehen vor, dass täglich etwa 4.000 bis 5.000 Menschen in den Gaskammern getötet werden können.

Inzwischen prüfen die „Experten" Globocniks bereits weitere Standorte – so beobachten Zeugen, dass SS-Angehörige im Herbst 1941 das Gelände des späteren Vernichtungslagers Sobibór und die Gleisanlagen des Bahnhofs Sobibór inspizieren; noch vor den ersten Schneefällen soll Baumaterial angeliefert worden sein. Lublins Gendarmeriechef Major Ferdinand Hahnzog (1897–1969) wird zu Globocnik bestellt; der SSPF macht ihn mit einem jungen SS-Führer bekannt, der offenbar mit der Errichtung eines Lagers in Sobibór betraut ist und von ihm Unterstützung durch den Gendarmerieposten in Włodawa verlangt. Ende Januar 1942 wird sich Hahnzog, der 1945 vom Obersten SS- und Polizeigericht zum Tode verurteilt und in einem Wiener Gefängnis von der Roten Armee befreit werden wird, selbst auf den Weg nach Sobibór machen: „Das Gelände war schon damals mit Stacheldraht eingezäunt und das Tor geschlossen." Im März 1942 wird das Kommando Thomalla aus Bełżec nach Sobibór kommen und die Bauarbeiten fortführen.

Der Brigadeführer und seine Männer sind jedenfalls ungeduldig: Auf die Gaskammern in den geplanten Vernichtungslagern gilt es noch zu warten, so entschließt man sich zum Versuch mit einer alternativen Tötungsmethode. eines Morgens taucht Hauptmann Kleinschmidt in den Lubliner Kasernen auf und befiehlt 15 Männern mitzukommen. Jedem der 15 wird ein Lastwagen zugeteilt, dann bricht der Konvoi zum Lager Majdanek auf. Auf jeden LKW werden 30 Juden – Männer, Frauen und Kinder – „verladen", Ziel des Transports ist ein rund 40 km von Lublin entfernter Flugplatz. Hier angekommen, müssen die Häftlinge Gruben ausheben, etwa

2 mal 3 Meter groß und 1 Meter tief; der Boden der Gruben wird mit Stroh ausgelegt.
Jeweils 10 Häftlinge müssen sich entkleiden und abwechselnd Kopf an Fuß in eine Grube legen, dann zünden die SS-Männer Handgranaten und werfen sie auf die Liegenden – ein Blutbad ist die Folge, Körperteile wirbeln durch die Luft. Wer sich von den Opfern noch bewegt, wird erschossen, dann schüttet man Kalk über die Leichen und legt eine neue Schicht Stroh aus, auf die sich die nächsten 10 Häftlinge legen müssen, wieder werden Handgranaten gezündet …
Jede Grube wird mit drei bis vier „Schichten" von Opfern bestückt; die auf die Exekution wartenden Menschen müssen dem Morden zusehen. Die Männer Globocniks gehen mit äußerster Brutalität vor und kennen keine Gnade: Frauen wird in den Bauch getreten, kleine Kinder werden an Steinen zerschmettert.

Mitte Oktober 1941 beginnt Globocnik mit der Zusammenstellung seines Stabes für die „Aktion Reinhardt". Chef des „Teams" wird der Salzburger SS-Sturmbannführer Hermann Höfle. Er ist sowohl für die Rekrutierung des Personals als auch für den Aufbau der Vernichtungslager und die Deportation der jüdischen Opfer zuständig. Insgesamt wird der Stab der „Aktion Reinhardt" 453 Offiziere und Unteroffiziere der SS umfassen – 453 Männer, die den Mord an fast zwei Millionen Menschen organisieren.
Wenig später trifft in Lublin jener Mann ein, der Globocnik wie mit Brack und Bouhler besprochen beim Bau und Betrieb des Vernichtungslagers in Bełżec zur Hand gehen soll: SS-Obersturmführer Christian Wirth ist seit Mitte 1940 als Inspekteur der Euthanasie-Anstalten in Brandenburg, Grafeneck und Hartheim tätig gewesen; er gilt als Spezialist für die Tötung von Menschen durch Kohlenmonoxid – nach dem Stopp der „Aktion T4", der 70.000 Menschen zum Opfer gefallen sind, jetzt sollen seine Kenntnisse für den Judenmord genützt werden. Wirth, 1895 im schwäbischen Oberbalzheim geboren und lange Jahre als Kriminalbeamter in

Stuttgart tätig, ist ein Mann ohne Mitleid, brutal und unbarmherzig, gefürchtet auch von den eigenen Untergebenen – „Christian der Grausame“ oder „Der wilde Christian“ wird er von ihnen genannt.

T4-Mann Christian Wirth übernimmt die Leitung in Bełżec.

Nach einer Besprechung mit Globocnik macht sich Ende Oktober 1941 der erste Trupp seiner Männer, bestehend aus SS-Hauptsturmführer Gottfried „Friedl“ Schwarz, SS-Untersturmführer Josef „Sepp“ Oberhauser und SS-Untersturmführer Johann Niemann auf nach Bełżec. Um den 1. November 1941 beginnen hier die Bauarbeiten am geplanten Vernichtungslager. Die Bauaufsicht liegt bei SS-Hauptsturmführer Richard Thomalla, der der Zentralbauleitung der SS in Zamość angehört; die Pläne sind vom Zentralen Bauamt der SS und Polizei in Lublin angefertigt worden. Für die ersten Bauarbeiten werden polnische Zwangsarbeiter und eine Einheit Wachmänner aus dem SS-Ausbildungslager in Trawniki eingesetzt. Nach der Säuberung des vorgesehenen Lagergeländes werden drei Baracken aufgestellt, eine davon wird als „primitive Gaskammer“ (Robert Kuwałek) eingerichtet. Stanislaw Kozak, einer der polnischen Arbeiter aus Bełżec, erinnert sich an diese erste Bauphase: „Wir bauten Baracken auf dem Gelände gleich in der Nähe des Nebengleises. Eine Baracke befand sich direkt neben dem Gleis und war 50 Meter lang und 12,5 Meter breit. Die zweite Baracke mit einer Länge von 25 und einer Breite von 12,5 Metern war für die Juden, die ins Bad (= in die Gaskammer) gingen, vorgesehen.“ (zitiert nach Robert Kuwałek, Bełżec)

Inzwischen ist von Globocnik auch schon eine Entscheidung über den Standort für ein zweites Vernichtungslager gefällt worden: Es wird in Sobibór in der Nähe der Stadt Włodawa errichtet, unweit

der Bahnlinie Chelm–Włodawa und nur 5 km von der Ostgrenze des Generalgouvernements entfernt. Nachdem SS-Kommissionen das Gelände besichtigt haben, wird es noch vor dem Wintereinbruch mit Stacheldraht eingezäunt; auch hier wird Richard Thomalla die Bauarbeiten überwachen, erster Kommandant der Todesfabrik wird der Oberösterreicher Franz Stangl.
Von Berlin aus sorgt man für den Aufbau des notwendigen Netzwerks: Irgendwann in diesen Tagen informiert Reinhard Heydrich, der Leiter des Reichssicherheitshauptamts, Adolf Eichmann vom Referat IV B 4 für „Judenangelegenheiten" über die Mordpläne im Osten. Im Verhör durch den israelischen Hauptmann Avner W. Less erzählt Eichmann 1961, dass ihn Heydrich zwei oder drei Monate nach Beginn des Krieges gegen die Sowjetunion zu sich befohlen habe: „Meldete mich. Und er sagte mir: ‚(...) Der Führer hat die physische Vernichtung der Juden befohlen.' Diesen Satz sagte er mir. Und als ob er jetzt die Wirkung seiner Worte prüfen wollte, machte er, ganz gegen seine Gewohnheit, eine lange Pause. Ich weiß es heute noch. Ich hatte im ersten Augenblick gar nicht zu ermessen vermocht, die Tragweite, weil er seine Worte so sehr wählte. Doch dann wußte ich Bescheid und habe nichts darauf gesagt, weil ich dazu nichts mehr sagen konnte. Denn für eine … an solche Sachen, an so eine Gewaltlösung hatte ich nie gedacht. Und dann sagte er zu mir: ‚Eichmann, fahren Sie herauf (sic!) zu Globocnik, Lublin. (...) Der Reichsführer hat ihm bereits entsprechende Weisungen gegeben. Sehen Sie sich an, wie weit er mit seinem Vorhaben gekommen ist. Er benutzt, glaube ich, die russischen Tankgräben zum Vernichten der Juden.'"
Heydrich, der am 31. Juli 1941 von Hermann Göring mit den Vorbereitungen für eine „Gesamtlösung der Judenfrage" beauftragt worden ist, weiß also bereits bestens Bescheid – auch aus seiner Sicht, die Aussage Eichmanns lässt da keinen Zweifel, ist Globocnik in diesem Herbst 1941 die Zentralfigur in der Planung des Judenmords. Für Eichmann, Jahrgang 1906, in Linz aufgewachsen und seit 1932 NSDAP- und SS-Mitglied, den Spezialisten für

alle „organisatorischen" Abläufe in den „Judenangelegenheiten", ist Globocnik kein Unbekannter, er kennt ihn von seiner Zeit in Wien als Leiter der „Zentralstelle für jüdische Auswanderung". „Wie befohlen" – der Befehl ist das Lebenselixier des Bürokraten Eichmann –, sei er nach Lublin gefahren, habe sich bei Globocnik gemeldet und gesagt, dass „mich Heydrich geschickt habe, weil der Führer die physische Vernichtung der Juden befohlen habe". Daraufhin habe der SSPF Lublin den Sturmbannführer Hermann Höfle aus seinem Stab geholt und gemeinsam sei man dann aufgebrochen, wohl nach Bełżec: „Wir fuhren von Lublin, ich weiß nicht mehr, wie diese Stelle heißt, die verwechsle ich, ich kann nämlich nicht sagen, ob das Treblinka hieß oder anders. Da war Waldähnliches, waldähnliche Sachen, und die Straße lief durch; polnische Landstraße. Auf der rechten Seite der Straße, da war ein normales Haus, eine Unterkunft, wo die Leute wohnten, die dort arbeiteten. Ein Hauptmann der Schutzpolizei, d. h. der Ordnungspolizei begrüßte uns. Einige Arbeiter waren noch dort. Der Hauptmann, was mich sehr wunderte, hatte den Waffenrock abgelegt, Hemdsärmel aufgekrempelt und schien irgendwie praktisch mitgearbeitet zu haben. Und da bauten sie Holzhäuschen, vielleicht zwei, vielleicht drei. Größe: vielleicht so wie ein Chalet von zwei bis drei Zimmern. Höfle gab dem Polizeihauptmann Weisung, mir diese Einrichtung zu erklären." Eichmann nennt zwar den Namen nicht, seine Beschreibung des „Hauptmanns" passt jedoch auf Christian Wirth – da der T4-Mann erst um Weihnachten 1941 in Bełżec eintrifft, muss sich Eichmann in der Datierung seiner Fahrt nach Bełżec geirrt haben; sie kann wohl erst im Januar 1942 stattgefunden haben.

Wirth, der nach seiner Ankunft in Bełżec die polnischen Arbeiter entlassen und durch 150 jüdische Zimmerleute, Maurer und Schmiede aus den nahen Orten Lubycza Królewska, Mosty Małe und Potoki ersetzt hat, die später als Erste in Bełżec ermordet werden, macht auf Eichmann keinen guten Eindruck: „Es war ein Mann mit einer, sagen wir, gewöhnlichen, ungepflegten Stim-

me. Vielleicht trank er. Er sprach irgendeinen Dialekt aus der Südwestecke Deutschlands und sagte mir, wie er dies alles schön dicht gemacht hätte, denn hier würde ein Motor eines russischen U-Bootes arbeiten und die Gase dieses Motors würden hier hineingeführt und dann würden die Juden vergiftet werden.
Das war für mich auch ungeheuerlich. Ich bin keine so robuste Natur, die, sagen wir mal, ohne irgendwelche Reaktion etwas über sich in dieser Art ... über sich in dieser Art ergehen lassen kann. (...) Ich weiß auch jetzt noch, wie ich mir sofort die Sache bildlich vorstellte und daß ich irgendwie auch unsicher in einem Gehabe wurde, als ob ich irgendeine aufregende, eine aufregende Sache hinter mir hätte. Wie das eben schon mal so vorkommt, daß man nachher ein leises Zittern hat."
Während Eichmann nach Berlin zurückkehrt und seinem Chef SS-Gruppenführer Heinrich Müller, dem Leiter des Amtes IV im RSHA, pflichtbewusst über das Gesehene Bericht erstattet, gehen in Bełżec die Vorbereitungen für den Massenmord planmäßig weiter. Ein regulärer Lagerbetrieb wird aufgebaut und weitere T4-Männer treffen ein, so auch SS-Scharführer Lorenz Hackenholt (1914–1945) von der SS-Totenkopfstandarte „Brandenburg", der im November 1941 geheiratet hat und nun für den Aufbau der Gaskammern zuständig ist; unterstützt wird er von dem aus Sarleinsbach in Niederösterreich stammenden Hilfsarbeiter und Spengler Heinrich Barbl (1900–?) und dem Vorarlberger Josef Vallaster (1910–1943). Barbl, ein notorischer Trinker, der so etwas wie der „Depp" der Lagermannschaft ist und später nicht an den Erschießungen von Alten und Kranken teilnehmen darf, macht sich jedoch durch sein Geschick als Spengler beim Installieren der Rohrleitungen zur Gaskammer unentbehrlich; Hackenholt ist der „Motorenexperte" (Sara Berger) und baut zunächst einen LKW, der zum Transport von Lebensmitteln benützt worden ist, zu einem „Gaswagen" um – erste Mordexperimente, bei denen Juden aus den Dörfern der Umgebung getötet werden, verlaufen wenig erfolgreich, die Opfer machen zu viel „Krawall". Gleich-

zeitig arbeitet Hackenholt an der Entwicklung der Gaskammern: Zusammen mit Barbl und dem ehemaligen Autoschlosser Erich Fuchs installiert er auf einem Sockel einen sowjetischen Panzermotor, der durch ein Röhrensystem mit den Gaskammern verbunden wird. „Getestet“ wird wieder mit Juden aus der Umgebung; ein von der Kanzlei des Führers entsandter Chemiker, der unter dem Decknamen „Dr. Blaurock“ agiert, misst während der „Versuche“ Menge und Qualität der Abgase, um die „beste“ Einstellung des Motors herauszufinden. Hunderte Menschen sterben eines qualvollen Todes; Zweifel an ihrem Tun haben Wirth und seine Männer jedoch nicht, engagiert arbeiten sie am Perfektionieren der Todesmaschinerie. Globocnik in Lublin, der Reichsführer-SS und das RSHA in Berlin warten auf die Vollzugsmeldung …

Auf einer Regierungssitzung am 16. Dezember 1941 hat Generalgouverneur Hans Frank die Mitglieder seines Kabinetts auf den kommenden Massenmord eingestimmt – zynisch-überheblich wie immer kündigt er die Vernichtung der „schädlichen Fresser“ an: „Aber was soll mit den Juden geschehen? Glauben Sie, man wird sie im Ostland in Siedlungsdörfern unterbringen? Man hat uns in Berlin gesagt: Weshalb macht man diese Scherereien; wir können im Ostland oder im Reichskommissariat (= Ukraine) auch nichts mit ihnen anfangen, liquidiert sie selber. Meine Herren, ich muss Sie bitten, sich gegen alle Mitleidserwägungen zu wappnen. Wir müssen die Juden vernichten, wo immer wir sie treffen und wo es irgend möglich ist, um das Gesamtgefüge des Reiches hier aufrecht zu erhalten. Das wird selbstverständlich mit Methoden geschehen, die anders sind …“

„Ich habe nie einen Juden vernichtet“

Globocnik-Gehilfe Hermann Höfle

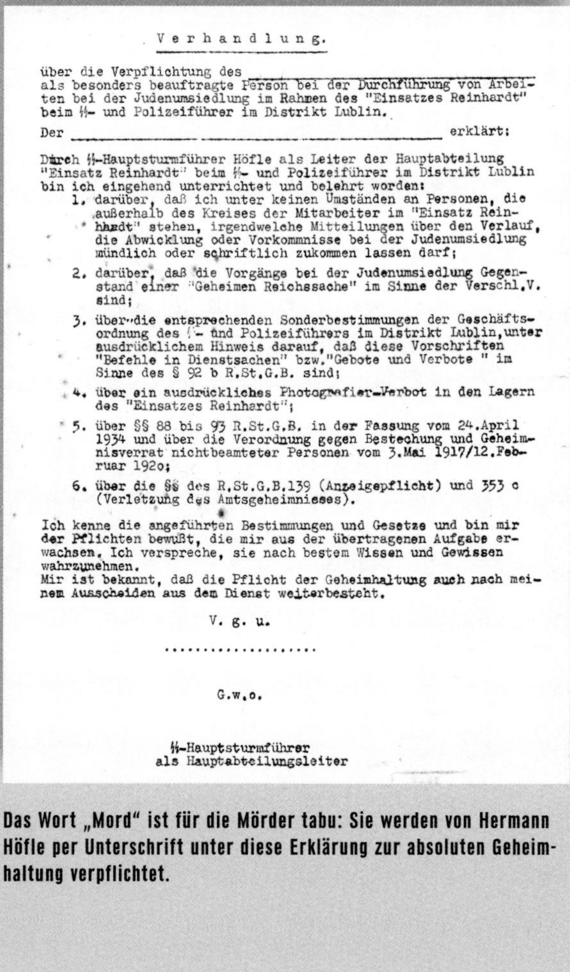

Verhandlung.

über die Verpflichtung des ______________________
als besonders beauftragte Person bei der Durchführung von Arbeiten bei der Judenumsiedlung im Rahmen des "Einsatzes Reinhardt" beim ϟϟ- und Polizeiführer im Distrikt Lublin.

Der ______________________ erklärt:

Durch ϟϟ-Hauptsturmführer Höfle als Leiter der Hauptabteilung "Einsatz Reinhardt" beim ϟϟ- und Polizeiführer im Distrikt Lublin bin ich eingehend unterrichtet und belehrt worden:

1. darüber, daß ich unter keinen Umständen an Personen, die außerhalb des Kreises der Mitarbeiter im "Einsatz Reinhardt" stehen, irgendwelche Mitteilungen über den Verlauf, die Abwicklung oder Vorkommnisse bei der Judenumsiedlung mündlich oder schriftlich zukommen lassen darf;
2. darüber, daß die Vorgänge bei der Judenumsiedlung Gegenstand einer "Geheimen Reichssache" im Sinne der Verschl.V. sind;
3. über die entsprechenden Sonderbestimmungen der Geschäftsordnung des ϟϟ- und Polizeiführers im Distrikt Lublin, unter ausdrücklichem Hinweis darauf, daß diese Vorschriften "Befehle in Dienstsachen" bzw. "Gebote und Verbote" im Sinne des § 92 b R.St.G.B. sind;
4. über ein ausdrückliches Photografier-Verbot in den Lagern des "Einsatzes Reinhardt";
5. über §§ 88 bis 93 R.St.G.B. in der Fassung vom 24. April 1934 und über die Verordnung gegen Bestechung und Geheimnisverrat nichtbeamteter Personen vom 3. Mai 1917/12. Februar 1920;
6. über die §§ des R.St.G.B. 139 (Anzeigepflicht) und 353 c (Verletzung des Amtsgeheimnisses).

Ich kenne die angeführten Bestimmungen und Gesetze und bin mir der Pflichten bewußt, die mir aus der übertragenen Aufgabe erwachsen. Ich verspreche, sie nach bestem Wissen und Gewissen wahrzunehmen.
Mir ist bekannt, daß die Pflicht der Geheimhaltung auch nach meinem Ausscheiden aus dem Dienst weiterbesteht.

V. g. u.

....

G.w.o.

ϟϟ-Hauptsturmführer
als Hauptabteilungsleiter

Das Wort „Mord“ ist für die Mörder tabu: Sie werden von Hermann Höfle per Unterschrift unter diese Erklärung zur absoluten Geheimhaltung verpflichtet.

Über die Männer, die der SSPF Lublin um sich sammelt, schreibt Rudolf Höß, der Kommandant von Auschwitz, später: „Globocniks Stab war geradezu eine Auslese gescheiterter Existenzen. Sie verstanden es aber, sich bei Glob. unentbehrlich und beliebt zu machen, was bei seiner mangelnden Menschen-Kenntnis (sic!) nicht schwer war," „Wenn Verfehlungen irgendwie zu decken waren, so tat es Glob. aus Gutmütigkeit und um seine Praktiken nicht bekannt werden zu lassen. Und der RF-SS glaubte ihm seine Beteuerungen, daß sein Dienstbereich musterhaft ‚in Ordnung' sei und ‚Außerordentliches' leiste."

Landesgericht Salzburg, 25. Juli 1961. Landesgerichtsrat Dr. Hübel vernimmt im Beisein des Vertragsbeamten Flachberger einen ehemaligen Angehörigen der Waffen-SS, steht dieser Aufgabe jedoch einigermaßen hilflos gegenüber. Der Beschuldigte, ein „ganz normal" wirkender, freundlicher, 50 Jahre alter Herr heißt Hermann Höfle und steht im Verdacht, an der Organisation des millionenfachen Massenmordes im Rahmen der „Aktion Reinhardt" mitgewirkt zu haben. Ja, so gibt Höfle zu Protokoll, er sei Stabsführer bei Globocnik gewesen und habe als solcher zahlreiche „Verwaltungsaufgaben" übertragen bekommen. Mit der „Judenfrage" will er aber „an und für sich" als Stabsführer nichts zu tun gehabt haben, das sei die Sache seines Chefs gewesen. Von Erschießungen und Selektionen will er nicht gewusst haben, nicht von den Massenmorden im Wald von Krępiec und nichts von den Morden bei der Räumung des Lubliner Ghettos. Ja, es „mag unglaubwürdig klingen wie es will: Ich habe nur den Befehl zur Evakuierung der Juden aus dem Lubliner Ghetto gehört, nicht aber, was mit den evakuierten Juden geschehen sollte. Ich war der Meinung, dass es sich um eine reine Aussiedlung aus Lublin mit der Zielsetzung handelt, diese Personen in weiter ostwärts gelegenen Gebieten neu anzusiedeln. Davon, dass die Evakuierung des Ghettos in Lublin von vornherein in der Absicht der physischen Vernichtung seiner Einwohner geschah, habe ich tatsächlich nichts gewusst." Dreiste Lügen, denen der Untersuchungsrichter jedoch wenig entgegenzusetzen hat; drei Tage später, am 28. Juli 1961, wird Höfle immerhin seine Mitwirkung an der Räumung des Warschauer Ghettos zugeben, betont aber neuerlich: „Obwohl ich der Leiter der Aussiedlung war, wusste ich nicht, wohin die Ausgesiedelten transportiert werden sollten. Mir war auch das Schicksal der Ausgesiedelten im Zeitpunkt der Aussiedlung unbekannt. Ich habe wirklich erst nach dem Krieg erfahren, dass die ausgesiedelten Juden in Todeslager gekommen sind ... Ich habe nie einen Juden vernichtet ... Ich habe weder selbst auf Juden geschossen, noch auf Juden schießen lassen."

In Wirklichkeit ist Hermann Höfle eine der Schlüsselfiguren der Globocnik-Herrschaft in Lublin. Am 1. September 1940 kann der SS- und Polizeiführer seinen Salzburger Landsmann als neuen Mitarbeiter begrüßen: Aus Neu Sandez (Nowy Sącz) kommend, wo er den Volksdeutschen Selbstschutz geleitet hat, tritt der SS-Hauptsturmführer seinen Dienst im Stab des SS- und Polizeiführers Lublin an. Höfle, Jahrgang 1911, NSDAP-Mitgliedsnummer 307.469, von seiner Ausbildung her gelernter Automechaniker und in Salzburg als Taxifahrer und später auch als Taxiunternehmer tätig, kann immerhin eine Empfehlung von Adolf Eichmann vorweisen: Seit dem 1. August 1933 Parteimitglied und 1935 sieben Monate in Haft, hat er in Februar und März 1939 die SS-Führerschule in München-Dachau absolviert, allerdings nur knapp bestanden – „kaum genügend" lautet die Zensur für die Abschlussarbeit; seine Ausbildner bemängeln die zu „weiche" Persönlichkeit des Kandidaten, seine „geistige Regsamkeit" sei noch nicht ausreichend entwickelt, Strebsamkeit und Fleiß, Bescheidenheit und Ehrlichkeit könne man ihm aber nicht absprechen. Für Globocnik also genau der richtige Mann: keiner, der ihm gefährlich werden kann, aber ein unermüdlicher „Arbeiter".

Gleich nach seiner Ankunft in Lublin wird Höfle weiter in den Osten geschickt. Seine erste Aufgabe hier: die Leitung eines Zwangsarbeitslagers am „Bug-Graben". Bei den Insassen dieses

Lagers handelt es sich um deutsche und volksdeutsche Selbstschutzangehörige, die man aufgrund kleinerer Vergehen zum Stellungs- und Befestigungsbau am Bug verurteilt hat – also eher ein „Erziehungslager". Sehr intensiv kann sich Höfle um seine „Schützlinge" jedoch nicht kümmern – er erkrankt an der Ruhr und muss ein Monat lang das Bett hüten.

„Ich habe nie einen Juden vernichtet": Hermann Höfle um 1960.

Mit 1. November 1940 wird er nach Lublin zurückbeordert, Globocnik hält „vielseitige Aufgaben" für ihn bereit. Hermann Höfles Büro wird im ersten Stock der Julius-Schreck-Kaserne eingerichtet; telefonisch zu erreichen ist der Herr Hauptsturmführer unter der Nummer 1570-25; als Wohnung erhält er ein Zimmer im zweiten Stock zugewiesen. Er organisiert sich sein eigenes kleines Team, zu dem die Sekretärinnen Hanna Fuhrmann, eine Dresdnerin, und Berta Gottschall sowie der Kärntner SS-Obersturmführer Helmut Pohl gehören. Der aus Klagenfurt stammende Pohl, Jahrgang 1901, erweist sich bald als fähiger und zuverlässiger „Organisator".

Höfle und seine Leute gewinnen rasch das Vertrauen Globocniks, nach und nach übernehmen sie eine Reihe wichtiger Funktionen. So wird der junge Salzburger „Verbindungsführer" zur Deutschen Treuhandgesellschaft, die die Liegenschaften der Volksdeutschen im Generalgouvernement verwaltet, und er erhält die Aufstellung „fremdvölkischer" Wachmannschaften übertragen, von der SS abschätzig „Askaris" genannt. Zur Rekrutierung dieser Wachformationen zieht Höfle freiwillige Meldungen heran, später, nach Beginn von „Unternehmen Barbarossa", besucht er auch Kriegsgefangenenlager. Vor Gericht rühmt er sich seiner Erfolge in diesem Bereich: „Die Aufstellung und Ausbildung dieser Einheiten habe ich insoweit zur Zufriedenheit der Reichsführung

SS ausgeführt, als ich unmittelbar nach Besichtigung einer Einheit durch den früheren SS-Reichsführer Himmler im Juni 1942 am 21. Juli 1942 zum Sturmbannführer der Waffen-SS befördert wurde. Ich erhielt den Auftrag, den Stand der fremdvölkischen Soldaten zu verdreifachen. Diesen Auftrag habe ich auch ausgeführt.“

Miteinbezogen wird Höfle auch bei der Errichtung der von Himmler geforderten SS- und Polizeistützpunkte im „neuen Ostraum“. Geleitet wird dieses Unternehmen von dem aus Dortmund stammenden SS-Oberführer und Obersten Hermann Kintrup (1891–1958), dem Kommandeur der Ordnungspolizei im Distrikt Lublin. Höfle wird von Kintrup, der Globocnik bedingungslos folgt, die Leitung der Abteilung VI, der die „Materialbeschaffung“ obliegt, übertragen. Mit einem Brief Himmlers vom 27. März 1942 wird Globocnik von dieser Aufgabe wieder entbunden – gibt es doch inzwischen, „Wichtigeres“ zu tun: Das Programm zum Massenmord an den Juden, die „Aktion Reinhardt“, hat inzwischen begonnen und Hermann Höfle wird als Chef des Stabes der „Aktion Reinhardt“ die Logistik des Judenmords steuern. Einer der Beweise dafür, die so genannte „Reuter-Notiz“, war bereits 1957 in Warschau in der Dokumentensammlung von Berenstein, Eisenbach und Rutkowski *Eksterminacja Żydów na ziemiach polskich w okresie okupacji hitlerowskiej* publiziert worden, hätte also den österreichischen Untersuchungsbehörden 1961 schon bekannt sein können. Ernst Reuter, ein Mitarbeiter im Amt des Gouverneurs, hält darin die wichtigsten Punkte einer Besprechung mit Höfle am 16. März 1942, unmittelbar vor Beginn der „Aussiedlung“ aus dem Lubliner Ghetto, fest. Bei diesem Treffen, an dem Vertreter der SS, der Polizei und der deutschen Zivilverwaltung teilnehmen, berichtet Höfle über die bevorstehenden Deportationen und nennt auch die „Zielstation“ Bełżec. Reuter notiert die „Eckpunkte“ von Höfles Ausführungen:

„1. Es wäre zweckmäßig, die in den Distrikt Lublin kommenden Judentransporte schon auf der Abgangsbahnstation in arbeits-

einsatzfähige und nicht arbeitseinsatzfähige Juden zu teilen. Wenn diese Auseinanderhaltung auf der Abgangsstation nicht möglich ist, müsste man evtl. dazu übergehen, den Transport nach den obengenannten Gesichtspunkten in Lublin zu trennen.
2. Nicht arbeitsfähige Juden kommen sämtlichst nach Bełżec, der äußersten Grenzstation im Kreise Zamość.
3. Hstuf. Höfle ist daran, ein großes Lager (gemeint ist Majdanek – J. S.) zu bauen, in welchem die einsatzfähigen Juden nach ihren Berufen karteimäßig erfasst und von dort angefordert werden können.
4. Piaski wird von polnischen Juden freigemacht und wird Sammelpunkt für die aus dem Reich kommenden Juden.
(...) Abschließend erklärte er, er könne täglich 4–5 Transporte zu 1.000 Juden mit der Zielstation Bełżec aufnehmen. Diese Juden kämen über die Grenze und würden nie mehr ins Generalgouvernement zurückkommen."
Im Laufe eines knappen Monats, vom 17. bis zum 14. April 1942, werden nach den Plänen Höfles rund 26.000 Menschen, Männer, Frauen und Kinder, aus Lublin in den Tod nach Bełżec deportiert – 1961 wird er vor dem Salzburger Untersuchungsrichter über die Liquidierung des Lubliner Ghettos behaupten: „Ich selbst war hiebei aktiv überhaupt nicht beteiligt. Ich kann aus eigener Wahrnehmung über die Vorgänge bei der Räumung des Lubliner Ghettos überhaupt keine Angaben machen. Richtig ist, dass im Kameradenkreis über die Räumung des Lubliner Ghettos gesprochen wurde, doch sind mir Einzelheiten heute nicht mehr in Erinnerung. Ich weiß nun ziemlich sicher, dass Globocnik diese Aktion persönlich geleitet hat. (...) ich bleibe dabei, dass ich nur Offiziere und Männer des Stabes zu Absperrmaßnahmen im Zusammenhang mit der Räumung des Lubliner Ghettos abgestellt habe."
Höfle lügt, weil er weiß, dass seine Lügen nur schwer zu widerlegen sind. Ja, zum Glück für ihn hat man zahlreiche Dokumente vernichten können. Und noch wissen seine Richter nicht, dass

es dem britischen Abhördienst am 11. Januar 1943 gelungen ist, zwei Funksprüche der deutschen Polizeifunkstelle Lublin aufzunehmen, einer davon gerichtet an SS-Obersturmbannführer Eichmann im Reichsicherheitshauptamt Berlin, der zweite an Franz Heim, den Chef der Sicherheitspolizei in Krakau. Als Betreff wird in den Funksprüchen „14-tägige Meldung Einsatz Reinhart“ angeführt, dann folgen Buchstaben und Zahlenreihen:

```
                                                 GPDD 355a     2.

    12. OMX de OMQ                     1000           89 ? ?
        Geheime Reichssache! An das Reichssicherheitshauptamt, zu
        Händen SS Obersturmbannführer EICHMANN, BERLIN ...rest missed..

 13/15. OLQ de OMQ                     1005           83 234 250
        Geheime Reichssache! An den Befehlshaber der Sicherheitspol.,
        zu Händen SS Obersturmbannführer HEIM, KRAKAU.
        Betr: 14-tägige Meldung Einsatz REINHART.  Bezug: dort.
        Fs. Zugang bis 31.12.42, L 12761,B 0, S 515, T 10335 zusammen
        23611. Stand... 31.12.42, L 24733, B 434508, S 101370,
        T 71355, zusammen 1274166.
        SS und Pol.führer LUBLIN, HOEFLE, Sturmbannführer.
```

Die Zahlen der beiden Funksprüche, die als „Höfle-Telegramm“ in die Forschung über den Holocaust eingehen, sind Opferzahlen, die Mordbilanz des Jahres 1942: 1,274.166 in den Vernichtungslagern ermordete Männer, Frauen und Kinder …

Als Höfle 1948 zugetragen wird, dass die polnische Justiz nach ihm sucht und seine Auslieferung nach dem nunmehr kommunistischen Polen betreiben will, wendet er sich an seine alten SS-Freunde in Bayern, die ihm prompt helfen und die Flucht nach Italien ermöglichen; erst Ende 1950 oder Anfang 1951 kehrt er nach Österreich zurück. Im März 1951 versucht er illegal nach Deutschland zu wechseln, wird jedoch festgenommen. Vor Gericht gestellt, versteht er es geschickt, die im Kalten Krieg zutage getretene Kluft zwischen Ost und West für sich zu nützen: Er würde, so seine Verantwortung, von den Polen gesucht werden, die ihn im Fall des Falles sogar kidnappen würden. Damit wird Höfle, von dem Kamerad Georg Michalsen behauptet hat, dass er nicht der Klügste sei, auch für das amerikanische *Counter Intelligence*

Corps (CIC) interessant – und er versteht es, dieses Interesse der Amerikaner weiter durch fantasievolle Geschichten zu schüren. So habe er, wie er ihnen erzählt, in Russland Partisanen bekämpft, im Generalgouvernement sei er für Sicherheitsaufgaben zuständig gewesen. Dem CIC gefällt das – Hermann Höfle wird als *low-level agent* engagiert, sein Deckname: Hans Hartman, seine Aufgabe: Informationen über die extremen Rechten und ehemalige SS-Männer zu liefern; das Honorar dafür: 100,- DM pro Monat. Nach nur fünf Monaten ist es aber mit dieser Agentenrolle schon wieder vorbei; Höfle bleibt aber vorerst unbehelligt. Erst 1961 wird er verhaftet und wie oben geschildert zu den Verbrechen im Osten vernommen. Am 20. August 1962 begeht er in einer Wiener Gefängniszelle Selbstmord.

„Es kommt wieder Salat!“

Die Todeszüge in die Vernichtungslager

Perfide Täuschung: Die Fahrt in den Tod wird als „Umsiedlung“ deklariert.

Am 20. Jänner 1942 geht es im repräsentativen Esszimmer der Villa am Großen Wannsee 56–58 hoch her. Auf Einladung von Reinhard Heydrich hat sich ein illustrer Kreis von fünfzehn Herren aus diversen Reichsministerien und SS-Dienststellen, unter ihnen auch Adolf Eichmann, der Protokoll führt, eingefunden. Sie alle sind davon überzeugt, dass sie etwas mitzureden haben, wenn es darum geht, wie auf der Einladung so präzise formuliert, die „Endlösung der Judenfrage" zu erörtern. Der Beginn der „Konferenz" ist für 12 Uhr angesetzt, in seinem einleitenden Vortrag stellt sich Heydrich zunächst als „Beauftragter für die Vorbereitung der Endlösung der europäischen Judenfrage" vor und präsentiert dann die neue Lösungsmöglichkeit für die „Judenfrage": „Unter entsprechender Leitung sollen nun im Zuge der Endlösung die Juden in geeigneter Weise im Osten zum Arbeitseinsatz kommen. In großen Arbeitskolonnen, unter Trennung der Geschlechter, werden die arbeitsfähigen Juden straßenbauend in diese Gebiete geführt, wobei zweifellos ein Großteil durch natürliche Verminderung ausfallen wird. Der allfällig endlich verbleibende Restbestand wird, da es sich bei diesem unzweifelhaft um den widerstandsfähigsten Teil handelt, entsprechend behandelt werden müssen, da dieser, eine natürliche Auslese darstellend, bei Freilassung als Keimzelle eines neuen jüdischen Aufbaues anzusprechen ist."

Über elf Millionen europäische Juden wären von dieser „Endlösung" betroffen, eine Zahl, vor der die Herren aus den Ministerien jedoch nicht zurückschrecken: Sie geben „fröhlich" ihre Zustimmung zu den geplanten „Lösungsmöglichkeiten". Heydrich hat sich noch sehr verklausuliert ausgedrückt, doch nun wird in „sehr unverblümten Worten" „von Töten und Eliminieren und Vernichten" (Adolf Eichmann) gesprochen, die Ordonnanzen der Herren reichen Kognak. In bester Stimmung sichert man sich gegenseitige Unterstützung zu; nach etwa eineinhalb Stunden ist das Treffen zu Ende; Adolf Eichmann bleibt es überlassen, in seinem Büro in der Kurfürstenstraße 116 das fünfzehnseitige

Protokoll der „Konferenz“ am Wannsee zu verfassen, das am 26. Februar in 30 Ausfertigungen den Teilnehmern zugeschickt wird.
Wie Eichmann im Verlaufe seines Verhörs durch Avner W. Less 1961 erzählen wird, habe Heydrich zwei Monate nach der „Wannseekonferenz“ beschlossen, Globocnik „rückwirkend“ die Ermächtigung zum Töten der Juden zu übermitteln: „Ich bekam von Heydrich damals den Befehl, für Globocnik den folgenden Brief fertigzumachen: Ich ermächtige Sie, weitere 150.000 Juden der Endösung zuzuführen. Diese Juden waren bereits tot. Ich glaube, es waren wohl 250.000. Er, Globocnik, ließ es sich auch noch ein zweites Mal ausstellen.“ Der Brief, von dem Eichmann spricht, ist nicht erhalten, gut möglich, dass er es ist, der Globocnik und seinen Stab zum Namen „Aktion Reinhardt“ inspiriert. Wie auch immer – mit der Wannseekonferenz ist der geplante Massenmord an den Juden hochoffiziell, die Vernichtungsmaschinerie kann anlaufen …

Lublin in der Nacht vom 16. zum 17. März 1942. Im Ghetto beginnt die „Aussiedlung“, der Judenmord tritt damit in eine neue Phase ein. Bereits am 8. März hat der Judenrat angekündigt, dass all jene von dieser Maßnahme betroffen seien, die über keinen gültigen Arbeitsausweis mit dem entsprechenden Stempel der Sicherheitspolizei verfügten. Wachposten der SS und der Polizei umstellen das Ghetto; Sammelstelle ist der Platz an der Targowa-Straße, wo die Selektion stattfindet. Mit kranken und behinderten Menschen macht die SS nicht viele Umstände – sie werden auf der Stelle erschossen.
Erlaubt ist den zum Transport ausgewählten Opfern die Mitnahme von 15 kg Handgepäck pro Person; mitnehmen dürfen sie auch Geld und Schmuck – diese Wertsachen will man den Juden erst unmittelbar vor ihrer Ermordung abnehmen. Jene, die einen von der SIPO gestempelten Arbeitsausweis besitzen, werden ins Ghetto B gebracht, die anderen müssen in den Zug steigen, der auf

dem Güterbahnhof neben dem Schlachthof bereitsteht. Der Zug wird nach dem „Verladen“ plombiert, dann rollt er in Richtung Bełżec aus der Station – der größte systematisch geplante Massenmord der Geschichte hat begonnen.

SS-Obersturmführer Hermann Worthoff führt das Kommando vor Ort, seine Stellvertreter sind die SS-Untersturmführer Walther und Dr. Harry Sturm.

Dr. Harry Sturm, geboren 1912 in Pernau, Estland, hat in Dorpat und Berlin Germanistik und osteuropäische Geschichte studiert, 1939 promoviert er mit einer Arbeit zum Thema „Die Geschichte des Deutschen Theaters im Baltikum“ zum Dr. phil.; in Lublin ist er in der Dienststelle des Kommandeurs der Sicherheitspolizei und des SD tätig und leitet hier das Referat III B, das Volkstumsreferat. Der junge Germanist und Historiker, ein „Quereinsteiger“ in den Reihen des SD, zeigt „besonderen Eifer“ – während der Räumung des Ghettos ist er unermüdlich im Einsatz: Er befehligt kleine Trupps von Gestapo-Angehörigen, „Hiwis“ und jüdischen Ordnungsdienstleuten beim Durchsuchen der Häuser, da kann es schon vorkommen, dass er einige Juden, die in ihrem Versteck aufgestöbert werden, gleich erschießt – so im Haus Grodzkastraße 36, in dem 5 Menschen getötet werden. Harry Sturm ist selbst mit der Pistole schnell zur Hand und tötet ohne zu zögern; eifrig beteiligt er sich auch an den Selektionen, seine Spezialität hier: „Ehen scheiden“ – arbeitsfähige Männer werden von der Deportation zurückgestellt, ihre Frauen und Kinder dagegen in den Tod geschickt. Wollen sich die verzweifelten Mütter von ihren Ehemännern nicht trennen, so schreckt er auch wie sein Chef Worthoff nicht davor zurück, mit der Peitsche auf sie einzuschlagen.

Die Züge, mit denen die Juden in den Tod gefahren werden, stehen auf keinem Fahrplan verzeichnet. Es sind Sonderzüge, bestehend aus abgeschlossenen Viehwaggons oder Güterwagen. Über ihre Abfahrt und ihre Ankunft entscheidet eine Sondergruppe des Dezernats 33 der Generaldirektion der Ostbahn (Gedob) in

Krakau, die sich, falls notwendig, mit dem Reichsverkehrsministerium, der Reichsbahn und dem Höheren SS- und Polizeiführer Friedrich Wilhelm Krüger abstimmt. Die Aufgabe ist in Frühjahr und Sommer 1942 für die Sondergruppe nicht einfach: Hitler und seine Generäle planen eine neue große Offensive in Richtung Stalingrad, da wird jeder Waggon für Truppen- und Materialtransporte benötigt. Himmler sieht sein großes Ziel – die „Umsiedlung“ aller Juden im Generalgouvernement bis zum 31. Dezember 1942 – gefährdet und so muss die SS-Führung selbst im Reichsverkehrsministerium intervenieren. SS-Obergruppenführer Karl Wolff, der Adjutant Himmlers, ruft am 16. Juli Staatssekretär Albert Ganzenmüller, den stellvertretenden Generaldirektor der Reichsbahn, an und erklärt die Lage – die Bahnmanager geben klein bei, organisieren neuerlich Transportraum für die Fortsetzung des Judenmords. Am 28. Juli 1942 gibt Ganzenmüller eine Meldung der Generaldirektion der Ostbahnen an den Parteigenossen Wolff „zur gefälligen Unterrichtung“ weiter: „Seit dem 27. 7. fährt täglich ein Zug mit je 5000 Juden von Warschau über Malkinia nach Treblinka, außerdem zweimal wöchentlich ein Zug mit 5000 Juden von Przemysl nach Belzek (sic!). Gedob steht in ständiger Fühlung mit dem Sicherheitsdienst in Krakau. Dieser ist einverstanden, daß die Transporte von Warschau über Lublin nach Sobibor (bei Lublin) solange ruhen, wie die Umbauarbeiten auf dieser Strecke diese Transporte unmöglich machen (ungefähr Oktober 1942). Die Züge werden mit dem Befehlshaber der Sicherheitspolizei im Generalgouvernement vereinbart. SS- und Polizeiführer des Distrikts Lublin, SS-Brigadeführer Globotschnigg (sic!), ist verständigt.“

Zwei Wochen später antwortet Wolff dem „lieben Parteigenossen Ganzenmüller“ in überaus herzlichem Ton. Mit „besonderer Freude“ sehe man sich nun in die Lage versetzt, „diese Bevölkerungsbewegung in einem beschleunigten Tempo durchzuführen“, „eine „reibungslose Durchführung der gesamten Maßnahmen“ erscheine damit gewährleistet.

Aufgrund der Knappheit der Transportmittel sind die Züge zu einer hohen Umlaufgeschwindigkeit angehalten. Schon beim „Verladen" auf den Bahnhöfen muss alles schnell gehen. Die zusammengetriebenen Juden werden mit Kolben- und Peitschenhieben in die Waggons gepfercht, dann werden die Türen verriegelt und verplombt, für die dicht gedrängt stehenden Menschen gibt es nur wenig Luft und kein Wasser, ihre Notdurft müssen sie an Ort und Stelle verrichten – Bedingungen, die viele nicht überleben.

Die Transporte aus dem Ghetto Lublin gehen auch in den nächsten Tagen weiter; täglich sind es etwa 1400 Menschen, die den Weg in den Tod antreten müssen. Am 21. März wird bekannt, dass auch jene betroffen sein können, die einen von der SIPO gestempelten Arbeitsausweis besitzen. Am 24. März erschießen SS-Männer alle Insassen des jüdischen Waisenhauses im Ghetto – 108 Kinder im Alter von 2 bis 8 Jahren. Die Ermordung der Kinder erfolgt beim Dorf Tatary; der Bauer Karol Mulak berichtet nach dem Krieg über das Blutbad: „Ich erinnere mich, daß die Erde noch festgefroren war, als eines Sonnabends (das Datum kann ich nicht genau angeben, jedenfalls war es im März oder im April) Häftlinge zum Schaufeln von Gruben gebracht wurden. Es geschah auf dem Feld eines gewissen Morawski, ungefähr 50 bis 100 m von mir entfernt. Den ganzen Sonnabend und den halben Sonntag arbeiteten die Häftlinge ununterbrochen, mit der harten Erde ringend. Trotz strenger Verbote und der Anwesenheit einer SD-Wache beobachtete ich von meiner Scheune aus diese merkwürdigen Vorbereitungen. Die Grube war ungefähr 5 m lang und 1,80–2 m tief. Nach beendeter Arbeit marschierten die Häftlinge ab. Eine Totenstille herrschte über den Feldern, eine ahnungsvolle Stille … Gegen 2 Uhr nachmittags kam meine Tochter gelaufen und erzählte erschrocken, dass der Verkehr auf der Chaussee gestoppt worden sei, sowohl für Fußgänger als auch für Militärautos. Gestapoleute in hohen Mützen gehen herum; sie fluchen und schießen, um den Neugierigen einen Schreck einzujagen, und haben sogar den im

Lublin, Grodzkastraße 11, ehemaliges jüdisches Waisenhaus: Am 24. März 1942 transportieren Globocniks Schergen die Kinder ab und erschießen sie.

nahen Krankenhaus befindlichen Soldaten der Wehrmacht befohlen, sich zurückzuziehen. Einer hat sich auf einen Hügel gesetzt mit der Absicht, von dort die in der Hütte beschäftigten Leute zu beschießen, falls sie zu viel Interesse für die Ereignisse, die sich abspielen würden, zeigen sollten. Plötzlich erscheint auf der Chaussee ein riesiger Lastwagen, mit einer schwarzen Plane dicht verhüllt. Er fährt in das ungefähr 100 m von der Chaussee entfernte Feld hinein, auf welchem sich die Grube befindet. Das Auto fährt rücklings dicht an die Grube heran; nachdem die Plane heruntergenommen ist, kommen kleine Kinder zum Vorschein, meistenteils in Windeln eingewickelt. Mit den Kindern sind auch zwei erwachsene Männer gekommen. Die Ukrainer legen die Kinder auf den Sandhaufen, und ein Gestapomann schießt auf sie mit einem Maschinengewehr; nachher wirft einer der Männer die Kinder in den Graben, und der andere steht darin und legt die immer noch in Windeln eingewickelten, noch halb lebendigen, zuckenden Kinder, quer eins neben dem anderen, damit sie möglichst wenig Platz einnehmen sollen …

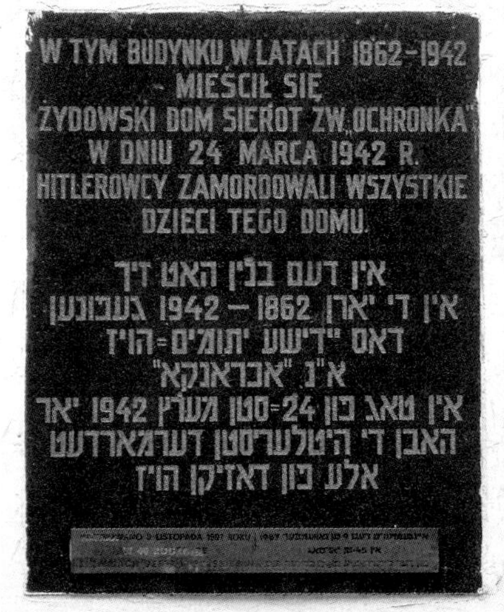

Eine Gedenktafel erinnert an die Ermordung der jüdischen Waisenkinder.

Die Männer haben blutige Hände, sie wandeln auf dem Feld umher wie Boten aus dem Jenseits; der zweite Gestapomann beschießt mit dem Maschinengewehr die agonisierenden Körperchen da unten, um sie vollends zu töten, um das furchtbare Stöhnen, das von unten heraufdringt, zu übertönen. Das Stöhnen wird stiller, hört aber nicht auf; es hört sich unheimlich an, als ob die Erde zuckte und von Seufzern bewegt würde.

Die schreckliche Arbeit ist beendet; die Grube bleibt offen, und das Auto fährt ab, um einen neuen Transport zu holen.

Nach ungefähr einer Stunde kehrt es zurück. Diesmal bringt es größere Kinder. Sie gehen in den Tod zu vieren, sich an den Händen haltend. Sie bleiben am Rand der Grube stehen, der Deutsche

schießt auf sie mit einem Revolver, so dass sie gleich in die Grube fallen ..." (Aussage Nr. 636 im Archiv des Jüdischen Historischen Instituts Warschau, zitiert nach Berenstein, Eisenbach, Mark und Rutkowski, *Faschismus – Getto – Massenmord*)
Getötet werden an diesem 24. März 1942 auch 70 Pensionisten des Altersheims an der Jateczna-Straße und die Patienten eines Krankenhauses an der Cyrulicza-Straße. Drei Tage später, am 27. März, werden die beiden Spitäler des Ghettos geräumt; Patienten und Pflegepersonal werden außerhalb der Stadt ermordet. Nach der ersten Woche beträgt die Zahl der aus dem Ghetto Lublin Deportierten 10.000, bis Ende März sind es 18.000 Menschen.

Die NS-Führung in Berlin ist über den Auftakt zum Massenmord bestens unterrichtet, bekannt ist auch, dass Odilo Globocnik die „Aktion" leitet. Reichspropagandaminister Joseph Goebbels kommentiert am 27. März 1942 in seinem Tagebuch das Geschehen: „Aus dem Generalgouvernement werden jetzt, bei Lublin beginnend, die Juden nach dem Osten abgeschoben. Es wird hier ein ziemlich barbarisches und nicht näher zu beschreibendes Verfahren angewandt, und von den Juden selbst bleibt nicht mehr viel übrig. Im großen kann man wohl feststellen, daß 60 % davon liquidiert werden müssen, während nur noch 40 % in die Arbeit eingesetzt werden können. Der ehemalige Gauleiter von Wien, der diese Aktion durchführt, tut das mit ziemlicher Umsicht und auch mit einem Verfahren, das nicht allzu auffällig wirkt. An den Juden wird ein Strafgericht vollzogen, das zwar barbarisch ist, das sie aber vollauf verdient haben. Die Prophezeiung, die der Führer ihnen für die Herbeiführung eines neuen Weltkriegs mit auf den Weg gegeben hat, beginnt sich in der furchtbarsten Weise zu verwirklichen. Man darf in diesen Dingen keine Sentimentalität obwalten lassen. Die Juden würden, wenn wir uns ihrer nicht erwehren würden, uns vernichten. Es ist ein Kampf auf Leben und Tod zwischen der arischen Rasse und dem jüdischen Bazillus. Keine andere Regierung und kein anderes Regime konnte die

Kraft aufbringen, diese Frage generell zu lösen. Auch hier ist der Führer der unentwegte Vorkämpfer und Wortführer einer radikalen Lösung, die nach der Lage der Dinge geboten ist und deshalb unausweichlich erscheint" – Sätze, die in ihrer Verlogenheit und in ihrem Zynismus, in ihrer Mischung aus nackter Brutalität und euphemistischer Koketterie mit dem Grauen nicht zu überbieten sind. Der Mord an Frauen und Kindern, an alten und kranken Menschen wird zu einem Akt der Notwehr und der Rache, zum „Kampf auf Leben und Tod" und zur historischen Notwendigkeit stilisiert; gleichzeitig verliert man das banale Nützlichkeitsdenken nicht aus den Augen – auf die Arbeitskraft der Juden will man nicht ganz verzichten. Und wie Himmler pocht auch Goebbels auf die „Vorkämpfer"-Rolle Nazi-Deutschlands, das nun im Begriffe sei, die Judenfrage „generell" zu lösen.

Am 11. April 1942 findet die erste Vernichtungsaktion gegen die jüdische Gemeinde von Zamość statt. Angehörige der SS-Reit- und Fahrschule, kommandiert von SS-Sturmbannführer Josef Fritz, ermorden zahlreiche Juden, 3.000 Menschen werden in einen Todeszug nach Bełżec verladen. SS-Rottenführer Pinkowsky zeichnet sich besonders aus: Innerhalb weniger Tage ermordet er 90 Juden, wenige Wochen später wird er alle Insassen eines jüdischen Altersheims erschießen, 40 Menschen sterben – „Leistungen", die in Lublin nicht unbemerkt bleiben: Globocnik lässt ein SS-Kommando der Reitschule per Bahn nach Lublin kommen, hier werden sie bei Massenerschießungen eingesetzt.
Am nächsten Tag, dem 12. April 1942, notiert Zygmunt Klukowski in seinem Tagebuch: „Die Nachrichten aus Zamość sind schrecklich. An die 2.500 Juden wurden evakuiert. Einige hundert sind in den Straßen erschossen worden. Einige Männer versuchten zu kämpfen. Ich habe keine Details. Hier in Szczebrzeszyn herrscht Panik. Alte jüdische Frauen verbrachten die Nacht am jüdischen Friedhof; sie sagten, dass sie lieber hier zwischen den Gräbern ihrer Familien sterben würden als in den Konzentrati-

onslagern getötet und verbrannt zu werden. Einige versuchen aus der Stadt zu fliehen. Andere senden ihre kleinen Kinder nach Warschau, um sie dort bei polnischen Familien unterzubringen." Es sind nur mehr Tage, die den Juden in Szczebrzeszyn gegönnt sind; die „Aktion Reinhardt" wird auch sie nicht verschonen. Am 8. Mai, etwa um drei Uhr am Nachmittag, taucht eine Gestapoeinheit aus Zamość in der Stadt auf und fordert den Judenrat auf, 100 Juden für den Einsatz als Zwangsarbeiter bereitzustellen. Nachdem eine Stunde vergangen ist, beginnen die Gestapobeamten, unterstützt von Gendarmen, die Juden „zusammenzufangen" und an Ort und Stelle zu erschießen. Zygmunt Klukowski vermerkt im Tagebuch: „Die Schüsse konnten in der ganzen Stadt gehört werden. Sie erschossen die Menschen wie die Enten, nicht nur in den Straßen, sondern auch in deren Häusern – Männer, Frauen und Kinder, skrupellos. Die Zahl der Toten und Verwundeten ist schwer zu schätzen, ich würde sagen, dass über 100 Menschen getötet worden sind." Klukowski, der ja Arzt im Spital von Szczebrzeszyn ist, wird von den verzweifelten Juden um Hilfe gebeten, er organisiert daraufhin einige Hilfstrupps mit Tragbahren, die die Verwundeten aufsammeln sollen. Doch dann kommen ihm Zweifel, wie er in seinem Tagebuch offen zugibt: „Nach einiger Zeit begann ich nachzudenken: Ich hatte vom deutschen Kreisbeamten die Instruktion erhalten, den Juden keine medizinische Hilfe zukommen zu lassen. Ich rief daher die Polizeistation an und man sagte mir, dass die Juden nicht mein Geschäft wären. Dann rief ich den Landarzt in Bilgoraj an. Er sagte mir, dass das Krankenhaus keine Möglichkeit hätte, den Juden zu helfen, da es einen jüdischen Arzt in der Stadt gebe, vor allem aber sei keine Hilfe während einer Massenaktion der Deutschen zu leisten. Ich postierte einige Leute am Eingang zum Spital, um zu zeigen, dass es uns nicht erlaubt war, den Juden zu helfen. Ich war glücklich, dass ich so entschieden hatte. Da gab es keinen Weg, den Juden zu helfen, und sicher wäre ich in Haft genommen und hingerichtet worden." Tatsächlich tauchen fünf mit Maschinenpistolen bewaffnete Polizisten im Spital auf und fragen Klukowski, ob er irgendwelche Juden ins Krankenhaus gelassen und ihnen geholfen habe. Der polnische Arzt kann ihnen wahrheitsgemäß sagen: nein …

Zeit für ein erstes Resümee: In einer Sitzung mit Generalgouverneur Hans Frank am 31. Mai 1942 berichtet Amtschef Wilhelm Engler u. a. zu Fragen der Sicherheit und der Liquidierung der Juden im Lubliner Ghetto: „Vor kurzem habe man aus der Stadt Lublin etwa 40.000 Juden herausgenommen. Man habe diejenigen Juden, die in Fabriken arbeiteten, oder als Heimarbeiter im deutschen Interesse tätig seien, in ein neues Ghetto eingesiedelt. Es handele sich um 3.000 bis 4.000 Juden. Außerhalb der Stadt Lublin gebe es noch verschiedene stark jüdisch bevölkerte kleine Städte und ein Lager, das dauernd mit Juden belegt sei. Man hoffe, im Laufe der Zeit eine möglichste Säuberung des Distrikts von Juden zu erreichen. Es habe sich herausgestellt, dass gerade im Distrikt Lublin der Jude die Drohne war und dass die Bevölkerung froh ist, diese Elemente, von denen sie bedrückt worden sei, losgeworden zu sein."
Am 3. Juni 1942, nach einem Treffen mit Viktor Brack, schickt Globocnik seine aktuellen Entwürfe für die zukünftige Bevölkerungspolitik im Distrikt Lublin an Himmler, bei den Unterlagen befinden sich auch zwei Mappen zum „Judenproblem". Am 9. Juli 1942 trifft er mit Krüger und Himmler zusammen; die Gespräche sind „konstruktiv" – am 22. Juli 1942 schreibt Globocnik an Himmlers Adjutanten Wolff: „Der Reichsführer war nun hier und hat uns so viel neue Arbeit gegeben, dass nun alle unsere geheimsten Wünsche damit in Erfüllung gehen. Ich bin ihm sehr dankbar dafür, denn das eine kann er gewiss sein, dass diese Dinge, die er wünscht, in kürzester Zeit erfüllt werden."

Seit seinen „Wiener Geschichten" weiß Globocnik, dass mit den Bürokraten in Berlin nicht zu spaßen ist. Jetzt will er es ihnen zeigen, die „Umsätze" aus dem Judenmord sollen die Schmach von Wien für immer überstrahlen.

Zu Beginn der „Aktion Reinhardt“ sorgt noch T-4-Mann Christian Wirth für den Transfer von Edelmetallen und Edelsteinen an die Reichsbank, doch das Wirtschaftsverwaltungshauptamt der SS entschließt sich bald zu einer neuen „professionellen“ Regelung: Zum Verantwortlichen für die „Werterfassung“ im Rahmen der „Aktion Reinhardt“ ernennt Oswald Pohl den in Hildesheim geborenen SS-Sturmbannführer Georg Wippern (1909–1993), der zugleich seit Juli 1941 Leiter der SS-Standortverwaltung Lublin ist. Unterstützt wird Wippern von einigen SS-Leuten, die auf eine Ausbildung als Bankkaufleute verweisen können, unter ihnen der aus Schrems im Waldviertel stammende SS-Oberscharführer Alois Rzepa (1908–1987), der für die Kassenabrechnungen zuständig ist, SS-Obersturmführer Huber und SS-Oberscharführer Johannes Teichelmann.

Eingerichtet wird die Abteilung „IVa beim SSPF“, auch als „Verwaltung Jüdischer Besitz“ bezeichnet, in einem fünfstöckigen Gebäude in der Chopinstraße 27. Hier sortiert ein etwa 20 bis 30 Mann starkes jüdisches Häftlingskommando aus dem Lager in der Lipowastraße unter der Leitung der beiden SS-Unterscharführer Eichholz und Dorl den aus den Vernichtungslagern anfallenden „Warenstrom“. Im Fokus der Begierde der SS: Geldbeträge und Wertsachen – von Bargeld über Armbanduhren, Ringe und Halsketten bis zum Zahngold, vom silbernen Essbesteck bis zum goldenen Drehbleistift. Die Gegenstände aus Silber und Gold werden – sofern nicht ein außerordentlicher künstlerischer Wert dagegen spricht – eingeschmolzen und in Barrenform an die Reichsbank geliefert, die eigene Depots für die den Juden abgenommenen Wertsachen einrichtet. Auch die bei den Opfern aufgefundenen Devisen gehen nach ihrer exakten buchmäßigen Erfassung direkt nach Berlin; Bargeldbeträge in polnischen Zloty werden auf ein Konto der Reichsbank in der Emissionsbank Lublin eingezahlt und von dort an die Reichsbank transferiert. Für die anfallenden Kleiderberge richtet man ein eigenes Depot auf dem Gelände des Alten Flughafens in der Chelmska-Straße ein.

„Verladung" der Opfer im Ghetto Warschau. Am 22. Juli 1942 beginnen die Transporte ins Vernichtungslager Treblinka.

Um die „Umsätze" bequem im Blick haben zu können, ordnet Globocnik am 16. September 1942 an, dass von nun an in der Abteilung IVa eine einheitliche „Zentralkartei" zu führen sei, „wo auch alle buchungsmäßigen Veränderungen bei den einzelnen Lagern aufscheinen und damit jederzeit ersichtlich ist, welche Stückzahl der gelagerten Sachwerte jeweils vorhanden ist. Hierzu ist erforderlich, daß die Abt. IVa über jede Bestandsveränderung mittels Scheinwechsel unterrichtet wird, und zwar sind Unterlagen gesammelt und wöchentlich sonnabends der Abt. IVa einzusenden." Es gibt aber auch eine Ausnahme von dieser buchhalterisch einleuchtenden Regel: „Soweit es sich um Bargeld, Devisen, Edelmetalle, Uhren, Schmuck u. dergl. handelt, haben die Lager keine Sortierung vorzunehmen, sondern diese Werte auf kürzestem Wege der Abt. IVa abzuliefern, da nur diese Dienststelle angewiesen ist, die Sortierung, mengenmäßige Erfassung und Verbuchung vorzunehmen. Eine Verwendung der Kartei für Verbuchung des Bargeldes und Devisen ist unstatthaft, da die Reichskassenordnung

Auch die Schuhe der Ermordeten von Treblinka werden nach Lublin geschickt und hier erfasst.

HDV 325 eine bestimmte Verbuchungsart vorschreibt.“ Eine Anordnung, die wohl nicht nur mit der „Reichskassenordnung“ zu tun hat: Globocnik will offenbar vermeiden, dass die einzelnen Lagerleiter zu genaue Kenntnis von den erbeuteten Geldbeträgen und Wertgegenständen bekommen. Glaubt man der Zeugenaussage seiner Ordonnanz Willy Natke, so gelangen nicht alle Wertsachen direkt in die Chopinstraße, sondern nehmen, in Kisten gepackt, den Umweg über den Keller von Globocniks Wohnung in der Lubomelska. Hier nützt er wohl die Gelegenheit, um die schönsten und wertvollsten Stücke persönlich zu begutachten … dann gehen die Schatzkisten zu Wippern in die nicht allzu weit entfernte Chopinstraße.

Nach außen hin ist also alles exakt geregelt, schon die Bezeichnung „IVa beim SSPF“ verweist darauf, dass Globocnik Wert darauf legt, die Abteilung IV eng an seine Dienststelle zu binden. Sie ist der ganze Stolz des „Endlösung“-Unternehmers Globocnik und so erhält SS-Gruppenführer Maximilian von Herff, der Chef des SS-Personalamts, der im Mai 1943 zu Besuch in Lublin ist, die Möglichkeit, die Institution zu besichtigen. Von Herffs Adjutant, SS-Obersturmbannführer Alfred Franke-Gricksch, hat über den Besuch am 12. Mai 1943 in der Chopinstraße 27 einen Bericht hinterlassen: „Von Trawniki reisten wir zurück nach Lublin, um das spezielle Unternehmen REINHARD zu besichtigen. Diese Abteilung hatte die Aufgabe, das gesamte bewegliche Vermögen der Juden im Generalgouvernement zu verwerten. Es ist erstaunlich, welch riesiges Vermögen die Juden im Ghetto angesammelt hatten. Sogar zerlumpte und von Ungeziefer befallene, dreckige kleine Juden, die wie Bettler aussahen, tragen (wenn man ihnen die Kleidung auszieht) Devisen, Goldstücke, Diamanten und andere Wertsachen mit sich. Wir gingen durch die Keller dieses ‚Spezialunternehmens' und wurden an die Märchen von ‚Tausend und einer Nacht' erinnert. Ganze Kartons, gefüllt mit echten Perlen, Schachteln voller Diamanten, ein Korb voller Goldstücke und viele Kilo Silbermünzen, neben Juwelen jeder Art. Um diese Wertsachen besser verwerten zu können, schmilzt man im Garten des Hauses das Gold und Silber zu Barren. Da gibt es eine kleine Gießerei, in der Gold und Silber geschmolzen werden, dann in Barren gegossen werden und an gewissen Tagen an die Reichsbank geliefert werden. Das ‚Spezialunternehmen REINHARD' (sic!) hat bis jetzt 2.500 Kilo Gold, 20.000 Kilo Silber, 6,5 Kilo Platin, 60.000 Reichsmark in Devisen, 800.000 Dollar Bargeld und 144.000 Golddollar abgeliefert. Die riesige Menge an Diamanten und Perlen kann kaum abgeschätzt werden."

In seinem Bericht über den „Wirtschaftlichen Teil der Aktion Reinhardt" vom 5. Januar 1944 wird Globocnik die Gesamterlöse aus dem Judenmord unter seiner Regie auf 178.745.960,5 Reichsmark beziffern …

Die geheimste Angelegenheit, die es gibt

Massenmord in Bełżec, Sobibór und Treblinka

SS-Brigadeführer Globocnik beim Lokalaugenschein in Sobibór, 1942.

Ingenieur Kurt Gerstein ist bei der Amtsgruppe D, Abteilung Hygiene, beim SS-Führungshauptamt-Sanitätsdienst der Waffen-SS beschäftigt. Seit dem Januar 1942 hat der 1905 in Münster geborene „Entseuchungsexperte“ die Leitung des technischen Desinfektionsdienstes inne, eine Aufgabe, die auch den Umgang mit starken Giftgasen mit einschließt. Von seinen Vorgesetzten wird der „bewusste Christ“ als tüchtiger Fachmann geschätzt und gewürdigt; er ist Träger des Kriegsverdienstkreuzes II. Klasse. Er ist zwar freiwillig in die SS eingtreten, insgeheim aber, wie er seinen engsten Freunden anvertraut, ein erbitterter Gegner des Nationalsozialismus, der entschlossen ist, dessen Verbrechen „von innen“ kennen zu lernen. Ein „seltsamer Einzelgänger“ (DER SPIEGEL, Nr. 3/1969), beseelt von einem „messianischen Drang“, ein neugieriger SS-Offizier, der sich als „Spion Gottes“ versteht.

Am 8. Juni 1942 erhält Gerstein von SS-Sturmbannführer Rolf Günther vom Reichsicherheits-Hauptamt in der Kurfürstenstraße einen seltsamen Befehl: Gerstein soll 100 kg Blausäure beschaffen und mit ihm dann an einen Ort kommen, der angeblich nur dem Fahrer bekannt sei. Genaueres kann der Mann aus dem RSSHA ihm nicht sagen, es handle sich jedenfalls um eine der „geheimsten Reichssachen“. Zwei Tage später erhält Gerstein eine schriftliche Bestätigung dieses Befehls, nun wird auch schon der Zweck des Unternehmens genannt: Es gelte, die Möglichkeit einer Umstellung der Vergasung von Häftlingen durch Motorabgase auf Tötung durch das Blausäure-Gift „Zyklon B“ zu prüfen. „Ich konnte mir“, wird Gerstein später schreiben, „die Art des Auftrags ungefähr denken. Ich übernahm ihn jedoch, weil mich hier der Zufall an das Ziel führte, in diese Maschinerie den lang ersehnten Einblick zu erhalten.“

Gemeinsam mit Günther, der in Zivil in seinem Dienstzimmer erschienen ist, fährt Gerstein mit einem LKW-Konvoi zur Kaliwerke AG bei Kolin in der Nähe von Prag, wo er das Zyklon B in 100, 200, 500 und 1200 Gramm fassenden Dosen übernimmt, dann macht man sich auf den weiten Weg nach Lublin. Mit an Bord

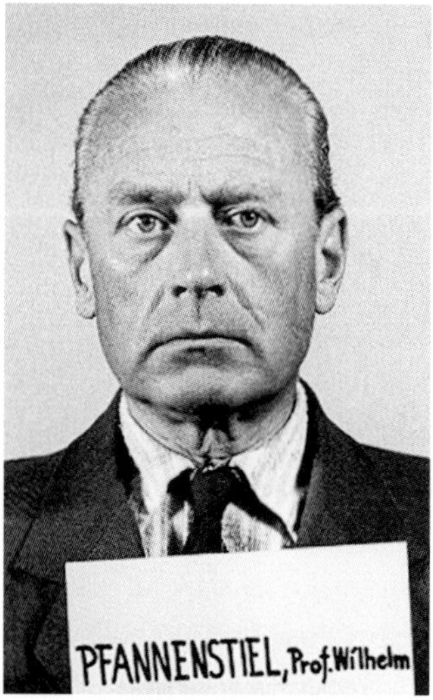

Wilhelm Pfannenstiel, beratender Hygieniker beim SS-Sanitätsamt, begleitet Gerstein nach Bełżec.

des Konvois ist auch SS-Obersturmbannführer Professor Wilhelm Pfannenstiel, seines Zeichens Professor für Gesundheitslehre an der Universität Marburg an der Lahn, der urprünglich mit dem Zug nach Lublin hätte reisen sollen, nun aber die günstige Mitfahrgelegenheit nützt. Pfannenstiel ist seit 1939 beratender Hygieniker beim SS-Sanitätsamt und seit 1940 als Sanitätsinspekteur für die SS tätig; zu seinen Aufgaben zählt nicht zuletzt auch die Inspektion von Konzentrationslagern und die Überwachung von Hygienemaßnahmen in den „Lebensborn"-Heimen. Der Herr Professor, der seit 1934 Mitglied der SS ist, kann dem Rassenwahn der Nazis durchaus viel abgewinnen: In Marburg leitet er eine Ortsgruppe der „Deutschen Gesellschaft für Rassehygiene", die „Auslese der Hochwertigen" ist auch sein Ideal.

In Lublin wird die kleine Reisegruppe mit den Blausäure-Dosen im Gepäck am 17. August 1942 vom SSPF persönlich empfangen. Kurt Gerstein berichtete später in seinem berühmt gewordenen Bericht über die Begegnung mit dem Kärntner SS-Führer: „In Lublin erwartete uns SS-Gruppenführer Globocnik. Er sagte zu uns: Dies ist eine der geheimsten Angelegenheiten, die es gibt, ja, überhaupt die allergeheimste. Jeder, der darüber spricht, wird sofort erschossen. Gestern erst sind zwei, die den Mund nicht halten konnten, gestorben. Dann erklärte er uns: Zur Zeit gibt es drei Anlagen: 1.) Belzec – gesehen. 2.) Sobibór – ich weiß nicht genau, wo. Nicht gesehen. 3.) Treblinka – gesehen! 4.) Majdanek – in Vorbereitung, gesehen."

Globocnik, der die Zusammenarbeit mit Experten schätzt, ist über die Ankunft der beiden SS-Hygienefachleute offenbar sehr erfreut und präsentiert die drei Vernichtungslager stolz als seine persönliche Errungenschaft. Und er hofft, dass die beiden ihm helfen können, Lösungen für die anstehenden Probleme zu finden. Dazu zählt etwa das Desinfizieren der riesigen Mengen Textilien, die durch den Judenmord anfallen. „Globocnik sagte: Sie müssen eine große Menge an Kleidungsstücken desinfizieren. 10 oder 20 mal soviel wie die ‚Spinnstoffsammlung' ergeben hat, die man nur zu dem Zweck unternommen hat, um die Herkunft der jüdischen, polnischen, tschechischen usw. Kleidungsstücke zu verschleiern." Dann kommt der SSPF Lublin ohne weitere Umschweife auf sein Hauptanliegen zu sprechen: „Ihre andere noch weit wichtigere Aufgabe ist die Umstellung unserer Gaskammern, die jetzt mit Dieselauspuffgasen arbeiten, auf eine bessere und schnellere Sache. Ich denke da vor allem an Blausäure. Vorgestern waren der Führer und Himmler hier. Auf ihre Anweisung muß ich Sie persönlich dorthin bringen. Ich soll niemandem schriftliche Bescheinigungen und Einlasskarten ausstellen."

Kurt Gerstein schreibt diese Sätze aus der Erinnerung am 4. Mai 1945 in Tübingen, in einem wichtigen Detail lässt ihn sein Gedächtnis aber im Stich: Hitler ist nie in Lublin gewesen, Globocnik kann diese Sätze so nicht gesagt haben. Oder lügt er seinen Gästen bewusst etwas vor, um sich wieder einmal groß in Szene zu setzen – eine Annahme, dir durchaus plausibel scheint, wenn man den Gerstein-Bericht weiterliest: Geistesgegenwärtig erfindet Globocnik offenbar spontan eine Geschichte, in der der „Führer" sein Vorgehen gegen die Juden persönlich legitimiert:

Kurt Gerstein wird in Bełżec Augenzeuge einer Vergasung.

„Darauf fragte Pfannenstiel: ‚Was hat denn der Führer gesagt?' – Glob.: ‚Schneller, schneller, die ganze Aktion durchführen.' Sein Begleiter,

der Ministerialrat Dr. Herbert Lindner (richtig: Linden – J. S.), hat dann gefragt: ‚Herr Globocnik, halten Sie es für gut und richtig, die ganzen Leichen zu vergraben, anstatt sie zu verbrennen? Nach uns könnte eine Generation kommen, die das Ganze nicht versteht!'
Darauf Globocnik: ‚Meine Herren, wenn je nach uns eine Generation kommen sollte, die so schlapp und so knochenweich ist, daß sie unsere große Aufgabe nicht versteht, dann allerdings ist der ganze Nationalsozialismus umsonst gewesen. Ich bin im Gegenteil der Ansicht, daß man Bronzetafeln versenken sollte, auf denen festgehalten ist, daß wir den Mut gehabt haben, dieses große und so notwendige Werk durchzuführen.'" Auf diese markigen Sätze habe dann der „Führer" zustimmend gemeint: „Gut, Globocnik, das ist allerdings auch meine Ansicht!"
Am nächsten Tag besichtigen die Herren das noch im Bau befindliche Konzentrationslager Majdanek; am Nachmittag fahren sie gemeinsam mit Globocnik weiter nach Bełżec. Da Christian Wirth, der Kommandant des Vernichtungslagers, noch nicht da ist, stellt ihnen Globocnik SS-Hauptsturmführer Obermeyer vor; Tote bekommen sie an diesem Tag keine zu sehen, nur der „Geruch der ganzen Gegnd im heißen August war pestilenzartig, und Millionen von Fliegen waren überall zugegen". In der Nähe des Bahnhofs besichtigen sie eine große Baracke, von Obermeyer als „Garderobe" mit einem „großen Wertsachenschalter" vorgestellt. Gerstein berichtet: „Dann folgte ein Zimmer mit etwa 100 Stühlen, der Friseurraum. Dann eine kleine Allee im Freien unter Birken, rechts und links von doppeltem Stacheldraht umzäunt, mit Inschriften: Zu den Inhalier- und Baderäumen! – Vor uns eine Art Badehaus mit Geranien, dann ein Treppchen, und dann rechts und links je 3 Räume 5 x 5 Meter, 1,90 Meter hoch, mit Holztüren wie Garagen. An der Rückwand, in der Dunkelheit nicht recht sichtbar, große hölzerne Rampentüren. Auf dem Dach als ‚sinniger, kleiner Scherz' der Davidstern! –Vor dem Bauwerk eine Inschrift: Hackenholt-Stiftung! – Mehr habe ich an jenem Nachmittag nicht sehen können."

Am nächsten Morgen heißt es für Gerstein und seine Begleiter früh aufstehen – kurz vor sieben Uhr erhalten sie die Nachricht, dass in zehn Minuten bereits der „erste Transport" ankommen würde, ein Zug aus Lemberg, bestehend aus 45 Waggons mit 6.700 Menschen an Bord, von denen schon 1.450 bei der Ankunft in Bełżec tot sind. Kurt Gerstein berichtet:

„Hinter den vergitterten Luken schauten, entsetzlich bleich und ängstlich, Kinder durch, die Augen voll Todesangst, ferner Männer und Frauen. Der Zug fährt ein: 200 Ukrainer reißen die Türen auf und peitschen die Leute mit ihren Lederpeitschen aus den Waggons heraus. Ein großer Lautsprecher gibt die weiteren Anweisungen: Sich ganz ausziehen, auch Prothesen, Brillen usw. Die Wertsachen am Schalter abgeben, ohne Bons und Quittung. Die Schuhe sorgfältig zusammenbinden (wegen der Spinnstoffsammlung), denn in dem Haufen von reichlich 25 Meter Höhe hätte sonst niemand die zugehörigen Schuhe wieder zusammenfinden können. Dann die Frauen und Mädchen zum Friseur, der mit zwei, drei Scherenschlägen die ganzen Haare abschneidet und sie in Kartoffelsäcken verschwinden läßt. ‚Das ist für irgendwelche Spezialzwecke für die U-Boote bestimmt, für Dichtungen oder dergleichen', sagt mir der SS-Unterscharführer, der dort Dienst tut.

Dann setzt sich der Zug in Bewegung. Voran ein bildhübsches junges Mädchen, so gehen sie die Allee entlang, alle nackt. Männer, Frauen, Kinder, ohne Prothesen. Ich selbst stehe mit dem Hauptmann Wirth oben auf der Rampe zwischen den Kammern. Mütter mit ihren Säuglingen an der Brust, sie kommen herauf, zögern, treten ein in die Todeskammer! – An der Ecke steht ein starker SS-Mann, der mit pastoraler Stimme zu den Armen sagt: ‚Es passiert euch nicht das Geringste! Ihr müsst nur in den Kammern tief Atem holen, das weitet die Lungen, diese Inhalation ist notwendig wegen der Krankheiten und Seuchen.' Auf die Frage, was mit ihnen geschehen würde, antwortet er: ‚Ja, natürlich, die Männer müssen arbeiten, Häuser und Chausseen bauen, aber die

Alkohol ist bei den SS-Mannschaften allgegenwärtig: „Gasmeister" Erich Bauer (1900–1980) in Sobibór.

Frauen brauchen nicht zu arbeiten. Nur wenn sie wollen, können sie im Haushalt oder in der Küche mithelfen.' – Für einige von diesen Armen ein kleiner Hoffnungsschimmer, der ausreicht, daß sie ohne Widerstand die paar Schritte zu den Kammern gehen – die Mehrzahl weiß Bescheid, der Geruch kündet ihnen ihr Los! – So steigen sie die kleine Treppe herauf, und dann sehen sie alles. Mütter mit Kindern an der Brust, kleine nackte Kinder, Erwachsene, Männer, Frauen, alle nackt – sie zögern, aber sie treten in die Todeskammern, von den anderen hinter ihnen vorgetrieben oder von den Lederpeitschen der SS getrieben. Die Mehrzahl ohne ein Wort zu sagen. Eine Jüdin von etwa 40 Jahren, mit flammenden Augen, ruft das Blut, das hier vergossen wird, über die Mörder. Sie erhält 5 oder 6 Schläge mit der Reitpeitsche ins Gesicht, vom Hauptmann Wirth persönlich, dann verschwindet auch sie in der Kammer. Viele Menschen beten. Ich bete mit ihnen, ich drücke mich in eine Ecke und schreie laut zu meinem und ihrem Gott. Wie gerne wäre ich mit ihnen in die Kammer gegangen, wie gerne wäre ich ihren Tod mitgestorben. Sie hätten dann einen uniformierten SS-Offzier in ihren Kammern gefunden – die Sache wäre als Unglücksfall aufgefaßt und behandelt worden, sang- und klanglos verschollen. Noch also darf ich nicht. Ich muß noch zuvor künden, was ich hier erlebe! – Die Kammern füllen sich. Gut voll packen – so hat der Hauptmann Wirth befohlen. Die Menschen stehen einander auf den Füßen. 700–800 auf 25 Quadratmetern, in 45 Kubikmetern! Die SS zwängt sie physisch zusammen, soweit es überhaupt geht. – Die Türen schließen sich. Währenddessen warten die anderen draußen im Freien nackt. Man

Die letzte Hoffnung zerbricht: entkleidete Frauen und Kinder auf dem Weg in die Gaskammer, Treblinka 1942.

sagt mir: Auch im Winter genau so! Ja, aber sie können sich ja den Tod holen, sage ich. – Ja, grad for das sinn se ja doh! sagt mir ein SS-Mann darauf in seinem Platt. – Jetzt endlich verstehe ich auch, warum die ganze Einrichtung Heckenholt-Stiftung (sic!, richtig: Hackenholt-Stiftung) heißt. Heckenholt ist der Chauffeur des Dieselmotors, ein kleiner Techniker, gleichzeitig der Erbauer der Anlage. Mit den Dieselauspuffgasen sollen die Menschen zu Tode gebracht werden. Aber der Diesel funktioniert nicht! Der Hauptmann Wirth kommt. Man sieht, es ist ihm peinlich, daß das gerade heute passieren muß, wo ich hier bin. Jawohl, ich sehe alle! Und ich warte. Meine Stoppuhr hat alles brav registriert. 50 Minuten, 70 Sekunden – der Diesel springt nicht an! Die Menschen warten in ihren Gaskammern. Vergeblich! Man hört sie weinen, schluchzen. ‚Wie in der Synagoge', sagt SS-Sturmbannführer Prof. Dr. Pfannenstiel, Professor für Gesundheitslehre an der Universität Marburg/Lahn, und er horcht mit dem Ohr an der Holztüre. Der Hauptmann Wirth schlägt mit seiner Reitpeitsche den Ukrainer, der dem Unterscharführer Heckenholt beim Diesel helfen soll, 12-, 13mal ins Gesicht. Nach zwei Stunden 49 Minuten – die Stoppuhr hat alles wohl registriert – springt der Diesel an. Bis zu diesem Augenblick leben die Menschen in diesen 4 Kammern, viermal 750 Menschen in 4mal 45 Kubikmetern! – Von neuem verstreichen 25 Minuten. Richtig, viele sind jetzt tot. Man sieht das durch das kleine Fensterchen, in dem das elektrische Licht die Kammern einen Augenblick beleuchtet. Nach 28 Minuten leben nur noch wenige. Endlich, nach 32 Minuten ist alles tot! –

Von der anderen Seite öffnen Männer vom Arbeitskommando die Holztüren. Man hat ihnen – selbst Juden – die Freiheit versprochen und einen gewissen Promillesatz von allen gefundenen Werten für ihren schrecklichen Dienst. Wie Basaltsäulen stehen die Toten aufrecht aneinander gepreßt in den Kammern. Es wäre auch kein Platz hinzufallen oder auch nur sich vornüber zu neigen. Selbst im Tode noch kennt man die Familien. Sie drücken sich, im Tode verkrampft, noch die Hände, so daß man Mühe hat, sie auseinander zu reißen, um die Kammern für die nächste Charge freizumachen. Man wirft die Leichen – naß von Schweiß und Urin, kotbeschmutzt, Menstruationsblut an den Beinen, heraus. Kinderleichen fliegen durch die Luft. Man hat keine Zeit. Die Reitpeitschen der Ukrainer sausen auf die Arbeitskommandos. Zwei Dutzend Zahnärzte öffnen mit Haken den Mund und sehen nach Gold. Gold links, ohne Gold rechts. Andere Zahnärzte brechen mit Zangen und Hämmern die Goldzähne und Kronen aus den Kiefern. –

Unter allen springt der Hauptmann Wirth herum. Er ist in seinem Element. Einige Arbeiter kontrollieren Genitalien und After nach Gold, Brillanten und Wertsachen. Wirth ruft mich heran: ‚Heben Sie mal diese Konservenbüchse mit Goldzähnen, das ist nur von gestern und vorgestern!' In einer unglaublich gewöhnlichen und falschen Sprechweise sagt er zu mir: ‚Sie glauben gar nicht, was wir jeden Tag finden an Gold und Brillanten' – er sprach es mit zwei L – , und Dollar. Aber schauen Sie selbst!' Und nun führte er mich zu einem Juwelier, der alle diese Schätze zu verwalten hatte, und ließ mich dies alles sehen. (...)

Die nackten Leichen wurden auf Holztragen nur wenige Meter weit in Gruben von 100 x 20 x 12 Meter geschleppt. Nach einigen Tagen gärten die Leichen hoch und fielen alsdann kurze Zeit später stark zusammen, so daß man eine neue Schicht auf dieselben draufwerfen konnte. Dann wurden zehn Zentimeter Sand darüber gestreut, so daß nur noch vereinzelte Köpfe und Arme herausragten. – Ich sah an einer solchen Stelle Juden in den Gräbern auf den Leichen herumklettern und arbeiten. Man sagte mir, daß versehentlich die tot Angekommenen eines Transports nicht entkleidet worden seien. Dies müßte natürlich wegen der Spinnstoffe und Wertsachen, die sie sonst mit ins Grab nähmen, nachgeholt werden. Weder in Belcec (sic!) noch in Tréblinca (sic!) hat man sich irgendeine Mühe gegeben, die Getöteten zu registrieren oder zu zählen. Die Zahlen waren nur Schätzungen nach dem Waggoninhalt …"

Nach dem Massenmord kommt man auf die anstehenden dienstlichen Angelgenheiten zu sprechen. Christian Wirth ist von seiner Tötungsmethode und dem von ihm ausgearbeiteten Ablauf der Morde überzeugt und sieht keinen Grund dafür, etwas zu ändern, alles sei „bereits eingespielt" und habe sich bewährt; die Panne mit dem Dieselmotor hat er offenbar schon wieder vergessen. Gerstein lässt daraufhin das mitgebrachte Zyklon B vergraben, der offizielle Grund: Die Blausäure sei bereits in „Zersetzung" geraten. Am nächsten Tag, dem 19. August 1942, reist man im Auto von Hauptmann Wirth weiter nach Treblinka. Im Vergleich zu Bełżec ist hier alles noch größer: „Acht Gaskammern und wahre Gebirge von Koffern, Textilien und Wäsche", schreibt Gerstein in seinem Bericht, tatsächlich sind in Treblinka am 23. Juli 1942, dem Tag des ersten Massenmords an Warschauer Juden, erst drei Gaskammern fertig, bis Ende Oktober 1942 werden zehn weitere mit insgesamt 320 m^2 Fläche errichtet; bis Ende des Jahres 1942 werden hier – das Telegramm von Hermann Höfle dokumentiert exakt die Zahl – 713.555 Juden ermordet, bis zur Schließung des Vernichtungslagers am 14. Oktober 1943 steigt die Opferzahl auf über eine Million.

Leiter des Lagers ist bis September 1942 der aus Bregenz stammende österreichische Arzt SS-Untersturmführer Irmfried Eberl (1910–1948), der ehemalige Leiter der T4-Tötungsanstalt Brandenburg, wo er ab dem Juli 1940 sämtliche Vergasungen von jüdischen Kranken „eigenhändig“ vorgenommen hat, ab Oktober 1940 ist er für die Morde in der T4-Tötungsanstalt Bernburg an der Saale (Sachsen-Anhalt) verantwortlich. Mit der ihm von Himmler und Globocnik zugedachten Aufgabe in Treblinka ist er jedoch deutlich überfordert; in einem Brief an seine Frau von Ende Juli 1942 beklagt er den „Stress“ im Vernichtungslager: „Daß ich in der letzten Zeit etwas wenig geschrieben habe weiß ich, konnte dies aber nicht ändern, da die letzten Warschauer Wochen von einer Hetze begleitet waren, die unvorstellbar war, ebenso hat hier in Treblinka ein Tempo eingesetzt, das geradezu atemberaubend ist. Wenn ich vier Teile hätte und der Tag 100 Stunden, dann würde das wahrscheinlich auch noch nicht ganz reichen.“ Als es Ende August 1942, wenige Tage nach dem Besuch Gersteins, zum Kollaps der Mordmaschinerie kommt – die Leichenberge können nicht mehr bewältigt werden – wird Eberl von Globocnik und Wirth suspendiert, Nachfolger als Lagerleiter wird der Oberösterreicher Franz Stangl (1908–1971), der zuvor den Aufbau und die Inbetriebnahme des Vernichtungslagers Sobibór geleitet hat.

Eberl, der sich zum „Rekordhalter im Vergasen“ unter den T4-Männern Globocniks stilisieren will, wird von Gerstein nicht erwähnt – immerhin: Zu Ehren des Besuchs aus Berlin gibt man im „Gemeinschaftssaal“ ein Bankett im „typisch Himmlerschen altdeutschen Stil“: „Das Essen war einfach, aber es stand alles in jeder Menge zur Verfügung. Himmler hatte selbst angeordnet, daß die Männer dieser Kommandos soviel Fleisch, Butter und sonstiges erhielten, insbesondere Alkohol, wie sie wollten.“

Treblinka ist die letzte Station auf dieser denkwürdigen Reise Kurt Gersteins. Mit dem Auto geht es nach Warschau; hier steigt er in den Nachtzug nach Berlin. Da die Schlafwagenplätze bereits alle besetzt sind, muss er mit einem Sitzplatz vorliebnehmen – und trifft hier auf einen interessanten Gesprächspartner: Baron Göran von Otter, den Sekretär der Schwedischen Gesandtschaft in Berlin: „Ich habe noch unter dem frischen Eindruck der entsetzlichen Erlebnisse, diesem alles erzählt mit der Bitte, dies seiner Regierung und den Alliierten sofort zu berichten, da jeder Tag Verzögerung weiteren Tausenden und Zehntausenden das Leben kosten müsse." Der Diplomat zeigt sich interessiert, hält auch Wort und berichtet an das schwedische Außenamt, das magere Ergebnis: ein Aktenvermerk.

Zurück in Berlin, versucht Gerstein zum Päpstlichen Nuntius vorzudringen, scheitert aber kläglich: „Dort wurde ich gefragt, ob ich Soldat sei. Daraufhin wurde jede weitere Unterhaltung mit mir abgelehnt, und ich wurde zum Verlassen der Botschaft seiner Heiligkeit aufgefordert." Kurt Gerstein erzählt seine Geschichte in der Folge „Hunderten von Persönlichkeiten", jedoch ohne Ergebnis, selbst ein Dossier über die Vernichtungslager, das er dem holländischen Widerstand zuspielt, bleibt wirkungslos – es wird von den Widerstandskämpfern versteckt und erreicht die Alliierten nicht. Ergebnislos bleiben schließlich auch Versuche, den Schweizer Geheimdienst für seine Geschichte zu interessieren. Kurt Gerstein muss weiter seine gefährliche Doppelrolle spielen: als dienstbeflissener SS-Offizier im Reichssicherheitshauptamt, der Bestellungen für Zyklon B aufgibt und gleichzeitig versucht, diese Lieferungen nicht an ihr Ziel kommen zu lassen – was in manchen Fällen wohl auch gelingt. Seine Sabotageversuche bleiben bis Kriegsende unentdeckt; im April 1945 stellt er sich in Reutlingen einer französischen Einheit. Im Hotel Mohren in Rottweil, von den Franzosen vorerst nur in „Ehrenhaft" gehalten, schreibt er seinen Bericht, er ist bereit, „die Namen und die Verbrechen der tatsächlich Verantwortlichen anzugeben" und Anklagematerial einem internationalen Gerichtshof zur Verfügung zu stellen. Die Franzosen wollen davon nichts wissen, Gerstein wird in ein Militärgefängnis Cherche Midi nach Paris verlegt, man vemutet in ihm eine Kriegsverbrecher, ermittelt gegen ihn wegen Mord und Beihilfe zum Mord. Am 25. Juli 1945 wird er in seiner Zelle, die er mit anderen SS-Angehörigen geteilt hat, am Fenster erhängt aufgefunden. Seiner Frau, die überzeugt ist, dass dies kein Selbstmord gewesen sein kann, sagt man: „Mein Mann hätte wissen müssen, dass er als Einzelner doch nichts ausrichten kann. Und ein weiteres: Man habe meinen Mann nicht gebraucht, um das alles zu erfahren, das habe man auch so gewusst." (zitiert nach Dieter Gräbner und Stefan Weszkalnys, *Der ungehörte Zeuge*)

17. Juni 1942, Vernichtungslager Sobibór. Es ist knapp nach 8 Uhr morgens, als der aus Wien kommende Sonderzug mit der Zugnummer „Da 38" auf der Station einfährt. An der Lagerrampe warten bereits SS-Männer und ukrainische „Hiwis", sie wissen: „Es kommt wieder Salat!"; die Nachricht darüber ist eine halbe Stunde zuvor in der Kommandantur eingetroffen. Noch bevor die Waggons endgültig zum Stillstand kommen, haben die mit Karabinern bewaffneten Ukrainer einen Kordon gebildet, den Neuankömmlingen soll jede Möglichkeit zur Flucht verwehrt sein. Angetreten ist auch das „Bahnhofskommando", 20 „Arbeitsjuden", die blaue Overalls mit den aufgenähten Buchstaben „BK" und Mützen tragen, in den Händen halten sie Peitschen.

Transportführer Josef Fischmann, Reserveleutnant der Schutzpolizei vom 152. Polizeirevier in der Reichsbrückenstraße 46 in Wien, übergibt seine „Fracht" ordnungsgemäß an Lagerkommandant Franz Stangl: 949 Juden aus Wien, Männer, Frauen und Kinder. Der Zug hat Wien am 14. Juni um 19 Uhr abends vom Aspangbahnhof mit 1.000 Juden an Bord verlassen; wegen „Waggonmangels" muss sich das 16-köpfige Transportkommando „an Stelle eines Waggons zweiter Klasse mit einem solchen dritter Klasse begnügen"; zum Essen gibt es für die dreizehn Wachtmeister, zwei Hauptwachmeister und Leutnant Fischmann nur „Kaltverpflegung": Wurst, Brot, Marmelade und Butter – allerdings zu wenig, wie der Transportführer in seinem Bericht kritisch vermerken wird. Die Wurst sei eine Weichwurst gewesen mit Ablaufdatum 15. Juni, man habe sie daher am dritten Tag zur Gänze aufbrauchen und sich am vierten Tag mit Marmelade begnügen müssen. Sein Antrag daher für den nächsten Transport: „Marschverpflegung“ …

Über Lundenburg, Brünn, Neisse, Oppeln, Tschenstochau, Kielce und Radom hat er zwei Tage später, am 16. Juni um 21 Uhr, Lublin erreicht. Der Kärntner SS-Obersturmführer Helmut Ortwin Pohl, Höfles enger Mitarbeiter, lässt hier 51 arbeitsfähige Männer im Alter zwischen 15 und 50 Jahren aus dem Zug holen, die SS benötigt frische Arbeitskräfte. Weiters übernimmt Pohl 100.000 Zloty in bar und drei Waggons mit Lebensmitteln und Gepäck, die in Trawniki, 30 km nach Lublin, abgehängt werden: SS-Scharführer Mayerhofer kümmert sich hier um das neu eingetroffene Frachtgut aus Wien.

Die ersten elf Güterwaggons werden vom Rangierbereich der Station nun direkt an die Rampe geschoben. Kaum stehen die Waggons, werden die Türen aufgerissen; die Lokomotive wird abgekoppelt und verlässt im Rückwärtsgang die Rampe, um in Kürze die nächsten Waggons heranzukarren; das Lagertor wird geschlossen. Alles läuft dann wie immer, ist fast schon Routine, ja, es darf keine Verzögerungen geben: Das Bahnhofskommando treibt die von den Strapazen der 61-stündigen Fahrt schwer gezeichneten Menschen aus den Waggons; Männer und Frauen müssen sich getrennt voneinander in Reihen aufstellen, Kinder bis zum Alter von sechs Jahren dürfen bei ihren Müttern bleiben. Alte, Kranke und Gebrechliche, die kaum mehr gehen können, werden mit Gewalt aus den Waggons gezerrt und zu einer etwa 20 Meter entfernten Feldbahn gebracht und auf die bereitgestellten Loren geworfen; man würde sie, so die Auskunft, ins „Lazarett“ im Lager 3 bringen. Auch die Leichen jener, die den Transport nicht überlebt haben, werden kurzerhand auf die Loren geschmissen, ebenso Säuglinge, die man den Müttern entreißt. Tote kommen über den Lebenden zu liegen und Lebende über Toten, doch das kümmert niemanden mehr. Die Männer vom „Bahnhofskommando“, begleitet von SS-Wachen,

beginnen die Loren in Richtung Lager 3 zu schieben – es sind etwa 400 Meter, die zurückgelegt werden müssen. Eine Diesellok ist bereits bestellt, dann soll alles noch schneller gehen; als Maschinist ist der aus dem Silbertal in Vorarlberg stammende SS-Scharführer Josef Vallaster vorgesehen, der zuvor in der oberösterreichischen Tötungsanstalt Hartheim als „Brenner“ gearbeitet hat.
Etwa 25 Meter vor dem mit Stacheldraht versehenen Durchgang zum Lager 3 muss das „Bahnhofskommando“ Halt machen, die Loren stehen lassen und umkehren, ein Pfosten markiert die Stelle. „Arbeitsjuden“ aus dem Lager 3 schieben die Loren nun weiter, direkt an den Rand einer großen, von Gebüsch umsäumten Grube. All jene, die dazu noch fähig sind, müssen sich ausziehen; vom Rand der Grube sieht man hinunter auf Hunderte nackte, mit Blut und Dreck verschmierte Leichen – jetzt begreifen die wehrlosen Opfer: ein Massengrab, das auch ihr Grab sein wird. Kommandeur des ukrainischen Exekutionskommandos ist SS-Unterscharführer Paul Bredow. Seine Männer, ausgerüstet mit automatischen Waffen, töten die Juden durch Genickschüsse, die Leichen werden hinunter in die Grube gestoßen.
Den Menschen an der Rampe hat man inzwischen das Gepäck abgenommen; ein SS-Mann hält eine kurze Ansprache, manche schöpfen Hoffnung: Wegen des Krieges würde man sie zur Arbeit einsetzen, es würde genug zu essen geben und es würde ihnen gut gehen. Zuvor müsse man jedoch den Schmutz der langen Fahrt loswerden, sie müssten sich also ausziehen und dann duschen. Die Kleider müssten fein säuberlich auf einen Stapel gelegt werden, die Schuhe würden Paar für Paar zusammengebunden; die Wertgegenstände müssten an einem Kiosk abgegeben werden; mit einer Nummer, die man sich gut merken müsse, könnten dann diese nach dem Duschen wieder abgeholt werden. Handtücher und Seife brauche niemand mitzunehmen, davon habe man in den Duschräumen ausreichend.
Einige Fragen können noch gestellt werden, dann erteilt der SS-Mann den Befehl zum Entkleiden; wer sich weigert, wird gnaden-

Massengrab in Bełżec, 1942: Alte und kranke Menschen werden vom ukrainischen Exekutionskommando durch Genickschüsse getötet.

los zusammengebrüllt. Drei hübsche junge Frauen stechen den SS-Wachen in die Augen, man benötigt einige „Zimmermädchen" – die drei Wienerinnen werden zur Seite gebeten, sie bleiben vorerst am Leben.

Alle anderen, Männer, Frauen und Kinder, treibt man nackt zum Eingang des „Schlauchs"; hier befindet sich der Kiosk, an dem die Wertgegenstände eingesammelt werden, ein SS-Mann hinter dem Fenster nimmt die Sachen in Empfang, von Nummern ist jedoch plötzlich keine Rede mehr. Der etwa drei Meter breite „Schlauch" ist an beiden Seiten mit Stacheldraht gesichert und mit Tannenzweigen durchflochten; nach 300 Metern erreichen die Opfer Lager 3. Die Frauen müssen eine Baracke betreten, in der

lange Holzbänke aufgestellt sind – hier warten, die Schere in der Hand, die „Friseure“ auf sie, meist sehr junge „Arbeitshäftlinge“, denen es verboten ist, mit den nackten, sich vor Scham krümmenden Frauen zu sprechen, und die von den SS-Wachen angehalten sind, möglichst schnell zu arbeiten. Berek Freiberg, der als 16-Jähriger zu diesem Dienst gezwungen wird, erzählt später im zweiten Sobibór-Prozess vor Gericht: „Das Scheren eines Kopfes hat eine halbe Minute gedauert. Wir nahmen die langen Haare in die Hand und schnitten sie schnell ab, sodass da und dort auf dem Kopf kürzere oder längere Haare blieben und der Kopf aussah wie eine Treppe. Die ausländischen Juden wussten von gar nichts, und es hat ihnen bloß wegen der Haare leid getan.“ Das in der Baracke gewonnene „Menschenschnitthaar“ ist wertvoll – es wird in Ballen zur SS-Standortverwaltung nach Lublin geschickt und dann an die Firma Reimann in Breslau. Sie zahlt für ein Kilo Frauenhaar 50 Pfennig; das „Material“ wird zu Industriefilz verarbeitet und zu Garn versponnen, U-Boot-Besatzungen erhalten „Haargarnfüßlinge“ aus abgeschnittenen Frauenhaaren.
Um 9.15 Uhr ist das „Entladen“ des Transports beendet; um 10 Uhr fährt der Sonderzug mit dem Transportkommando Richtung Lublin ab. Am 18. Juni, um 2.30 Uhr, wird er dort ankommen; am 20. Juni, 2.30 Uhr, sind Leutnant Fischmann und seine 15 Männer wieder in Wien. 946 Menschen aus Wien sind zu diesem Zeitpunkt schon tot. Nur die drei jungen Jüdinnen, die man beiseitegezogen hat, leben noch. Sie müssen tagsüber tatsächlich als „Zimmermädchen“ arbeiten; des Nachts holen sie einige SS-Angehörige in ihre Zimmer und zwingen sie zum Sex. Was die von ihrer Gier nach Frauen getriebenen Männer nicht sofort bedenken: Sie begehen damit „Rassenschande“. Um nicht Gefahr zu laufen, dafür belangt zu werden, entschließt man sich zu raschem Handeln: Zwei SS-Männer bringen die drei Wienerinnen zum Todesgraben in Lager 3 und erschießen sie dort …

In Juni und Juli 1942 verschärft sich für den Stab der „Aktion

Reinhardt“ das Transportproblem. An der Bahnlinie nach Sobibór müssen Reparaturarbeiten durchgeführt werden, da die Gleise zwischen Chelm und Włodawa im sumpfigen Boden eingesunken sind, und es fehlt an rollendem Material, da inzwischen an der Ostfront die Vorbereitungen für die Offensive Richtung Stalingrad begonnen haben. Von Ende Juli bis Oktober 1942 fahren keine Todeszüge nach Sobibór; nach den ersten Transporten aus dem Krakauer Ghetto am 2., 4. und 8. Juni und drei Zügen aus Tarnów vom 10., 11. und 12. Juni stocken in der zweiten Junihälfte auch die Transporte nach Bełżec; Treblinka, das dritte Vernichtungslager der „Aktion Reinhardt“, kann erst am 22. Juli 1942 in Betrieb genommen werden. Globocnik, der sich mit dieser Verlangsamung des Tempos beim Massenmord offenbar nicht abfinden will, versucht die Zeit zu nützen, indem man die Juden aus kleineren Orten und Städten in den „Durchgangs“- und Transit-Ghettos konzentriert, so dass man sie später bequem „abholen“ und in die Vernichtungslager abtransportieren kann. Das berühmte Schreiben von SS-Oberführer Viktor Brack, dem Oberdienstleiter des Amtes II in der Kanzlei des Führers, an Himmler vom 23. Juni 1942, in dem er dem Reichsführer-SS die „Röntgenkastration“ der jüdischen Männer empfiehlt, bezeugt auch, dass Globocnik keine Verzögerungen zulassen will: Der SSPF habe ihm mitgeteilt, die „ganze Judenaktion so schnell wie nur irgend möglich durchzuführen, damit man nicht eines Tages mitten drin stecken bliebe, wenn irgendwelche Schwierigkeiten ein Abstoppen der Aktion notwendig machen. Sie selbst, Reichsführer, haben mir gegenüber seinerzeit schon die Meinung geäußert, dass man aus Gründen der Tarnung so schnell wie möglich arbeiten müsse.“ Brack berichtet, dass er Globocnik weiteres Personal – gemeint sind „Experten“ aus dem T-4-Programm – für seine „Sonderaufgabe“ zur Verfügung getellt habe und im Übrigen die Meinung des Brigadeführers teile, allerdings sollte man doch 2–3 Millionen „sehr gut arbeitsfähiger“ Juden „herausziehen“ und „erhalten“.

Globocnik will seinen großen Auftrag zu Ende bringen. Er erin-

Massaker in Józefów am 13. Juli 1942: Angehörige des Reserve-Polizeibataillons 101 ermorden an die 1.500 Juden.

nert sich daran, dass man auch weiter mit Erschießungen gegen die Juden vorgehen kann, und so erhält am 11. Juli 1942 Major Gustav-Wilhelm Trapp, der Kommandeur des Reserve-Polizeibataillons 101, den Befehl, die arbeitsfähigen Juden des Städtchens Józefów im Kreis Biłgoraj nach Lublin zu bringen, alle anderen Juden jedoch zu exekutieren. Im Ghetto von Józefów, in dessen Nähe einst die österreichisch-russische Grenze verlief, leben etwa 2.200 Juden, die in den letzten Monaten bereits unter dem Terror von Gestapo und Gendarmerie gelitten haben – so sind am 11. Mai 1942 in den Straßen des Ghettos und im nahe gelegenen Steinbruch über 120 Juden erschossen worden. Die Versorgungslage ist dramatisch: Anfang 1942 hat man die Brotration auf 72 Gramm täglich gesenkt, 200 Gramm Zucker sind für einen ganzen Monat vorgesehen. Katastrophal auch die sanitären Verhältnisse, eine Typhusepidemie im Herbst 1941 fordert zahlreiche Opfer.
Trapp, von seinen Leuten auch „Papa Trapp" genannt, begibt sich

mit dem Bataillon in das 92 km südöstlich von Lublin gelegene Józefów; am frühen Morgen des 13. Juli, es ist zwischen 4 und 5 Uhr, lässt er seine Männer im Halbkreis um sich antreten und hält eine Ansprache. Er erinnert an ihre Frauen und Kinder in der Heimat, die den Bombenangriffen der Alliierten ausgesetzt seien, viele würden dabei ihr Leben verlieren. Mit dem Gedanken an dieses Geschehen sei es jedoch einfacher, die bevorstehende Aufgabe zu bewältigen. „Solche Aktionen lieben wir nicht, aber Befehl ist Befehl", sagt er, angeblich mit tränenerstickter Stimme, und trifft dann eine für einen deutschen Polizeioffizier sehr ungewöhnliche Maßnahme: Er bittet alle Männer, die sich dem Erschießen der Juden nicht gewachsen fühlen, vorzutreten, etwa zehn Polizisten nehmen dieses Angebot an, sie werden zum Absperren des Exekutionsgeländes eingeteilt.
Angehörige der 1. und 2. Kompanie des Polizeibataillons dringen daraufhin in die Häuser des Ghettos ein und treiben die Bewohner zum Marktplatz, nicht gehfähige und kranke Menschen sowie Säuglinge und Kleinkinder werden in ihren Betten getötet. Ein Polizist der 3. Kompanie berichtet später vor dem Hamburger Landgericht: „(...) als ich während der Räumung durch das Judenviertel ging, habe ich überall erschossene Greise und Säuglinge gesehen. Ich weiß auch, daß während der Räumung sämtliche Insassen eines jüdischen Krankenhauses von den Durchsuchungstrupps erschossen wurden." (zitiert nach Daniel Goldhagen, *Hitlers willige Vollstrecker*)
Bataillonsadjutant Haalck leitet die Selektion am Marktplatz, etwa 400 junge Männer werden für den Transport nach Lublin ausgewählt. Alle anderen Juden, etwa 1.200 bis 1.500 Menschen, werden gruppenweise in den nahen Wald gefahren und hier von Polizisten der 1. Kompanie, die von Oberleutnant Hartwig Gnade geführt wird, erschossen. Jeder Schütze holt sich vom „Abladeplatz" ein Opfer und bringt es dann zur Hinrichtungsstelle; die Juden – es sind vor allem alte Männer, Frauen und Kinder – müssen sich mit dem Gesicht zur Erde auf den Boden legen, dann visiert der

Schütze mit Hilfe des aufgepflanzten Bajonetts das Genick an und drückt ab. Die aus unmittelbarer Nähe abgefeuerten Schüsse haben eine furchtbare Wirkung: Die Köpfe der Opfer werden gleichsam auseinandergerissen; Knochenteile, Gehirnmasse und Blut spritzen auf die Uniformen. Manche der Männer erbrechen und müssen ausgewechselt werden; Major Trapp, der seinen Befehlsstand in einer Schule eingerichtet hat, ordnet schließlich gegen Mittag an, dass auch die Männer der 2. Kompanie an den Erschießungen teilnehmen sollen, da man es ansonsten nicht schaffen werde, bis zum Einbruch der Dunkelheit alle Juden zu töten – 30 Mann unter Leutnant Kurt Drucker ermorden daraufhin in den nächsten drei bis vier Stunden zwischen 200 und 300 Juden. Die Leichen lässt man im Wald liegen, der polnische Bürgermeister von Józefów erhält den Auftrag, sie zu bestatten. Den Mordschützen schmeckt das Essen am Abend nicht, dafür gibt es für sie als Belohnung eine reichlich bemessene Sonderration Alkohol – „Diese Dinge hat kein Kamerad aus Freude mitgemacht. Sie waren hinterher alle sehr deprimiert."

Auf das Polizeibataillon 101 wartet wenig später der nächste Mordeinsatz: die Räumung des jüdischen Bezirks im nahe gelegenen Łomazy. Hier leben etwa 1.600 bis 1.700 Juden; wieder tötet man die Säuglinge und Greise in den Häusern, wieder bringt man die Opfer in den Wald – auf eine Selektion verzichtet man, diesmal geht es nur ums Töten. Zur Unterstützung hat das Bataillon etwa 50 Trawniki-Männer angefordert. Die Polizisten zwingen die jüdischen Männer, vor der Exekution ihre Oberbekleidung abzulegen, außerdem nimmt man ihnen die Wertsachen ab und zwingt sie, ihr eigenes Grab auszuheben. Oberleutnant Gnade hat sich für die Opfer dann noch eine „Spezialbehandlung" ausgedacht, ein Angehöriger der Kompanie erzählt vor Gericht: „Während dieser Erschießungsaktion habe ich noch eine Beobachtung gemacht, die ich nie vergessen werde. Noch bevor die Erschießungen begannen, hat sich Oberleutnant Gnade etwa 20 bis 25 ältere Juden herausgesucht. Es waren ausschließlich Männer mit Vollbärten. Diese

alten Männer ließ Gnade auf dem Platz vor der Grube robben. Bevor er ihnen Befehl zum Robben gegeben hatte, mußten sie sich entkleiden. Während die Juden nun völlig nackt robbten, schrie Oberleutnant Gnade in die Gegend: ‚Wo sind denn meine Unterführer, habt ihr noch keinen Knüppel?' Daraufhin sind dann die Unterführer an den Waldrand gegangen, haben sich Knüppel geholt und schlugen nun kräftig mit diesen Knüppeln auf die Juden ein." Nachdem man die alten Männer ausgiebig blutig geschlagen hat, zwingt man sie, die Böschung in die Grube hinabzusteigen. Hier warten die Henker auf sie, die mit Gewehren bewaffneten Trawniki-Männer. Die Juden müssen sich mit dem Gesicht nach unten auf den Boden der Grube legen, dann werden sie durch einen Schuss in den Hinterkopf getötet. Anschließend wird die nächste Gruppe in die Grube getrieben, die Opfer müssen sich auf die vor ihnen Getöteten legen, wieder drücken die „Hiwis" ab. Da die Grube unter den Grundwasserspiegel gegraben worden ist, stehen die Mörder bald knietief im blutigen Wasser; von den Deutschen reichlich mit Wodka versorgt, sind sie schließlich so betrunken, dass sie nicht mehr richtig zielen können und die Opfer nicht tot sind – dennoch müssen sich die Nächsten auf sie legen. Oberleutnant Gnade befiehlt seinen Männern, die „Hiwis" abzulösen; nun feuert man in zwei Gruppen von 8 bis 10 Mann auf die in die Grube getriebenen Juden.
Etwa 1.700 Menschen, Männer, Frauen und Kinder, werden an diesem Tag, es ist der 17. August 1942, in Łomazy ermordet, unter ihnen sind auch Juden aus Deutschland und aus Hamburg, der Heimat des Polizeibataillons. Erst am späten Nachmittag ist das Blutbad zu Ende. Etwa 20 Juden hat man verschont, sie müssen das Massengrab zuschaufeln, dann werden auch sie erschossen.

Praktische Probleme tauchen auf: Globocnik sorgt sich um die Versorgung mit Treibstoff. In einem Fernschreiben an SS-Hauptsturmführer Werner Grothmann, den jungen Chefadjutanten Himmlers, protestiert er am 4. September 1942 gegen die wiederholten Kürzungen des ihm für die „Aktion Reinhardt" zugeteilten Kontingents, eine neuerliche Kürzung würde den „Betrieb" noch stärker einschränken. Man plane aber im Gegenteil dessen Ausweitung: „Da aber derzeit große Auslandsanlieferungen anlaufen und daher eine Zunahme des Betriebes bevorsteht, bitte ich auch diesen Gesichtspunkt zu berücksichtigen. Ich bitte Sie, bei einer entsprechenden Reichsstelle zu erwirken, dass ich ein Sonderkontingent ausschließlich für diese Aktion erhalte." Grothmann, ein Schüler von „Papa Hausser" in der SS-Junkerschule Braunschweig, versucht zu helfen, viel mehr als einen guten Rat kann er aber nicht beisteuern; am 7. September antwortet er Globocnik: „Da es kaum möglich ist, irgendwo zusätzliche Treibstoffmengen zu erhalten, habe ich dem Reichsführer-SS noch einmal ihre schwierige Situation bezüglich des Treibstoffkontingents vorgetragen. Der Reichsführer-SS meinte, Sie müssten auf alle Fälle versuchen, die Transporte der Wertsachen aus der Judenumsiedlung nach Berlin nicht per Kraftfahrzeug, sondern per Waggon unter Bewachung durchzuführen."

„Er war ein sehr guter Mann", erzählt Irena Gewerc-Gottlieb, die im Ghetto Majdan Tatarskie lebte, in ihren Erinnerungen. „Er hat vielen von uns geholfen. Durch die Arbeit bei ihm erhielt mein Vater einen J-Ausweis. Auch wir wurden von ihm beschäftigt und kamen so zu einem J-Ausweis." Der Mann, von dem sie spricht, heißt Viktor Kremin und ist ein Freund von SSPF Odilo Globocnik – zumindest glauben das seine jüdischen Arbeiterinnen und Arbeiter. Sie vertrauen ihm, wissen sie doch, dass er sie jedes Mal informiert, wenn eine Selektion bevorsteht.

So wie Oskar Schindler in Krakau oder der Fabrikant Walther Többens in Warschau zählt Viktor Kremin zu jenen deutschen Unternehmern, die es verstehen, aus der Verfolgung der polnischen Juden im Generalgouvernement Kapital zu schlagen. Vor dem Krieg ist er Besitzer einer Firma in Berlin; im von den Nazis besetzten Osten gelingt es ihm, rasch zum Monopolisten im Bereich

Recycling und Abfallwirtschaft aufzusteigen. Allein in Lublin betreibt er drei Fabriken: Zwei Betriebe, gelegen in der Kalinowszczyzna-Straße bzw. in der Florianska, verarbeiten gebrauchte Kleidung; der dritte in der Pierwszego-Maja-Straße beschäftigt sich mit dem Recycling von Eisenwaren. Eine vierte Fabrik Kremins im Distrikt Lublin befindet sich in Zamość und widmet sich der Wiederverwendung von Glas; auch in Lemberg und Drohobycz, Distrikt Galizien, gehören im Betriebe. Kremins Vorgangsweise bei der Übernahme der ehemals jüdischen Firmen ist immer dieselbe: Abgewickelt werden die „Arisierungen" von einer „Agentur" Hans Franks; als Treuhänder lässt er die ehemaligen jüdischen Eigentümer und auch deren Mitarbeiter in den übernommenen Fabriken weiterarbeiten, so nützt er die Kenntnisse und ihre Erfahrung in der Recycling-Wirtschaft zu seinem Vorteil – die Fabrik in der Pierwszego Maja gehörte etwa dem Vater von Irena Gewerc-Gottlieb. Seine jüdischen Arbeiter bleiben – zumindest für einigen Zeitraum – vor Deportationen geschützt. Da sie, so die Auffassung der SS, den Treuhändern von der SS zur Verfügung gestellt werden, müssen diese an die SS für jede jüdische Arbeitskraft ein Entgelt zahlen.

Zu jenen, die das Glück haben, bei Kremin Arbeit zu finden, zählt auch die junge Esther Tycochinski, geborene Halberstadt. Sie ist, gewarnt von ihrem Vater, im Frühjahr 1942 aus dem Ghetto in Lublin nach Warschau geflüchtet und hat dort als Schneiderin in der Fabrik von Walther Toebbens gearbeitet. Als auch hier tägliche Selektionen einsetzen, ist sie unter Lebensgefahr mit dem Zug nach Lublin zurückgekehrt und es ist ihr gelungen, unter dem Stacheldraht ins Ghetto Majdan Tatarskie zu schlüpfen. Da sie keine Ausweispapiere hat und im Ghetto ständig nach „Illegalen" gesucht wird, ist die Fabrik Kremins in der Florianska, wo auch ihr Mann Mojzesz Tycochinski arbeitet, die letzte Hoffnung gewesen.

Die Juden Kremins sind zunächst davon überzeugt, dass die Fabrik für die Deutschen wichtig ist und nicht liquidiert werden würde;

nach der Auflösung des Ghettos in Majdan Tatarskie ist diese Illusion jedoch geschwunden: Die jüdische Belegschaft der Fabrik Kremins in der Florianska wird systematisch reduziert. Zuständig für diese „Aktionen" ist der Gestapomann Kalich, der immer wieder neue Listen von Arbeitern verlangt, die „weggebracht" werden können. Viktor Kremin warnt die Leute, die er auf die Liste setzt, im Vorhinein und bittet sie, sich in Sicherheit zu bringen. Es gibt jetzt jedoch keinen Ort mehr, an den man flüchten könnte – auch er kann auf die Frage nach Rat nur hilflos mit der Schulter zucken. Esther Tycochinski, die den Krieg überleben und nach Israel auswandern wird, erzählt in ihrem Bericht für Yad Vashem über diese verzweifelten Momente: „Eines Tages warnte uns Kremin, dass Kalich kommen würde, und las die Namen auf der Liste vor. Ich hörte meinen Namen. Ich fiel auf die Knie und schrie: ‚Ich will leben!' Ich weinte und küsste seine Hände. Was tun? Ich konnte nicht nach draußen, denn der erste Deutsche oder Pole, dem ich begegnen würde, würde mich geradewegs der Gestapo ausliefern. Plötzlich bemerkte ich einen Arbeiter namens Grun, der eine Leiter an die Wand stellte – da war eine Dachkammer und er half seinen Eltern, diese zu erreichen. Zusammen mit anderen stürzte ich dorthin, alle drängten und stießen sich gegenseitig, um in diese Dachkammer zu kommen, schließlich waren wir um die 30 Männer und Frauen, die sich hier versteckten.

Dann kam Kalich mit einigen anderen Gestapobeamten und Ukrainern. Kremin bat die verbliebenen Arbeiter der Liste, sich im Hof zu versammeln. Hier mussten sie sich auf den Bauch legen und die Hände im Nacken verschränken. Dann hörten wir die Schüsse, das Schreien und Stöhnen der Verwundeten. Dann Schreie: ‚Raus, raus, los!' … den Lärm von LKWs, Schläge von Gewehrkolben und dann … Stille. Wir lagen alle am Boden und hielten den Atem an … nach einer Weile hörten wir Kalich und Kremin direkt im Raum unter uns. ‚Ist jemand da?', schrie er. Kremin versicherte ihm, dass hier niemand mehr sein könne, hier könne sich niemand verstecken. Kalich feuerte daraufhin einige

Schüsse in den Plafond, über dem wir lagen; die Kugeln konnten aber die Balken nicht durchschlagen und wir blieben unverletzt … Schließlich kam ein Junge und rief den Namen seiner Mutter, die sich mit uns versteckte. Nun antworteten wir und verließen die Dachkammer … ich wurde beinahe ohnmächtig, war staubig und dreckig, nicht wirklich ich. Der Name meines Mannes war nicht auf der Liste gewesen, er war gerettet. Er sagte zu mir: ‚Geh weg von hier! Du kannst hier nicht bleiben!' Ich schrie: ‚Ich kann nirgendwo hin!' … Schließlich stieß er mich durch das Tor der Fabrik hinaus, im letzten Moment warf er mir noch eine Handtasche zu, in der ich später einige Kleidungsstücke und Geld fand … ich war allein in den verlassenen Straßen."

Esther Tycochinski, die später Arenzon heißen wird, überlebt nach dramatischen weiteren Stationen. Nach dem Krieg wird Viktor Kremin von den polnischen Behörden verhaftet und wegen Kollaboration mit den Nazis 1946 in Łódź vor Gericht gestellt. Auch die US-Anwaltsfirma Cohen & Milstein hat ihn wegen illegaler Transaktionen, Sklaven- und Zwangsarbeit auf die Liste jener Unternehmer gesetzt, gegen die man nun rechtlich vorgehen will. Das Verfahren gegen Kremin endet mit einem Freispruch – zahlreiche ehemalige jüdische Arbeiter bezeugen, dass er alles nur irgendwie Mögliche für sie getan habe. Esther besucht ihn, sie umarmen sich, er erzählt ihr, dass alle anderen Arbeiter nach Majdanek gebracht worden seien …

Der „Judenkönig“

Odilo Globocnik und sein „Hofjude“ Szama Grajer

Lebenslustiger Nazi-Kollaborateur: Globocnik-Informant Szama Grajer (Mitte) im Kreis seiner Restaurant-Mitarbeiter.

Szama Grajer ist Jude, 1911 in Lublin geboren, ein fescher junger Mann, mittelgroß, dunkelhaarig, „von athletischer Statur und mit ebenmäßigen Gesichtszügen“ (Nechama Tec). Vor dem Krieg hat er als Gehilfe in einem Friseurladen in der Ruskastraße gearbeitet, eine ehrbare Beschäftigung, die jedoch nicht seine einzige Einkommensquelle ist. In der Grodzkastraße in der Altstadt betreibt er zusammen mit seiner Frau Bela, auch Golda genannt, einer ehemaligen Prostituierten, die deutlich älter ist als er, ein Bordell. Zeitzeugin Nechama Tec, 1931 in Lublin geboren, heute Professorin für Soziologie an der University of Connecticut, erinnert sich: „Anders als Graier (sic!) hatte sie einen schlaffen und plumpen Körper, und wenn sie sich bewegte, dann hatte man den Eindruck, daß Rumpf und Gliedmaßen in unterschiedliche Richtungen strebten. Auch das Gesicht mit den Fischaugen und groben Zügen wirkte unattraktiv, und selbst eine dicke Schicht Schminke konnte nicht kaschieren, daß sie erheblich älter war als er.“ Wer immer in Lublin auf der Suche nach käuflichen Mädchen ist – der Zuhälter Szama Grajer und seine Bela bieten verlässlichen Rat, auch den deutschen Besatzern.

Als Grajer kurz nach Beginn der Okkupation betrunken einen Volksdeutschen anpöbelt und diesem ins Gesicht schlägt, findet er sich plötzlich als Häftling in einer Zelle des gefürchteten Lubliner Schlossgefängnisses wieder. Doch auch hier weiß es sich der schöne Szama zu „richten“: Er gewinnt das Vertrauen und die Sympathien seiner Bewacher und schließlich darf der jüdische Barbier sogar die arischen Gestapobeamten rasieren – die Kerkertüren öffnen sich, Szama Grajer geht frei und überrascht bald darauf mit einer neuen Geschäftsidee: Er will im Ghetto ein neues Restaurant eröffnen. Prompt gelingt es ihm, die Konzession dafür zu bekommen und ein Lokal in guter Lage zu ergattern: Das Eckhaus in der Lubartowskastraße 15, gelegen am südlichen Rand des Ghettos, wird zu seinem Hauptquartier; knallrote Türen setzen ein „blutiges Ausrufezeichen in die graue Straße“, berichtet Ida Gliksztajn-Rapaport, eine der Überlebenden des Ghettos, in ihren Erinnerungen. Hier treffen sich Zuhälter und Prostituierte, aber auch Spitzel und V-Leute; der Wodka fließt in Strömen, Lebensmittel und Delikatessen werden aus dem „arischen“ Teil der Stadt eingeschmuggelt. Wer im Ghetto seine Ruhe haben will, tut gut daran, sich mit Szama Grajer zu arrangieren und ab und zu bei ihm einzukehren. Der ehemalige Friseur scheut sich nicht, Passanten auf der Straße anzusprechen und in sein Lokal auf ein Glas Wodka zu bitten. Selbst Abstinente kommen dieser Aufforderung ohne Zögern nach – die Angst vor Szama Grajer ist groß; manche nennen den 30-Jährigen schon den „Judenkönig“ von Lublin. Ja, er ist ein Mann mit Charme, der den Frauen zu gefallen weiß: Szama trägt für gewöhnlich Breeches und Offiziersstiefel sowie eine Lederjacke, manchmal aber auch einen maßgeschneiderten Anzug in einer seiner Lieblingsfarben, weiß oder beige. Er habe dann, so Nechama Tec in ihren Erinnerungen, ausgesehen wie Rudolph Valentino. In den Händen habe er, als Attribut seiner Macht, gerne eine Reitgerte gehalten.

Häufig zu Gast in seinem Restaurant sind nicht zuletzt die Mitglieder des Judenrats und natürlich auch seine „Freunde“, die Deutschen – Gestapobeamte und SS-Männer – unterhalten sich hier nicht nur bestens, sie nützen das Lokal während der Räumungsaktionen als Befehlszentrale und als Stützpunkt, um an wichtige Informationen zu gelangen. Die Verbindung zum Lokal Grajers ist so eng, dass etwa Globocniks Sekretärin „Mimi“ Trsek der Meinung ist, es handle sich tatsächlich um ein Restaurant ihres Chefs, in dem SS-Oberscharführer Karl Helletsberger und andere SS-Männer in seinem Auftrag nach dem Rechten sehen würden.

Szama Grajer verfeinert den in seinem Lokal gepflegten Austausch von Informationen geschickt zu einem eigenen Geschäftszweig: Er verrät den neugierigen Gestapobeamten etwa nur allzu bereitwillig, wer von den Juden im Ghetto nicht arbeitet. Werden die Betroffenen von den Deutschen behelligt und mit Deportation bedroht, so wendet sich Grajer an die verzweifelten Angehörigen und verspricht Hilfe; für seine „Intervention“ verlangt er allerdings horrende Summen – eine raffinierte Taktik, um an Geld und Wertsachen der Ghettobewohner zu kommen. Und er hat bei diesem perfiden „Spiel“ zweifellos einen mächtigen Verbündeten: Odilo Globocnik. Eine eigene Telefonleitung verbindet Grajers Restaurant mit dem Büro des SS-Brigadeführers; die Nummer des Anschlusses in der Lubartowska 15 findet sich jedoch in keinem Telefonbuch der Stadt, es soll ja auch niemand anrufen – diese Verbindung ist privat. Szama Grajer geht ganz in seiner Rolle als beflissener Kollaborateur auf und hat einen Sinn für makabre Scherze: Ruft Globocnik an, meldet er sich mit „Hier Gestapo Grajer“. Szama Grajer, so schreibt Nechama Tec, gelangte zu „Macht und Geld, und beides zeigte er schamlos“.

Globocnik und Grajer, so schon der Verdacht der Zeitgenossen, arbeiten zusammen; aus den „schmutzigen Händen“ des „Judenkönigs“ fließe das erpresste Geld direkt weiter an den SS- und Polizeichef. Gerüchte wollen wissen, dass in einem Hinterzimmer des Restaurants Menschen gefoltert würden, um ihnen auch das letzte Geld abzupressen.

Während der ersten Deportationen aus dem Lubliner Ghetto im März 1942 muss sich Szama Grajer noch keine großen Gedanken über seine Sicherheit machen, besitzt er doch einen gültig abgestempelten „J-Ausweis“, noch dazu mit der prominenten Nr. 2 – Nr. 1 hat der „J-Ausweis“ von Dr. Marek Alten, dem Vorsitzenden des Judenrates. Dabei will er es jedoch nicht belassen und so macht er den Unglücklichen, die zusammengepfercht in der Synagoge auf den Abtransport nach Bełżec warten, noch ein Angebot: Für 500 Zloty pro Person könne er gültige Arbeitsbewilligungen beschaffen. Nicht wenige greifen nach diesem letzten Strohhalm von Hoffnung. „Als Lubliner will ich den Lublinern helfen“, sagt er und öffnet selbst die Tür der Synagoge. Sujka Erlichman-Bank, Krankenschwester im jüdischen Krankenhaus von Lublin, erinnert sich in ihrem Buch *Briefe aus der Hölle* an diese Szene: „Wer weiß, ob Szama in diesem Fall nicht selbst der Betrogene oder ein Lügner war“ – die zahlungswilligen Opfer erhalten zwar die

versprochenen Dokumente, sie erweisen sich jedoch als gefälscht, ihre unglücklichen Besitzer müssen den Todeszug besteigen.
Szama Grajer zählt zu jenen prominenten Juden, die am 19. April 1942 in das „Musterghetto“ in Majdan Tatarskie umgesiedelt werden und die Selektion vom 20. April überleben; begleitet wird er dorthin von drei weiteren Familienmitgliedern – Szama will die Familie zusammenhalten und so schreckt er auch nicht davor zurück, die SS darum zu bitten, seinen Schwager aus dem weißrussischen Grodno nach Majdan Tatarskie zu bringen. Er kann sich dies leisten, denn noch brauchen ihn die Deutschen, nicht zuletzt schätzen sie seine Rolle als Gegengewicht zum Judenrat. Dass er Angehöriger der „Halbwelt“ ist, stört die *hitlerowców* wenig.
In der Luftlinie nur eineinhalb Kilometer vom KZ Majdanek entfernt, geben sich die Juden in Majdan Tatarskie, einer ehemaligen polnischen Arbeitersiedlung mit hübschen ebenerdigen Einfamilienhäusern und kleinen gepflegten Gärten am Rande Lublins, der Illusion hin, dass sie den Nazis als billige Arbeitskräfte unentbehrlich seien. Im Auftrag von Globocnik haben sie neue Ausweise erhalten, ausgestellt von dem von Hermann Worthoff geleiteten „Sachgebiet Juden“ in der Dienststelle der Sicherheitspolizei; viele arbeiten in Betrieben der „Deutschen Ausrüstungswerke“. Auch Szama Grajer ist überzeugt, dass er es wieder geschafft hat, und tatsächlich, seine „Freunde“ enttäuschen ihn nicht: Zusammen mit seiner Familie hat er das schönste Haus als Quartier zugesprochen bekommen; in der Nähe des Eingangs zum „Musterghetto“ darf er eine neue Kneipe aufmachen. Das Geschäft läuft bestens, auch hier mangelt es nicht an Wodka. „Man kann sagen“, so berichtet H. Goldwag, „dass ein Großteil der in Majdan Tatarskie verbliebenen Juden Trost im Wodka suchte. Jene aber, die nicht tranken, waren ganz deprimiert und verloren.“
Für einen kurzen Sommer lang – bis zur Selektion am 2. September 1942 – herrscht in Majdan Tatarskie trügerischer Friede, doch unter der Oberfläche vibrieren Angst und Anspannung. Die Na-

Im Ghetto Lublin, 1941/42. Nach den Deportationen des Frühjahrs wird ein Teil der überlebenden Juden nach Majdan Tatarskie umgesiedelt.

zis halten die überwiegend jungen Ghettobewohner dazu an, die Gärten zu verschönern; ja, sie setzen sogar Preise aus für jene, die das Grün vor ihrem Haus am besten gestalten. Wer seinen Garten allerdings vernachlässigt, riskiert Verschleppung in ein Lager und den Tod. Die Siedlung ist von einem Zaun bzw. Doppelzaun umgeben, das einzige Tor führt auf das Gelände des ehemaligen Werksflugplatzes der polnischen Flugzeugfabrik Plage-Laskiewicz. Dieser „Alte Flugplatz" dient als Appellplatz von Majdan Tatarskie, von ihm bis zur Straße Lublin–Lemberg sind es etwa 500 m. Im Lauf des Sommers finden hier mehrere kleine „Aussiedlungsaktionen" und Selektionen statt; immer wieder „sickern" auch Juden illegal ein; sie wissen, dass Majdan Tatarskie trotz dieser Aktionen einigermaßen Sicherheit bietet, ist es doch noch immer eine zivile jüdische Siedlung und kein abgeschlossenes Lager.

Szama Grajer erlebt in diesem Sommer 1942 seine große Liebe: Er lernt die erst 17-jährige blauäugige Mina Fiszman, die Tochter eines völlig verarmten Geschichtsprofessors, kennen und verliebt sich unsterblich in sie. Angeblich sieht Grajer das Mädchen das erste Mal beim Tor von Majdan Tatarskie, als er gerade mit einer Gruppe von Gestapobeamten spricht. Einer der Gestapoleute habe, die schöne Jüdin bemerkend, dann auf Mina gezeigt und gesagt: „Die werden Sie zur Frau nehmen. Sie passen gut zusammen." Szama Grajer folgt dem „Befehl" des Deutschen nur allzu gerne: Um Mina heiraten zu können, lässt er sich von seiner Frau Bela scheiden. Ida Gliksztajn-Rapaport wird Augenzeugin des jungen Glücks: „Zufällig sah ich die Neuvermählten einen Tag nach der Hochzeit. Herausgeputzt, mit einem zufriedenen Lächeln im Gesicht spazierten sie über den weitläufigen Hof des größten Hauses in der Siedlung."

Szama Grajer, der Kollaborateur, organisiert in Majdan Tatarskie für Mina aus Anlass der Hochzeit ein rauschendes Fest – zum Tanz spielt sogar eine Jazzband auf. Unter den Gästen befinden sich auch Deutsche; SS-Oberscharführer Dr. Harry Sturm schickt Mina ein Bukett weißer Rosen und nennt sie „Judenkönigin". Wie Nechama Tec berichtet, boykottieren die alten Freunde Minas die Hochzeit und die Ghettobewohner haben anfangs Mitleid mit der jungen Frau, sie glauben, dass Mina in ihrer Ehe mit dem verhassten Denunzianten „furchtbar unglücklich" sein würde, doch nichts davon ist der Fall: Szamas Frau wird von der Arbeit freigestellt und kann sich ganz ihrer „äußeren Erscheinung und ihrem Vergnügen widmen". Nechama Tec: „Sie sah so zufrieden, glücklich und strahlend schön aus wie nie zuvor und zeigte in aller Öffentlichkeit ihre Zuneigung zu ihrem Mann. Wir waren enttäuscht und empört. Unser Mitleid wandelte sich in Verachtung und dann in Hass. (…) Sie war keine mehr von uns. Sie gehörte nun zu ihnen."

Die Juden in Majdan Tatarskie sind überzeugt davon, dass der Deutschenfreund Szama Grajer über ihre Zukunft bestens Bescheid weiß. Und als er eines Tages von den Deutschen einen Motor und Kohle zum Heizen zur Verfügung gestellt bekommt, atmen sie auf, bedeutet das doch zumindest noch einige Monate Zeit zum Leben. Insgesamt spüren sie jedoch, dass auch die Tage des „Musterghettos“ gezählt sind – sickern doch mehr oder weniger zutreffende Nachrichten über das Schicksal der nach Bełżec Deportierten und der Häftlinge im nahen Majdanek durch. Zu Pfingsten, als man darangeht, den traditionellen Topfenkuchen, genannt *sernik*, zu backen, grassiert bereits ein geflügeltes Wort: „In Majdan schiebt man *serniki* ins Rohr, in Majdanek Menschen.“ Und man hört Gerüchte. So soll der Treuhänder Viktor Kremin einige Nazis zu einem Trinkgelage eingeladen haben, bei dem SS-Obersturmführer Hermann Worthoff unmissverständlich festgestellt haben soll: „Alle Juden müssen sterben.“ Wer es sich leisten kann, sorgt daher vor: Man versucht sich „arische Papiere“ zu beschaffen, die einen legalen Aufenthalt außerhalb des Ghettos ermöglichen sollen. Viel Geld wird auch für Gift ausgegeben – wer Zyankali besitzt, darf sich glücklich schätzen. Wie Heli Miler in ihren Aufzeichnungen festhält, war ein allgemeines Sinken der Moral zu beobachten: „Bei bestimmten vermögenden Gruppen konnte man eine Neigung zum Vergnügen antreffen und die Demoralisierung spüren. Wohin man auch kam, überall hörte man nur: ‚Wir werden sowieso nicht überleben.‘“

Szama Grajer glaubt indes an seinen guten Stern. Die Nazis, so meint er scherzend, würden ihn zum Oberkapo in Majdanek machen oder ihm gefälschte Papiere geben, mit denen er nach Ungarn ausreisen könne. Einmal mehr bestärkt wird er in diesem Glauben, als die SS ihm erlaubt, an den Selektionen in Majdan Tatarskie am 2. September und 24. Oktober 1942 teilzunehmen. Grajer kann sich frei zwischen den am Boden sitzenden Juden bewegen, ein Privileg, das er in unheilvoller Weise ausnützt: Entdeckt er jemanden, der ihm nicht gut gesinnt ist oder sich dem Geschäft mit ihm verweigert hat, so weist er mit seiner Reitgerte auf den Unglücklichen und spricht dann seine gefürchtete Formel des

Todes: „Kolegale, hajb dich ojf, genug gelebt!“ (Komm Freund! Du hast schon lange genug gelebt!) Während er so über Tod und Leben mitentscheidet, bieten die Kellnerinnen seines Lokals den SS-Schergen frische Brötchen und Getränke an, die Deutschen bedienen sich dieses Angebots ohne jegliche Skrupel. Die knapp elfjährige Nechama Tec überlebt mit ihrer Familie die „Aktion“ vom 24. Oktober in einem gut getarnten Geheimkeller. Wieder hatten es die Mörder mit der Lüge versucht: Man suche Bauern für neu erschlossenes Land; wer für diese Aufgabe ausgewählt würde, könne auf ein gutes Leben als Landwirt zählen. Die falschen Versprechungen weichen rasch nackter Gewalt. Nechama Tec erinnert sich: „Babys in Kinderwagen wurden erschossen und ebenso alle, die verzweifelt zu fliehen versucht hatten. Eine Freundin hatte mit einem Kind auf dem Arm versucht, durch eine Öffnung in der Stacheldrahtbarriere zu entkommen. Ein ukrainischer Wachposten schoß auf sie und tötete das Kind, einen Jungen. Die Frau, nun fast von Sinnen, wurde zu der für die Deportation bestimmten Gruppe getrieben. Noch beim Abtransport preßte sie das tote Kind an sich.“

Augenzeugenberichte, die sich im Jüdischen Historischen Archiv in Warschau erhalten haben, deuten darauf hin, dass Grajer von den Deutschen sogar nach Warschau mitgenommen wird und auch hier an Selektionen im Ghetto teilnimmt – so erwähnt etwa Samuel Puteman, ein Mitglied des Jüdischen Ordnungsdienstes im Warschauer Ghetto, den Besuch eines „Szance Grajera“, der Chef des Jüdischen Ordnungsdienstes in Lublin sei. Ein unglaublicher Präzedenzfall, der zeigt, wie stark die Position Grajers in der Lubliner Ghettowelt gewesen sein muss. Der Verdacht liegt nahe, dass seine Abstellung zum „Warschauer Kommando“, das von Hermann Höfle befehligt wird, mit Wissen und wohlwollender Genehmigung Globocniks erfolgt ist – erhofft sich der SS- und Polizeiführer durch seinen „Hofjuden“ die Erschließung neuer Geldquellen?

Der jüdische Überlebende Rachmil Gartenkraut, geboren 1900 in Lublin und nach dem Krieg in Frankfurt am Main wohnhaft, weiß

Globocnik hat auch im Ghetto Warschau seine Hände im Spiel: Das „Warschauer Kommando“ unter Hermann Höfle assistiert bei der „Evakuierung“ der Opfer.

Der Kommandeur
der Sicherheitspolizei und des SD
für den Distrikt Lublin
Grenzpolizeikommissariat Cholm

Cholm, den 12.12.1942

An den
Kommandeur der Sicherheitspolizei
und des SD für den Distrikt Lublin
in Lublin.

18 DEZ 1942

Dienststelle: IIDd

Betrifft: Munitionsverbrauch.
Anlagen : 2 Munitionsverbrauchsmeldungen.

In der Anlage überreiche ich 2 Verbrauchsmeldungen über aus dem hiesg. Munitionsbestand verausgabte und verbrauc[hte] Munition.

Da hier noch mit einer gößeren Zahl von Juden gere[ch]net werden kann, die der Sonderbehandlung zugeführt werden mü[ssen], bitte ich um Überlassung von wenigstens 1000-Schuß Pistolen-Munition 7.65.

Im Auftrage:

Lublin, den 18

Bescheinungung.

1 Kiste mit Inhalt Geld
1 Kiste mit Inhalt Wertgegenstände
wurden am 18. September 1942 an die Standortverwaltung Abtg. Reinhardt übergeben.

Obiges Geld und Wertgegenstände stammen von den am 15. September in das hiesige KGl. eingelieferten polnischen Juden

Oben: Ein zynischer Euphemismus für den Judenmord: die „Sonderbehandlung"..

Unten: Die „Standortverwaltung" der Aktion Reinhardt in Lublin profitiert auch von Wertgegenständen, die man den Juden im KZ Majdanek abnimmt.

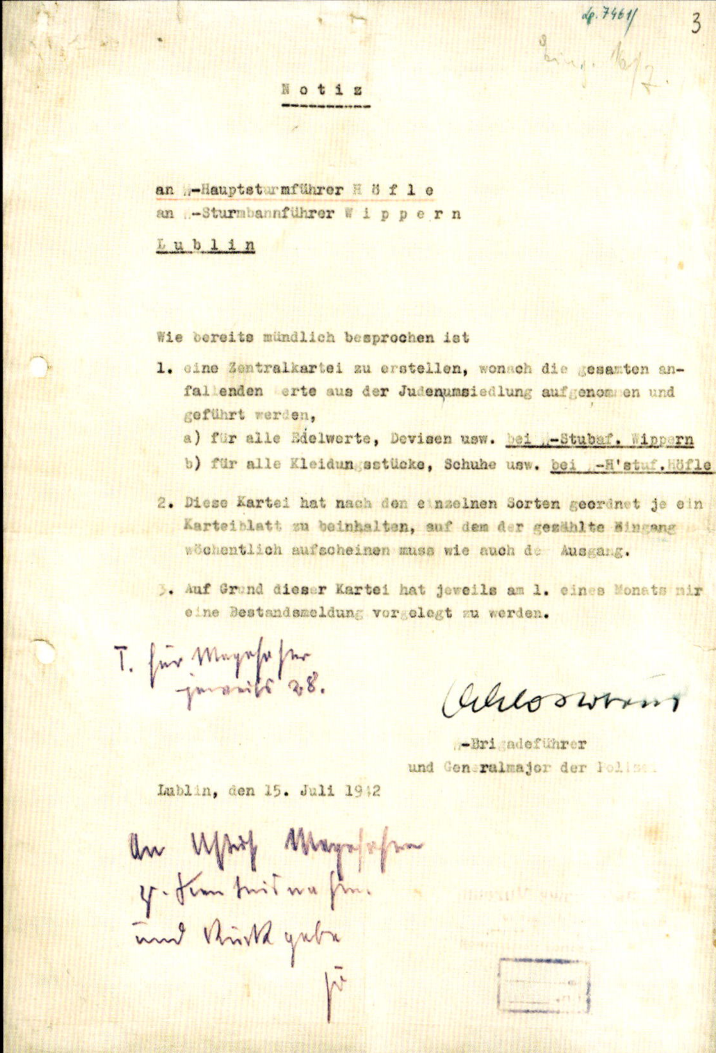

Notiz

an -Hauptsturmführer H ö f l e
an -Sturmbannführer W i p p e r n

Lublin

Wie bereits mündlich besprochen ist

1. eine Zentralkartei zu erstellen, wonach die gesamten anfallenden Werte aus der Judenumsiedlung aufgenommen und geführt werden,
   a) für alle Edelwerte, Devisen usw. bei -Stubaf. Wippern
   b) für alle Kleidungsstücke, Schuhe usw. bei -H'stuf. Höfle

2. Diese Kartei hat nach den einzelnen Sorten geordnet je ein Karteiblatt zu beinhalten, auf dem der gezählte Eingang wöchentlich aufscheinen muss wie auch der Ausgang.

3. Auf Grund dieser Kartei hat jeweils am 1. eines Monats mir eine Bestandsmeldung vorgelegt zu werden.

-Brigadeführer
und Generalmajor der Polizei

Lublin, den 15. Juli 1942

„Werterfassung" durch die „Aktion Reinhardt": Eine „Zentralkartei" soll auf Wunsch Globocniks die „gesamten anfallenden Werte" aus dem Judenmord exakt dokumentieren.

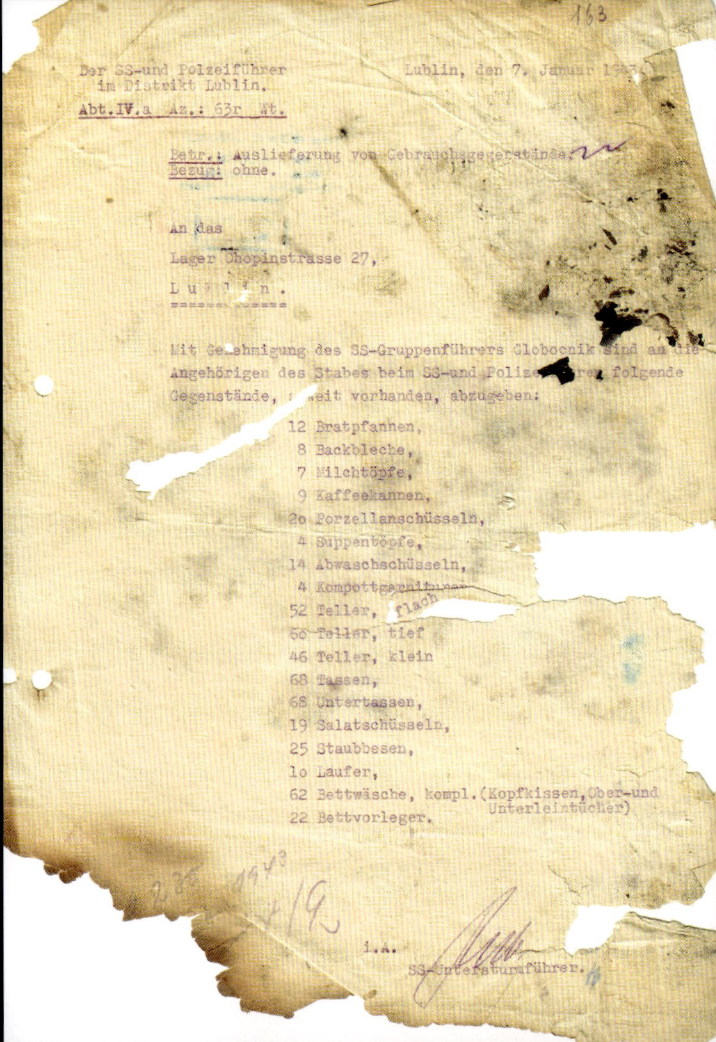

163

Der SS-und Polzeiführer
im Distrikt Lublin.
Abt.IV.a Az.: 63r Wt.

Lublin, den 7. Januar 1943.

Betr.: Auslieferung von Gebrauchsgegenstände.
Bezug: ohne.

An das
Lager Chopinstrasse 27,
L u [illegible] n .

Mit Genehmigung des SS-Gruppenführers Globocnik sind an die Angehörigen des Stabes beim SS-und Polizeiführer, folgende Gegenstände, soweit vorhanden, abzugeben:

12 Bratpfannen,
8 Backbleche,
7 Milchtöpfe,
9 Kaffeekannen,
2o Porzellanschüsseln,
4 Suppentöpfe,
14 Abwaschschüsseln,
4 ~~Kompottgarnituren~~
52 Teller, flach
60 ~~Teller~~, tief
46 Teller, klein
68 Tassen,
68 Untertassen,
19 Salatschüsseln,
25 Staubbesen,
1o Laufer,
62 Bettwäsche, kompl.(Kopfkissen,Ober-und Unterleintücher)
22 Bettvorleger.

i.A.

SS-Untersturmführer.

Raubgut zur freien Entnahme: Aus dem Lager der Abteilung IVa in der Chopinstraße werden immer wieder Gegenstände für SS-Dienststellen angefordert.

Oben: Bełżec heute. Am 11- Dezember 1942 traf der letzte Todeszug im Vernichtungslager ein, dann wurde von den „hitlerowców" versucht, alle Spuren zu verwischen.

Unten: Gedenkstätte Treblinka: 17.000 Granitblöcke erinnern an einzelne Menschen und an ganze jüdische Gemeinden, die hier dem Massenmord zum Opfer fielen.

Linke Seite: Doppelter Stacheldrahtzaun: die Gedenkstätte Majdanek heute. Den Befehl zur Erbauung des Konzentrationslagers bei Lublin erhält Globocnik am 20. Juli 1941.

Oben und unten links: Ein Mikrokosmos des Grauens: die Risiera di San Sabba in Triest.

Unten rechts: Teil der Luftschutzanlage in Triest, die Globocnik als Verbindung von der Villa Ara zur Piazza Oberdan nützte.

Letzte Station auf der Flucht vor Briten und Partisanen: die Hütte auf der Mösslacher Alm. Angeblich soll Globocnik erwogen haben, von hier zurück über die Grenze nach Italien zu gehen.

Näheres über den „Ausflug" Grajers nach Warschau zu berichten. Gartenkraut, der zusammen mit seiner Frau bis 1940 in Lublin eine Gärtnerei betreiben kann, wird im Ghetto Mitglied der jüdischen Sanitätspolizei und kann sich so den Deportationen entziehen – seine Spezialaufgabe: die Bereitstellung von Fuhrwerken für die „Aussiedlungen"; in Majdan Tatarskie darf er wieder als Gärtner arbeiten. Vor der Sonderkommission V/I des Hessischen Landeskriminalamts erklärt er 1961: „Mir fällt nun ein, daß Worthoff gemeinsam mit dem jüdischen Spitzel Grajer nach Warschau gefahren ist, um dort bei der Räumung des großen Ghettos mitzuwirken. Nach Beendigung dieser Aktion kehrte Worthoff mit Grajer nach Lublin zurück. Hierbei brachte Grajer auf einem mit drei Pferden bespannten Omnibus, wie sie im Warschauer Ghetto Verwendung fanden, eine Anzahl Juden mit, die sich durch die Hergabe von Gold und anderen Wertsachen bei Worthoff und Grajer freigekauft hatten. (...) Als Worthoff und Grajer mit den Juden aus Warschau in Lublin eingetroffen waren, versuchte man diese Juden im Lager Majdan unterzubringen. Walther (der Leiter der mit Gestapobeamten besetzten Polizeistation in Majdan Tatarskie – J. S.) hat damals die älteren nicht-arbeitsfähigen Leute aussortiert und erschießen lassen. Die jüngeren Kräfte fanden in Majdan Unterkunft."

Doch dann kommt der 9. November 1942, der Tag, an dem die Schergen Globocniks auch das Ghetto in Majdan Tatarskie „liquidieren". SS-Leute und ukrainische Trawniki-Männer umstellen die Siedlung; über Lautsprecher werden die Juden aufgefordert, aus ihren Häusern zu kommen. Doch kaum jemand kommt diesem Befehl nach; die Bewohner – es sind etwa noch 4.000 Juden in Majdan Tatarskie – müssen vom jüdischen Ordnungsdienst mit brutaler Gewalt aus den Häusern geholt werden, dann treibt man sie auf den Appellplatz vor dem Tor; Hermann Worthoff und Dr. Harry Sturm leiten die Aktion. Es gibt keine Selektion; die Menschen müssen sich in Kolonnen aufstellen und werden zum Großteil nach Majdanek geleitet. Alles passiert in größter Eile – wer

alt oder krank und nicht gehfähig ist, wird sofort erschossen; die Insassen des provisorischen Krankenhauses der Siedlung, es sind etwa 30 Menschen, werden erschlagen oder „umgelegt"; nach Augenzeugenberichten sah es in dem kleinen Spital aus „wie in einem Schlachthaus". Getötet werden auch die Kinder, es sind 13 oder 14, auf der Säuglingsstation.
In Majdanek werden die arbeitsunfähigen Juden sowie Frauen und Kinder in den nächsten Tagen vergast; im Wald von Krępiec kommt es zu Massenerschießungen, überwacht u. a. von Globocnik-Adjutant Ernst Lerch. Einzelne jüdische Arbeitsgruppen verschont man jedoch – sie werden von ihren deutschen Arbeitgebern, wie etwa Viktor Kremin, übernommen oder direkt in ein Arbeitslager überstellt. Manchen gelingt auch die Flucht in die Stadt, wo sie, hilflos in den Straßen umherirrend, ein leichtes Ziel für die deutschen Jäger werden. Und nur wenige Polen sind bereit, Juden Unterschlupf zu bieten und dabei das eigene Leben zu riskieren. Ein zynische Frage, die die Verzweifelten auf ihre Bitte um Hilfe zu hören bekommen, lautet dann: „Wenn sich Gott eures Volkes nicht erbarmt, warum verlangt ihr das von uns Menschen?"
Das Ghetto bleibt umstellt, das Durchsuchen geht auch in den nächsten Tagen weiter. Wer jetzt in seinem Versteck gefunden wird, ist des Todes: Ein Kleinkind, das in einer Wohnlaube zurückgelassen worden ist, verrät sich durch Weinen und wird vom Gestapobeamten Luber erschossen; zwei Angehörige des jüdischen Ordnungsdienstes werden bei einer Scheune an die Wand gestellt und exekutiert. Die Leichen in den Straßen werden auf Leiterwagen geladen und gesammelt.
Noch aber lebt Szama Grajer. Er ist mit Mina in seinem Haus zurückgeblieben; ebenso noch in Majdan Tatarskie sind der Vorsitzende des Judenrats Dr. Marek Alten und Henryk Goldfarb, der Chef der jüdischen Ordnungspolizei. Während etwa Goldfarb, der im Ghetto auch eine kleine Konditorei betreibt und so sich einen Zusatzverdienst schaffen konnte, bereits gefälschte polnische Personalpapiere vorbereitet hat und hofft, in der polnischen Be-

völkerung untertauchen zu können, glaubt Grajer fest daran, dass die Gestapo ihn nach Ungarn in Sicherheit bringen werde. Angst hat er nur vor einer möglichen Unterbringung im Lager an der Lipowastraße, denn dort ist sein Intimfeind SS-Untersturmführer Wolfgang Mohwinckel Betriebsleiter, von dem er annimmt, dass er ihn töten würde. Für Globocnik, dem die Möglichkeit einer Flucht Grajers nach Ungarn mit Gestapohilfe offenbar zugetragen wird, birgt das Überleben des „Judenkönigs“ in jedem Fall ein zu hohes Risiko – so befiehlt er persönlich die Ermordung Szama Grajers; auch die Mitwisser Dr. Alten und Goldfarb müssen sterben. Die „Drecksarbeit“, so sein Standpunkt, müsse die Gestapo selbst übernehmen, sie habe ja auch mögliche Szenarien zum Überleben dieser Männer überlegt. Harry Sturm, der zu Goldfarb ein beinahe freundschaftliches Verhältnis pflege, habe sich etwa bereits nach dessen Polnischkenntnissen erkundigt – eine versteckte Warnung, auf die der OD-Chef jedoch nicht reagiert.

Einen oder auch mehrere Tage nach der Räumung des Ghettos – das Datum ist nicht exakt zu bestimmen – macht sich Globocniks Mordkommando nach Majdan Tatarskie auf den Weg: Hermann Worthoff wird begleitet von den SD-Angehörigen Dr. Harry Sturm, SS-Untersturmführer Walter Knitzky und Hübner sowie wohl von einigen Gestapobeamten. Man hat sich darauf geeinigt, die drei „Zielpersonen“ möglichst überraschend und „schmerzlos“ zu töten; angeblich ist dies auch der Wunsch des SSPF. Die Autos halten vor dem Haus Grajers, der vor die Tür tritt und die Ankömmlinge herzlich bergüßt. Die SD- und Gestapoleute steigen aus den Wagen und umringen Grajer im Halbkreis; damit er nicht Verdacht schöpft, hat er angeblich bereits vorab Anweisung bekommen, seine Besitztümer in zwei speziell für ihn bereitgestellte Autos zu packen. Während des Gesprächs zieht einer der neben ihn stehenden Deutschen – entweder Worthoff oder Hübner – die Pistole und schießt Grajer in den Kopf, der zusammensackt und auf der Stelle tot ist. Getötet wird wohl anschließend auch Grajers junge Frau Mina. Anschließend fährt man zum Haus des Judenrats und erschießt Dr. Alten in seinem Büro; schließlich fällt dem Kommando wie geplant auch noch Henryk Goldfarb zum Opfer. Bei der Durchsuchung des Toten werden die gefälschten polnischen Ausweispapiere gefunden.

Globocnik, so scheint es, hat sich vom Tod Grajers persönlich überzeugen wollen, darauf deutet die Aussage eines Dr. Sch., eines ehemaligen Insassen des Lagers an der Lipowastraße, im Verfahren gegen Dr. Harry Sturm vor dem Landesgericht Wiesbaden 1973. In der Zusammenfassung des Gerichts zum „Tatbeitrag“ des Angeklagten liest man: „An einem Tage nach der Räumung habe er, Dr. Sch., sich mit einem deutschen Begleiter in Majdan Tatarskie aufgehalten. Dort habe erhebliche Unruhe geherrscht. Auf Befragen sei von den wenigen zurückgebliebenen Einwohnern der Siedlung erzählt worden, man jage Grajer und Dr. Alten. Eine halbe Stunde später habe er deren Leichen dann auch auf einem kleinen Platz in der Nähe von Grajers Haus liegen sehen. Dort sei auch eine Grube gewesen, wo sie begraben werden sollten. Kurz darauf sei eine Autokolonne angekommen, bei der sich Globocniks Dienstwagen mit gesetztem SS-Stander befunden habe. Globocnik selbst habe er nicht gesehen, denn er habe sich mit seinem Begleiter sofort entfernt, sei sich hinsichtlich des Wagens jedoch sicher.“ (*Justiz und NS-Verbrechen*, Bd. XXXVIII, LFD.Nr. 790, S. 682)

Andere Berichte sprechen davon, dass sich Globocnik Fotos von den Toten zeigen ließ – wie auch immer: Er kann aufatmen. Für den SSPF Lublin ist mit der Ermordung der drei führenden Männer des Ghettos eine latente Bedrohung beseitigt – nun ist es praktisch unmöglich geworden, dass man seine Geschäfte mit den Juden doch noch ans Tageslicht zerrt. Der Verbleib so mancher erpresster „Spendengelder“ wird für immer im Dunkeln bleiben.

In seiner „rechtlichen Würdigung“ der Morde an Grajer, Dr. Alten und Goldfarb stellt das Landesgericht Wiesbaden drei Jahrzehnte später einmal mehr fest: „Haupttäter ist Globocnik. Er gab den

Befehl zur Tötung der drei Juden und überwachte die Ausführung. Er bestimmte Zeit, Ort und Umstände der Tötung und besaß somit den Einfluss, der ihn zum Herrn des Geschehens machte."

Szama Grajer wird in einem Massengrab in Majdan Tatarskie, zusammen mit den anderen Opfern dieses Tages, begraben. Die Überreste der Toten werden nach 1945 exhumiert und auf einen Friedhof bei der ul. Walecznych überführt – angeblich verzichten die überlebenden Juden darauf, die Namen der Toten auf dem neu errichteten Denkmal zu verzeichnen, hätten sie doch dann auch den Namen Szama Grajers anführen müssen.

Die Beute aus den beiden Autos sollen sich SS und Gestapo geteilt haben. Ob da auch etwas für den Auftraggeber des Mordes abfiel?

Nach dem Krieg wird SS-Obersturmführer Hermann Worthoff, der Kommandant des Sicherheitsdiensts (SD) in Lublin, beschuldigt, Grajer erschossen zu haben. Worthoff weist diesen Anklagepunkt zurück und sagt aus, dass sein Fahrer das Todesurteil an Grajer vollstreckt habe. Auch im erwähnten Verfahren gegen Dr. Harry Sturm 1973 kann die Täterschaft nicht eindeutig geklärt werden. Das Resümee des Gerichts: „Eine Feststellung, wer tatsächlich der Schütze war, kann nicht getroffen werden." (*Justiz und NS-Verbrechen*, Bd. XXXVIII, S. 680)

Czeslaw Górniewicz, ein Häftling aus dem Gefängnis im Lubliner Schloss, der nach der Liquidierung des Ghettos in den verlassenen Häusern von Majdan Tatarskie aufräumen muss, erinnert sich später daran, dass an den Wänden mancher Häuser das gemalte Porträt Grajers gehangen sei. Zwei dieser Bilder habe er auf Bitten jüdischer Mithäftlinge mit zurück in den Kerker am Schloss genommen. Noch in seiner Gegenwart hätten sie die beiden Bilder zertrümmert und bespuckt und dem Mann auf dem Bild die Augen ausgekratzt. Seine Familie hätten sie verflucht …

Das „Sonder-laboratorium“ der SS

Die Zamojszczyzna

Die Deutschen sprechen von „Befriedung“ (Pazifikation) der polnischen Dörfer und meinen Zerstörung.

Einst wehte über der prachtvollen Renaissancestadt Zamość der habsburgische Doppeladler, österreichische Beamte entschieden nach der Ersten Polnischen Teilung 1772 über Wohl und Wehe der Bevölkerung, ehe 1809, im Frieden von Schönbrunn, der Zamośćer Kreis auf Wunsch Napoleons an das Großherzogtum Warschau verloren ging. Nun ist es wieder ein Österreicher, der in der Rolle des Kolonialherren auftritt. Zamość, das „Padua des Nordens", ist auserkoren, zum Zentrum eines großen Experiments zu werden, zu Globocniks ganz persönlichem „Sonderlaboratorium". Für die Wahl von Zamość haben er und Heinrich Himmler gute Gründe: Bei Nachforschungen ist man auf die Spuren früherer deutscher Siedlungen gestoßen, vor allem aber: Zamość liegt auf der Verlängerung des „Hellwegs", auf jener alten Heeresstraße also, auf der im Mittelalter die deutschen Könige zum Kampf gegen die Slawen zogen und an deren Beginn die Wewelsburg bei Paderborn, die SS-Festung Himmlers, steht. Zamość ist ein Programm mit Symbolcharakter.

Der Brigadeführer will mit seinen großen Plänen nicht länger hinter den Berg halten und so sind auch die Redakteure der *Krakauer Zeitung* zu seinem großen Auftritt geladen. Am 15. Juli 1942 verkündet er im altehrwürdigen Rathaus von Zamość seine Visionen: Das Land um Zamość, die *Zamojszczyzna*, soll das erste Gebiet im Osten werden, das von volksdeutschen Familien besiedelt wird; die polnische Bevölkerung soll „ausgesiedelt" werden. Die Stadt Zamość selbst will er seinem Gönner und Förderer Heinrich Himmler als Geschenk darbringen; „Himmlerstadt" hätte sie heißen sollen, nun aber hat man sich auf „Pflugstadt" geeinigt, die Stadt der deutschen Kolonisten im Osten, die hier mit dem von Himmler schon 1941 gewünschten neuen „Großsiedlungsgebiet" ein „deutsches Bollwerk" schaffen sollen. Vier Landkreise sind das Ziel der geplanten Umsiedlungsaktionen: Biłgoraj, Hrubieszów, Tomaszów und das Umland von Zamość.

Eine Siedlerwirtschaftsgemeinschaft Zamość (SWG) wird gegründet, im vierköpfigen Aufsichtsrat wird Globocnik zum wichtigsten Mann; neben dem Kaufmann Herbert Naumann ist die SS weiters mit SS-Sturmbannführer Dr. Claus, dem Leiter der Abteilung Ernährung und Landwirtschaft, vertreten; die Zivilverwaltung repräsentiert Dr. Becker, Leiter der Abteilung Wirtschaft beim Gouverneur des Distrikts Lublin.

Gefangen in ihrem Rassenwahn, haben Globocnik und seine Mitarbeiter ein ausgeklügeltes System zur „Behandlung" der ausgesiedelten Polen entwickelt: Sie werden in „Durchgangslagern" in Zamość und Zwierzyniec nach rassischen Gesichtspunkten „begutachtet" – Personen, bei denen diese Untersuchung die „Wiedereindeutschung" für möglich hält, werden zu weiteren Untersuchungen in ein Speziallager in Litzmannstadt (Łódź) gebracht. Alle, die arbeitsfähig sind, werden ins „Reich" zur Zwangsarbeit geschickt. Personen über 60 Jahre, die nicht mehr arbeitsfähig sind, und Kinder bis 14 Jahre werden in so genannte „Rentendörfer" im Generalgouvernement gebracht. Und dann gibt es auch noch Menschen, für die kein Platz mehr vorgesehen ist – sie werden zur sofortigen Tötung in die Konzentrations- und Vernichtungslager verschleppt, in den meisten Fällen nach Majdanek und Auschwitz-Birkenau. Ein Schicksal, das etwa 21 % aller ausgesiedelten Polen treffen wird.

18. Juli 1942. Reichsführer-SS Heinrich Himmler trifft in Lublin ein. Am Tag zuvor hat er in Auschwitz persönlich an der Selektion und Vergasung von Juden teilgenommen, diese Eindrücke bestimmen die Gespräche mit Globocnik und Friedrich-Wilhelm Krüger. Ja, so glaubt Himmler nun, die Ausrottung der jüdischen Bevölkerung des Generalgouvernements bis Ende des Jahres müsse möglich sein, ein schriftlicher Befehl vom 19. Juli formuliert dieses Ziel für seine SS- und Polizeiführer, vorab ausgenommen vom Todesurteil – der Befehl spricht in der gewohnten Tarnsprache von „Umsiedlung" – ist ein Teil der arbeitsfähigen polnischen Juden, die in ausgesuchten Zwangsarbeitslagern zusammengezo-

Heimat für glückliche deutsche Menschen

Heinrich Himmler besuchte Volksdeutsche und Deutschstämmige in Lublin

Der Reichsführer SS im Gespräch mit deutschstämmigen Männern in einem Lager der Volksdeutschen Mittelstelle im Distrikt Lublin
Aufn.: Polizeiführer

Zamosc, 22. Juli

Dieser Tage hat der Reichskommissar für die Festigung deutschen Volkstums, Reichsführer-SS Heinrich Himmler, in Begleitung seines Beauftragten für das Generalgouvernement, des Höheren SS- und Polizeiführers und Staatssekretärs für das Sicherheitswesen, SS-Obergruppenführer und General der Polizei Krüger, sowie des SS- und Polizeiführers im Distrikt Lublin, SS-Brigadeführer und Generalmajor der Polizei Globocnik, der der Beauftragte in allen Fragen der Festigung deutschen Volkstums für den Distrikt Lublin ist, eine mehrtägige Fahrt durch den Distrikt zum Besuch von Volksdeutschen und Deutschstämmigen dieses Gebietes unternommen.

Die Fahrt begann im Kreise Cholm, wo neben anderen Einrichtungen ein Lager der Volksdeutschen Mittelstelle besucht wurde. Weiter galt der Besuch einer Reihe von Dörfern mit überwiegender Zahl von Volksdeutschen und Deutschstämmigen, die dort als glückliche deutsche Menschen ihre Heimat haben oder gefunden haben. Zum Schluß der Fahrt gab der Reichsführer-SS Richtlinien über die fernere Gestaltung der Besiedlung des Raumes sowie über städtebauliche Maßnahmen im Distrikt Lublin und über eine Reihe die deutsche Bevölkerung des gesamten Raumes betreffende grundsätzliche Fragen bekannt.

Ausstellung in der Staatsbibliothek Krakau

Von Donnerstag, 23., bis Sonnabend, 25. Juli ist von 8—19 Uhr im Lesesaal der Staatsbibliothek Krakau eine umfangreiche Ausstellung zur Geschichte der deutschen und polnischen Zeitung in Polen und im Generalgouvernement geöffnet. Die Besichtigung ist allen Besuchern des Lesesaals angelegentlich zu empfehlen.

Die „Krakauer Zeitung" berichtet über die mehrtägige Fahrt Himmlers und Globocniks durch den Distrikt Lublin im Juli 1942.

gen werden sollen. Unmissverständlich stellt Himmler damit klar: Die Ermordung der Juden ist Angelegenheit der SS, die Zivilverwaltung „darf" allenfalls noch Handlangerdienste leisten.

Auch seine große Vision von einer Deutschwerdung des Distrikts hat der Reichsführer-SS nicht vergessen. Zusammen mit Krüger und *Globus* besichtigt Himmler an diesem 19. Juli das dafür vorgesehene Gebiet; der ganze Nachmittag ist der Begegnung mit den „Umsiedlern" gewidmet. Der Rassenfanatiker will es ganz genau wissen: Er lässt sich das Verfahren zur „Rassenprüfung" erklären, dann werden ihm Angehörige der einzelnen „Bewertungsgruppen" vorgeführt – für den SSPF Lublin und die Männer aus dem Mannschaftshaus Gelegenheit, ihre Kompetenz zu demonstrieren.

Es ist die Nacht vom 27. zum 28. November 1942. Im fernen Stalingrad sitzt die 6. Armee von General Paulus bereits in der Falle, die erste schwere Niederlage der deutschen Wehrmacht zeichnet sich ab. Im Distrikt Lublin hat jedoch Odilo Globocnik noch das Sagen und er hat diese Nacht zum „Losschlagen“ gegen die polnische Bevölkerung in der *Zamojszczyzna* bestimmt. Die Ziele sind in Abstimmung mit Heinrich Himmler genau festgelegt: Etwa 50.000 Polen sollen von ihrem Grund und Boden vertrieben werden; 2.500 volksdeutsche Siedlerfamilien, insgesamt rund 10.000 Menschen sollen nachrücken. Alle Details des Ablaufs sind mit SS-Obersturmbannführer Hermann Krumey von der Umwandererzentralstelle in Litzmannstadt im Vorfeld besprochen worden – aber offenbar nicht mit dem unmittelbaren Vorgesetzten in Krakau, SS-Oberguppenführer Krüger. Der Höhere SS- und Polizeiführer ist über die geplante Aktion entsetzt und bezichtigt Globocnik in einem Fernschreiben vom 24. November 1942, das in Kopie an Himmler geht, der „Befehlsverweigerung“, er sehe sich nicht mehr in der Lage, Globocniks „das ganze SS- und Polizeigefüge störende Handlungsweise weiterhin auf sich beruhen zu lassen“. Der SSPF Lublin reagiert noch am gleichen Tag mit einem Fernschreiben an SS-Obergruppenführer Wolff im Stab Himmlers und bittet um „eine entsprechende Untersuchung“; tatsächlich denkt er jedoch nicht daran, an den Aussiedlungsplänen nur das Geringste zu ändern – er lässt Krüger in Krakau einfach toben, Himmler, das weiß er, ist auf seiner Seite und auch der Sympathien des „Führers“ ist er sich sicher, hat ihn doch Hitler am 9. November 1942 aus Anlass des „Gedenktages für die Gefallenen der Bewegung“ zum SS-Gruppenführer und Generalleutnant befördert.

Das Dorf Skierbieszów, nördlich von Zamość im Tal des Flüsschens Wolica gelegen, liegt im tiefen Schlaf. Plötzlich, es ist gegen zwei Uhr morgens, durchschneiden die Lichtkegel von Scheinwerfern die Nacht, das Dröhnen von LKW-Motoren weckt die Bewohner. Bevor diese noch richtig begreifen, was passiert, haben die Deutschen bereits das Dorf umstellt; dann machen sie Lärm: Die so unsanft aus dem Schlaf gerissenen Menschen erhalten eine Stunde Zeit, um ihre Höfe zu verlassen; sie dürfen nur wenige Sachen mitnehmen, nichts jedoch vom Hausrat. Wer sich zu verstecken versucht, auf den wird geschossen „wie auf einen Hasen". Auf dem Schulsportplatz wird ein Sammelplatz eingerichtet; lange Listen werden verlesen, die Namen überprüft. Der Augenzeuge Zygmunt Węclawik erinnert sich: „Leise weinten die frierenden und hungrigen Kinder. Die Erwachsenen standen ruhig. Ihre Tragödie wollten sie mit Würde ertragen. Manche wischten verstohlen die Tränen ab. (…) Ganz durchfroren beginnen wir die Fuhrwerke zu besteigen. (…) Auf jedem Fuhrwerk ein SS-Mann." (zitiert nach Jaczynska, *Sonderlaboratorium SS Zamojszczyzna*)

Auch einen deutschen Namen hat man für Skierbieszów schon vorbereitet: Das Dorf soll von nun an „Heidenstein" heißen.

Am nächsten Morgen „widmen" sich die deutschen Aussiedlungskommandos den Dörfern in der Gemeinde Wysokie, einen Tag später vertreibt man die Menschen in Stary Zamość von Haus und Hof – und die Liste ist lang: Bis zum 17. Dezember will man über 40 Dörfer aussiedeln. Tatsächlich werden es über 60 sein; 9.771 Menschen werden vertrieben und nach rassischen Gesichtspunkten kategorisiert. Die Experten Globocniks haben vier „Rassegruppen" definiert, nach denen die „evakuierten" Polen in einem Durchgangslager von „Rasseprüfern" selektiert werden. Wer den beiden ersten, rassisch „wertvollsten" Gruppen zugeordnet wird, wird zur „Wiedereindeutschung" ins „Reich" deportiert – nur eine kleine Minderheit bekommt diesen Status zuerkannt. Die Mehrheit wird der dritten Gruppe zugeteilt – auf sie wartet die Zwangsarbeit in Deutschland oder gleich auf den Höfen der neu angesiedelten Volksdeutschen. Ortsansässige polnische Bauern wurden auf diese Weise zu Sklaven jener, die sich nun auf ihrem Grund und Boden breitmachen. Bleibt die vierte Gruppe: Wer als „rassisch minderwertig" eingestuft wird, wird nach Auschwitz verschleppt; arbeitsunfähige und alte Menschen kommen in so genannte „Rentendörfer", wo sie dem Tod entgegenvegetieren sollen.

Nicht selten wird die „Aussiedlung" zur „Befriedung" (poln. *pacyfikacja*) von Dörfern, die dann unter dem Vorwand der „Banditenbekämpfung" in einem Blutbad endet, so geschehen etwa im Dorf Kitów am 11. Dezember 1942. Um einen Überfall polnischer Untergrundkämpfer der AK und der „Bauernbataillone" *(Bataliony Chlopskie)* auf das bereits ausgesiedelte und mit Volksdeutschen besetzte Dorf Nawóz in der Nacht zuvor zu rächen, treibt man die Bewohner auf einer Wiese zusammen und eröffnet ihnen, dass sie aufgrund der Zusammenarbeit mit den „Banditen" zum Tode verurteilt seien. 124 Menschen, unter ihnen 15 Kinder zwischen zwei und acht Jahren, werden erschossen, als Einzige überlebt die damals 12-jährige Anna Pawelczyk: „Sie holten mich mit der Mutter und der Großmutter weg. (...) Wir mussten zum Platz gehen, auf dem die Menschen mit Kindern aus dem ganzen Dorf zusammengetrieben wurden. (…) Die Deutschen (…) erschienen auf dem Platz mit drei Maschinengewehren und stellten sie gegen die Leute gerichtet auf, bald begann einer von ihnen eine Ansprache zu halten. Er sagte, dass alle sterben müssen, da sie mit den Banditen zusammenarbeiten. Es entstand eine schreckliche Panik (…) die Deutschen begannen zu schießen (…) Ich fiel in dieser Zeit auf den Boden und versteckte den Kopf unter dem Arm meiner Mama in Erwartung, dass alles zu Ende geht. Ich spürte plötzlich, dass zwischen meinen Zehen eine Kugel durchflog. Sie schoss mir die Schuhe durch und verbrannte die Füße (…) Das Schießen hörte endlich auf. Es erhob sich dann eine junge Frau und begann zu bitten, dass man sie verschone. Ein Deutscher schoss aber auf sie (…) Es näherte sich mir ein Nazi und legte die Hand auf den Rücken, um zu prüfen, ob ich lebe. Ich wartete mit verhaltenem Atem. Ich dachte, dass er mich tötet. Er warf mich mehrere Male herum. Ich bewegte mich nicht, so ging er. Nach einer Weile kam er zurück, griff mich am Kragen und warf mich an einen anderen Platz. (…)

Ich lag auf der Wiese bis zum Einbruch der Nacht. (…) Dann erhob ich mich (…) Anschließend begann ich nach der Mama zu suchen. Ich suchte sie unter den Leichen (…). Ich erkannte sie nach der Trachtenweste. Ich schrie – Mama! Mama! Ich konnte nicht glauben, dass ich lebe und jemand nicht mehr lebt." (zitiert nach Jaczynska, *Sonderlaboratorium SS Zamojszczyzna)*
Die ausgesiedelten Polen werden in „Durchgangslager" in Zamość und Zwierzyniec gebracht, wo auch die „Rassenuntersuchung" stattfindet. Kommandant des Durchgangslagers in Zamość ist der SS-Unterscharführer Artur Schütz, der im Juni 1943 nach Zwierzyniec befohlen wird. Zwischen dem 27. und 28. November 1942 treffen hier die ersten Aussiedler aus Skierbieszów und den umliegenden Dörfern ein – umzäunt von Stacheldraht, versehen mit Wachtürmen erinnern die 15 Wohnbaracken und zwei Stallbaracken an ein KZ; die Polen werden hier wie Häftlinge „gehalten" und dürfen das ihnen zugewiesene Gelände nicht verlassen. Haben die Aussiedler das Lagertor passiert, so führt man sie zunächst in die Baracke Nr. 5 und dann vor die „Rassenprüfer", die in den Baracken Nr. 2, 3 und 4 die Selektionen vornehmen. Die in die Wertungsgruppen I und II selektierten Polen kommen in die Baracken Nr. 6, 7 und 8; Personen der Wertungsgruppe III in die Baracken Nr. 9 und 10, die Unglücklichen der Wertungsgruppe IV in die Baracke 12 – sie sind für den Transport nach Auschwitz bestimmt. Alte Leute und Kinder bis zum 14. Lebensjahr versammelt man in den Baracken 9a, 16 und 17.
Die Selektion, geleitet von einem Dr. Riehl, beginnt mit der Feststellung der Identität, dann folgt die Trennung von Männern, Frauen und Kindern: Familien werden rücksichtslos auseinandergerissen, Kinder und Jugendliche von ihren Eltern getrennt. Der Bauer Boleslaw Świst aus dem Ort Wisłowiec erinnert sich: „Die beiden jüngeren Kinder, Jan und Fredzia, wurden durch die Deutschen von uns getrennt. Als wir die Kinder nicht von uns lassen wollten, wurden wir beide, meine Frau und ich, schrecklich zusammengeschlagen. Die Deutschen schlugen auch andere

„Befriedung" eines polnischen Dorfes. Der Verdacht, die Partisanen zu unterstützen, bedeutete höchste Gefahr ...

Eltern während des Wegnehmens der Kinder." (zitiert nach Mausbach/Mausbach-Bromberger, *Feinde des Lebens*). Die mehrtägigen Transporte in Güterwaggons, oft quer durch Polen, werden für die Kinder zum Martyrium; es fehlt an ausreichender Verpflegung und Betreuung, Krankheiten wie Typhus, Scharlach, Masern und Diphtherie fordern zahlreiche Opfer. So kommt in Siedlce ein Transport an, auf dem 20 Kinder und alte Männer erfroren sind; kurz nach der Ankunft eines Zuges mit Deportierten in Garwolin sterben 13 Kinder. Im Durchgangslager Zamość zählt man zwischen 7. Dezember 1942 und 22. April 1943 199 tote Kinder – Vorfälle, die der polnischen Bevölkerung nicht verborgen bleiben, Wut und Hass auf die Deutschen wachsen, gleichzeitig kommt es zu spontanen Hilfsaktionen für die „Kinder von Zamość": Spendengelder werden gesammelt, manche Warschauer wagen es sogar, in den Distrikt Lublin zu reisen und Kinder von Zamość nach Warschau zu schmuggeln, wo sie bei Familien untergebracht werden. Junge Mädchen und Frauen melden sich freiwillig zum Dienst im Durchgangslager in Zwierzyniec, sie geben den Kindern zu essen, waschen und umsorgen sie.

Insgesamt werden in den Jahren 1941 bis 1943 aus den Kreisen

Biłgoraj, Hrubieszów, Tomaszów und Zamość etwa 110.000 Polen ausgesiedelt; die geräumten Dörfer werden mit 13.000 volksdeutschen Siedlern kolonisiert. Unter den ausgesiedelten Menschen sind etwa 30.000 Kinder, von denen Schätzungen zufolge 10.000 die Deportation nicht überleben. 4.454 werden von Globocniks „Rasseprüfern" als „eindeutschungsfähig" eingestuft und zur Germanisierung ins „Reich" gebracht; als „rassisch minderwertig" eingestufte Kinder landen zum Teil mit, zum Teil ohne ihre Familien in Majdanek oder Auschwitz, wo sie in den Gaskammern ermordet oder durch Phenolspritzen getötet werden; alle anderen Kinder werden in verschiedene Gegenden Polens verschleppt, so nach Warschau, Żelechów, Stoczek, Garwolin, Siedlce und Posen. Als sich in Warschau die Nachricht vom Eintreffen eines Kindertransports verbreitet, dringen aufgebrachte Fabrikarbeiter auf das Bahnhofsgelände vor und verlangen das Öffnen aller Güterwaggons. Dem deutschen Bahnhofsvorstand erklären sie: „Ihr habt unser Warschau bombardiert, uns eingesperrt und deportiert, aber ihr werdet unseren Kindern keinen Schaden zufügen!" (zitiert nach Sosnowski, *The Tragedy of Children*)
Die Aussiedlungen gehen auch im Winter 1942/43 weiter. Kleine Kinder werden aus dem Durchgangslager Zamość mit Sondertransporten in die „Rentendörfer" im Distrikt Warschau geschickt; zahlreiche Kinder sterben an Hunger und Kälte. Augenzeuge Adam Mastalinski berichtet in seinem Tagebuch *Karty męczenstwa Zamojszczyzny* über einen Transport vom 18. Dezember 1942: „Jetzt ein anderes Bild – wie die Kinder aufgeladen werden. Das eine kleiner als das andere, sie halten sich an den Händchen und steigen in identische Güterwaggons ein. Die einen weinen und rufen nach den Eltern, die anderen schweigen (...) Das würde Steine erweichen, aber nicht die Deutschen. Wenn jemand die Möglichkeit hat, überreicht er an die Kleinsten etwas Warmes oder etwas zu essen." (zitiert nach Jaczyńska, *Sonderlaboratorium SS Zamojszczyzna)* Ja, für die Deutschen sind selbst diese Kindertransporte in die „Rentendörfer" noch zu human

Aufbruch ins Ungewisse: „Aussiedlung" eines polnischen Dorfes in der Zamojszczyzna durch die SS, Dezember 1942.

– in einem Bericht vom 31. Dezember 1942 schlägt Globocnik-Partner Hermann Krumey, der Chef der Umwandererzentralstelle in Litzmannstadt und später Mitarbeiter des Sonderkommandos Eichmann, gleich das KZ vor: „Um die Aussonderung des unerwünschten Blutes und der Asozialen restlos zu erreichen, wäre zu erwägen, ob nicht auch die Kinder mit den Eltern in das Arbeitslager nach Auschwittz überführt werden sollten. In absehbarer Zeit treten die jetzt in die Rentendörfer verbrachten Kinder der Wertungsgruppe III biologisch wieder in Erscheinung und tauchen später erneut in unliebsamer Weise auf." (*Bundesarchiv, R75/009, Einwandererzentralstelle*)
Zu Weihnachten 1942 sind die polnischen Bewohner der Dörfer rund um Zamość zwar ausgesiedelt, der Widerstand der Partisanen wächst jedoch – sie antworten in der Silvesternacht mit Aktionen gegen die neuen volksdeutschen Ansiedler. Globocnik befiehlt eine Sonderstrafexpedition: Am 4. Januar 1943 werden gleich sieben Dörfer „befriedet", seine Sondereinheiten ermorden an diesem Wintertag 147 Menschen.

Am 13. Januar beginnt die so genannte „Ukraineraktion“: Polnische Dörfer im Landkreis Hrubieszów werden ausgesiedelt, um Platz zu machen für ukrainische Aussiedler, die ihrerseits aus dem Landkreis Zamość ausgesiedelt werden. 64 Dörfer sind von der Aktion betroffen; über 12.000 Polen müssen ihre Häuser und Höfe verlassen; angesiedelt werden an ihrer Stelle etwa 7.000 Ukrainer. Globocnik und seine Planer wollen mit den neuen ukrainischen Siedlungen eine Art „Pufferzone“ schaffen, gleichzeitig verschärft sich dadurch der Konflikt zwischen Polen und Ukrainern weiter. Da die Deutschen dem „Ukrainischen Zentralkomitee“ unter der Leitung von Wolodymyr Kubijowytsch sogar eine beschränkte Autonomie einräumen und ukrainische „Hiwis“ die deutschen Sondereinheiten bei den Aktionen gegen die polnischen Dörfer unterstützen, werfen die Polen den Ukrainern nicht zu Unrecht Kollaboration mit den *hitlerowców* vor.
Zwei Tage später, am 15. Januar 1943, zieht HSSPF Krüger bei einer „Arbeitssitzung“ im Schloss Belvedere in Warschau in Gegenwart von Hans Frank eine erste Bilanz. Wie von ihm befürchtet, muss man Schwierigkeiten eingestehen: „Daß wir uns mit der Besiedelung dieses Raumes, zunächst also des Distrikts Lublin bzw. der Kreishauptmannschaft Zamosz (sic!) nicht zu Freunden der Polen gemacht haben, ist selbstverständlich.“ Auch wenn man eine „ungeheure Unruhe“ erregt hätte – noch hält man an den Plänen fest, wie Krüger mit zynischer Sachlichkeit referiert: „Soweit also der Pole minderwertig ist, wird er aus diesem Gebiet herausgenommen und verschwindet im KZ, soweit er für uns im Raume wertvoll erscheint, bleibt er im Gebiet des Generalgouvernements und erhält an Grund und Boden das gleiche, was der volksdeutsche Siedler auch bekommt … eine Fläche von 30–40 Hektar. Dieser Bauer stellt dann später für uns einen Faktor dar.“

Der Herr Geschäftsführer

Die Ostindustrie GmbH

„Einer der besten und stärksten Pioniere im G.G.": Globocnik gerät 1943 trotz dieses Lobes von Maximilian von Herff immer stärker ins Visier seiner Gegner.

Mai 1943. Im SS-Personalhauptamt in Berlin macht man sich Sorgen über das Liebesleben des Brigadeführers. Maximilian von Herff, der Chef, mahnt für seinen Freund Globocnik die Heirat ein: „Wichtig ist, dass der SS-Gruppenführer bald heiratet, um in diesem ruhelosen ihn zermürbenden Pionierleben einen festen Pol in Frau und Heim zu haben. Dies würde unbedingt dazu beitragen, daß SS-Gruppenführer Globocnik mehr haushält mit seinen Kräften und damit heranreift für größere Aufgaben, zu denen er unbedingt das Zeug hat. Andernfalls besteht die Gefahr, daß er in dem rauhen und männlich betonten Pionierleben des Ostens sich zwar nicht verliert, aber doch Energien verbraucht, die er in Zukunft besser gebrauchen kann." Es sind wohl aktuelle Informationen aus Lublin, die von Herff zu diesem Urteil veranlassen; nach der Trennung von Irmgard Rickheim lebt der Brigadeführer wieder allein. Die fortgesetzte Ehelosigkeit des nunmehr 39-Jährigen ist vor allem Himmler ein Dorn im Auge – Freund *Globus* verstößt gegen den Kodex der SS-Sippengemeinschaft, der da vorsieht, dass die SS-Führer ein „normales" Familienleben mit Frau und Kindern zu führen haben. Die Gesamtbeurteilung durch von Herff, abgegeben nach einer Dienstreise ins Generalgouvernement im Mai 1943, fällt für Globocnik aber unbedingt positiv aus: „Vollnatur mit all ihren großen Licht- und Schattenseiten. Wenig auf das Äußerliche gebend, fanatisch von der Aufgabe besessen, sich bis ins Letzte für sie einsetzend ohne Rücksicht auf Gesundheit oder äußerlichen Dank. Einer der besten und stärksten Pioniere im G.G. Verantwortungsbewußt, selbstbewußt, mutig, Tatsachenmensch. Sein Draufgängertum läßt ihn oft die gegebenen Grenzen sprengen und die ihm innerhalb des Ordens gezogenen Grenzen vergessen, jedoch nicht aus persönlichem Ehrgeiz, sondern vielmehr aus Besessenheit um der Sache willen. Der Erfolg spricht unbedingt für ihn."

SS-Obersturmführer Johann Offerman berichtet in seinen nach dem Krieg in einem Lager entstandenen Aufzeichnungen: „In Finanzgeschäften war G. immer ein unsicherer Kantonist. Trotzdem er kein Kaufmann war, schaltete er sich mehr oder weniger mit Geldern, die ihm vom Generalgouverneur und der Reichsführung-SS für bestimmte Zwecke zugewiesen wurden, in alle möglichen und unmöglichen Unternehmen ein, um sein bekanntes Konto „Ordinario“, von dem alle, das Tageslicht scheuende Geschäfte beglichen wurden, laufend zu erhöhen. Aus diesem Grund führte er auch auf eigene Rechnung Fleischerei- und Bäckerreibetriebe, die ebenfalls sehr nette Summen abwarfen. So wurden auch zum Beispiel aus Litzmannstadt und Umgebung Anzug- und Kleiderstoffe, Gardinen und Dekorationsstoffe, Möbel usw. zu den unmöglichsten Preisen gekauft und dadurch der Schwarzhandel, der streng verboten war, unterstützt.

Wie sein ehemaliger Stabsführer Gauinspekteur Sepp Nemec einmal durchblicken ließ, wurde er seines Posten als Gauleiter von Wien wegen seiner unmöglichen dort betriebenen Finanzpolitik, enthoben.

Bei den geschilderten Finanzgeschäften in Lublin hat sich ganz besonderes sein persönlicher Referent Maubach bereichert. Dieser fiel zum Schluss ebenfalls in Ungnade und wurde zur Waffen-SS abgeschoben.“

Auch wenn der Judenmord im Frühjahr 1943 planmäßig weitergeht, so werden nun doch verstärkt Stimmen laut, die für eine effektive „Nutzung“ der jüdischen Arbeitskräfte plädieren. Oswald Pohl, als Chef des Wirtschaftsverwaltungshauptamts der „Zahlmeister“ unter den Mitarbeitern Himmlers, ist beauftragt, eine entsprechende Lösung zu finden – und hat auch bald die „Geschäftsidee“ parat, die sich auf einen Antrag von Krüger und Globocnik stützt: Auf der einen Seite soll sich das zu gründende Unternehmen um die aus dem Judenmord anfallenden „beweglichen Werte“ kümmern, auf der anderen Seite soll es unter dem massiven Einsatz von jüdischen Zwangsarbeitern kriegs- und rüstungswichtige Betriebe aufbauen. Die dabei eingesetzten Juden könne man ja auch noch später „liquidieren“ – das ist der Tenor eines Befehls des Reichsführers-SS vom Oktober 1942, in dem Himmler die Errichtung von „KL-Großbetrieben im Osten des Generalgouvernements“ verlangt, allerdings mit dem Zusatz: „Jedoch auch dort sollen eines Tages dem Wunsche des Führers entsprechend die Juden verschwinden.“

Ostindustrie G.m.b.H.
Torfwerk Dorohucza (GG)

Dorohucza, den 2. Juli 194
Kreis Chelm
Sch/CJ

An die
Lagerverwaltung des
SS Lagers,
Lublin
Chopinstr. 27.

Lieber Kamerad!

Anbei eine Anweisung des SS und Polizeiführers, Obergruppenführer Globocnik über Abgabe verschiedener Wäsche und Kleidungsstücke fü unsere Juden im Arbeitslager Dorohucza. Ich bitte Dich, die Ware etwas vorzurichten, damit etwa am Montag der abholende Lastwagen nicht allzu lange warten muss. Zum Abholen komme ich selbst mit.

Mit freundlichem Grusse und

Heil Hitler,

Anlage

„Unsere Juden“: Im Torfwerk Dorohucza arbeiteten vor allem niederländische und polnische Juden, die der „Aktion Erntefest“ zum Opfer fielen.

Das „Geschäftsmodell“ Pohls wird von allen Beteiligten akzeptiert, am 12. März 1943 schließen Georg Lörner, der Geschäftsführer des SS-Wirtschaftskonzerns „Deutsche Wirtschaftsbetriebe GmbH“, und Oswald Pohl den Gesellschaftsvertrag zur Gründung der „Ostindustrie GmbH“, kurz „OSTI“ genannt, ab. Das vorgesehene Stammkapital: 100.000 Reichsmark, 75.000 Reichsmark bringt Pohl ein, 25.000 Lörner. Der vorgesehene Geschäftsführer: Odilo Globocnik. 2. Geschäftsführer und Stellvertreter des SSPF wird der aus Stuttgart stammende Dr. Max Horn (1904–1989), von seiner Ausbildung her Wirtschaftsprüfer und zuvor Direktor der „Deutschen Großhandels-Gesellschaft“ in Hamburg. Horn ist seit Februar in Lublin, er soll nach den Vorstellungen Pohls das kaufmännisch erfahrene Gegengewicht zum impulsiven SSPF bilden.

Alles geht glatt, am 30. April 1943 wird die OSTI in Berlin ins Handelsregister eingetragen. Um rasch zu Geld zu kommen, haben Globocnik und Horn gleich eine erste Idee: Sie fordern von Privatunternehmen, die Maschinen und Geräte aus jüdischem Besitz übernommen haben, Geld zurück. Betroffen von diesen Forderungen sind auch SS-Dienststellen, die das Ansinnen der OSTI zunächst teilweise ignorieren. Vorteil ziehen will man vor allem aus einer groß angelegten Verlegung von Betrieben des Warschauer Ghettos in den Distrikt Lublin. Bereits im Januar 1943 hat da-

Aufstand im Warschauer Ghetto: Globocnik muss das Feld den Einheiten Jürgen Stroops überlassen, die zur „systematischen" Vernichtung des Ghettos antreten.

her Himmler mit den beiden Ghetto-Unternehmen „Walther C. Többens" und „Schultz & Co GmbH" Verträge abgeschlossen, die einen Transfer der Firmen in die Lager von Poniatowa und Trawniki im Globocnik-Reich vorsehen; die Juden des Warschauer Ghettos könnten dann, so Himmlers Plan, in die Vernichtungslager Globocniks deportiert werden.

Mit der Durchführung der Verlagerung beauftragt Globocnik seinen Warschau-Kenner Georg Michalsen, der darüber später vor Gericht berichtet: „Irgendwelche Mitarbeiter hat man mir zu dieser Aufgabe nicht gegeben, ich war vielmehr allein (mit Ausnahme eines Kraftfahrers). Ich habe nun begonnen, mit den Firmen über die Verlagerung zu verhandeln und habe auch die entsprechenden Verträge mit den Firmen abgeschlossen. (...) Die eigentliche Abwicklung der Verlagerung und des Umzuges woll-

ten die Firmen allein, das heißt ohne unsere Mitwirkung machen. Sie befürchteten nämlich, daß die Juden beunruhigt sein würden, wenn wir in Erscheinung treten würden, weil die Juden dann verständlicherweise glauben könnten, daß es sich wieder um eine Verschickung nach Treblinka handele wie im vorigen Jahr. Többens erhielt sogar die Erlaubnis (was sonst streng verboten war), in seinem Auto Juden mitzunehmen. Er fuhr mit verschiedenen Juden nach Poniatowa, damit diese dort Gelegenheit haben sollten, sich von der Beschaffenheit des Lagers zu überzeugen."
Michalsen, der Globocnik regelmäßig über den Stand der „Verlagerungsvorbereitungen" informieren muss, sieht sich bald mit Schwierigkeiten konfrontiert: Ein Teil der jüdischen Arbeitskräfte will sich nicht verlagern lassen, der jüdische Widerstand will den umfassenden Abtransport von Betriebsanlagen aus dem Ghetto um jeden Preis unterbinden; man weiß: Ohne Arbeit droht ihnen der Tod. Michalsen bleibt nichts anderes übrig, als seinen Chef um Hilfe zu bitten – Globocnik schaltet sich daraufhin persönlich ein und telefoniert mit seinem Warschauer Amtskollegen von Sammern-Frankenegg, der schließlich nur einen Rat weiß: einen „Großeinsatz" im Ghetto, das systematisch „durchkämmt" werden soll, um Untergrundkämpfer aufzuspüren, gleichzeitig sollen die „verlagerungswilligen Juden" gegen „Repressalien der Widerstandsbewegung" abgeschirmt werden. Die Firmen sind mit dieser Vorgangsweise einverstanden, so wie von Sammern-Frankenegg werden auch sie von der Heftigkeit des jüdischen Widerstands überrascht: Am 19. April 1943 beginnt der Aufstand im Warschauer Ghetto.
Michalsen sieht seinen Auftrag gefährdet und meldet sich in Lublin: „Bereits am zweiten Tage der Aktion hatte ich telefonisch Globocnik angerufen und ihm gesagt, daß ich hier jetzt praktisch abgemeldet sei, ob ich zurückkommen sollte. Globocnik gab mir den Auftrag dazubleiben. Am nächsten Morgen, also am dritten Tag der Aktion, kam er mit dem Auto nach Warschau und verhandelte mit Stroop. Ich war bei dieser Verhandlung nicht zugegen

und weiß daher nicht, was in dieser Verhandlung zwischen Stroop und Globocnik gesprochen worden ist. Ich bin dann zusammen mit Globocnik, allerdings nicht im gleichen Auto, am selben Tage, also am dritten Tage der Aktion, nach Lublin zurückgefahren."
Globocnik gelingt es offenbar bei diesem Gespräch mit Stroop am 21. April 1943, diesem die Zusage zu weiteren Transporten von „Arbeitsjuden" nach Poniatowa und Trawniki sowie zu den Deutschen Ausrüstungswerken in der Lipowastraße abzuringen. Wie Michalsen bezeugt, geht es Globocnik nur um arbeitsfähige Leute: „An sich war es Globocniks Bestreben, nur echte Arbeitskräfte in diese Lager zu bringen, die dann also reine und ausgesprochene Arbeitslager werden sollten. Frauen, Kinder und kranke Leute sollten also tunlichst nicht mit in diese Lager, jedenfalls nicht soweit sie keine Arbeitskräfte waren. Nach Globocniks Vorstellungen hätten diese also nicht mit verlagert werden, sondern zunächst in Warschau zurückbleiben sollen, um dann im Zuge der letzten endgültigen Bereinigung des Warschauer Ghettos erfasst und nach Treblinka abtransportiert zu werden." Da die Firmen darauf bestehen, dass alle Arbeiter, die in ihren Betrieben beschäftigt sind, verlagert werden, und auch keine Selektionen dulden, muss sich Globocnik schließlich damit abfinden, dass auch Frauen und Kinder in Poniatowa und Trawniki aufgenommen werden. Glaubt man Michalsen, so habe er sich später noch über den „Kindergarten" in Poniatowa „mokiert".
Mit dem Andauern des Aufstands im Warschauer Ghetto kommt die Verlagerung von Arbeitskräften in den Distrikt Lublin jedoch völlig zum Erliegen; Globocnik und Horn sind gezwungen, verstärkt auf die Errichtung eigener Werke und auf Übernahmen zu setzen. So bringen sie noch vor Errichtung des Gesellschaftsvertrags eine ehemals jüdische Glashütte in der bei Warschau gelegenen Stadt Wołomin an sich, die mit 645 polnischen Arbeitern geführt wird: Das Werk in Wołomin wird im OSTI-Imperium zum „Werk I"; die Bezeichnung „Werk II" erhält das Lager Dorohucza, in dem mehrere Hundert jüdische Zwangsarbeiter Torf stechen

und eine Torfverkokungsanlage errichten. Die auf dem Gelände des „Alten Flugplatzes" bei Lublin eingerichteten Betriebe zur Erzeugung von Bürsten und Flechtkörben werden zu „Werk III", in Radom und Bliżyn errichtete Betriebsstätten zur Reparatur von Uniformen und Schuhen sowie zur Herstellung von Kartonagen und Bürsten, die bis zu 5.600 jüdische Zwangsarbeiter beschäftigen, werden unter „Werk IV" geführt. Ehrgeizige Pläne hat man für „Werk V", ein „Eisenwerk", das in Lublin selbst angesiedelt werden soll und die Errichtung von Rüstungswerkstätten für die Luftwaffe vorsieht. Im August 1943 werden der OSTI weitere Betriebe in Lublin einverleibt, eine Ziegelei mit Zementwerk („Werk VI"), eine Kachelfabrik („Werk VII") und schließlich auch eine orthopädische Werkstatt („Werk VIII"); im September 1943 übernimmt die OSTI noch die Betriebsanlagen der Firma Schultz & Co in Trawniki.

Zielrichtung der OSTI ist es, für Wehrmacht und Luftwaffe ein breites Angebot von Gütern – von der Uniform bis zum Ersatzteil – liefern zu können. Die wenigen Monate Zeit, die Globocnik und Horn bleiben, reichen jedoch nicht, um diese Vision auch verwirklichen zu können; die einzelnen „Werke" erreichen nicht die erhofften Umsatzzahlen. Ohne Arbeitskräfte können die „Werke" nicht mehr weitergeführt werden – am 23. November 1943 ordnet Oswald Pohl daher die Liqidation der „Ostindustrie GmbH" an.

Als Mitte 1943 durchsickert, dass das SS-Gericht in Kassel eine Untersuchung wegen Veruntreuung und Unterschlagung der SS-Mannschaft eingeleitet hat, beschließt man, die 20 jüdischen Häftlinge des Kommandos in der Effektenkammer zu ermorden – nur allzu gut wissen diese Bescheid darüber, wie die SS-Leute den Juden Gold, Geld und Schmuck rauben.

Die Häftlinge werden in das alte Krematorium getrieben. Dort jagt man sie einzeln in einen Holzschuppen und erschießt sie der Reihe nach.

Aktion Werwolf

Terror in Zamość

„Aussiedlung“ eines Dorfes im Landkreis Bilgoraj, Sommer 1943.

Brigadeführer Odilo Globocnik, der „Germanisierungs- und Umvolkungsfetischist“ (Bruno Wasser), träumt noch immer von der Kolonisation des Ostlandes. Er will es nicht wahrhaben, dass seine hochfliegenden Pläne gescheitert sind. Er, der, wie Himmler am 4. August 1943 an seinen Schwager Richard Wendler schreibt, „wie kein Zweiter für die Kolonisation des Ostens geschaffen“ sei, will noch einmal Energie beweisen, auch wenn die Schwierigkeiten enorm sind: Zwar ist es gelungen, im Winter 1942/43 die Verwaltung in den von den Umsiedlungen betroffenen Gebiete im Kreis Zamość zu stabilisieren, der Kompetenzwirrwarr ist jedoch nach wie vor groß. Die Fronten verlaufen einerseits zwischen deutschen und polnischen Stellen, die die Weisungsbefugnis der deutschen Beamten nicht akzeptieren wollen, und andererseits zwischen den Reihen der Besatzer selbst: Die Streitigkeiten zwischen der zivilen Distriktverwaltung und der Dienststelle Globocnik reißen nicht ab; es geht insbesondere um die Frage, wer für die Einbürgerung der Volksdeutschen im Distrikt Lublin tatsächlich zuständig sei: die Hauptabteilung „Innere Verwaltung“ beim Gouverneur oder die „Einwandererzentralstelle“ (EWZ) der SS, die nunmehr nicht nur „fremdvölkische“, sondern auch deutsche Umsiedler bearbeiten will.

Der Konflikt mit Gouverneur Ernst Zörner, der in einer Denkschrift die fatalen Folgen der Umsiedlungen zusammenfasst, spitzt sich zu; beide Seiten versuchen Unterstützung und Verbündete in Berlin zu finden. In einem geheimen Telegramm an Himmler vom 28. Februar 1943 beschwert sich Globocniks Vorgesetzter SS-Obergruppenführer Friedrich-Wilhelm Krüger über Zörner, der, so der Vorwurf, die Umsiedlungen zu hintertreiben suche. So habe Zörner etwa seinen Mitarbeitern verboten, Anweisungen Globocniks zu befolgen – der Auftakt zu einem letzten Ringen zwischen Gouverneur und SSPF. Dem Hauptargument Zörners – die Umsiedlungen würden Unruhe und Chaos bewirken und damit auch die Versorgung des Distrikts und die Lebensmittellieferungen ins „Reich“ gefährden – tritt Globocnik am 3. März 1943

in einem Schreiben an Himmler mit neuen Vorschlägen zur Abschwächung des Widerstandes von polnischer Seite entgegen. So sollen nur mehr „sicherheitsmäßig schlecht beschriebene Elemente“ ausgesiedelt und die Dörfer „nach sicherheitswidrigen Elementen“ durchkämmt werden. Polen, die „leistungsfähig“ sind, sollen auf den so genannten „Z-Höfen“ innerhalb des Ansiedlungsgebietes untergebracht werden; diese „Arbeitspolen“ müssten einen „garantierten Lohn und ein Arbeitsbuch“ erhalten, ihre Verpflegung durch die Siedlungswirtschaftsgemeinschaft Zamość gesichert werden. Weiters sollen „allen Polen, auch jenen, die dem Arbeitsprozeß im Reich zugeführt werden, Scheine ausgestellt werden, worin bestätigt wird, was sie an Besitz zurückgelassen haben. Es wird ihnen mitgeteilt, daß sie einstens hierfür eine entsprechende Entschädigung in Form von Waren oder Bargeld erhalten. Dies gilt auch für die bisher Ausgesiedelten. Die Bescheinigungen sollen von der DUT (= Deutsche Umsiedlungs- und Treuhandgesellschaft) ausgestellt werden. Ich bitte den Reichsführer-SS hierzu seine Genehmigung zu erteilen.“ Weiters schlägt er Himmler vor, mit den neuen Ansiedlungen bis nach „erfolgter Frühjahrsbestellung“ zu warten, da so die befürchtete „Produktionsbeunruhigung“ nicht eintreten könne und die neu eintreffenden Siedler gleich in den „Genuss der Ernte“ kommen würden. In der Anlage zu diesem Schreiben präsentiert er noch die Idee, die Umsiedlungen durch Mundpropaganda als „abgestoppt“ hinzustellen; die neuen Unternehmungen sollen als Aktionen zur „Herstellung der Sicherheit in den Bandengebieten“ angekündigt werden.
Auch wenn Globocnik den enormen Widerstandsgeist der polnischen Bauern weiter sträflich unterschätzt – Himmler lässt sich überzeugen und hält seinem Freund *Globus* noch einmal die Stange: Ernst Zörner wird von seinem Posten entbunden, die kommissarische Führung der Dienstgeschäfte in Lublin übernimmt am 10. April 1943 Dr. Ludwig Fischer, der Gouverneur von Warschau.
Jetzt, da er den Rücken einigermaßen frei glaubt, plant Globoc-

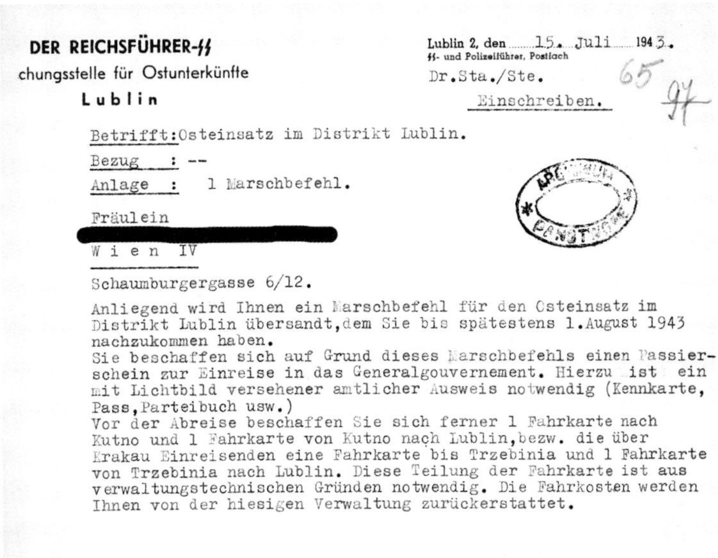

DER REICHSFÜHRER-SS
chungsstelle für Ostunterkünfte
Lublin

Lublin 2, den 15. Juli 1943.
SS- und Polizeiführer, Postfach
Dr.Sta./Ste.
Einschreiben.

Betrifft: Osteinsatz im Distrikt Lublin.
Bezug : --
Anlage : 1 Marschbefehl.

Fräulein
[geschwärzt]
Wien IV
Schaumburgergasse 6/12.

Anliegend wird Ihnen ein Marschbefehl für den Osteinsatz im Distrikt Lublin übersandt, dem Sie bis spätestens 1. August 1943 nachzukommen haben.
Sie beschaffen sich auf Grund dieses Marschbefehls einen Passierschein zur Einreise in das Generalgouvernement. Hierzu ist ein mit Lichtbild versehener amtlicher Ausweis notwendig (Kennkarte, Pass, Parteibuch usw.)
Vor der Abreise beschaffen Sie sich ferner 1 Fahrkarte nach Kutno und 1 Fahrkarte von Kutno nach Lublin, bezw. die über Krakau Einreisenden eine Fahrkarte bis Trzebinia und 1 Fahrkarte von Trzebinia nach Lublin. Diese Teilung der Fahrkarte ist aus verwaltungstechnischen Gründen notwendig. Die Fahrkosten werden Ihnen von der hiesigen Verwaltung zurückerstattet.

„Marschbefehl für den Osteinsatz": Auch Wiener Studentinnen werden von Globocnik-Mitarbeiter Stanglica für den Dienst in den Umsiedlungsgebieten angeworben.

nik für den Frühsommer 1943 eine neue „Offensive" in der *Zamojszczyzna.* In einer Dienstbesprechung stellt er ausdrücklich fest, dass man an den Zielen festhalte: „Es ist gewiss schwer, mit verhältnismäßig geringen und nicht immer geeigneten Kräften durchzukommen, manches wird vielleicht auch einmal vorbeigelingen, es muß aber alles versucht werden, mit dem mindestens Durchschnitt (sic!) an Menschen über alle Schwierigkeiten hinwegzukommen."

Aufgrund der Personalknappheit sucht man im Rahmen des „Kriegseinsatzes der deutschen Studentenschaft" verstärkt nach Studenten, die sich freiwillig zum Dienst in Umsiedlungsgebieten und Kolonistendörfern melden; für seine „Forschungsstelle für Ostunterkünfte" beantragt Globocnik bei Gerda Scheuble, der Leiterin der Studentanabteilung in Wien, ein Kontingent von 40, später sogar 80 Studentinnen und Studenten. Scheuble, eine junge Chemikerin, Jahrgang 1919, sagt die Studenten für den

Wichtiges Merkblatt!

WIR HELFEN IM OSTEN

„Der Führer wird sich in Schicksalsstunden seines Volkes auf uns Studenten und Studentinnen verlassen können ... Ich habe daher als Reichsstudentenführer in Eurem Namen die Verantwortung übernommen, daß Deutschlands Studenten und Studentinnen neben dem Studium im Semester und in den Ferien alle ihre Kraft dem totalen Krieg zur Verfügung stellen." (Dr. Scheel)

RICHTLINIEN

FÜR DEN

OSTEINSATZ 1943

REICHSSTUDENTENFÜHRUNG - EINSATZLEITUNG OST
Posen • Saarlandstraße 77 • Ruf: 6243

ufbewahren! Zum Einsatz mitbringen!

„Der Führer wird sich in Schicksalsstunden seines Volkes auf uns Studenten und Studentinnen verlassen können": Merkblatt der Reichsstudentenführung in Posen zum „Osteinsatz 1943".

„studentischen Osteinsatz" zwar großzügig zu, hat dann jedoch Schwierigkeiten, genug Freiwillige zu finden, noch dazu formuliert Franz Stanglica, der die Aktion leitet, sehr genaue Vorstel-

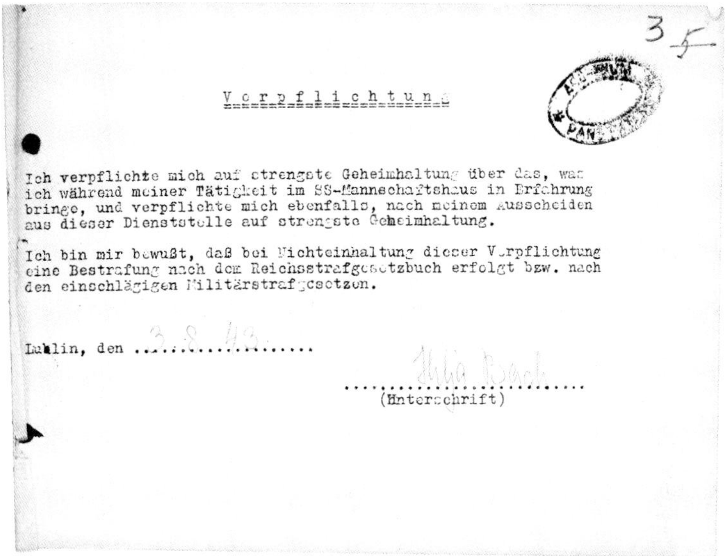
3 5

Verpflichtung

Ich verpflichte mich auf strengste Geheimhaltung über das, was ich während meiner Tätigkeit im SS-Mannschaftshaus in Erfahrung bringe, und verpflichte mich ebenfalls, nach meinem Ausscheiden aus dieser Dienststelle auf strengste Geheimhaltung.

Ich bin mir bewußt, daß bei Nichteinhaltung dieser Verpflichtung eine Bestrafung nach dem Reichsstrafgesetzbuch erfolgt bzw. nach den einschlägigen Militärstrafgesetzen.

Lublin, den 3.8.43

Ilka Bach
(Unterschrift)

Die für das SS-Mannschaftshaus Lublin tätigen Studentinnen werden zur „strengsten Geheimhaltung" verpflichtet.

lungen: So sucht man etwa 55 Studenten als „landwirtschaftliche Berater der deutschen Siedler“, weiters 5 Zeichner, 5 Architekten, 4 Slawisten mit Kenntnis der polnischen und ukrainischen Sprache, 3 Geografen, 2 Historiker, 1 Spezialisten für Volkswirtschafts-Statistik, 1 Volkskundler, 2 Bau-Ingenieure sowie je 1 Studenten der angewandten und der darstellenden Kunst. Um den Anreiz für eine Meldung zum Einsatz im Distrikt Lublin zu erhöhen, hat Globocnik dann noch eine besondere Idee: Die von den Studenten während ihres Aufenthalts erarbeiteten Unterlagen sollen als Grundlage zu Doktorarbeiten verwendet werden können. Immerhin – es finden sich nicht nur in Wien, sondern auch an zahlreichen deutschen und niederländischen Universitäten Studierende, die das „Abenteuer“ Lublin nicht scheuen. Aus Wien kommen etwa Erika Dienhold, Eleonore Haid, Hedwig Hein, Gertrude Sternbauer, Brunhild Posch oder Hertha Kolbe, an die Stanglica am 21. Juli 1943 ein „motivierendes“ Schreiben richtet: „Gerade an Sie als Ostmärkerin appelliere ich, um das bedeutende Werk des Gruppenführers Globocnik in jeder Hinsicht gelingen zu lassen. SS-Gruppenführer Globocnik betont immer wieder die Einsatzfreudigkeit seiner Heimat, und deshalb wäre es auch angebracht, dass aus der Ostmark eine größere Zahl von Studierenden im Umsiedlungsgebiet eingesetzt werden könnte." Die jungen Frauen sind auf ihrem „Germaneneinsatz" als Dorfberaterinnen tätig, zeichnen Pläne von Siedlungen und Dorfgemarkungen und sind angehalten, einen ausführlichen Bericht über ihren Aufenthalt zu verfassen.

Die Katastrophe von Stalingrad hat den Optimismus der NS-Raumplaner indes nur wenig gedämpft; im „Hauptamt für Raumordnung" in Warschau geht man im Mai 1943 noch immer von einer zukünftigen Ostgrenze auf der Linie Memel–Odessa aus; zusammen mit den Gauen Südostpreußen, Wolhynien, Galizien und Podolien soll der Distrikt Lublin die „Ostgruppe" der Ostgaue des Reiches bilden.

Organisatorische Maßnahmen sollen die Schlagkraft des SSPF Lublin erhöhen: Auf Antrag Globocniks wird aus dem 25. Polizeiregiment in Lublin die „Pol.-Abt. z. b. V. Zamosc" gebildet, die ihm speziell zur Durchführung von Umsiedlungsaktionen zur Verfügung steht. Kommandeur ist SS-Hauptsturmführer Hahn; die Hauptaufgabe dieser Einheit, zu der etwa 100 „Askaris" gehören sowie die „SS-Polizei-Abteilung z. b. V.", gebildet aus dem 25. Polizeiregiment: das Umstellen und Abriegeln von auszusiedelnden Dörfern. Bereits am 24. Februar 1943 wird von Himmler die Truppenpolizei in Lublin per Dekret in SS-Polizeiregimenter umgewandelt, der Reichsführer-SS ist offenbar bestrebt, seinem Mann für die „Eindeutschung" des Distrikts eine persönliche Verfügungstruppe zu schaffen – die neuen SS-Polizeiregimenter zeichnen sich denn auch bald durch zahlreiche Morde und Exekutionen aus. Für Globocnik kämpft auch das „1. SS-Landwacht-Bataillon Zamosc", eine Truppe bestehend aus Volksdeutschen, die für die Ansiedlung im Distrikt Lublin vorgesehen sind.

Aufgestellt und ausgebildet werden die Männer der „Landwacht" im Oktober 1942 im Waldlager Tuschin *(Tuszyn)* bei Łódź; am 10. Januar 1943 kommen Angehörige des Bataillons bei Zamość erstmals zum Einsatz. Befehligt wird die Einheit vom dänischen SS-Sturmbannführer Thor Jörgensen, finanziert vermutlich aus Mitteln der „Aktion Reinhardt".

Eine wichtiger Rolle kommt den SS- und Polizeigütern zu, die als „Musterbetriebe" eigene „Gutsbezirke" bilden und nicht den polnischen Gemeindeverwaltungen unterstehen. Im Februar 1943 kann Globocnik auf 47 konfiszierte Landgüter verweisen, die als SS-Stützpunkte ausgebaut werden: Hier sollen die Neu-Ansiedler beraten und mit notwendigen Gütern versorgt werden, gleichzeitig sind diese SS-Güter militärische Stützpunkte mit eigenen kleinen Garnisonen, denen der Schutz des umliegenden Kolonistenlandes obliegt. In einer Dienstanweisung vom 1. Mai 1943 betont Globocnik, dass die wirtschaftliche Selbstständigkeit dieser Güter vordringliches Ziel sei, würden von ihnen aus doch sowohl die SS-Einheiten als auch die Kolonisten versorgt.

Der Widerstand gegen die deutschen Besatzer wächst inzwischen weiter, der Kampf gegen Partisanen, die nicht zuletzt durch von ihren Höfen vertriebene Bauern Zulauf erhalten, wird im Frühjahr 1943 zum gezielt geführten Krieg. So startet am 22. April 1943, es ist Gründonnerstag, das Unternehmen „Ostersegen": Major Gustav-Wilhelm Trapp erhält Befehl, gegen die Partisanen in den Wäldern von Parczew, einem etwa 136 km^2 großen Waldgebiet nordöstlich von Lublin, vorzugehen. Trapp zieht mit einer Truppe von 1.630 Mann Ordnungspolizei in den Kampf gegen die „Banditen"; es gelingt ihm, der jüdischen Partisanen-Einheit „Puschkin-Gruppe" und sowjetischen Partisanen, die von Oberst Iwan Banow, genannt „der Schwarze", geführt werden, Verluste zuzufügen und nach Altana im Zentrum der Wälder vorzustoßen, wo sich etwa 1.000 Juden in „Familienlagern" versteckt halten. Mehrere Hundert Juden werden bis zum Karsamstag, dem 24. April, getötet; ein nachhaltiger Schlag gegen die Partisanen gelingt

jedoch nicht – die Wälder von Parczew bleiben eine wichtige Basis für Partisanengruppen aller Couleur.
Am 1. Juni 1943 „befrieden" Sondereinheiten der Gestapo und der Schutzpolizei aus Zamość sowie ukrainische Trawniki-Männer das Dorf Sochy in der Gemeinde Zwierzyniec; bei der „Antipartisanenaktion" kommen sogar Flugzeuge der Luftwaffe zum Einsatz, die auf die Bauernhöfe Bomben abwerfen; Bordschützen machen mit ihren Maschinengewehren Jagd auf Menschen, die Zuflucht in den Getreidefeldern suchen. Nur ein einziges Gebäude bleibt unversehrt, etwa 200 Dorfbewohner, unter ihnen 45 Kinder, werden ermordet. Die Überlebende Kazimiera Świtajowa berichtet: „Die Deutschen umstellten etwa um 5 Uhr das Dorf (…) Sie drangen in die Häuser ein, töteten die Menschen und steckten die Gebäude in Brand (…) Die entsetzten Menschen flohen, dann tötete man ohne Unterschied und ohne Ausnahme Männer, Frauen und Kinder. Man tötete schwangere Frauen, Säuglinge an der Brust der Mütter, Kinder, die mit den Eltern flohen. Lebendige Menschen warf man ins Feuer, erschoss die Verwundeten. (…) Die Menschen waren meist so überrascht, aus dem Schlaf gerissen, dass sie sich gar nicht wehrten (…) Die Menschen flohen zu den Feldern und in den Wald, doch überall warteten auf sie die Henker und sie starben. (…) Nach einiger Zeit kamen die Menschen aus den benachbarten Dörfern. Sie erblickten (…} rauchende Brandstätten und überall auf den Wegen, in den Gärten, auf den Feldern, im Wald Hunderte von Leichen. Es gab Stellen, wo mehr als ein Dutzend Leichen lagen. Erschlagen wurden ganze Familien." (zitiert nach Jaczyńska, *Sonderlaboratorium SS Zamojszczyzna*)
Nur wenige Tage später, vom 4. bis zum 6. Juni 1943, ist der Gulewer Wald in der Nähe von Łuków Ziel des Unternehmens „Waldfrieden". Einheiten des III. Bataillons des Polizeiregiments 25, unterstützt von Soldaten der Wehrmacht, dringen in das Waldgebiet vor und töten unter anderem 28 Juden. Am 23. Juni beginnt das Unternehmen „Nachpfingsten", das bis zum 4. Juli dauern wird und die Polizeieinheiten aus Lublin wieder in das Waldgebiet um

Parczew führt – lokale Unternehmungen, die an der katastrophalen Sicherheitslage des Distrikts nur wenig ändern können. Generalgouverneur Hans Frank hat zwar die Ablösung Ernst Zörners hinnehmen müssen, mittlerweile ist aber auch er entschlossen, Globocnik, den Handlanger Himmlers, aus Lublin „zu entfernen". Eine Chance dafür sieht er nur ganz oben – bei Hitler selbst. In einer Denkschrift an den „Führer", datiert vom 25. Mai 1943, kritisiert er die fehlende Bereitschaft des „Reichskommissars für die Festigung deutschen Volkstums" – Frank vermeidet es, den Namen Himmler zu erwähnen – zur Zusammenarbeit, der „Endsieg" sei dadurch ernsthaft gefährdet. Konkret richten sich die Vorwürfe aber gegen Globocnik, der es abgelehnt habe, „mir über die bisherigen Umsiedlungsmaßnahmen im Distrikt Lublin zu berichten". Dann kommt Frank auf die inferiore Sicherheitslage zu sprechen: „Grund für diese völlige Zerstörung der öffentlichen Ordnung war nach meiner Überzeugung ausschließlich die Tatsache, daß den Ausgesiedelten in vielen Fällen kaum 10 Minuten, in keinem Falle über 2 Stunden Zeit gelassen wurde, um ihre notdürftigste Habe zusammenzuraffen und mitzunehmen. Männer, Frauen, Kinder und Greise wurden, vielfach ohne die geringsten Kleidungs- und Ausrüstungsstücke, in Massenlager abgeführt und dort ohne Rücksicht auf etwaige Familienzusammenhänge in Gruppen von Arbeitsfähigen, Minderarbeitsfähigen und Arbeitsunfähigen (insbesondere Kinder und Greise) ausgeschieden. Hierbei wurde jede Verbindung zwischen Familienzusammengehörigen durchschnitten, so daß das Schicksal der einen Gruppe der anderen jeweils unbekannt blieb. Diese Maßnahmen riefen erklärlicherweise bei der von der Aussiedlung betroffenen Bevölkerung eine unbeschreibliche Panik hervor und führten dazu, daß schätzungsweise die Hälfte der auszusiedelnden Bevölkerung sich der planmäßigen Aussiedlung entzog. Sie ist in ihrer Verzweiflung aus dem Aussiedlungsbereich geflüchtet und hat in erheblichem Umfange zur Verstärkung der im gesamten Distrikt Lublin seit geraumer Zeit vorhandenen und mit fortschreitend größerer

Frechheit und Stärke auftretenden Banditengruppen beigetragen. (...) Diese chaotische Lage wurde noch verschärft durch die von der Ordnungspolizei im Distrikt Lublin in die Wege geleiteten Sühnemaßnahmen zur Abwehr weiterer Angriffe auf die volksdeutschen Dörfer. Diese Sühnemaßnahmen bestanden unter anderem aus Massenerschießungen Unschuldiger, insbesondere von Frauen und Kindern sowie Greisen im Alter von 2 bis über 80 Jahren. Diese Maßnahmen besitzen nach den Erfahrungen für die vielfach unter bolschewistischer Leitung stehenden Banditenkreise nur geringe abschreckende Wirkung. Sie steigern aber die Erbitterung und den Haß der unschuldig davon Betroffenen ... "

Frank fordert von Hitler in seinem Memorandum schließlich eine klare Entscheidung, „ob die Ansiedlung volksdeutscher Bauern und städtischer Bevölkerung im Generalgouvernement fortgesetzt werden soll", bekommt diese aber nicht. Der „Führer", der sich durch den etwas weinerlichen Ton seines Statthalters in Polen wenig beeindrucken lässt, verlangt Gespräche – und so treffen sich am 23. Juni 1943 Heinrich Himmler und Hans Frank zu einem klärenden „Gedankenaustausch". Ein Bauernopfer ist notwendig, um den Generalgouverneur zu beruhigen: Himmler willigt in die Ablösung Globocniks ein; Friedrich-Wilhelm Krüger, der sich paradoxerweise „Staatssekretär für das Sicherheitswesen" nennen darf und den Frank am liebsten ebenfalls weg haben würde, bleibt vorerst noch im Amt.

Während Himmler und Frank über das Ende seiner Lubliner Karriere verhandeln, bereitet sich Globocnik auf die nächste große „Aktion" vor. Er will keinen Pardon geben. Nicht den Partisanen in den Wäldern, deren Erstarken er selbst durch sein brutales Vorgehen provoziert hat, und nicht den widerspenstigen Polen im Kreis Zamość, die seinen Umvolkungsträumen im Weg stehen. Die Begriffe „Polen" und „Banditen" rücken in seinem Denken immer näher zusammen; die Aussiedlung der Polen wird auch zu einem Kampf gegen die „Banditen". In einer Aktennotiz vom 1. Juli 1943 hält er fest: „Die Bevölkerung dieses Gebietes (um

Zamość), die seit Jahrzehnten nur vom Raub und Banditenwesen lebt, wird entfernt werden. Es ist beabsichtigt, den Aussiedlern Bescheinigungen über die Zahl der Gebäude, Umzäunungen, des Inventars und der Viehzahl auszustellen, die sie hinterlassen haben, jedoch ohne Entschädigungsverpflichtung." Zynisch schließt er: „Ob diese Entschädigung irgendwann einmal in Brasilien oder im fernen Osten erfolgt, wird der Zukunft überlassen." Insgeheim bedauert er, dass man gegen die Polen nicht so vorgehen kann wie gegen die Juden, da „nach Anweisung des RSHA entgegen der bei den Juden angewendeten Maßnahmen Polen eines natürlichen Todes sterben müssen …"

Aus den Erfahrungen und Rückschlägen des Frühjahrs hat Globocnik gelernt, jetzt will er in der *Zamojszczyzna* endlich einen durchschlagenden Erfolg sehen. Am 10. Juni 1943 richtet er einen eigenen Führungsstab, bestehend aus Angehörigen von SS und Polizei, für die geplante „Großaktion" ein, Deckname „Aktion Werwolf". Zur Unterstützung von Gendarmerie und SS hat er ukrainische Hilfspolizei und 10.000 Soldaten der Wehrmacht zusammengezogen; mit eingebunden in die Organisation ist auch wieder Hermann Krumey von der Umwandererzentralstelle in Litzmannstadt.

Globus befiehlt das Losschlagen – die „Aktion Werwolf" beginnt in der Nacht vom 23. zum 24. Juni 1943 in der Gemeinde Alekśandrów: Polizei- und Wehrmachtseinheiten umstellen die Dörfer im Gemeindegebiet, treiben die Bewohner der Höfe zusammen und zünden dann die Hütten an, wer es von den Männern nicht schafft, in die Wälder zu fliehen, wird erschossen. Frauen und Kinder werden in die Durchgangslager in Zamość, und Zwierzyniec sowie in das Arbeitslager Budzyń, gebracht, wo wieder die „Rasseprüfer" ihres Amtes walten. Das Überprüfungsverfahren hat man nun bereits radikal vereinfacht – für alle Frauen, die „rassisch" nicht entsprechen, geht es in Konzentrationslager, die anderen werden ins „Reich" zur Zwangsarbeit verschleppt. In wenigen Wochen verlieren etwa 30.000 bis 60.000 Menschen aus 171 Dörfern der Landkreise Biłgoraj, Tomaszów, Zamość und Hrubieszów ihre Heimat, zumindest 1.000 Menschen werden ermordet; bei der Rotunde von Zamość werden zahlreiche Männer, die der Zusammenarbeit mit den Partisanen verdächtig sind, erschossen. Augenzeuge Adam Mastalinski vermerkt über die Aktion am 30. Juni 1943: „Wer hätte gedacht und angenommen, dass die Aussiedlung noch in diesem Sommer erfolgt! Sie erfolgte auf vielen Gebieten und umfasste nicht nur die Polen, sondern auch die Ukrainer. Alles bringt man hinter den Stacheldraht, so wie sie stehen, ohne die Erlaubnis, etwas mitzunehmen. Sie bringen sie mit den LKWs und mit den Zügen, in einem solchen Gedränge, dass man stehen muss, da man sich nicht niedersetzen kann. Die Waggons, natürlich Güterwaggons, sind dermaßen mit Brettern zugenagelt, dass die Leute die Welt nicht sehen können. Quietschen und Weinen von Kindern, Ächzen und Schluchzen der Erwachsenen, all das setzt sich zu einem herzzereißenden, unheimlichen Bild zusammen, das des ‚neuen' Europa würdig ist." Und am 6. Juli vermerkt er: „Von Zamosc in Richtung Lublin fahren fast jeden Tag volle Züge mit unserem Volk ab, mit unbekanntem Ziel. Auch aus dem Landkreis Biłgoraj fahren die Züge ab, auch in Richtung Lublin. Die Waggons sind so sehr gefüllt, wie es einst mit den Juden war." (zitiert nach Jaczyńska, *Sonderlaboratorium SS Zamojszczyzna*)

In einer Aktennotiz für den Persönlichen Stab des Reichsführers-SS vom 1. Juli 1943 bilanziert Globocnik gleich nach der ersten Woche positiv, wie immer sieht er großzügig über Probleme hinweg, der Erfolg der „Sicherungsaktion" wird kräftig aufgerundet bzw. überhaupt gleich in die Zukunft verlegt; so stellt er fest:

„1. Im Zuge der Sicherungsaktion ‚Werwolf' wurde der Raum etwa westlich der Punkte Ansiedlungsgebiet über Bilgoraj–Tarnogrod im Westen, Distriktsgrenze im Süden bis Belzec und von dort verlaufend mit der Straße über Tomaszów nach Zamosc bis Südgrenze Ansiedlungsgebiet von der bodenständigen Bevölkerung evakuiert.

2. Der Teil südlich des Bilgorajer Waldes wird an Ukrainer übergeben …
3. Der Bilgorajer Wald selbst wird gänzlich evakuiert und nicht wieder besiedelt.
4. Der Teil nördlich des Bilgorajer Waldes … wird ebenfalls mit Ukrainern neu besiedelt …
5. Demnach bleibt der Raum südlich des derzeitigen Ansiedlungsgebietes Zamosc leer und können dort nur Volksdeutsche und Deutschstämmige angesiedelt werden …
6. Im Zuge der Aktion werden auch die Städte Tomaszów und Zamosc von Polen entsiedelt und sollen von Deutschen besiedelt werden. Demnach hätte die Sicherungsaktion folgende Auswirkung:
I. Die Bevölkerung dieses Gebietes, die seit Jahrzehnten nur vom Raub und Banditentum lebt, ist entfernt.
II. Dem Reich werden etwa 30.000 Arbeitskräfte zugeführt.
III. Die das deutsche Ansiedlungsgebiet umgebenden Gebiete sind dann von Ukrainern besetzt, die gewissermaßen ein Vorfeld bilden und dem Deutschtum friedlicher gegenüberstehen.
IV. Außerdem wird durch diese Ansiedlung der Spannungszustand der Polen auf die Ukrainer übertragen und sie zu Abwehrkräften gemacht.
V. Tritt eine neue Agrar-Struktur ein, da Proletarierbesitz verschwindet und eine durchschnittliche Hofgröße von 6 ha eintritt, was zur Intensivierung und Ertragssteigerung beiträgt.
VI. Das deutsche Ansiedlungsgebiet wird für den weiteren Ansatz von Deutschen frei, und zwar unter der Voraussetzung einer Sicherungsmaßnahme. Dadurch aber wird das deutsche Siedlungsgebiet vergrößert, was zur wesentlichen Sicherung des Gebietes beiträgt. Ein polnischer Druck kann dann nur mehr vom Norden aus erfolgen und ist es dann von einer Seite aus leichter, die Sicherheit für das Siedlungsgebiet zu gewährleisten."

Auch wenn man in Betracht zieht, dass *Globus* für seinen Beschützer Himmler wieder einmal alles schönreden will – diese Aktennotiz ist von Selbsttäuschung, Realitätsverlust und Wunschfantasien geprägt; allein das wiederholte Gerede von „Sicherungsmaßnahme“ und „Sicherungsaktion“ zeigt, dass der SSPF tatsächlich der Situation nicht mehr gewachsen ist. Die „Evakuierung“ der polnischen Bevölkerung hat ein Chaos ausgelöst, die Sicherheitslage in den von der „Aktion Werwolf“ betroffenen Gebieten ist schlechter denn je. Den Mord an den verfemten und von allen Seiten im Stich gelassenen Juden konnte er mit seinen Männern noch „organisieren“, mit dem versuchten Mord an den Polen hat er sich in eine schwierige Lage manövriert, denn der Widerstand der Polen ist auch im Gebiet um Zamość längst nicht gebrochen: Die Partisanengruppen in den Wäldern antworten mit Racheaktionen, die Sicherheitslage verschärft sich weiter, die Situation wird für die deutschen Kolonialherren langsam unerträglich.

Aber noch teilt Himmler zumindest in der Sache die Argumentation seines SSPF. In einem Schreiben an Hans Frank vom 3. Juli schließt er sich der Darstellung Globocniks an; diplomatisch geschickt gesteht er zwar zu, dass die „Ansiedlung“ einer deutschen Bevölkerung um Zamość „nur in einer Form stattfinden darf, die in keiner Weise die Ruhe des Landes und die wirtschaftliche Leistung des Generalgouvernements ernsthaft beeinträchtigt“, hält aber an den gemeinsam mit Globocnik definierten Zielen fest: „Im Distrikt Lublin nehmen wir uns bis Anfang des Jahres 1944 die Besiedlung des Kreises Zamosc und die Deutschwerdung der alten Hansestadt als Aufgabe vor.“ Und auch Himmler beharrt auf der „restlosen Deutschwerdung der Stadt Zamosc“, wobei er sich vorstellt, „die Bevölkerungszahl allmählich herabzudrücken und die kleiner gewordene Stadt mit Deutschen anzureichern“. Was die „Deutschwerdung“ Lublins betrifft, so soll als „erreichbares Nahziel“ der Anteil der deutschen Bevölkerung bis Anfang 1944 auf 20 bis 25 % und in einer nächsten Etappe auf 30 bis 40 % steigen. Himmlers Vision vom Lublin der Zukunft: ein deutscher Oberbürgermeister „unter gleichzeitiger Errichtung einer ordentlichen Polizeidirektion", all das könne natürlich nur durch „totale Zusammenarbeit zwischen Verwaltung einerseits und SS und Polizei andererseits" verwirklicht werden.

Als sich auch an der Ostfront die Lage verschlechtert, hat Hans Frank jedoch endgültig genug: Die Aussiedlungsaktionen im Land um Zamość werden eingestellt und auf die Zeit nach dem Krieg verschoben. Globocnik, darin sind sich seine Gegner einig, muss weg – jetzt kann ihn auch Heinrich Himmler nicht mehr schützen, der Reichsführer-SS muss den Boden für die Ablöse seines „Freundes" vorbereiten: Am 4. Juli 1943 schreibt Himmler an Krüger, dass er aufgrund der heftigen Kritik an Globocniks Person und Amtsführung mit diesem die Möglichkeiten einer Versetzung besprochen habe, seine erste Idee: *Globus* zum SS- und Polizeiführer Russland-Mitte zu berufen. Mit dem Aufstand in Treblinka am 2. August 1943, bei dem es 200–250 Häftlingen zunächst gelingt zu flüchten, verschlechtern sich die Karten des Kärntners jedoch weiter; in einer Besprechung mit Himmler am 4. August wirft ihm dieser verschiedene Unzulänglichkeiten vor, für die er die Verantwortung zu tragen habe.

Himmlers Schwiegersohn Richard Wendler kann es jedenfalls kaum erwarten, dass der verhasste Brigadeführer Lublin verlässt – am 6. August 1943 schickt er ein Fernschreiben an den Reichsführer-SS, in dem er sich darüber beklagt, dass Globocnik ihm das Arbeiten unmöglich mache und dass er „dich und mich belügt und betrügt".

Glaubt man dem Fabrikanten Fritz Schultz, so hat Globocnik in diesen Tagen seine ehedem so überzeugende Motivation bereits verloren – angeblich soll er in betrunkenem Zustand dem Unternehmer erklärt haben: „Ich bin nicht mehr mit dem Herzen dabei, aber ich bin so tief in die Dinge verstrickt, daß mir nichts anderes übrig bleibt, als mit Hitler zu siegen oder unterzugehen."

Die Tage des „Zaren von Lublin" sind jedenfalls gezählt, doch noch gibt es „Arbeit": Der Reichsführer-SS ordnet die Räumung des großen Ghettos in Białystok an. Diese ostpolnische Stadt gehört zwar nicht zum Distrikt Lublin, in Berlin ist jedoch klar, dass nur Globocnik und seine „Spezialisten“ diese Aufgabe bewältigen können. Und der SSPF Lublin zeigt die gewohnte Umsicht, wenn es um Judenmord geht. Er selbst begibt sich nach Bialystok und bespricht hier mit Dr. Herbert Zimmermann, dem Kommandeur der Sicherheitspolizei und des SD, die Einzelheiten der geplanten „Aktion“. Zimmermanns Hauptsorge, das Fehlen von Personal, kann Globocnik problemlos entkräften – er verspricht für ausreichende Unterstützung zu sorgen. Das RSHA in Berlin zeigt sich kooperativ, das Polizeiregiment 26, eben noch in den Karpaten gegen die „Kolpak-Bande“ eingesetzt, wird nach Białystok dirigiert; Globocnik schickt seinen bewährten „Aussiedlungsstab“, geleitet von SS-Hauptsturmführer Michalsen.

In der Nacht vom 15. zum 16. August 1943 umstellen Angehörige des Polizeiregiments 26 und des Polizei-Schützenregiments 34 das Ghetto, alle Straßen und Zugänge zum Ghetto werden gesperrt. Um 4 Uhr früh teilt Michalsen dem Vorsitzenden des Judenrats Efraim Barasz mit, dass die „endgültige“ Räumung des Ghettos begonnen habe. Die Juden hätten sich mit geringfügigem Gepäck auf den vorgesehenen Sammelplätzen einzufinden, für ihre Verpflegung müssten sie selber sorgen. Die offizielle Sprachregelung: Man würde sie in ein anderes Lager zum Arbeitseinsatz bringen.

In den frühen Morgenstunden dringen das I. Bataillon des Polizeiregiments 26, Einheiten der Sicherheitspolizei und eine weißruthenische Schutzmannschaft in das Ghetto vor; Juden, die ihre Wohnungen noch nicht verlassen haben oder sich zu verstecken versuchen, werden mit Gewalt zu den Sammelplätzen getrieben, veinzelt kommt es zu Erschießungen. Der Judenrat und auch die Kämpfer der jüdischen Untergrundbewegung sind von der Aktion zwar überrascht worden, dennoch formiert sich spontan verzweifelter Widerstand. Geführt von dem aus Warschau stammenden Mordechai Tenenbaum und Daniel „Jerzy“ Moszkowicz versuchen jüdische Widerstandskämpfer die deutschen Absperrungen in der Smolna-Staße zu durchbrechen, um eine Fluchtmöglichkeit in die umliegenden Wälder zu schaffen. Tenenbaum gehört der Jugendorganisation *Dror* an, seiner Gruppe haben sich aber auch Mitglieder der „Zionistischen Jugend“ und der Jugendbewegung *Beitar* sowie Angehörige des „Allgemeinen Jüdischen Arbeiterbundes“, kurz „Bund“, und von *HaSchomer HaTzair* angeschlossen. Die jungen Menschen im Widerstand, bar aller Illusionen, sind zu allem entschlossen, wollen nicht wie die Schafe zur Schlachtbank geführt werden: „Wir haben nichts zu verlieren“, hatte Tenenbaum in einem Manifest im Januar 1943 geschrieben, „alle Transporte führen in den Tod. (...) Wir sind zu schwach, um unser Leben zu schützen, aber wir sind stark genug, um unseren jüdischen Stolz und unsere Menschlichkeit zu verteidigen und der Welt zu zeigen, dass wir noch Lebensmut haben (...) Solange noch ein Funken Leben in uns ist, werden wir unseren Mördern mit Zähnen und Fingernägeln, mit Äxten und Messern, mit Säure und Brecheisen entgegentreten (...) Wir werden als Helden fallen, und auch wenn wir sterben, werden wir weiterleben.“ (zitiert nach Sara Bender, *Mythos vom Aufstand im Ghetto Białystok*)

Es gelingt den jüdischen Kämpfern, Breschen in den Ghettozaun zu schlagen, doch die Polizeikräfte riegeln alles ab, Verstärkungen werden herangeführt und schließlich wird sogar ein Panzerfahrzeug eingesetzt. Junge Frauen der Untergrundbewegung verteilen Flugblätter, auf denen die Ghettobewohner dazu aufgefordert werden, den Anordnungen der Deutschen nicht zu folgen – ein vergebliches Bemühen, denn die meisten Juden misstrauen den jugendlichen „Rebellen“ und verweigern ihnen die Unterstützung. In ihren Erinnerungen berichtet Haika Grosman, eine der Anführerinnen von *HaSchomer HaTzair*, über diese dramatischen Momente: „Vergeblich standen unsere Mitglieder in den Straßeneinmündungen (...), vergeblich versuchten wir, die Juden zurück in ihre Häuser zu schicken. Sie wollten nicht auf uns hören, sie verschlossen die Ohren gegen unsere Aufrufe.“

Als den „Ghettokämpfern“ die Munition ausgeht, bricht der

Widerstand zusammen; die meisten von ihen fallen, einige Juden werden von Angehörigen des Polizeiregiments 26 mit Handgranaten in die Luft gesprengt. Um 14 Uhr sind die Kämpfe für diesen Tag zu Ende, sie flammen jedoch in den nächsten Tagen und Nächten wieder auf, vor allem um die Fabriken und im westlichen Teil des Ghettos wird gekämpft; die Deutschen gewinnen gegen die schlecht ausgerüsteten Widerstandskämpfer überall rasch die Oberhand. Eine letzte Gruppe von Ghettokämpfern zieht sich in einen Bunker in der Chmielna-Straße zurück; sie wird am 19. August von den Deutschen entdeckt und ans Tageslicht gezwungen; von den 72 Insassen werden bis auf einen oder zwei alle erschossen. Tenenbaum und Moszkowicz gelingt die Flucht ins jüdische Hospital, als auch dieses geräumt wird, begehen sie vermutlich Selbstmord.

Inzwischen hat man die Juden auf einer großen Wiese außerhalb des Ghettos zusammengetrieben, hier müssen sie bei großer Hitze ohne Wasser und Verpflegung auf die Transportzüge warten – Michalsen wird später, wie Willy Natke bezeugt, in Lublin erzählen, daß die „zusammengetriebenen Juden derart nach Wasser gelechzt hätten, daß sie bei einem einsetzenden leichten Regen mit erhobenem Kopf und geöffnetem Mund durch trichterförmig gehaltene Hände versucht hätten, etwas Feuchtigkeit zu erlangen“. Auf der großen Wiese erfolgen auch die Selektionen: Arbeitsfähige Männer und Frauen werden zum Arbeitseinsatz nach Lublin transportiert, die anderen nach Treblinka zum Tod in den Gaskammern gefahren. Mindestens 2.000 Menschen, so wird das Landgericht Bielefeld 1967 feststellen, werden bei der Räumung des Ghettos und in den Kämpfen getötet, mindestens 30.000 deportiert man, davon werden mindestens 15.000 Menschen in den Vernichtungslagern sofort ermordet – 12 Todeszüge fahren nach Treblinka, 2 nach Auschwitz, begleitet werden sie von Männern des II. Bataillons des Polizeiregiments 26. Ein Transportzug mit 1.260 Kindern zwischen 6 und 15 Jahren an Bord verlässt Białystok am 21. August 1943 und fährt nach Theresienstadt, wo

die Kinder am 24. August eintreffen. Sie sollen, so der Plan, gegen Deutsche im Ausland ausgetauscht werden, doch dann entscheidet man anders: Am 6. Oktober 1943 werden die Kinder zusammen mit 53 Betreuern aus dem Ghetto Theresienstadt nach Auschwitz deportiert und hier am 7. Oktober 1943 vergast.
Am 23. August 1943 ist die Räumung des Ghettos von Białystok beendet. Globocniks „Aussiedlungsstab“ kehrt nach Lublin zurück, der SSPF ist mit Michalsen und seinen Männern hoch zufrieden …

Am 13. September 1943 wird Globocnik zum SS-Gruppenführer und Generalleutnant der Polizei befördert, eine Woche später versetzt ihn Himmler nach Italien in die „Operationszone Adriatisches Küstenland“; im Konvoi bricht Globocnik mit seinen Mannen gegen Süden auf.

Am 24. Juli 1944 wird Lublin von der Roten Armee befreit werden, bis zur Eroberung Warschaus bleibt es die Hauptstadt des neuen Polens. Sprache und Traditionen der Juden von Lublin, die Netzwerke der jüdischen Organisationen, ihre Kulturschätze, Bücher und uralten Manuskripte, ihre Theater, Jugendgruppen und Parteien, ihre Zeitungen, ihre Poesie und Philosophie, das Erbe von Generationen sind zerstört. Globocnik und seine Männer verschwenden daran keinen Gedanken …

Ein Duo infernale

Mit Friedrich Rainer in Triest

Zwei Kärntner Freunde herrschen über die „Operationszone Adriatisches Küstenland“: Friedrich Rainer, der „Oberste Kommissar“, und Odilo Globocnik, der Höhere Polizei- und SS-Führer.

Im Spätsommer 1943 überstürzen sich in Italien die Ereignisse. Am 8. September schließt die neue italienische Regierung mit den Alliierten einen Waffenstillstand; Hitler reagiert noch am selben Tag mit seiner Weisung zum Beginn des „Unternehmens Rosenmontag“: der Besetzung Italiens durch deutsche Truppen. Zwei Tage später wird das okkupierte Land in „besetzte Gebiete“ und „Operationszonen“ eingeteilt; am 12. September befreit Otto Skorzeny in einem spektakulären Kommandounternehmen Mussolini auf dem Gran Sasso; am 23. September gibt der Duce in Salò am Gardasee die Gründung der *Repubblica Sociale Italiana* bekannt, die von Hitler prompt anerkannt wird.

Kärntens Gauleiter Friedrich Rainer, die Zeichen der Zeit erkennend, drängt schon seit Juli 1943 auf eine Annexion des ehemaligen österreichischen Küstenlandes mit seiner Metropole Triest, nur so könne „der Selbstschutz der Bevölkerung gegen den Bolschewismus“ organisiert und die „ganze wirtschaftliche Kraft des Verwaltungsgebietes für den deutschen Endsieg“ mobilisiert werden. Rainers geschickte Argumentation trägt Früchte, er wird zum „Obersten Kommissar“ der „Operationszone Adriatisches Küstenland“ bestellt; wohl auf seine Anregung hin entscheidet man sich in Berlin für Globocnik als Höheren Polizei- und SS-Führer an der Seite des Kärntner Gauleiters.

Am 18. September 1943 trifft Globocnik in Triest ein, in seinem Schlepptau das im „Osteinsatz“ erprobte SS-Mordteam aus dem Distrikt Lublin. Ernst Lerch und Gustav Hanelt sind ebenso dabei wie Georg Michalsen oder Franz Stangl, der ehemalige Kommandant von Sobibór; auf Gesuch Globocniks vom 27. Oktober folgen weitere treue Kräfte nach, unter ihnen Christian Wirth. Bis zum November 1943 ist fast das gesamte Team der „Aktion Reinhardt“ im Adriatischen Küstenland versammelt. Als „Abteilung R“ wird es der Dienststelle Globocniks angegliedert; ihr Leiter wird SS-Sturmbannführer Christian Wirth, der drei operative Abteilungen bildet: Die Abteilung „R/I“ widmet sich dem Gebiet von Triest und hat mit der Risiera di San Sabba ein Lager als Zent-

Das Domizil Globocniks in Triest: die Villa Ara (rechts oben). Ihrem Besitzer, dem jüdischen Versicherungskaufmann Angelo Ara, gelingt die Flucht in die Schweiz.

rum. Kommandant der Abteilung ist SS-Hauptsturmführer Gottlieb Hering. Operationsgebiet der Abteilung „R/II" ist die Region Fiume–Susak, geleitet wird sie vom oberösterreichischen Sobibór-Veteranen SS-Hauptsturmführer Franz Reichleitner.

Leiter der Außenstelle „R/III" in Udine wird Franz Stangl, nach dem Tod von Franz Reichleitner am 3. Januar 1944, der Opfer eines Partisanenattentats wird, übernimmt Stangl auch das Kommando in der Außenstelle „R/II" in Fiume–Susak. Ernst Lerch bleibt Globocniks Stabsleiter und Chef des Persönlichen Büro des HSSPF; am 26. Juni 1944 ernennt Globocnik seinen Freund zum SS- und Polizei-Kommandeur für Sonderaufgaben, auch zu den serbischen und kosakischen Verbänden im Adriatischen Küstenland hält Lerch, der außerdem dem „Führungsstab für Bandenbekämpfung" angehört, den Kontakt.

Das wenig überraschende Aufgabenfeld der „Abteilung R": Deportation und Vernichtung der Juden, die Beschlagnahmung von jüdischem Vermögen und die Verfolgung des politischen Gegners. Mitgekommen aus Lublin in die Operationszone Adriatisches Küstenland ist auch Franz Stanglica. Mit historischer Forschung ist es nun allerdings vorbei – er wird zum Kommandanten des Gefängnisses in der Via Spalato in Udine bestellt; seine Verhörmethoden sind, wie Pier Arrigo Carnier ausführt, bald berüchtigt: So sticht er angeblich jungen Mädchen und Frauen mit einer Nadel in die Brüste, um ihnen Geständnisse und Denunziationen abzupressen. Um sie zur Arbeit beim Stellungsbau oder zur Zwangsarbeit im „Reich“ zu zwingen, werden sie brutal an den Haaren gezogen. Die Quälereien werden von der SS mitgefilmt; ein Partisan stürzt sich, durch die Folter zur Verzweiflung getrieben, aus dem Fenster in den Tod. Platzkommandant in Udine, auch er ein alter Bekannter aus Lublin, ist Ludolf von Alvensleben.

Der unterirdische Bunkerkomplex blieb den Deutschen vorbehalten.

Eine erste Unterkunft findet Globocnik in der Via Nizza 21, dann übersiedelt er in die Villa Ara auf dem Scorcola-Hügel, ein luxuriöses Anwesen, erbaut bis 1935 für den reichen jüdischen Versicherungskaufmann Angelo Ara. Um auf dem Weg zu seiner Dienststelle nicht den Bomben der Alliierten ausgesetzt zu sein, lässt er vom Luftschutzraum, der für die deutschen Besatzer errichtet wird, einen Seitentunnel bis zur Villa Ara bauen – ab dem 10. Juni 1944, an dem ein schwerer Luftangriff auf Triest 400 Tote fordert, verstärkt man die Anstrengungen im Luftschutzbau. Der unterirdische Gang erlaubt es Globocnik, sicher in sein Büro im Palazzo di Giustizia an der Piazza Oberdan zu gelangen. Ausgeführt wird der Bau vom Bauunternehmen Schwarz im Auftrag der „Organisation Todt", die Fertigstellung zieht sich bis zum Kriegsende hin. Auf Befehl Globocniks sind die Luftschutzanlagen den Deutschen vorbehalten, kein Italiener – mit Ausnahme der Elektriker der Firma Luigi Presel, die die Glühbirnen wechseln müssen – darf den unterirdischen Bunkerkomplex betreten, der im Jargon der Besatzer „Kleines Berlin" genannt wird.

So wie in Lublin zieht es *Globus* vor, erst gar nicht „zur Arbeit" zu gehen, sondern seine Leute von der Wohnung aus zu dirigieren. Er richtet daher in der Villa Ara sein „Hauptquartier" ein und bittet seine Mitarbeiter und Kommandanten hierher zum Rapport. Bewacht wird die Villa Ara von Kaukasiern in Uniform der Waffen-SS.

Nicht weniger mondän wohnt Freund Friedl Rainer: Der Oberste Kommissar bezieht in der Villa Modiano Quartier, die alle nur möglichen Annehmlichkeiten bietet und von einem herrlichen Garten umgeben ist. Das Personal – insgesamt beschäftigte er zwölf Personen – lässt Rainer zum Großteil aus Kärnten kommen, auch er baut seinen Privatsitz zur Befehlszentrale um.

Das Kapitel „Lublin" ist noch nicht ganz abgeschlossen: Da sind die Sorgen um Mutter und Schwester, die vorerst in Lublin zurückgeblieben sind – Nachfolger Jakob Sporrenberg kümmert sich wenig um sie; in einem Brief vom 25. Oktober 1943 an Himmlers Stabschef Brandt beschwert sich Globocnik über die „unwürdige Behandlung", die seiner Mutter und seiner Schwester zuteil geworden sei. Noch dazu ist ein „Mordbefehl" des polnischen Untergrundführers Trojanowski aufgetaucht, der sich gegen die Familie Globocniks richtet.

Globocnik erlebt auch einige Überraschungen – so entdeckt er, dass die Funktionäre des SD im großen Stil vom konfiszierten Besitz der Juden profitieren. Im Kastell von Saciletto horten sie graubtes Silber sowie Tausende Flaschen Wien …

Daneben arbeitet Globocnik an seinem Abschlussbericht zum Judenmord im Generalgouvernement, den er in zwei Mappen am 4. November 1943 an den Reichsführer-SS schickt. Im Begleitbrief dazu lässt er keinen Zweifel daran, dass er die „Aktion Reinhardt“ als historische Tat verstanden wissen möchte, es werde daher „vielleicht für die Zukunft sich zweckmäßig erweisen, auf die Ausschaltung dieser Gefahr hinweisen zu können“. Die Begriffe „Jude“ oder „jüdisch“ kommen nicht mehr vor; der Massenmord verwandelt sich zur harmlosen „harten Aufgabe“. Für die „besonderen Leistungen“ bei der Bewältigung derselben wünsche er sich nur, dass seine Leute endlich die in Aussicht gestellten Orden erhalten mögen.

Der nicht erhaltene Bericht, dem offenbar auch Fotos beiliegen, löst bei Himmler einigermaßen Begeisterung aus, am 30. November antwortet er: „Lieber Globus! (...) Ich spreche Ihnen für Ihre großen und einmaligen Verdienste, die Sie sich bei der Durchführung der Aktion Reinhardt für das ganze deutsche Volk erworben haben, meinen Dank und meine Anerkennung aus.“

Für den 7. Dezember 1943 wird Globocnik von SS-Hauptsturmführer Max Horn nach Berlin gebeten, offenbar geht es bei dieser Besprechung, zu der auch SS-Sturmbannführer Wippern stößt, um die Liquidierung der Ostindustrie GmbH, wohl aber auch um die „Schlussabrechnung“ zur „Aktion Reinhardt“. Wieder gibt es offene Punkte, die Globocnik nicht zur Zufriedenheit Berlins beantworten kann. Zusammen mit SS-Oberscharführer Alois Rzepa, dem Kassenleiter der Abteilung IVa der „Aktion Reinhardt“, wird er Ende März 1944 bezüglich der offenen Punkte noch einmal vorstellig werden.

Am 5. Januar 1944 legt Globocnik dem Wirtschaftshauptamt der SS die endgültige Bilanz der „Aktion Reinhardt“ vor. Demnach habe man allein an „abgelieferten Geldmitteln“ 73,852.080,74 RM „sicherstellen“ können, der Wert der anfallenden Juwelen habe bei 43,662.450 Reichsmark gelegen, das Ergebnis insgesamt: 178,474.960,59 Reichsmark. In seinem begleitenden Schreiben

Globocnik zeichnet Lorenz Hackenholt, einen seiner „verdientesten" Männer, mit dem Eisernen Kreuz 2. Klasse aus.

betont er, dass die Belege zur „Aktion Reinhardt" so bald wie möglich vernichtet werden müssten, alle übrigen Unterlagen seien schon vernichtet. Globocnik legt Wert darauf, dass „auch von dieser Seite die Arbeit in Ordnung ist", hafte ja noch immer, wie er weiter ausführt, das „Odium" an ihm, dass er „in Wirtschaftsangelegenheiten nicht die nötige Ordnung halte". Deshalb müsse er gerade in diesem Fall einen „einwandfreien Nachweis" dafür erbringen, dass dem nicht so sei. In Berlin ist man mit der „Abrechnung" zufrieden, Oswald Pohl spricht schließlich die Entlastung aus.

Erstmals arbeiten die beiden Freunde Globocnik und Rainer, der „Arbeiter" und der „Denker" (Maurice Williams), zusammen und so wie von Himmler erwartet beginnen sie im Oktober 1943 unverzüglich mit der Verfolgung der Juden in der Operationszone Adriatisches Küstenland (OZAK): Am 29. September 1943, es ist der Tag, an dem auch Friedrich Rainer die Ausübung aller öffentlichen Gewalt übernimmt, stellt Globocnik klar, dass die Verhaftung von „Volljuden" und die Beschlagnahmung ihres Vermögens nur von der Sicherheitspolizei und dem Sicherheitsdienst erfolgen könne, so wie in Lublin will er sich das Gewaltmonopol in der „Judenfrage" sichern. Freund *Friedl,* der etwa 200 Beamte und Verwaltungsangestellte aus der Reichsstatthalterei Klagenfurt zum Aufbau seiner Administration nach Triest verlegen lässt, schafft die Voraussetzungen für seinen nun einsetzenden Raubzug: In einer geheimen Anordnung vom 14. Oktober 1943 bezüglich der „Behandlung jüdischen Eigentums“ verlangt er die Beschlagnahmung aller beweglichen und unbeweglichen Werte der Juden, die beschlagnahmten Besitztümer seien an die Finanzabteilung seiner Diensstelle, geleitet von seinem Kärntner Landsmann Franz Zojer, zu melden; jede „Verschleierung oder Verschleppung“ jüdischen Eigentums unterliege strengster Bestrafung, die von Mussolini angordnete Beschlagnahmung jüdischer Werte wird außer Kraft gesetzt. Bereits am 7. Oktober ergeht an die *Cassa di risparmio di Trieste* die Weisung, das alle jüdischen Guthaben zu beschlagnahmen seien, ferner seien alle Überweisungen offenzulegen, die seit dem 15. Juli 1943 von jüdischen Konten an „Arier“ vorgenommen worden seien. Um sich den Zugriff auf die Beute zu sichern, lässt Rainer am 4. Februar 1944 bei der *Banca commerciale italiania* ein Konto unter dem Titel „Vermögensverwaltung des Obersten Kommissars“ eröffnen, auf das die Banken die Einlagen und Wertpapiere ihrer jüdischen Kunden einzahlen müssen; das Finanzministerium der *Repubblica Sociale Italiana* protestiert vergeblich gegen dieses eigenmächtige Vorgehen Rainers.

Beschlagnahmt werden aber auch Immobilien und die in den Hafenmagazinen von Triest lagernden Güter; die fadenscheinige Begründung Rainers in seiner Verordnung vom 12. Januar 1944: Die Räumung des Freihafens sei aus „kriegsbedingten Sicherungsgründen“ notwendig. Jetzt protestiert Bruno Coceani, der Präfekt Triests, doch ebenfalls vergeblich – 300 Waggons mit „Umzugsgut“, darunter Bilder, Teppiche, Schmuckgegenstände und feines Porzellan, rollen allein bis Anfang Mai 1944 nach Berlin, 170 Container Raubgut, insgesamt 1.366 Tonnen, werden nach Kärnten gebracht. Auch in Wien wird man jetzt hellhörig: Bürgermeister SS-Brigadeführer Hanns Blaschke lässt anfragen, ob nicht ein Teil der Kunstgegenstände aus dem Triestiner Hafen an die Wiener Museen geliefert werden könne, sie seien ja ohnehin österreichischen Ursprungs. Besonders begehrt sind die wertvollen Bücher aus der Triestiner Synagoge; Paul Heigl, der Generaldirektor der Wiener Nationalbibliothek, schickt mit dem Bibliotheksrat Ernst Trenkler einen Spezialisten nach Triest, der die Bestände des jüdischen Bethauses – insgesamt weit über 120.000 Bände – sichten soll. Am 27. November 1944 kann Trenkler melden, dass die „Bücher im Tempel“ zum Abtransport nach Wien bereitstünden; alle von Trenkler nicht ausgewählten Bücher lässt Rainer an Kärntner Bibliotheken, u. a. die Stadtbücherei Klagenfurt und das Kärntner Wissenschaftsinstitut, verteilen. Und auch Lydia Pommerhanz, die Schwester Globocniks, meldet sich: Sie bittet am 13. Dezember 1944 im Namen der SS-Junkerschule Lensdorf um Bücher. Ein Sachverständiger wird nach Triest geschickt, der aus den hier noch verbliebenen Büchern geeignete Werke auswählen soll.

Die „Einsatz R“-Sonderkommandos von Bruder Odilo beginnen indes mit ihrer Jagd auf die jüdische Bevölkerung der OZAK. Am 9. Oktober 1943 erfolgen erste Verhaftungen von Triester Juden, am 29. Oktober werden weitere 30 Juden verhaftet – es sind angesehene, gesellschaftlich gut integrierte und wohlhabende Bürger der Stadt, die nun dem Terror der SS zum Opfer fallen. So wie in Polen schreckt man auch nicht vor „Aktionen“ in Krankenhäusern und Altersheimen zurück; am 28. März 1944 „durchkämmt“ man eine psychiatrische Anstalt nach Juden. Von den etwa 3.520 Angehörigen der jüdischen Gemeinde Triests werden mindestens 764 Menschen die Herrschaft Globocniks und Rainers nicht überleben.

Am 23. November 1943 verhaftet und verschleppt man 45 Juden aus Görz, im Januar 1944 wüten die Deutschen in Fiume und auch der mondäne ehemalige k. u. k. Badeort Abbazia bleibt nicht verschont: Einst hatte sich Erzherzog Franz Ferdinand über die vielen Juden in Abbazia beklagt, jetzt, am 6. August 1944, geht man mit Verhaftungen und Deportationen gegen sie vor. Die festgenommenen Juden werden zunächst nach Triest gebracht und von dort zum Teil in die Vernichtungslager im Norden geschickt – am 7. Dezember 1943 fährt ein erster Zug mit Juden aus Triest und

Görz nach Auschwitz, unterwegs wird er mit Opfern aus anderen italienischen Gebieten ergänzt. Bis Ende November 1944 werden 20 weitere Transporte folgen, jeweils fünf bis sechs Tage Fahrt, zusammengepfercht in Viehwaggons, Qualen, die viele nicht überleben. Der letzte Deportationszug aus Triest fährt im Februar 1945 nach Ravensbrück und wird von dort nach Bergen-Belsen weitergeleitet. Zu diesem Zeitpunkt geht man dazu über, ältere Juden gleich vor Ort in der Risiera di San Sabba zu töten.

Um an das „Judenvermögen" heranzukommen, stützen sich die Männer Globocniks und Christian Wirths auf systematische Nachforschungen: Im Grundbuchamt von Triest beschäftigt man eigene Hilfskräfte, deren Aufgabe es ist, Informationen über jüdischen Besitz zusammenzutragen und an die Leitung von „Einsatz R" weiterzugeben. Bis Ende Februar 1945 werden allein in Triest 1.420 jüdische „Vermögenskomplexe" beschlagnahmt, darunter 258 Häuser, 115 Wohnungen und 42 Villen (Wedekind, *Nationalsozialistische Besatzungs- und Annexionspolitik*); wertvolle Schmuckgegenstände bringt man nach Klagenfurt und bewahrt sie dort in einem Tresor der Bank für Kärnten AG auf – den Inhalt desselben lässt man immerhin auf zwei Millionen Reichsmark versichern. Auch die Beute an Wertpapieren aus jüdischem Besitz kann sich sehen lassen: Bis Ende Februar 1945 fallen 313.533 Aktien und Staatspapiere mit einem Gesamtwert von 452,967.581 Lire in deutsche Hände; schließlich verfügt Globocnik auch noch die Sperrung aller Geheimkonten bei den Banken der OZAK, eine Andordnung, die im Juli 1944 etwas gelockert und mit 50.000 Lire limitiert wird; bei Kontoständen zwischen 2.000 und 50.000 Lire müssen die Banken genau prüfen, ob das Geld nicht aus jüdischem Besitz stammt – ergibt sich ein Verdacht, so ist die „Abteilung R" sofort zu informieren.

Einen Teil des erbeuteten jüdischen Vermögens, so wird vermutet, transferiert Rainers Finanzchef Franz Zojer wohl gleich auf Konten der Kärntner Landes-Hypothekenanstalt, der er in Personalunion als Direktor vorsteht. Die Bilanz der „Teamarbeit"

Rainer/Globocnik: Von Oktober 1943 bis Januar 1945 erbeuten sie in der Operationszone Adriatisches Küstenland mindestens 48 Millionen Reichsmark; 1.400 Juden werden deportiert und in Vernichtungslagern ermordet.

Neben der Verfolgung der Juden wird der Kampf gegen Partisanen zur vordringlichen Aufgabe des HSSPF Triest. Am 14. Januar 1944 richtet man einen „Führungsstab für Bandenbekämpfung" ein, der Globocnik untersteht und dem die „zentrale Bearbeitung der Bandenbekämpfung" sowie die Aufklärung, Erfassung der Meldungen, Auswertung, Organisation und die „Zusammenfassung sämtlicher Kräfte bei Großunternehmen" obliegen. Weiters hat er die Aufgabe, „bandenverdächtige" Personen zu erfassen und „dem Reich als Arbeitskräfte zur Verfügung zu stellen". Stabsleiter wird „Ernstl" Lerch; Sitz des Führungsstabs ist bis zum Sommer 1944 Triest, dann übersiedelt er nach Gradisca d'Isonzo; im Schloss von Duino wird eine „Bandenkampfschule" eingerichtet – Globocnik eröffnet die neue SS-„Schulungsburg" für italienische und slowenische Freiwillige am 14. Mai 1944; zukünftig sollen hier, wie die *Deutsche Adria-Zeitung* in ihrem Bericht schreibt, die „Besten des Landschutzes auf ihren Kampf gegen bolschewistische Banden waffentechnisch und weltanschaulich" vorbereitet werden.
RFSS Heinrich Himmler lässt Globocnik nicht ganz im Stich und unterstützt ihn bei der Aufstellung frischer Truppen für den Partisanenkrieg: Bereits Ende November 1943 genehmigt er die Rekrutierung eines „Karstwehr-Bataillons", das unter dem Kommando des Höhlenforschers und SS-Standartenführers Hans Brand ab Dezember 1943 zum Einsatz kommt. Brand wird im Juni 1944 abgelöst, sein Bataillon, das über eine dem Karst angepasste Spezialausrüstung und Spezialbewaffnung verfügt, in die 24. Waffen-SS-Gebirgs-Division „Karstjäger" umgewandelt.
Der Konflikt mit der Wehrmacht ist vorgezeichnet: Globocnik, der so wie Himmler die „Bandenbekämpfung" als Aufgabe von Poli-

Zwischen Wehrmachtsgeneral Ludwig Kübler (im Vordergrund) und dem Duo Rainer/Globocnik kommt es immer wieder zu Streit.

zeieinheiten sieht, verlangt, dass Verbände und Dienststellen der Wehrmacht dem „Führungsstab“ unterstellt sein sollten; General Ludwig Kübler, der Befehlshaber im „Sicherungsgebiet“ und ein ebenso sturer Kopf wie Globocnik, will davon nichts wissen, die Einsatzverbände des HSSPF, so sein Argument, seien zu schwach und auf die Unterstützung von Wehrmachtseinheiten angewiesen.

Da Himmler die Linie Globocniks unterstützt, kommt es zu einem Kompromiss: Am 26. April 1944 erlässt das Oberkommando der Wehrmacht einen Befehl, wonach „die oberste Leitung" bei der „Bandenbekämpfung im italienischen Raum" der Oberbefehlshaber Südwest innehabe, die „verantwortliche Durchführung" aber bei dem ihm persönlich unterstellten Höchsten SS- und Polizeiführer liege – eine Regelung, die dem Streit weiterhin Tür und Tor öffnet, denn auch Friedrich Rainer mischt mit: Als Oberster Kommissar ist er für die Formulierung der politischen Richtlinien zur „Bandenbekämpfung" zuständig und auch diese stoßen auf die Ablehnung General Küblers und seines Helfers in der Provinz Laibach, des Generalleutnants der Polizei Erwin Rösener. Rainer, der sich mit den drakonischen Maßnahmen Küblers nicht anfreunden kann und kollektive Vergeltungsmaßnahmen anfangs ablehnt, schwenkt dann doch auf eine „harte" Linie ein. Als bei einem Attentat auf ein deutsches Soldatenkino in Poggioreale sieben Personen getötet werden, verhängt er mit einer Anordnung vom 2. April 1944 das Polizeistandrecht und gibt Globocnik damit freie Hand – und dieser zögert nicht, diese Gelegenheit auszunützen: Am 3. April lässt *Globus* 71 politische Gefangene aus dem Triester Gefängnis Coroneo erschießen. Im Vorwort einer „Informationsbroschüre" über den „Bandenkampf", verfasst von Hanns Schneider-Bosgard, weiß er diese Brutalität zu rechtfertigen: Die „politisch gefährliche Führung beim Gegner" müsse „mit allen Mitteln brutalst vernichtet" werden. Michael Wedekind spricht im Hinblick auf diesen Satz nicht zu Unrecht vom „Globocnik-Postulat" – im Kampf gegen die Partisanen ist nackte Brutalität Trumpf. Jeder Angriff der Partisanen wird konsequent mit Gewalt beantwortet: mit der Tötung von Geiseln, durch Einäscherung ganzer Ortschaften, mit der Vernichtung der Viehbestände – eine „Strategie", die nicht von ihm erfunden ist, die er jedoch bedingungslos mitträgt.

Das Jahr 1944 beginnt mit der Aktion „Edelweiß": Die Ortschaft Lokve im Tarnowaner Wald wird am 20. Januar zerstört; einen

Monat später, am 15. Februar 1944, erfolgt die Zerstörung der Ortschaften Komen und Rihemberk; im März und April folgen die Aktionen „Osterglocke“ und „Enzian“; vom 26. April bis zum 13. Mai 1944 dauert die Aktion „Braunschweig“, die sich gegen Partisanenstützpunkte in Istrien, u. a. am Tschitschenboden, im Pivka-Tal und im Brkini-Gebirge richtet. Unterstützung soll Globocnik dabei auch von Einheiten unter Mussolini-Befreier Otto Skorzeny erhalten haben. Am 30. April wird die Ortschaft Lipa bei Ilirska Bistrica niedergebrannt, 257 Menschen, unter ihnen Frauen und Kinder, werden getötet. Eingeäschert werden in diesen Tagen u. a. auch die Ortschaften Podgraje, Kuteževo und Fabce; Mitte Mai 1944 werden Dörfer im Brkini-Gebirge zerstört, die männlichen Bewohner durch Schüsse in die Beine verstümmelt oder ermordet, wieder übergießt man die Opfer mit Benzin und setzt sie dann in Brand. Im Juni 1944 ist im Rahmen der Operation „Annemarie“ die Gegend um Idrija das Ziel; nach Augenzeugenberichten leitet Globocnik am 21. Juni 1944 persönlich die „Aktion“ gegen die Ortschaft Šmarje: Die Bewohner werden brutal aus ihren Häusern getrieben, die anschließend geplündert und in Brand gesteckt werden; einige Hundert Menschen bleiben ohne Dach über dem Kopf und ohne Verpflegung zurück …

Die „Sonderabteilung Einsatz R“ verliert im „Bandenkampf“ ihren Kommandanten: Am 26. Mai 1944 wird SS-Sturmbannführer Christian Wirth, Globocniks Henker, nahe der Ortschaft Kozina erschossen, angeblich von Partisanen, Gerüchten zufolge von den eigenen Leuten. Als Vergeltungsmaßnahme werden die Dörfer Beka und Ocizla geplündert und eingeäschert; am gleichen Tag wird die Ortschaft Forni di Sotto in Karnien durch Panzerbeschuss zerstört, eingesetzt werden weiters Handgranaten, Phosphorbomben und Flammenwerfer; 400 Häuser werden völlig zerstört, 1.800 Menschen dadurch obdachlos. Der Aktion voraus geht die Tötung von drei deutschen Offizieren am Tag zuvor; die Männer des Orts verweigern zudem den Kriegsdienst und die Bereitstellung von Vieh. Die „Sühnemaßnahmen“ gehen in den

nächsten Tagen weiter: Am 29. Mai werden in Premariacco östlich von Udine 13 jugendliche Partisanen aus dem Gefängnis in Udine öffentlich hingerichtet, am selben Tag exekutiert man in San Giovanni al Natisone ebenfalls 13 Partisanen.
Als Antwort auf die Errichtung der Partisanenrepublik „Zona libera del Friuli orientale“ kommt es am 25. August 1944 in Torlano, nordöstlich von Udine gelegen, zu einem Massaker: Die Ortschaft wird eingeäschert, 36 Menschen werden zunächst in einem Stall zusammengetrieben, dann eröffnet man mit Maschinengewehren das Feuer auf sie, schließlich übergießt man sie mit Benzin und zündet sie an.
Im Herbst 1944 organisiert man auf Anordnung des Oberbefehlshabers Südwest im Gesamtbereich des HSSPF Triest sogenannte „Bandenbekämpfungswochen“; zuvor kommt es am 29. September 1944 im Rahmen einer Vergeltungsaktion zur Zerstörung des Ortes Nimis nördlich von Udine, 452 Wohngebäude werden zerstört, sechs Personen erschossen, 28 deportiert – die Bevölkerung von Nimis hat die Partisanenrepublik „Zona libera del Friuli orientale“ unterstützt. Am gleichen Tag werden auch die Orte Faedis, Attimis und Sedilis nordöstlich von Udine zerstört.
Die „bunte“ Truppe Globocniks, die er im Partisanenkrieg zum Einsatz bringen kann, wird zunehmend von nichtdeutschen Einheiten dominiert: Im Februar 1945 stehen 7.423 Mann von deutschen Verbänden 25.354 Mann von „landeseigenen“ und „fremden“ Einheiten gegenüber – dazu gehören etwa der italienische, kroatische und slowenische Landschutz, das Serbische Freiwilligen-Korps, die berüchtigte Cetnik-Division „Dinara“ und die „Brigate Nere“ des Adriatischen Küstenlandes. Unterstützung findet er auch noch von anderer, „fremdvölkischer“ Seite: Angesichts des drohenden Zusammenbruchs der Ostfront erklärt er sich bereit, die an der Seite der Wehrmacht kämpfenden Kosakeneinheiten und ihre Familien in der Operationszone „Adriatisches Küstenland“ aufzunehmen. Im Juli 1944 unterzeichnen Globocnik und der Feldataman Timofei Domanow in Triest ein erstes

Ansiedlungsabkommen für die Donkosaken; am 20. Juli, dem Tag des Attentats auf Hitler in der „Wolfsschanze", treffen auf dem Bahnhof von Carnia die ersten Kontingente Kosaken ein – sie kommen aus Zduńska Wola bei Warschau. Etwa 18.000 Mann finden im Raum Amaro–Gemona–Osoppo sowie in der Umgebung von Görz Aufnahme; das 1. und 2. Kavallerieregiment der Donkosaken und später auch das 4. Regiment stationieren im Raum Nimis; das Zentrum der Donkosaken-Familien (7.339 Menschen) wird in Transaghis eingerichtet; jenes der „Gruppe Kuban" (8.026 Personen) in Cavazzo Carnico. Im Lauf der nächsten Monate treffen weitere Wagenzüge mit den Familien der Kosaken ein; auch kaukasische und georgische Einheiten folgen. Rund 7.000 kaukasische Soldaten unter dem Kommando von Sultan Ghirei Klitsch werden in die Umgebung von Paluzza verlegt, die Georgier unter dem Kommando von Fridonio Zulukidse in den Raum Carnia.
Der „Siedlungsbereich" der Neuankömmlinge wird schließlich auf die ganze Carnia und andere Teile Friauls ausgedehnt, es bildet sich ein „Kosaken-Land in Norditalien". Globocnik kommt mit

„Fremdvölkische" Verbündete für den Partisanenkampf: Globocnik (links) mit Kosaken-Feldataman Timofei Domanow (rechts) und General Pjotr N. Krasnow.

Bau von Verteidigungsstellungen: Slowenische Zivilisten werden zur Zwangsarbeit gezwungen.

den Kosakengeneralen und Kaukasiern, die ihn als maßgebliche Autorität respektieren, gut aus; für den Kampf gegen die Partisanen stehen damit zusätzliche Kräfte zur Verfügung; die Kosaken bilden nicht zuletzt so etwas wie einen Puffer gegen den furlanischen und slowenischen Widerstand. Der Nachteil: Die Versorgungslage verschärft sich weiter; die einheimische Bevölkerung ist auf die mit den Nazis kollaborierenden Kosaken nicht gut zu sprechen, kommt es doch während der Antipartisaneneinsätze immer wieder zu schweren Übergriffen. Mit dem Auftauchen der Kosaken in der OZAK dreht sich die Spirale aus Gewalt und Terror entscheidend weiter.

Zur Vefolgung der Juden und zum Kampf gegen die „bolschewistischen Banden“ gesellt sich im Sommer 1944 noch eine weitere Aufgabe: Am 26. Juli 1944 befiehlt Hitler den Ausbau eines „rückwärtigen Stellungssystems in Italien“, seine militärisch wenig sinnvolle Idee: eine Festungslinie, die sich von der Schweizer

Grenze bis nach Triest zieht. Verantwortlich für den Bau seien die Obersten Kommissare. Friedrich Rainer, der jetzt wieder den „Arbeiter“ benötigt, delegiert die Aufgabe und bestellt Globocnik als Verantwortlichen für die gesamte Organisation des Stellungsbaus. Er weiß, dass *Globus* in Polen beim Panzergraben am Bug Erfahrungen gesammelt hat, und wird von seinem Freund auch nicht enttäuscht: Globocnik, dem dieser Auftrag auch eher liegt als der „Bandenkampf“, „organisiert“ mit gewohnter Energie die notwendigen Arbeitskräfte – wie schon im Distrikt Lublin durch Razzien, bei denen junge Männer festgenommen und zum Stellungsbau geschickt werden, wenn sie nicht nachweisen können, dass sie anderswo im Arbeitseinsatz stehen. Siegfried Pucher zitiert einen Augenzeugen: „Ich war der Fahrer einer der Autobusse, die durch die Straßen fuhren, dann hielten sie, die Polizisten der ‚Feldgendarmerie‘ sprangen ab, ergriffen die Menschen, die in diesem Augenblick vorbeigingen. Sie wurden auf die Kraftfahrzeuge verladen und in die Arbeitslager gebracht. Zum Beispiel nach Görz und auf den Monte Santo.“
Wie Rainer in einem Brief an Martin Bormann vom 18. Dezember 1944 behaupten wird, habe Globocnik täglich 120.000 Arbeitskräfte mobilisieren können, eine Zahl, die sicher maßlos übertrieben ist. Verbindungsmann Globocniks beim Bau der „Voralpenstellung“ ist Franz Stangl, der Gitta Sereny später erzählen wird, dass er immer einen Mann bei sich gehabt habe, der „nichts weiter zu tun hatte, als Kisten voll mit Geld zu schleppen … Millionen“. Globocnik habe dazu erklärt: „Was immer Sie brauchen, Geld spielt keine Rolle.“

Nicht vergessen hat Globocnik die Mahnung seines „lieben Kameraden“ Maximilian von Herff, der in seinem Bericht über ihn vom Mai 1943 festgestellt hatte: „Wichtig ist, dass SS-Gruf. Globocnik bald heiratet, um in diesem ruhelosen, ihn zermürbenden Pionierleben einen festen Pol in Heim und Frau zu haben. Dies würde unbedingt dazu beitragen, dass SS-Gruf. Globocnik mehr

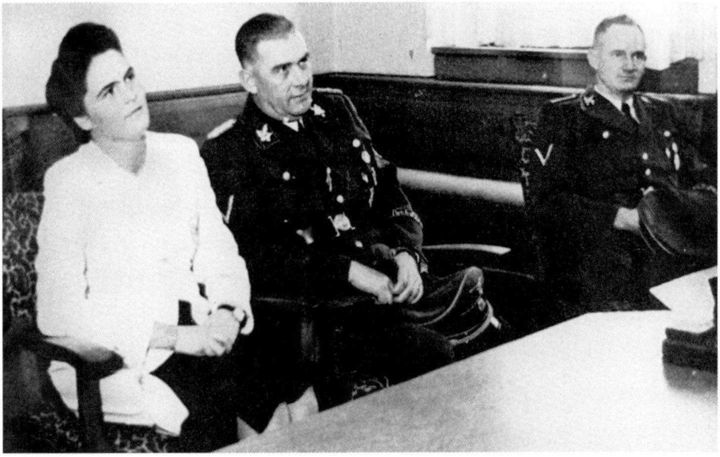

Standesamt Klagenfurt, 22. Oktober 1944: Heirat mit BDM-Gebietsführerin Lore Peterschinegg. Friedrich Rainer ist Trauzeuge.

haushält mit seinen Kräften und damit heranreift für größere Aufgaben, zu denen er unbedingt das Zeug hat." Wichtiger aber als das Urteil Herffs ist ihm die Meinung Himmlers, er weiß, dass ihm die Affäre Rickheim geschadet hat – Globocnik, so hat man den Eindruck, will diese „Schlappe" um jeden Preis wettmachen und so zaubert er im Sommer 1944 eine neue Braut aus dem Hut: Laurentia „Lore" Antonia Peterschinegg, geboren am 28. März 1917 in Spittal an der Drau, ist beim BDM tätig; als „Gebietsmädelführerin" von Kärnten ist sie in der lokalen Parteihierarchie von einiger Bedeutung, eine für den „Tatsachenmenschen" und SS-Führer „ebenbürtige" Partie. Er ist mit dem um 13 Jahre jüngeren Mädchen wohl schon länger bekannt, offen muss die Frage bleiben, wie er während des Dienstes in Triest diese Beziehung pflegt und wann die Entscheidung zur Verlobung fällt – offenbar hat es Globocnik besonders eilig.

Mit Lore will er die Hürde Himmler nehmen, das Wichtigste ist daher ein Brief an den RFSS. Mit der Hand schreibt er: „Ich bitte nicht ungehalten zu sein, wenn ich gerade jetzt mit einem Anliegen komme. Aber ich glaube die ganze Schwere verpflichtet umso mehr allem nachzukommen, was man versäumt hat. Ich glaube das Mädchen gefunden zu haben, das zu heiraten Sie, Reichsführer, mir die Bewilligung geben würden. Friedl, mit dem ich darüber sprach, beurteilt es sehr positiv. Ich habe ihn gebeten, Ihnen, Reichsführer, seine Meinung mitzuteilen, vielleicht gibt sich eine Gelegenheit, das Mädchen sehen zu können, und ich dann den richtigen Bescheid erhalte. Ich möchte gern im heurigen Jahr dann heiraten." In seiner Grußformel kann sich Globocnik leise Ironie nicht verkneifen, er schreibt: „Mit gehorsamen Grüßen Heil Hitler! Ihr dankbarer Globocnik."

Himmler reagiert nicht übermäßig begeistert, legt aber Globocnik keine Hindernisse mehr in den Weg. Möglicherweise hat er auch seine Wunschkandidatin Gisela Mauermayer noch nicht vergessen. Als ihn aber Globocnik und dann auch Friedrich Rainer bedrängen, zur Hochzeit nach Klagenfurt zu kommen und als Trauzeuge zu fungieren, lehnt er ab – diese Geste, die eine intime Nahbeziehung dokumentieren würde, scheint ihm nicht mehr angebracht.

Am 22. Oktober 1944 geben sich Lore Peterschinegg und Odilo Globocnik auf dem Standesamt in Klagenfurt das Jawort, Trauzeugen sind Friedrich Rainer und Ernst Lerch. Große Leidenschaft wird nicht demonstriert und auch das Hochzeitsgeschenk Himmlers ist nicht sehr originell – er weist sein Büro an, dem Paar in Klagenfurt ein Teeservice zu schicken …

Unmittelbar nach der Hochzeit macht die junge Ehefrau eine Entdeckung, die sie nachdenklich werden lässt: „Als ich meinen Gatten im Oktober 1944 in Triest einmal besuchte, entdeckte ich zufällig, dass er in einer kleinen Hosentasche (Uhrentasche) eine Giftkapsel verwahrt hatte. Die Kapsel war ca. 3 cm lang, rundlich geformt und war ca. einen cm stark. Es handelte sich offensichtlich um eine Metallhülle, welche eine Art Silberfarbe aufwies. Ich fragte meinen Gatten, um welchen Gegenstand es sich handle. Er antwortete: ‚Das ist ein rasch wirkendes Gift. Ich kann mich nicht lebend in die Hände der Feinde (damals Partisanen) begeben.'"

Sonderabteilung „Einsatz R“

Die Risiera di San Sabba

Seit 1965 nationale Gedenkstätte:
die Risiera di San Sabba in Triest.

Via Giovanni Palatucci 5. Das ist heute die Adresse der Risiera di San Sabba im Triester Stadtteil Valmaura. Ein Name, den die Triester Stadtverwaltung nicht zufällig für diese unscheinbare Seitenstraße gewählt hat, an der sich der Eingang zum ehemaligen Nazi-Todeslager befindet. Der Polizist Giovanni Palatucci, 1990 von Yad Vashem unter die „Gerechten der Völker" aufgenommen und im Jahre 2000 von Papst Johannes Paul II. zum „Märtyrer des 20. Jahrhunderts" erklärt, soll in Fiume (Rijeka) angeblich Tausende Juden vor der Deportation in die Vernichtungslager bewahrt haben und dann selbst Opfer geworden sein: Palatucci stirbt am 10. Februar 1945 im KZ Dachau. Auch wenn das Ausmaß seiner Rettungsaktion umstritten ist – ein Italiener, der Juden geholfen haben soll, ein italienischer Oskar Schindler also, ist mehr als willkommen, verdeckt doch diese Lichtgestalt die Tatsache, dass Globocnik und seine Männer von der Sonderabteilung „Einsatz R" sich vielfach auf die Hilfe italienischer Kollaborateure stützen konnten.

Die Risiera di San Sabba, eine ehemalige, von 1898 bis 1912 errichtete und seit 1929 leerstehende Reisschälmühle, wird im September 1943 für kurze Zeit als Kriegsgefangenenlager Stalag 339 genutzt, ehe Globocnik die Anlage, die er nach seiner Ankunft in Triest inspiziert, für seine Zwecke in Beschlag nimmt: Am 20. Oktober 1943 wird die „Risiera" zum „Polizeihaftlager" erklärt; in den drei, vier und sechs Stockwerke hohen Gebäuden werden Zellen, Lagerräume, Bekleidungs- und Schuhwerkstätten sowie Unterkünfte für die SS-Wachmannschaften und die Ukrainer eingebaut.

Christian Wirth, der Chef der Sonderabteilung „Einsatz R", wird auch Kommandant der Anlage, die als Sammel-, Auffang- und Durchgangslager für politisch und rassisch Verfolgte genutzt wird. Bis dahin hat man Juden, Partisanen und Regimegegner in das Triester Gefängnis Coroneo gebracht, das auch weiterhin als Sammellager bestehen bleibt; die „Risiera" erhält als Lager jedoch rasch eine andere, neue „Qualität": Hier, auf dem weitläufigen

Gelände der alten Mühle, fassen die „Einsatz R"-Männer „technisch-strukturell" (Michael Wedekind) all das zusammen, was sie aus dem Generalgouvernement kennen: Das Lager wird zu einer Folter- und Exekutionsstätte, in der auch der „Gaswagen" und das Krematorium nicht fehlen dürfen; es basiert auf den in Polen gemachten Erfahrungen. Im März 1944 beginnt der erfahrene T4-Mann Erwin Lambert mit dem Umbau der alten Trockenöfen der Mühle zu Krematorium-Öfen. Vor dem Landgericht Hamburg schildert er 1963 seine Aufgabe: „Im Januar 1944 kam ich ... nach Triest. In San Sabba bei Triest befand sich ein Fabrikschlot innerhalb des Geländes einer ehemaligen Reisfabrik. Neben dem Schlot habe ich zwei Wangen gemauert. Auf die Wangen wurden Gusseisenstäbe gelegt und eingemauert. Ich meine auch, es sei in den Kamin ein Loch geschlagen worden, so daß der Rauch bei Verbrennungen abziehen konnte. Diese Arbeit war in wenigen Tagen fertiggestellt."

Am 4. April 1944 werden die neuen Öfen einem „Testbetrieb" unterzogen: Die Leichen von 71 Geiseln, die man tags zuvor auf Befehl Globocniks als „Sühnemaßnahme" für das Attentat auf das Soldatenkino in Poggioreale auf dem Schießplatz in Opicina erschossen hat (siehe oben), werden hier verbrannt. Asche und Knochenreste aus den Öfen werden ins Hafenbecken der Stadt entsorgt oder vor der Küste ins Meer geschüttet. Wird für Massentötungen der „Gaswagen" in Betrieb genommen, so versucht man den Motorenlärm durch laute Musik aus den Lautsprechern zu übertönen. Je nach Anzahl der „angelieferten" Häftlinge finden diese Massenmorde zwei- bis dreimal wöchentlich statt, meist in den Abend- und Nacht- und frühen Morgenstunden. Da meist kaum Platz für die Neuankömmlinge ist, ist die Lagerleitung bestrebt, die Morde innerhalb kurzer Zeit nach deren Einlieferung zu vollziehen, und nicht immer tötet man mit Gas: So bringt man politische Häftlinge in einer Garage des Innenhofs um, indem man ihnen die Schädel mit einem schweren Hammer oder durch Stockschläge zertrümmert, dann schleppt man die oft noch lebenden Opfer zu den Krematorium-Öfen. Zum Schrecken der Häftlinge wird insbesondere SS-Scharführer Otto Stadie (1897–1977), auch er ein ehemaliger T4-Angehöriger, der aus Treblinka mit nach Triest gekommen ist. Ihr Unwesen in der „Risiera" treiben weitere „Veteranen" aus Treblinka und Sobibór wie die SS-Unterscharführer Paul Bredow und Karl Schluch. SS-Hauptsturmführer Gottlieb Hering vertritt „R1"-Chef Christian Wirth; nach dem erfolgreichen Attentat auf den „grausamen Christian" übernimmt Dieter Allers die Leitung des Lagers, sein Adjutant wird der langjährige Wirth-Mitarbeiter Josef „Sepp" Oberhauser, der „Brenner" aus Bełżec. Er wird 1971 vor dem Frankfurter Landgericht aussagen: „Des weiteren sind in der Zeit von Wirth und Hering auch Juden, die durch Motorenabgase getötet worden waren, in dieser Verbrennungsanlage verbrannt worden. … Ich erkläre ausdrücklich, daß für diese eben erwähnte Verbrennungsanlage ausschließlich das Sonderkommando R 1 zuständig war." (zitiert nach Moehrle, *Judenverfolgung in Triest*)

Diese Männer, denen das Töten längst zum Alltag geworden ist, schaffen einen Mikrokosmos des Grauens, sie töten durch Vergasen, Erschießen, Erschlagen und Erdrosseln, sie foltern und quälen und berauben ihre Opfer, begünstigt durch den Umstand, dass sie losgelöst sind von externen Befehlsstellen. Die SS-Schergen der Risiera di San Sabba sind „unangefochten Herren über Leben und Tod" (Michael Wedekind) der ihnen ausgelieferten Häftlinge. Eine der Überlebenden, Antonietta Carretta, geboren in Lignano, berichtet über ihre Haft: „Sie brachten mich in einen großen Raum, geteilt in kleine Zellen. Ich blieb über einen Monat lang in einer dieser Zellen, ohne mich waschen zu können, mein Haar zu kämmen und all die anderen Dinge zu tun, die für eine Frau absolut notwendig sind … Das Essen wurde uns aus dem Coroneo-Gefängnis gebracht und von den ‚Mongolen' (wohl Ukrainern – J. S.) verteilt. Die psychische und moralische Verfassung der Häftlinge war enorm angespannt. Ich lebte in der ständigen Angst, vom einen Tag auf den anderen getötet zu werden.

Nach ungefähr zehn Tagen brachteN sie eine Jüdin aus Servola namens Olga in eine Zelle in meiner Nähe. Sie wurde noch in der gleichen Nacht ermordet. Als sie kamen, um sie zu holen, weinte die arme Frau und bat die SS-Killer, doch Mitleid mit ihr zu haben. Diese aber antworteten mit gnadenloser Brutalität. Solche Szenen wiederholten sich immer wieder. Die Zellen füllten sich am Tag und leerten sich in der Nacht. Bevor sie verbrannt wurden, wurden die Opfer erschossen – ich konnte die Schüsse hören – oder zu Tode geprügelt. Die Öfen des Krematoriums waren in der Nähe, unweit unserer Zellen … Um den Lärm der Schüsse zu übertönen, schalteten sie Maschinen ein oder spielten laute Musik."

Der Triestiner Carlo Skrinjar, einer der Überlebenden, erinnert sich: „Die Schreie der Männer und Frauen hielten drei oder auch vier Stunden an. Wenn ein Schrei verstummte, folgte ein anderer. Das geschah Nacht für Nacht. In der Nähe meiner Zelle war ein 18-jähriger Junge mit gekraustem Haar untergebracht. Ich kann mich an seinen Namen nicht mehr erinnern. Innerhalb von drei Tagen wurden seine Haare grau. Von morgens bis in die Nacht hinein konnte man das Öffnen und Schließen der Zellentüren hören. Jemand beobachtete durch das Schlüsselloch das Geschehen und warnte die anderen: ‚Ein Lastwagen des Heeres ist angekommen …' Um acht Uhr abends dann plötzlich Stille – es begannen die Schreie. Wir waren überzeugt, dass sie nun die Opfer zu den Öfen brachten. Man konnte hören, wie die Wachen die Leute aus den Zellen zerrten, und vernahm das Schreien, das sich immer weiter entfernte. Der Junge stotterte dann: ‚Jetzt sind wir an der Reihe.' Wir waren starr vor Angst. Ich kann noch immer diese heiseren Schreie hören."

Gräultaten gegen Frauen und Kinder sind an der Tagesordnung. Der bekannte Triester Historiker Carlo Schiffrer schildert in einem Buch über die Risiera, erschienen in Triest 1961, die Erinnerungen eines überlebenden Freundes: „Er beobachtete einen massiv gebauten SS-Mann, der ein Kleinkind an der Hand zum zweiten Hof vor dem Gefängnis führte. Das kleine Kind, zweifel-

Der Hof der Risiera di San Sabba im Jahre 1967. Nach Restaurierungsarbeiten wurde die Anlage 1975 als „Museo della Risiera di San Sabba" öffentlich zugänglich.

los jüdisch, hatte dunkles gekraustes Haar und konnte noch kaum gehen. Es stolperte und fiel hin; der SS-Mann begann zu fluchen und trat mit den Absätzen seiner Schuhe brutal gegen das Kind, dessen Kopf buchstäblich zerbarst. Die alptraumhafte Erinnerung an den Ton, mit dem der Kopf des Kindes auf den Boden schlug, verfolgte meinen Freund noch jahrelang …"

Etwa 5.000 Häftlinge werden in der „Risiera" getötet, wohl mehr als 20.000 Menschen „durchlaufen" das Lager auf ihrem Weg in die KZs und Vernichtungslager im Norden. Die Krematorium-Öfen der „Risiera" bleiben bis Ende April 1945 in Betrieb, sie werden von den abziehenden Deutschen zusammen mit anderen Teilen der Anlage in der Nacht vom 29. zum 30. April 1945 gesprengt. Die letzten Häftlinge, es sind noch 30 bis 40 Personen, werden am späten Abend des 29. April freigelassen. Während in der Stadt der Aufstand vorbereitet wird und Titos IX. Korps zum Sturm auf Triest ansetzt, kommt es zu einer bizarren Abschiedsszene: Der letzte Kommandant des Lagers reicht ihnen persönlich die Hand …

Zehn Sekunden vor Mitternacht

Flucht auf die Mösslacher Alm

Der Krieg ist verloren: Kosakeneinheiten auf dem Rückzug Richtung Plöckenpass, 2. Mai 1945.

Friedrich Rainer, der um die geheimen Wünsche seines Freundes wohl nur allzu gut Bescheid weiß, sorgt für die Verleihung einer letzten Auszeichnungen an *Globus*: Am 18. Dezember 1944 schreibt der Oberste Kommissar der OZAK an Reichsleiter Martin Bormann einen energischen Brief, mit dem das Deutsche Kreuz in Silber für seinen Kumpel gleichsam erzwungen werden soll. Vor Übertreibungen scheut er da nicht zurück: „Ich habe den Parteigenossen Globocnik nach Erhalt des Führerauftrages zum Stellungsbau zu meinem allgemeinen Vertreter für die gesamte Organisation des Stellungsbaus bestellt. Globocnik hat mit außergewöhnlicher Tatkraft, größtem politischem Geschick und einzigartigem Fleiß nach meinen Anweisungen die Organisation des Stellungsbaus eingerichtet und seither entsprechend den vermehrten Anforderungen bis zu seiner jetzigen Höhe gesteigert. Er hat alle Schwierigkeiten mit der Wucht eines revolutionären Nationalsozialisten überwunden und hat unter allen meinen Mitarbeitern mit Abstand das höchste Verdienst an den bisherigen Leistungen. Der Einsatz erfolgt unter frontmäßigen Bedingungen. Bei seinen vielen Bereisungen der frontnahen Stellungsräume ist Globocnik wiederholt nur mit knapper Not Tiefflieger- und Bombenangriffen entgangen. Er erfüllt seine Dienstgeschäfte auch im Hinblick auf die Bandenlage mit besonderem Mut und unter Hintansetzung seiner eigenen Sicherheit." Die „Arbeitsleistung" Globocniks erfülle jeden mit Bewunderung, täglich gelinge es ihm, über die rund 4.300 Politischen Leiter „rund 120.000 Köpfe" für den Stellungsbau zu mobilisieren. Die zackige Intervention Rainers in Berlin hat Erfolg – für seine Verdienste im Stellungsbau verleiht der „Führer" Globocnik am 20. Januar 1945 das Deutsche Kreuz in Silber – auch angesichts des drohenden Untergangs für den SS-Gruppenführer ein Moment der Genugtuung: Seine Arbeit wird gewürdigt. Das Seltsame: Er scheint keine anderen Sorgen zu haben als die Dokumentation seiner Größe. So diktiert er am 13. Februar 1945 seiner Sekretärin Berta Gottschall – sie hat in Lublin für Hermann Höfle gearbeitet – einen Brief an das SS-Personalhauptamt, in dem er da-

Besprechung beim Abendessen: „Globus" und „Friedl" auf Schloss Miramare.

rum bittet, im „Personalakt des SS-Gruppenführers und Generalleutnants der Polizei" die letzten Auszeichnungen nachzutragen, darunter mit 17. September 1944 das Bandenkampfabzeichen in Silber und mit 14. November 1944 die „Genehmigung zur Annahme des Kroatischen Ordens der Krone des Königs Zvonimir 1. Stufe mit dem Stern und mit Schwertern".

Globocnik verschließt die Augen nicht vor der Realität; er weiß, dass der Krieg verloren ist. Als Freund „Friedl" Rainer am 18. April 1945 erklärt, dass die Lage noch nicht hoffnungslos sei und man noch immer Chancen habe, entgegnet *Globus*: „Wir haben nicht mehr eine Viertelstunde bis Mitternacht, sondern nur mehr einige Sekunden." Spätestens seit dem Oktober 1944 trägt er daher ständig eine Kapsel mit Zyankali mit sich. Lore hat wie oben erwähnt die silbern glänzende, etwa drei Zentimeter lange Giftkapsel bei einem Besuch in Triest entdeckt. Aus Anlass seines 41. Geburtstages kommt er am 21. April 1945 nach Klagenfurt und verbringt den Abend mit Lore, am nächsten Tag fährt er zurück nach Triest. Nur wenige Tage später spitzt sich die Lage dramatisch zu: Am

25. April 1945 werden Globocnik und Generalleutnant der Polizei Erwin Rösener, der für die Provinz Laibach zuständige HSSPF Alpenland, mit ihren ostwärts des Isonzo stehenden Verbänden dem Oberbefehlshaber Südost unterstellt; Globocnik verlegt sein Hauptquartier von Triest nach Udine und führt von hier für wenige Tage seine Einheiten in einer seltsamen Doppelrolle: Westlich des Isonzo ist er noch immer ein Unterstellter des Höchsten SS- und Polizeiführers Karl Wolff, östlich des Isonzo untersteht er dem Oberbefehlshaber Südost, Generaloberst Alexander Löhr. Jetzt, angesichts der Niederlage, an die er immer noch nicht glauben mag, zerbricht seine langjährige Freundschaft mit Karl Wolff, der inzwischen über Schweizer Mittelsmänner Kontakte zum US-Geheimdienst geknüpft hat und einen separaten Waffenstillstand anstrebt. Für Globocnik ist Wolff, dem er persönlich viel zu verdanken hat, zum „Verräter“ geworden …

In der Nacht vom 29. zum 30. April 1945, dem Tag, an dem ihr „Führer“ Selbstmord begehen wird, verlassen Friedrich Rainer und Odilo Globocnik Triest.

Der Höhere SS- u. Polizeiführer
in der Operationszone
Adriatisches Küstenland

Akt Nr. 1438

O. U., den 13. Februar 1945

246

Es wird gebeten, bei Antwortschreiben Aktenzeichen- u. Tagebuchnummer anzugeben.

An das
SS-Personalhauptamt
Berlin

SS-Gruf. Globocnik /Q.

Es wird gebeten, im Personalakt des SS-Gruppenführer und Generalleutnant der Polizei folgende Eintragungen vorzunehmen:

17.9.44 Verleihung des Bandenkampfabzeichen in Silber durch RFSS

14.11.44 Genehmigung zur Annahme des Kroatischen Ordens der Krone des Königs Zvonimir 1. Stufe mit dem Stern und mit Schwertern.

2o.1.45 Verleihung des Deutschen Kreuz in Silber durch den Führer.

I.A.
Sekretärin

SS-Personalhauptamt
Eingang 1. MRZ. 1945
Anlagen:
I III
J. d. R.

76199

März 1945

Der Untergang ist nahe, Globocnik sorgt sich um den korrekten Eintrag seiner Auszeichnungen im SS-Personalakt.

Am 1. Mai erhält er von der Heeresgruppe E, die von Alexander Löhr kommandiert wird, den Befehl, die „zurückweichenden deutschen und verbündeten Truppen auf der Höhe von Cremona zum Stehen zu bringen und eine neue Verteidigungslinie zu errichten"; sie soll dann „bis zum letzten Mann" gehalten werden, um Gauleiter Friedrich Rainer die „restlose Ausschöpfung der Wehrkraft des Gaues Kärnten" ermöglichen zu können. Auch wenn er wollte – Globocnik kann diesen absurden Befehl nicht mehr befolgen, es gibt keine Truppe mehr, die er in diese Abwehrschlacht führen könnte. Er geht Richtung Kärntner Grenze zurück.

Über den Plöckenpass kommend, trifft Globocnik am 4. Mai in Begleitung von Ernst Lerch und wohl an der Spitze eines LKW-Konvois in Kärnten ein; in Kötschach-Mauthen soll er auf dem Marktplatz eine Rede gehalten haben. Es sei, so der Tenor dieser Ansprache, „kein Grund zur Besorgnis" vorhanden, da genügend Truppen im Anmarsch seien, um den Karnischen Hauptkamm zu besetzen und die Briten aufzuhalten, wie es ja auch im Jahre 1915 gegen die Italiener gelungen sei.

Selbst auf dem Rückzug, der bald in Flucht übergehen wird, hat er noch Lust auf weitere Morde. Der aus Reutte in Tirol stammende und bereits auf der Flucht befindliche SS-Obergruppenführer Hartmann Lauterbacher, zuvor Gauleiter von Süd-Hannover-Braunschweig, begegnet Globocnik in Pörtschach. In seiner Autobiografie *Erlebt und mitgestaltet*, erschienen 1984, erzählt der Tiroler SS-General, auch er ein fanatischer Judenhasser: „Globocnik kam deutlich betrunken nach Pörtschach. Er äußerte den seltsamen Gedanken, dass man noch in dieser Nacht die prominenten Gefangenen im Luxushotel ‚Pragser Wildsee' im Pustertal liquidieren müsse." Zu den 130 aus dem KZ Sachsenhausen verlegten Gefangenen im „Pragser Wildsee" in Prags zählen auch Richard Schmitz, der ehemalige Bürgermeister von Wien, sowie Kurt Schuschnigg, der letzte Kanzler der Ersten Republik, und dessen Frau und Tochter – geht es nach Globocnik, so dürfen sie den Untergang des Dritten Reiches nicht überleben. Wie Lauterbacher bezeugt, meint er es mit der „Aktion“ ernst: „Ich traf ihn noch stärker betrunken an. Schließlich bat ich Friedrich Thiemel, den Stellvertreter des Gauleiters, um Hilfe. Die Vernichtungsaktion wurde um 24 Stunden verschoben“ – damit ist es dafür aber bereits zu spät: Am 4. Mai befreien US-Truppen die Gefangenen im „Pragser Wildsee“. Bezeugt ist allerdings, dass Hans Philipp, der Gestapo-Chef von Sillian, am 1. Mai aus Klagenfurt den schriftlichen Befehl erhält, die „Sonder- und Sippenhäftlinge“ zu töten. Philipp nimmt sich daraufhin mit Schlaftabletten das Leben – ein letztes Opfer Globocniks, der bei diesem Befehl aus Klagenfurt seine Hände im Spiel hat?

Ein letztes Mal trifft er in Klagenfurt mit seiner Frau zusammen. Wie Lore am 18. August 1964 der Staatspolizei erzählt, sei dies „vermutlich“ am 5. oder 6. Mai 1945 gewesen. Ihr Mann habe im „damaligen Volkssturmreferat“ zu tun gehabt und sie von dort aus angerufen und sie gebeten, „kurz zu dieser Dienststelle“ zu kommen. Er sei sehr in Eile gewesen, das Treffen habe daher kaum eine Stunde gedauert. Beim Abschied hätten sie beide nicht daran gedacht, dass es ein Abschied für immer sein werde. „Mein Gatte“, so erzählt sie dem Vernehmungsbeamten, „glaubte fest daran, dass wir den Krieg doch noch gewinnen werden“ (sic!), „direkte Selbstmordabsichten“ habe er nie geäußert, er wollte nur nicht lebend in die Hände der Feinde fallen. In der Folge habe sie von ihrem Gatten nichts mehr gehört, sie selbst sei am 28. Juli 1945 in Steinfeld von der „britischen Besatzungsmacht“ verhaftet und in das Internierungslager Föderaun eingeliefert worden. Im Januar 1946 habe sie dann im Krankenhaus von Wolfsberg ihren Sohn geboren.

Berndt Rieger vermutet, dass es Lore ist, die Globocnik auf ein altes BDM-Versteck auf der Mösslacher Alm, hoch über dem Weißensee, aufmerksam macht. Lore ist schwanger, möglicherweise weiß sie es zu diesem Zeitpunkt noch nicht.

Am 6. Mai, einem Sonntag, trifft er Rainer, der eben dabei ist, die friedliche Übergabe der Macht zu organisieren, dann geht es weiter an den Wörthersee. Hier hält er sich auch für eine Nacht im Haus seines Freundes auf und spricht noch einmal mit Ada Rainer. Als er sich am Morgen von ihr verabschiedet, sagt er, dass es ein Abschied für immer sei. Er zeigt ihr die Kapsel mit dem Gift, als Ada Rainer daraufhin erschrocken fragt, ob Friedl auch so eine besitze, verneint er – die Kapsel sei für ihn, wegen Polen. Friedl würde so etwas nicht benötigen, er habe nie etwas Böses getan. Es ist das eine Lüge, um Ada nicht zu beunruhigen, denn tatsächlich weiß *Globus*, dass auch Friedrich Rainer eine derartige Kapsel mit sich trägt – sie wird denn auch prompt von den Briten bei einer Leibesvisitation entdeckt, wie Augenzeuge Guy Wheeler von den Queen's Own Hussars später in einem Brief an Joseph Poprzeczny bezeugen wird.

In Pörtschach zieht *Globus* die SS-Uniform, die ihm Macht über Leben und Tod gegeben hat, aus und Zivilkleidung an – die Tage im Orden des Totenkopfs sind vorbei, auch sein Herr und Meister Heinrich Himmler ist in diesen Tagen bereits auf der Flucht. Angeblich nur mit einem Brotbeutel versehen, macht er sich auf den Weg Richtung Mösslacher Alm, zunächst entlang des Wörthersee-Ufers nach Velden, dann Richtung Villach und weiter zum Weißensee, wo seine Gehilfen bereits auf ihn warten.

Globocnik gibt sich keinen Illusionen hin. Wie Siegfried Pucher in seinem Buch „… in der Bewegung führend tätig" berichtet, taucht er in diesen Maitagen bei einem früheren Bekannten am Wörthersee auf. Man unterhält sich, dabei stellt Globocnik in normalem Gesprächston fest: „Zwei Millionen ham'ma erledigt. Wahrscheinlich werd' ich jetzt zahlen müssen dafür." Der Bekannte ist schockiert und erzählt seinem Sohn, dem Interviewpartner Puchers, später mehrmals von dieser Aussage.

Lerch, Michalsen, Höfle und Helletsberger erreichen am 8. Mai mit dem LKW-Konvoi Neusach; am 9. Mai halten sie sich im Hotel Enzian in Techendorf am Weißensee auf. Sie werfen hier einen Teil der Waffen in den See, die LKWs – fünf Fahrzeuge in den Tarnfarben der Wehrmacht, beladen mit Munitionskisten, sollen es gewesen sein – bleiben mit ihrer Ladung, angeblich den Schätzen Globocniks, beim Hotel zurück, dann ziehen die letzten Getreuen Globocniks, versorgt mit Lebensmitteln, zu Fuß weiter Richtung Almhütte auf der Mösslacher Alm. Unterwegs treffen sie auf versprengte Angehörige der Brandenburg-Division, etwa 80 bis 100 Mann, die zum Teil schon Zivilkleider tragen. Lerch glaubt, dass sie in kleinen Gruppen die Drau überqueren und dann weiter Richtung Tirol ziehen wollen. Wohl gegen Abend erreichen die vier Männer die Mösslacherhütte.

Am nächsten Tag, es ist der 10. Mai, treffen die Globocnik-Mitarbeiterinnen Fräulein Espenheim und Fräulein Ziranka bei der Hütte ein – an den beiden nächsten Tagen erholt man sich von den Strapazen, der Chef fehlt allerdings noch. Wo hält sich Globocnik in diesen Tagen auf? Warum hat er sich von seinem Stab getrennt? Vergräbt er, wie Gerüchte und Legenden wissen wollen, tatsächlich seine Schätze am Ufer des Weißensees?

Am 13. Mai taucht der SS-Oberscharführer Siegfried Kummerer bei der Hütte auf und bittet um Aufnahme, Lerch und Höfle weisen ihn jedoch zurück, man hätte zu wenig Lebensmittel. Glaubt man der Aussage Lerchs, die er am 5. Juni 1945 bei einem ersten Verhör durch die Briten tätigt, so konzipiert er in diesen Tagen ein Schreiben an die britischen Militärbehörden, in dem er ein Treffen zwischen ihm und einem britischen Offizier vorschlägt, bei dem die Übergabe der *party* in der Hütte verhandelt werden soll. Er habe das Schreiben einem Bauern ausgehändigt, der es in Hermagor den britischen Militärs übergeben hätte sollen.

Die Angst vor einem Partisanenüberfall ist ständiger Begleiter. Man vertreibt sich die Zeit, indem man den Bauern bei der Almarbeit hilft; ab und zu kommen versprengte Soldaten vorbei, deren Bitten um Zuflucht jedoch alle abgewiesen werden, man wartet auf Globocnik und will sich nicht mit zusätzlichen fremden Essern belasten. Am 19. Mai trifft Lerch, so seine Aussage, während eines „Spaziergangs“ und angeblich ganz zufällig auf Ex-Gauleiter Friedrich Rainer, er habe von der Anwesenheit Rainers in der

Am 7. Mai 1945 betreten britische Truppen in Mauthen erstmals österreichischen Boden. Wenige Tage zuvor hatte hier noch Globocnik Station gemacht.

Region nichts gewusst. Man habe kurz die Lage besprochen, dann habe Rainer vorgeschlagen, dass man sich in zehn Tagen genau an diesem Platz wieder treffen wolle; als Erkennungszeichen habe man ein Pfeifsignal vereinbart, Rainer habe ihm befohlen, zur Mösslacherhütte zurückzukehren. Eine seltsame Geschichte, die „Ernstl" Lerch den *Tommies* da auftischt – was treibt Rainer, der von den Briten bereits intensiv gesucht wird, zehn Tage lang im Gebiet um den Weißensee? Was gibt es da für ihn noch zu erledigen? Warum ist auch er so wie sein Freund *Globus* allein in dieser einsamen Waldgegend unterwegs und was für ein Ziel hat er, wenn er nicht zur Hütte will? Gibt es da etwas zu tun, bei dem Zeugen unerwünscht sind?

Dann ist der Chef endlich da: Am 20. Mai 1945 erreicht Globocnik die in 1450 m Seehöhe gelegene Almhütte auf der Mösslacher Alm; er ist erschöpft und angeblich auch krank, die prachtvolle Aussicht auf den türkis glitzernden Weißensee tief unten im Tal kann er wohl kaum genießen. Aber er hat Zeit zum Nachdenken.

Noch besteht die Hoffnung, sich über den Plöckenpass nach Italien durchschlagen zu können; in der Region Triest hat er Bekannte, auf deren Unterstützung er zählen kann. Ja, er glaubt sogar, dass man ihn vielleicht in Triest als politischen Berater benötigen könnte – Illusionen, die verkennen, dass er als Massenmörder gebrandmarkt ist.

Die nächsten Tage verbringt er die meiste Zeit im Bett; jeglichen Widerstand, so erzählt Lerch später den Briten, habe er zu diesem Zeitpunkt bereits für sinnlos gehalten; was er in der Zeit vom 6. zum 20. Mai, also zwei Wochen lang, gemacht habe, habe er jedoch beharrlich verschwiegen.

Angeblich versucht es Lerch am 29. Mai noch einmal, den Briten einen Brief zu übermitteln. Er geht hinunter ins Tal und hört hier, dass ein britischer Offizier zusammen mit dem SS-Sturmbannführer Dr. Ewald Aichinger aus Villach und mit dem bekannten Holzindustriellen Franz Haßlacher aus Spittal nach Rainer suchen würde. Er begibt sich daraufhin zum vereinbarten Treffpunkt mit Rainer, das vereinbarte Pfeifsignal funktioniert, der Ex-Gauleiter taucht tatsächlich zwischen den Bäumen auf. Lerch berichtet ihm, Rainer erklärt daraufhin, dass er am nächsten Tag zur Hütte kommen werde, um mit Globocnik die Lage zu diskutieren.

Rainer hält Wort: Am 30. Mai 1945 erreicht auch er die Mösslacherhütte. Die „Lagebesprechung“ mit *Globus* ist wenig erfreulich. Glaubt man der Aussage Lerchs vom 5. Juni 1945, so beschließen die beiden Freunde sich am nächsten Tag den britischen Militärs zu ergeben …

Zyankali

Selbstmord in Paternion

Paternion, 31. Mai 1945, etwa 12 Uhr: Hermann Höfle und Georg Michalsen an der Leiche ihres Chefs. Gut zu erkennen, dass Globocnik einen Anzug trägt.

Seit drei Wochen herrscht Friede. Die Jagd auf die Täter geht jedoch weiter. Seit dem 11. Mai liegt in der Marktgemeinde Paternion im Unteren Drautal eine Abteilung der britischen *Queen's Own Fourth Hussars*. In Molzbichl haben die Briten, die aus Padua kommend nach Kärnten eingerückt sind, ein Lager für Kriegsgefangene eingerichtet, am Ufer des Weißensee schlagen sie ein *rest camp* für Regimentsangehörige auf. Hartnäckig hält sich das Gerücht, dass sich in der Gegend um den Weißensee hochrangige SS-Führer verstecken würden, noch fehlen aber konkrete Anhaltspunkte. Dann gibt es plötzlich einen Zwischenfall: Am Abend des 29. Mai 1945 nehmen die *Fourth Hussars* in der zur Oberkärntner Gemeinde Stockenboi zählenden Ortschaft Wiederschwing zwei SS-Männer fest: den SS-Oberscharführer Siegfried Kummerer und einen gewissen Schutz. Am nächsten Tag, um 15 Uhr, so berichtet das *War Diary* der britischen Einheit, werden die beiden Gefangenen einem Verhör unterzogen, dabei gibt Kummerer zu, dass er zwar zwei Jahre in Dachau gedient, sich aber keine Grausamkeiten zuschulden habe kommen lassen. Sein Kamerad Schutz, dem die *Hussars* kaum etwas entlocken können, wird freigelassen; Kummerer bleibt jedoch in Haft. Am späten Abend überrascht er seine Bewacher mit einer freiwillig getätigten Aussage: In einer Almhütte auf der Mösslacher Alm würden sich ein SS-Gruppenführer und drei SS-Sturmbannführer sowie einige andere SS-Männer und zwei Frauen verstecken. Kummerer verschweigt, dass er am 13. Mai selbst auf der Mösslacher Alm gewesen ist und um Aufnahme in der Hütte gebeten hat – Lerch, Michalsen und Helletsberger haben ihn aber wegen der Knappheit an Lebensmitteln abgewiesen; der gute Rat der SS-Kameraden: Kummerer solle doch am Mösslacherhof im Tal Unterschlupf suchen.

Die Briten nehmen den Hinweis des redseligen SS-Oberscharführers sofort sehr ernst. Eine kleine Expedition, bestehend aus fünf Offizieren und zwölf Soldaten, bricht um 22 Uhr Richtung Mösslacher Alm auf; Kummerer hat sich bereit erklärt, die *Special Force*

Ausblick von der Mösslacherhütte auf den Weißensee.

zu führen. Das erste Stück Weges bis zum Mösslacherhof wird auf einem LKW zurückgelegt, dann geht es den steilen Pfad hinauf zur Alm – *a tortuous climb,* wie *Eighth Army News*-Reporter Joseph Garrity in seinem Bericht über die Aktion feststellen wird. Heute kann man die Mösslacher Hütte auf einem neu angelegten Forstweg, der in Serpentinen aus dem Silbergraben auf die Alm führt, auch bequem mit einem Traktor erreichen; den *Tommies* bleibt nichts anderes übrig, als sich im direkten Anstieg durch den Wald hinaufzuquälen. Um 4.30 Uhr, noch vor dem Morgengrauen, erreicht die unter dem Kommando von *senior Intelligence Corps officer* Major Alexander Ramsay und Regimentsadjutant Captain Guy P. Wheeler stehende Truppe die Almhütte und umstellt sie. Vorsichtig, jeden Lärm vermeidend, werden Feuerpositionen eingenommen. Die „Hütte", so stellen die Briten fest, sind eigentlich zwei Hütten, eine größere und eine kleinere, Rückwand an Rückwand errichtet.

Versteckt hinter Bäumen beobachten sie, wie ein Mann in Zivil aus der kleinen Hütte kommt, uriniert, sich kurz umblickt und dann wieder in der Hütte verschwindet, die Tür hinter sich zuziehend. Ramsay entschließt sich zum Losschlagen: Um 5.10 Uhr bricht er gemeinsam mit zweien seiner Männer die Tür zur kleinen Hütte auf; Lieutenant Kenneth Hedley und Sergeant Sowler treten die Tür zur großen Hütte ein. Die Insassen der Hütte ergeben sich ohne Widerstand, halb nackt, die Hände über dem Kopf, zitternd in der kalten Morgenluft, müssen sie Aufstellung nehmen. Friedrich Rainer wird mit einem Tritt aus der Hütte getrieben, als er sich über diese „respektlose" Behandlung eines Gauleiters beschwert, wird ihm als Alternative eine Kugel ins Genick in Aussicht gestellt – eine deutliche Sprache, die wirkt: Rainer verzichtet auf weiteres Nörgeln.

Die beiden Hütten werden genau durchsucht, dann werden die Gefangenen zu ihrer Identität befragt. Gauleiter Friedrich Rainer und Sturmbannführer Ernst Lerch, dem bei der Durchsuchung eine Zyankali-Kapsel abgenommen wird, geben sich zu erkennen, die anderen vier – Globocnik, Höfle, Michalsen und Helletsberger – streiten zunächst jeden Zusammenhang mit der SS ab; Globocnik, der einen marineblauen Geschäftsanzug trägt, gibt sich als Kaufmann aus Klagenfurt namens König aus, der vor den Tito-Partisanen geflohen sei, und versucht dies mit den vorbereiteten falschen Papieren zu untermauern, Major Ramsay und seine Männer wollen ihm das nicht so recht glauben, sie vermuten den berüchtigten SS- und Polizeiführer vor sich zu haben, den sie von Fotos einigermaßen kennen. Die sorgfältige Leibesvisitation erbringt jedoch keine Anhaltspunkte. Zusammen mit den Gefangenen, die alle sehr verängstigt wirken und keine Probleme machen, kehrt man zurück nach Paternion, den beiden Frauen erlaubt man vorerst, in der Hütte zu bleiben, sie werden erst am Nachmittag abgeholt.

Am Vormittag ist man zurück in Paternion. Den Gefangenen wird ein Frühstück gebracht, alle bis auf Globocnik nehmen das Ange-

Die Situation, wie sie die britische „Special Force" auf der Mösslacher Alm vorfindet: zwei Hütten, Rückwand an Rückwand errichtet.

bot an – er fühle sich unwohl und könne nichts essen und trinken. Wie Guy Wheeler in einem Brief vom 5. Januar 1965 an das *Foreign Office,* gerichtet an die österreichische Regierung, vermutet, hat der SS-Führer zu diesem Zeitpunkt bereits die Giftkapsel im Mund. Laut Wheeler habe er sich allerdings nicht als Kaufmann ausgegeben, sondern als Ingenieur, der Gauleiter Rainer in Befestigungsfragen beraten würde. Die Tatsache, dass er zusammen mit Rainer den kleinen Einzelraum im hinteren Teil der Hütte geteilt habe, habe sie sofort misstrauisch gemacht.

Major Ramsay und Lieutenant Hedley, auch er ist *intelligence officer,* sind jedenfalls entschlossen, den geheimnisvollen Mann im blauen Anzug zu enttarnen, ein kleiner Trick wird ausgeheckt: Als die Gefangenen über den Hof von Schloss Paternion zum Gefängnis marschieren, ruft Ramsay laut den Namen Globocniks, der gleichzeitig von Hedley scharf beobachtet wird – tatsächlich lässt sich dieser überraschen: Er dreht den Kopf etwas in Ramsays Richtung, beinahe im gleichen Augenblick weiß er, dass er damit den tödlichen Fehler begangen hat. Er hört, wie Lieutenant Hedley, der ausgezeichnet Deutsch spricht, ihm triumphierend zuruft: „Sie haben sich verraten, Sie haben den Kopf leicht bewegt!"

Die Hütte auf der Mösslacher Alm heute.

Es gibt, so glaubt er, keinen Ausweg mehr für ihn. Odilo Globocnik, der Millionen in den Tod geschickt hat, bleibt in diesem Moment der Entscheidung konsequent: Er handelt so, wie er es sich vorgenommen hat. Die Zyankalikapsel hat er bereits im Mund, versteckt unter der Zunge, schon seit dem Morgengrauen, als man ihn in der Almhütte verhaftete. Ohne länger zu zögern, schiebt er sie vor zwischen die Zähne und beißt zu, das Glas zersplittert, das Gift wirkt sekundenschnell. Es ist etwa 11.25 Uhr.

Als Globocnik zu Boden stürzt, wird sofort der Regimentsarzt gerufen, Captain Morris M. Leigh versucht vergeblich, ihn wiederzubeleben – *when I reached him he was deeply comatose, suffering from cyanide poisoning.* Leigh bemerkt Splitter der Glasphiole in Globocniks Mund, kann nicht mehr helfen, *he died within a minute or two.* Um 11.30 Uhr muss er den Tod des SS-Führers feststellen. In einem späteren Bericht an das *Foreign Office* vom 7. Januar 1965 vermerkt er: „Alles, was ich mit Sicherheit bezeugen kann, ist, dass der Mann, der von Major Hedley als Globocnik überführt worden ist, in meiner Gegenwart gestorben ist."

Angesichts ihres toten Chefs geben nun auch Michalsen, Höfle und Helletsberger ihre Identität preis; Friedrich Rainer bestätigt, dass der Tote sein Freund Globocnik ist. *A spectacular chase* ist zu

Ende, mit Globocnik habe, wie Reporter Joseph Garrity am 9. Juli 1945 in den *Eighth Army News* schreibt, *the most hated man in Austria* den Tod gefunden.
Kreispropagandaleiter Friedrich Plöb, der zusammen mit dem Villacher Kreisleiter Hugo Herzog wenige Tage zuvor von den Engländern im Paternioner Almgebiet „Wiederschwing" festgenommen worden ist, erzählt dem Ermittlungsbeamten der Staatspolizei am 18. August 1964 folgende Version: „Ende Mai 1945, in den Morgenstunden, vernahm ich plötzlich Lärm. Alle Gefangenen wurden danach aus den Zellen geholt und vor das Gefängnisgebäude befohlen. Alle englischen Soldaten waren sehr nervös und schrien laut. Unter anderem hörte ich auch einen Engländer in deutscher Sprache rufen: ‚Wollen auch Sie Selbstmord machen?' Er rief diese Worte zwar allen Gefangenen zu, diese höhnische Bemerkung dürfte jedoch vor allem dem Gauleiter Dr. Rainer gegolten haben. Vor dem Hause des Gefängnisses sah ich einen Mann auf der Erde liegen, der anscheinend tot war. Im nächsten Moment hörte ich, als mehrere Angehörige des Stabes Globocnik flüsterten: ‚Der Globocnik!' Die Leiche war mit einer Decke zugedeckt, das Gesicht war jedoch frei. Das Gesicht machte einen aufgedunsenen Eindruck. Ich konnte die tote Person selbst nicht identifizieren." Plöb beobachtet noch, wie die britischen Offiziere „über diese Begebenheit" ein Foto machen; sein Eindruck ist, dass man „nicht den Toten, sondern die Lebenden" fotografieren möchte.
Um 12.30 Uhr werden alle anderen Gefangenen dem *Provost Office* der Division übergeben, über ihr weiteres Schicksal entscheidet die FSS *(Field Security Section)* der Einheit.

Da der Pfarrer von Paternion es angeblich ablehnt, Globocnik am Friedhof der Pfarre zu beerdigen, befielt Regimentsadjutant Captain Wheeler *Provost Sergean*t Sowler, den Leichnam „irgendwo außerhalb geheiligter Erde" *(anywhere outside hallowed ground)* zu begraben, das Grab solle von Angehörigen der Regimentspolizei ausgehoben werden. Der Tote wird auf einen LKW gelegt und an das Ufer der Drau zur „Sautratten“ gefahren. Wheeler nimmt am Begräbnis selbst nicht teil; in Anwesenheit von Regimentsarzt Leigh und der Offiziere Cpl. Halstead und Cpl. Lee legt man Globocnik ins Grab, das sorgfältig mit Rasenziegeln abgedeckt wird. Sergeant Sowler fragt Wheeler, dem man die Stelle später zeigt, ob man sie mit einem Kreuz markieren solle – der Captain antwortet, dass dies in diesem Fall unangemessen sei …

Für Revisionisten, Schatzsucher und Mythomanen bietet die Geschichte Globocniks willkommenen Stoff …

Einige Fragen und Widersprüche bleiben: Warum hat man den Leichnam so schnell und in aller Heimlichkeit verscharrt? Was wussten Ramsay, Hedley und Wheeler zu diesem Zeitpunkt tatsächlich bereits über die Rolle Globocniks im SS-Apparat? In einem Interview vom 9. Mai 1990 gibt Guy Wheeler an, dass man Globocnik in einem „dreckigen Hemd und Hosen“ *(dirty shirt and trousers he was wearing at time of capture)* und mit leeren Taschen begraben habe – der Tote auf dem Foto (siehe Seite 346) trägt jedoch, wie deutlich zu erkennen ist, einen Anzug …
Die andere Geschichte geht dann so: Der Tote sei gar nicht Globocnik gewesen, dieser habe sich vielmehr freigekauft – mit einer „Schatzkarte“, die genau die Position der vergrabenen Munitionskisten am Nordufer des Weißensees angezeigt habe. Goldmünzen im Wert von knapp 3 Millionen US-Dollar habe man bei Grabungen schon gefunden, weitere Schätze im Wert von etwa 10 Millionen US-Dollar würden noch auf ihren Finder warten …

Literatur- und Quellenverzeichnis

Archive

Archiv Teatr NN, Lublin: Zbiór fotografii
Narodowy Archiwum Cyfrowy, Warschau: Zbiór fotografii
Archiwum Instytut Pamięci Narodowej (AIPN, Archiv des Instituts des nationalen Gedenkens), Warschau: Zbiór fotografii
Archiwum Państwowego Muzeum na Majdanku (Archiv des Staatlichen Museums Majdanek): II-14 Akcja Reinhardt
Archiwum Państwowe w Lublinie (Staatsarchiv Lublin): Sign. 63, 270, 273, 892 Gouverneur Distrikt Lublin; Sign. 3, 164 Judenrat in Lublin
Bundesarchiv Berlin, Berlin Document Center: SS-Personalakt Odilo Globocnik
Bundesarchiv – Außenstelle Ludwigsburg (ehemals: Zentrale Stelle der Landesjustizverwaltungen in Ludwigsburg): 208 AR-Z 74/60 Ermittlungen gegen Georg Michalsen; Zeugenaussage Rachmil Gartenkraut, AR-Z-268/59, Aussage von Willy Natke vom 28. Juli 1960; Aussage Laurenzia Globocnik, 18. August 1964; Aussagen Max Runhof (B 162/1211; 162/3832; B 162/5242)
Dokumentationsarchiv des österreichischen Widerstandes: Bestand Globocnik: 02502, 09425, 09395, 11545: Tod Globocniks, 18864/2, 18864/3, 21159/2–5: Aktion Reinhardt, 21704, 21830/19, 21683/7, 01460/1: unveröffentlichtes Manuskript Alfred Persche
Österreichisches Staatsarchiv, Kriegsarchiv
Abschlussqualifikation Globocnik 1917/18 Militär-Unterrealschule St. Pölten
Österreichisches Staatsarchiv, Archiv der Republik: Bestand Bürckel, BKA-Inneres: 22/gen., Sammelakte Zl. 317.537/36 (Festnahme Globocnik); Gauakt Karl Schneeberger, Gauakt Paul Gasser
Institut für Zeitgeschichte München: Rudolf Höß, Globocnik-Skizze
Yad Vashem Archives, Jerusalem: Testimony Josef Birger-Ezrahi
Landesarchiv Kärnten, Klagenfurt: Akt Franz Globocnik, Fotosammlung
Stadt- und Landesarchiv Wien (MA 8): Meldezettel Globocnik
Standesamt Berchtesgaden: Eintrag im Trauungsbuch 1937
Archiv der HTL Klagenfurt: Schülerkarteikarte Globocnik

Erinnerungen, Tagebücher und autobiografische Texte

Joachim Auch (Hg.), Ich kann auch anders! Das Leben des Lagerkommandanten Wolfgang Mohwinkel, erzählt in Dokumenten und Erinnerungen der Tochter und des Schwiegersohns. Haigerloch 2011
Else Behrend-Rosenfeld und Gertrud Luckner (Hg.), Lebenszeichen aus Piaski. Briefe Deportierter aus dem Distrikt Lublin 1940–1941. München 1970
Halina Birenbaum, Die Hoffnung stirbt zuletzt. Frankfurt am Main 1995
Claudia Brunner/Uwe von Seltmann, Schweigen die Täter, reden die Enkel. Frankfurt am Main 2004

Mikolaj Caban, Flucht aus dem Jenseits. Berlin 1972
Sujka Erlichman-Bank, Listy z piekła (Briefe aus der Hölle). Białystok 1992
Róza Fiszman-Sznajdman, Mój Lublin. Lublin 1989
Jacob Frank und Mark Lewis, Himmler's Jewish Tailor: The Story of Holocaust Survivor Jacob Frank. Chapel Hill 2000
Irena Gewerc-Gottlieb, Mój Lublin szczęsliwy i nieszczęsliwy. In: Jerzy Jacek Bojarski (Hg.), Ścieżki pamięci. Żydowskie miasto w Lublinie – losy, miejsca, historia. Lublin 2001
Ida Gliksztajn-Rapaport, Pamiętnik (Archiwum Państwowego Muzeum na Majdanku)
Chaika Grossman, Die Untergrundarmee. Der jüdische Widerstand in Białystok. Ein autobiographischer Bericht. Frankfurt am Main 1993
M. Grudzińska, Majdanek. Obóz koncentracyjny w relacjach więźniów i świadków. Lublin 2011
Arnold Hindls, Einer kehrte zurück. Bericht eines Deportierten. Stuttgart 1965 (= Veröffentlichung des Leo Baeck Instituts)
Marcin Gryta, Byłem numerem (Ich war eine Nummer). Lublin 1962
Rudolf Höß, Kommandant in Auschwitz. Autobiographische Aufzeichnungen. Herausgegeben von Martin Broszat. München 2013
Ernst Klee, Willi Dreßen und Volker Rieß, „Schöne Zeiten". Judenmord aus der Sicht der Täter und Gaffer. Frankfurt am Main 1988
Zygmunt Klukowski, Dziennik z lat okupacji Zamojszczyzny (1939–1944). Lublin 1959
Księga Pamięci Żydowskiego Lublina. Wstęp, wybór i opracowanie: Adam Kopciowski. Lublin 2011
Jerzy Kwiatkowski, 485 dni na Majdanku (485 Tage in Majdanek). Lublin 1966
Hartmann Lauterbacher, Erlebt und mitgetaltet. Kronzeuge einer Epoche 1923–1945. Zu neuen Ufern nach Kriegsende. Preußisch Oldendorf 1984
Zacheusz Pawlak, „Ich habe überlebt … " Ein Häftling berichtet über Majdanek. Hamburg 1979
Rudolf Reder, Bełzec. Kraków 1999
Ralf Georg Reuth (Hg.), Joseph Goebbels. Tagebücher 1924–1945. 5 Bände. München 1999
Uwe von Seltmann, Todleben. Eine deutsch-polnische Suche nach der Vergangenheit. München 2012
Nechama Tec, Eine Art Leben. Eine jüdische Kindheit im besetzten Polen. Hamburg 1998
Nechama Tec, Suche łzy. Warszawa 2005.

Dokumente

Tatiana Berenstein, Artur Eisenbach, Bernard Mark und Adam Rutkowski, Faschismus – Getto – Massenmord. Herausgegeben vom Jüdischen Historischen Institut Warschau. Berlin 1960
Nachman Blumental, Documents from Lublin Ghetto. Judenrat Without Direction. Jerusalem 1967 (= From the Yad Vashem Archives, Vol. VI)

Toviyya Friedman (Hg.), Himmlers Teufels-General. SS- und Polizeiführer Globoćnik in Lublin und ein Bericht über die Judenvernichtung im General-Gouvernement in Polen 1941–1944: Dokumenten-Sammlung. Haifa 1977

Justiz und NS-Verbrechen. Sammlung deutscher Strafurteile wegen nationalsozialistischer Tötungsverbrechen. Amsterdam-München 1945–2012, Bd. 1–49

Czesław Madajczyk, Zamojszczyzna – Sonderlaboratorium SS. Zbiór dokumentów polskich i niemieckich z okresu okupacji hitlerowskiej. 2 Bände. Warszawa 1979

Nacht über Europa. Bd. 2: Die faschistische Okkupationspolitik in Polen (1939–1945). Dokumentauswahl und Einleitung von Werner Röhr. Köln 1989

Leon Poliakov/Josef Wulf, Das Dritte Reich und die Juden. Dokumente und Aufsätze. Berlin-Grunewald 1955

Wolfgang Scheffler/Helge Grabitz, Der Ghetto-Aufstand Warschau 1943 aus der Sicht der Täter und Opfer in Aussagen vor deutschen Gerichten. München 1993

Die Verfolgung und Ermordung der europäischen Juden durch das nationalsozialistische Deutschland 1933–1945. Band 4: Polen: September 1939–Juli 1941–1945, bearbeitet von Klaus-Peter Friedrich. München 2011

Die Verfolgung und Ermordung der europäischen Juden durch das nationalsozialistische Deutschland 1933–1945. Band 9: Polen: Generalgouvernement August 1941–1945, bearbeitet von Klaus-Peter Friedrich. München 2014

Ausgewählte Sekundärliteratur

Götz Aly und Susanne Heim, Vordenker der Vernichtung. Auschwitz und die deutschen Pläne für eine neue europäische Ordnung. Frankfurt am Main 1993

Yitzhak Arad, Bełzec, Sobibór, Treblinka. The Operation Reinhard Death Camps. Bloomington 1999

Sara Bender, Der Mythos vom Aufstand im Ghetto Białystok. In: Jacek *Andrzej Mlynarczyk/Jochen Böhler (Hg.),* Der Judenmord in den eingegliederten polnischen Gebieten 1939–1945. Osnabrück 2010, S. 329–344

Ruth Bettina Birn, Die Höheren SS- und Polizeifuhrer. Himmlers Vertreter im Reich und in den besetzten Gebieten. Düsseldorf 1986

Peter R. Black, Ernst Kaltenbrunner. Vasall Himmlers: Eine SS-Karriere. Paderborn · München · Wien · Zürich 1991

Peter R. Black, Rehearsal for „Reinhard“? Odilo Globocnik and the Lublin Selbstschutz. In: Central European History. Vol. 25. Nr. 2 (1992), S. 204–226

Peter Black, Odilo Globocnik. Himmlers Vorposten im Osten. In: Ronald Smelser/Enrico Syring/Rainer Zitelmann (Hg.), Die Braune Elite, Bd. 2. Darmstadt 1999, S. 107 ff.

Jochen Böhler, Gewalt und Alltag im besetzten Polen 1939–1945. Osnabrück 2012

Gerhard Botz, Die Eingliederung Österreichs in das Deutsche Reich. Planung und Verwirklichung des politisch-administrativen Anschlusses (1938–1940). Linz 1976 (= Schriftenreihe des Ludwig Boltzmann Instituts für Geschichte der Arbeiterbewegung, Bd. 1)

Richard Breitman, Der Architekt der „Endlösung“: Himmler und die Vernichtung der europäischen Juden. Paderborn · München · Wien · Zürich 1996

Martin Broszat, Nationalsozialistische Polenpolitik 1939–1945. Stuttgart 1961 (= Schriftenreihe der Vierteljahrshefte für Zeitgeschichte, Nummer 2)

Christopher R. Browning, Die Entfesselung der „Endlösung“: nationalsozialistische Judenpolitik 1939–1942. Berlin 2003

Michael Burleigh, Germany Turns Eastwards. A Study of Ostforschung in the Third Reich. London 2002

Ulfried Burz, Die nationalsozialistische Bewegung in Kärnten (1918–1938). Vom Deutschnationalismus zum Führerprinzip. Klagenfurt 1998

Pier Arrigo Carnier, L'Armata cosacca in Italia 1944-1945. Milano 1965

Pier Arrigo Carnier, Lo sterminio mancato. La dominazione nazista nel Veneto orientale 1943–1945. Mailand 1982

David Cesarani, Adolf Eichmann. Bürokrat nd Massenmörder. Berlin 2012

Thomas Chorherr (Hg.), 1938 – Anatomie eines Jahres. Wien 1987

Bruno Coceani, Trieste durante l'occupazione tedesca. Milano 1958

Martin Cüppers, Wegbereiter der Shoah. Die Waffen-SS, der Kommandostab Reichsführer-SS und die Judenvernichtung 1939–1945. Darmstadt 2005 (= Veröffentlichungen der Forschungsstelle Ludwigsburg der Universität Stuttgart, Bd. 4, herausgegeben von Klaus-Michael Mallmann)

Wolfgang Curilla, Der Judenmord in Polen und die deutsche Ordnungspolizei 1939–1945. Paderborn 2011

Der Dienstkalender Heinrich Himmlers 1941/42. Im Auftrag der Forschungsstelle für Zeitgeschichte in Hamburg bearbeitet, kommentiert und eingeleitet von Peter Witte, Michael Wildt, Martina Voigt, Dieter Pohl, Peter Klein, Christian Gerlach, Christoph Dieckmann und Andrej Angrick. Hamburg 1999

Stefano Di Giusto, Operationszone Adriatisches Küstenland. Udine, Gorizia, Trieste, Pola, Fiume e Lubiana durante l'occupazione tedesco 1943–1945. Udine 2005

Günter Düriegl, Günter, Regina Forstner-Karner, Elisabeth Klamper u. a., Der Novemberpogrom 1938. Die „Reichskristallnacht“ in Wien. Wien 1988 (= 116. Sonderausstellung des Historischen Museums Wien)

Stanisław Durlej, Janusz Gmitruk (Hrsg.): Zbrodnie hitlerowskie na wsi polskiej w latach 1939–1945. Wspomnienia, pamiętniki i relacje. Kielce-Warszawa 2008

Eksterminacja Ludności Polskiej w Okresie Okupacji Hitlerowskiej. Warszawa: Ministerstwo Sprawiedliwości - Główna Komisja Badań Zbrodni Hitlerowskich w Polsce, 1979.

Alfred Elste, Kärntens braune Elite. Klagenfurt 1997

Alfred Elste und Dirk Hänisch, Auf dem Weg zur Macht. Beiträge zur Geschichte der NSDAP in Kärnten von 1918 bis 1938. Wien 1997 (= Vergleichende Gesellschaftsgeschichte und politische Ideengeschichte der Neuzeit, Bd. 8, herausgegeben von Anton Pelinka und Helmut Reinalter)

Michael G. Esch, Das SS-Mannschaftshaus in Lublin und die Forschungsstelle für Ostunterkünfte. In: Götz Aly (Hg.), Modelle für ein deutsches Europa. Ökonomie und Herrschaft im Großwirtschaftsraum. Berlin 1992, S. 206 ff.

Michael G. Esch, „Ohne Rücksicht auf historisch Gewordenes“. Raumplanung und Raumordnung im besetzten Polen 1939–1945. In: Modelle für ein deutsches Europa. Ökonomie und Herrschaft im Großwirtschaftsraum. Berlin 1992 (= Beiträge zur nationalsozialistischen Gesundheits- und Sozialpolitik: 10), S. 77–123

Michael G. Esch, Die „Forschungsstelle für Ostunterkünfte“ in Lublin. In: Zeitschrift für Sozialgeschichte des 20. und 21. Jahrhunderts, Vol 11 (!996), S. 67–96

Józef Fajkowski, Wieś w ogniu. Eksterminacja wsi polskiej w okresie okupacji hitlerowskiej. Warszawa 1972

Józef Fajkowski, Jan Religa, Zbrodnie hitlerowskie na wsi polskiej 1939-1945. Warszawa 1981

Henry Friedlander, The T4 Killers: Berlin, Lublin, San Sabba. In: Helge Grabitz (Hg.), Die Normalität des Verbrechens. Bilanz und Perspektiven zu den nationalsozialistischen Gewaltverbrechen. Festschrift für Wolfgang Scheffler zum 65. Geburtstag. Berlin 1994, S.220–240

Christian Gerlach, Kalkulierte Morde. Die deutsche Wirtschafts- und Vernichtungspolitik in Weißrußland 1941 bis 1944. Hamburg 1999

Edward Gigilewicz, Lublinland: państwo żydowskie w planach III Rzeszy. Radom 2004

Daniel Jonah Goldhagen, Hitlers willige Vollstrecker. Ganz gewöhnliche Deutsche und der Holocaust. Berlin 1996

Alfred B. Gottwaldt und Diana Schulle, Die „Judendeportationen“ aus dem deutschen Reich von 1941–1945: eine kommentierte Chronologie. Wiesbaden 2005

Dieter Gräbner und Stefan Weszkalnys, Der unerhörte Zeuge: Kurt Gerstein, Christ, SS-Offizier, Spion im Lager der Mörder. Sankt Ingbert 2006

Wolfgang Graf, Österreichische SS-Generäle. Himmlers verlässliche Vasallen. Klagenfurt · Laibach · Wien 2012

Janusz Gumkowski und Kazimierz Leszczyński, L'occupation hitlérienne en Pologne. Warschau 1961

Ingo Haar, Biopolitische Differenzkonstruktionen als bevölkerungspolitisches Ordnungsinstrument in den Ostgauen: Raum- und Bevölkerungsplanung im Spannungsfeld zwischen regionaler Verankerung und zentralstaatlichen Planungsanspruch. In: Jürgen John, Die NS-Gaue. München 2007, S.105f.

Isabel Heinemann, Rasse, Siedlung, deutsches Blut. Das Rasse- und Siedlungshauptamt der SS und die rassenpolitische Neuordnung Europas. Göttingen 2003

Elizabeth Harvey, „Der Osten braucht dich!“ Frauen und nationalsozialistische Germanisierungspolitik. Hamburg 2009

Raul Hilberg, Die Vernichtung der europäischen Juden. 3 Bände. Frankfurt am Main 2010

Grzegorz Hryciuk, Przemiany narodowościowe i ludnościowe w Galicji Wschodniej i na Wołyniu w latach 1931-1948. Toruń 2005

Heinz Höhne, Der Orden unter dem Totenkopf. Die Geschichte der SS. Gütersloh 1985

Horst Möller und Thomas Schaarschmidt (Hg.), Die NS-Gaue. Regionale Mittelinstanzen im zentralistischen „Führerstaat“. München 2007, S. 105 ff.

Herbert Hutterer, Der Dienst an der „Schönen Sache". Das Hofkammerarchiv und die NS-Ansiedlungsforschung 1936–1945. In: Mitteilungen des Österreichischen Staatsarchivs. Österreichs Archive unter dem Hakenkreuz. Jg. 54 (2010), S. 181–219
Christian Ingrao, The SS Dirlewanger Brigade. The History of the Black Hunters. New York 2011
Agnieszka Jaczyńska, Sonderlaboratorium SS. Zamojszczyzna. Pierwszy obszar osiedleńczy w Generalnym Gubernatorstwie. Lublin 2012
Christian Jansen und Arno Weckbecker, Der „Volksdeutsche Selbstschutz" in Polen 1939/40. München 1992 (= Schriftenreihe der Vierteljahreshefte für Zeitgeschichte, Band 64)
Józef Kasperek, Kronika wydarzeń w Lublinie w okresie okupacji hitlerowskiej. Lublin 1989
Zygmunt Klukowski, Zamojszczyzna 1918–1943. Warszawa 2007
Peter-Ferdinand Koch, Himmlers Graue Eminenz – Oswald Pohl und das Wirtschaftsverwaltungshauptamt der SS. Hamburg 1988
Robert Lewis Koehl, RKVDF: German Resettlement and Population Policy, 1939–1945: A History of the Reich Commission for the Strengthening of Germandom. Cambridge 1957
Michael Koschat, Die italienischen „Partisanenrepubliken" im Sommer und Herbst 1944: Improvisation oder historisches Modell? Die „Repubblica Partigiana della Carnia e del Friuli". 4 Bde. Wien (Phil. Diss.) 2003
Shmuel Krakowski, The War of the Doomed: Jewish Armed Resistance in Poland 1942–1944. New York 1984
Tomasz Kranz, Die Vernichtung der Juden im Konzentrationslager Majdanek. Lublin 2007
Erich Kuby, Als Polen deutsch war 1939–1945. München 1986
Robert Kuwałek, Zbrodnie w Lesie Krępieckim w swietle zeznań świadków. In: Zeszyty Majdanka, Bd. XXI, 2001.
Robert Kuwałek, Zydzi lubelscy w obozie koncentracyjnim na Majdanku. In: Zeszyty Majdanka, XXII Jg. (2003)
Robert Kuwałek, Das Durchgangsghetto in Izbica. In: Theresienstädter Studien und Dokumente, Jg. 2003, S. 321–351
Robert Kuwałek, Das Vernichtungslager Belzec. Berlin 2013
Jochen von Lang, Das Eichmann-Protokoll. Tonbandaufzeichnungen der israelischen Verhöre. Mitarbeit Claus Sibyll. Nachwort Avner W. Less. Berlin 1982
Jochen von Lang, Der Adjutant. Karl Wolff: Der Mann zwischen Hitler und Himmler. München · Berlin 1985
Stefan Lehr, Deutsche Archivare und ihre Archivpolitik im „Generalgouvernement" (1939–1945). In: Robert Kretzschmar (Red.), Das deutsche Archivwesen und der Nationalsozialismus. Essen 2007, S. 166–174
Alan Levy, Die Akte Wiesenthal. Wien 1995
Dariusz Libionka (Hg.), Akcja Reinhardt. Zagłada Żydów w Generalnym Gubernatorstwie. Warszawa 2004
Joachim Lilla, Die Erörterungen zur Neubesetzung der Gauleiterstelle in Wien 1939/40 und 1943/44. In: Studien zur Wiener Geschichte, Bd. 57/58.

Herausgegeben vom Verein für Geschichte der Stadt Wien. Wien, 2001/2002; S. 113 ff.
Peter Longerich, Die Ermordung der europäischen Juden. München 1989
Peter Longerich, Heinrich Himmler. Biographie. München 2008
Richard C. Lukas: Zapomniany holocaust - Polacy pod okupacją niemiecką 1939–1944. Kielce: Wydawnictwo Jedność, 1995
Czesław Madajczyk: Hitlerowski terror na wsi polskiej 1939–1945. Zestawienie większych akcji represyjnych. Warszawa: Państwowe Wydawnictwo Naukowe, 1965.
Czesław Madajczyk (Hg.), Vom Generalplan Ost zum Generalsiedlungsplan. Dokumente. München 1994
Klaus-Michael-Mallmann und Bogdan Musial (Hg.), Genesis des Genozids: Polen 1939–1941. Darmstadt 2004
Zygmunt Mańkowski, Między Wisłą a Bugiem 1939–1944. Studium o polityka i postawach społeczeństwa. Lublin 1978
Zygmunt Mańkowski (Hrsg.), Hitlerowskie więzienie na Zamku w Lublinie 1939–1944. Lublin 1988
Zygmunt Mańkowski (Hrsg.), Sonderaktion Lublin. Listopad 1939. Lublin 1989
Józef Marczuk, Straceni w Noc Wigilijną. Lublin 23 XII 1939. Lublin 2000
Józef Marszalek, Majdanek. Geschichte und Wirklichkeit des Vernichtungslagers. Reinbek bei Hamburg 1982
Hans Mausbach/Barbara Mausbach-Bromberger, Feinde des Lebens. NS-Verbrechen an Kindern. Frankfurt am Main 1979
Ralph Melville (Hg.), Zwangsmigrationen im mittleren und östlichen Europa: Völkerrecht, Konzeptionen, Praxis (1938–1950). Mainz am Rhein 2007
Jacek Andrzej Mlynarczyk, Mordinitiativen von unten. Die Rolle Arthur Greisers und Odilo Globocniks im Entscheidungsprozess zum Judenmord. In: Jacek Andrzej Mlynarczyk und Jochen Böhler, Der Judenmord in den eingegliederten polnischen Gebieten 1939–1945. Osnabrück 2010; S. 27–56
Patrick Martin-Smith, Widerstand vom Himmel. Österreicheinsätze des britischen Geheimdiensts SOE 1944. Herausgegeben von Peter Pirker. Wien 2004
René Moehrle, Judenverfolgung in Triest während Faschismus und Nationalsozialismus 1922–1945. Berlin 2014
Markus Moors (Hg.), Heinrich Himmlers Taschenkalender 1940. Kommentierte Edition. Paderborn 2013
Richard Moschner, Kärnten. Grenzland im Süden. Berlin 1940
Remigiusz Moszyński, Leopold Policha: Lublin w okresie okupacji (1939–1944). Lublin 1964.
Bogdan Musial, Deutsche Zivilverwaltung und Judenverfolgung im Generalgouvernement. Eine Fallstudie zum Distrikt Lublin 1939–1944. Wiesbaden 1999
Bogdan Musial (Hg.), „Aktion Reinhardt". Der Völkermord an den Juden im Generalgouvernement 1941–1944. Osnabrück 2004
Neue Studien zu nationalsozialistischen Massentötungen durch Giftgas. Historische Bedeutung, technische Entwicklung, revisionistische Leugnung. Herausgegeben von Günter Morsch und Bertrand Perz unter Mitarbeit von Astrid Ley. Berlin 2011

H. J. Neuman, Arthur Seyß-Inquart. Graz-Wien-Köln: Styria 1970
Bruce F. Pauley, Hitler's Forgotten Nazis: A History of Austrian National Socialism. Chapel Hill: University of North Carolina 1981
Bertrand Perz/Thomas Sandkühler, Auschwitz und die „Aktion Reinhard" 1942–1945. Judenmord und Raubpraxis in neuer Sicht. In: Zeitgeschichte 26 (1999), S. 283–316
Czesław Pilichowski, Es gibt keine Verjährung. Warszawa 1980
Stanisław Piotrowski, Misja Odyla Globocnika. Sprawozdania o wynikach finansowych zagłady żydów w Polsce. Warszawa 1949
Reinhard Pohanka, Pflichterfüller. Hitlers Helfer in der Ostmark. Wien 1997
Dieter Pohl, Von der „Judenpolitik" zum Judenmord. Der Distrikt Lublin des Generalgouvernements 1939–1944. Frankfurt am Main 1993
Siegfried J. Pucher, „In der Bewegung führend tätig". Odilo Globocnik, Kämpfer für den Anschluss – Vollstrecker de Holocaust. Klagenfurt 1997
Siegfried J. Pucher, Il nazista di Trieste: vita e crimini di Odilo Globocnik, l'uomo che inventò Treblinka. Triest 2011
Tadeusz Radzik, Extermination of the Lublin Ghetto. Lublin 2007
Tomasz Radzik, Lubelska dzielnica zamknięta. Lublin 1999
Manfried Rauchensteiner, Der Krieg in Österreich 1945. Wien 1984 (= Schriften des Heeresgeschichtlichen Museums, Bd. 5)
Fritz M. Rebhann, Das braune Glück zu Wien. Wien · München 1973
Hans-Günter Richardi: SS-Geiseln in der Alpenfestung. Bozen 2005
Berndt Rieger, Odilo Globocnik. Twórca nazistowskich obozów śmierci. Zakrzewo 2009
Herbert Rosenkranz, Verfolgung und Selbstbehauptung. Die Juden in Österreich 1938–1945. Wien 1978
Adalbert Rückerl (Hg.), Nationalsozialistische Vernichtungslager im Spiegel deutscher Strafprozesse: Bełżec, Sobibór, Treblinka, Chełmno. München 1977
Jules Schelvis, Vernichtungslager Sobibór. Hamburg/Münster 2012 (= reihe antifaschistischer Texte/UNRAST-Verlag)
Jan Erik Schulte, Zwangsarbeit für die SS: Juden in der Ostindustrie GmbH. In: Norbert Frei (Hg.), Ausbeutung, Vernichtung, Öffentlichkeit. Neue Studien zur nationalsozialistischen Lagerpolitik. München 2000, S.43–74
Jan Erik Schulte, Zwangsarbeit und Vernichtung: Das Wirtschaftsimperium der SS: Oswald Pohl und das SS-Wirtschafts-Verwaltungshauptamt 1933–1945. Paderborn 2001
Jan Erik Schulte, Die SS, Himmler und die Wewelsburg. Paderborn 2009
Barbara Schwindt, Das Konzentrations- und Vernichtungslager Majdanek. Funktionswandel im Kontext der „Endlösung". Würzburg 2005
Gitta Sereny, Am Abgrund. Frankfurt am Main · Berlin 1980
Gitta Sereny, The Great Globocnik Hunt. In: Gitta Sereny, The Healing Wound. Experiences and Reflections on Germany, 1938–2001. London-New York 2001, S. 194–215 (Erstpublikation unter dem Titel „A Nazi Hunter Run to Earth" in der Zeitung Sunday Independent, Juli 1992)
David Silberklang, Willful Murder in the Lublin District of Poland. In: Michael L. Morgan and Benjamin Pollock, The Philosopher as Witness. Fackenheim and Responses to the Holocaust. New York 2008, S. 185–205

David Silberklang, Gates of Tears. The Holocaust in the Lublin District. Jerusalem: Yad Vashem 2013
Kiryl Sosnowski, The Tragedy of Children under Nazi Rule. Posen und Warschau 1962
Katrin Stoll, Die Räumung des Białystoker Ghettos in den Augen von „Täter-Zeugen". In: Wolfgang Schulte (Hg.), Die Polizei im NS-Staat. Beiträge eines internationalen Symposiums an der Deutschen Hochschule der Polizei in Münster. Frankfurt am Main, 2009, S. 263–304
Tom Streissguth, Adolf Eichmann: Executing the „Final Solution". Berkeley Heights 2005
Helge Stromberger, Die Ärzte, die Schwestern, die SS und der Tod. Die Region Kärnten und das produzierte Sterben in der NS-Periode. Klagenfurt 1988
Karl Stuhlpfarrer, Die Operationszonen „Alpenvorland" und „Adriatisches Küstenland" 1943–1945. Wien 1969 (= Publikationen des Österr. Instituts für Zeitgeschichte und des Instituts für Zeitgeschichte der Universität Wien, Bd. 7)
Jozo Tomasevich, War and Revolution in Yugoslavia, 1941–1945: Occupation and Collaboration. Stanford 2001
Tomczak J., Rada Żydowska w Lublinie 1939–1942 – organizacja, działalność i pozostałość aktowa. In: Żydzi w Lublinie, t. I, Lublin 1995
Gerhard Tomkowitz/Dieter Wagner, „Ein Volk, ein Reich, ein Führer!" Der „Anschluß" Österreichs 1938. München 1988
Michael Tregenza, Christian Wirth: Inspekteur des SS-Sonderkommandos „Aktion Reinhardt". In: Zeszyty Majdanka, 15. Jg. (1993), S. 7–57
Michal Tregenza, Bełżec – Okres Eksperymentalny. Listopad 1941–Kwiecien 1942. In: Zeszyty Majdanka, 21. Jg. (2001), S. 165–206
Gaj Trifkovic, Making Deals with the Enemy: Partisan-German Contacts and Prisoner Exchanges in Yugoslavia 1941–1945. Graz 2013 (Phil. Diss.)
August Walzl, Kärnten 1945. Vom NS-Regime zur Beatzungsherrschaft im Alpen-Adria-Raum. Klagenfurt 1985 (unveränderter Nachdruck 1995)
August Walzl, Als erster Gau … Entwicklungen und Strukturen des Nationalsozialismus in Kärnten. Klagenfurt 1992
Maria Wardzyńska, Był rok 1939. Operacja niemieckiej policji bezpieczeństwa w Polsce. Intelligenzaktion. Warszawa 2009
Bruno Wasser, Himmlers Raumplanung im Osten: Der Generalplan Ost in Polen 1940–1944 (Stadt, Planung, Geschichte). Basel 1994
Michael Wedekind, Nationalsozialistische Besatzungs- und Annexionspolitik in Norditalien 1943 bis 1945. Die Operationszonen „Alpenvorland" und „Adriatisches Küstenland". München 2003
Michael Wildt, Generation des Unbedingten: Das Führungskorps des Reichsicherheitshauptamtes. Hamburg 2002
Maurice Williams, The Aftermath of Anschluß: Disillusioned Germans or Budding Austrian Patriots? In: Austrian History Yearbook, Volume XIV (1979), S. 129–144
Maurice Williams, Friedrich Rainer e Odilio Globocnik. In: Qualestoria XXV (Triest 1995), S. 141–175
Maurice Williams, Gau , Volk und Reich. Friedrich Rainer und der österreichische Nationalsozialismus. Eine politische Biographie nach Selbstzeugnissen.

Bonn 2005 (= Archiv für vaterländische Geschichte und Topographie 90)
Rolf Wörsdörfer, Krisenherd Adria 1915–1955. Konstruktion und Artikulation des Nationalen im italienisch-jugoslawischen Grenzraum. Paderborn 2004
www.kollublin.wordpress.com: Brigitte Waks, Viktor Kremin – A Schindler in Lublin?; Judith Maier, The Trial of Mohwinkel; Joseph Dakar, Lipowa 7
www.lublin.gazeta.pl/lublin: Nieprawdopodobna historia Szamy Grajera z Lublina

Personenregister

Aichinger, Ewald 345
Albertini, Franz 43
Allers, Dieter 333
Alten, Marek 251, 266 ff.
Alvensleben, Ludolf von 104, 159 f., 313
Ara, Angelo 312 f.
Arenzon, Esther 247

Bach, Aharon 104
Banow, Iwan 297
Barasz, Efraim 306
Barbl, Heinrich 196 f.
Bartetzko, Franz 159
Barth, Karl 76
Bauer, Erich 228
Bauer, Karl Konrad 87 f.
Bauer, Maria 40 f., 43
Bauer, Theo 39
Beck 153
Becker 272
Bender, Sara 307
Berenstein, Tatiana 202, 214
Berger, Erhard 40 f., 43
Berger, Sara 196
Beyer 62
Birger-Ezrahi, Joseph 162, 164
Black, Peter R. 103
Blaschke, Hanns 84, 317
Boepple, Ernst 189
Böhm, Karl 80
Bonaparte, Napoleon 271
Bormann, Martin 50, 75, 146, 172, 327, 337
Botz, Gerhard 75 ff., 87, 94
Bouhler, Philipp 172, 185, 192
Brack, Viktor 185, 192, 217, 239
Brand, Hans 320
Brandt, Rudolf 154–157, 314
Bredow, Paul 236, 333
Brehm, Bruno 88
Broda, Christian 16
Bürckel, Josef 72, 74–77, 80, 84, 86, 92, 94

Canappele, Paul 43
Capra, Heinz 35
Carnier, Pier Arrigo 313
Carretta, Antonietta 333
Chaim 164 f.
Chamberlain, Neville 60
Chichotski, Max, siehe *Runhof, Max*
Christl, Friedl 130
Claus 272
Coceani, Bruno 317
Cordin, Karl 15

Daluege, Kurt 69
Denk, Theodor 28
Dienhold, Erika 295
Dietrich, Otto 64
Dirlewanger, Oskar 176
Dollfuß, Engelbert 68
Dolp, Hermann 159, 161 f.
Domanow, Timofei 324 f.
Dorl 218
Dreier, Ernst 179, 183
Drucker, Kurt 242
Drumbl, Otto 36

Eberl, Irmfried 232
Eckert, Rudolf 182
Egger, Othmar 128
Eichholz 218
Eichmann, Adolf 90, 165 f., 194 ff., 200, 204, 207 f., 280
Eigner, Franz 131
Eigruber, August 71, 77
Eisenbach, Artur 202, 214
Elste, Alfred 34, 36, 38
Engler, Wilhelm 189 f., 217
Erlichman-Bank, Sujka 251
Espenheim 343

Fest, Joachim C. 11
Fischböck, Hans 62
Fischer, Ludwig 292
Fischmann, Josef 234, 238
Fiszman, Mina 254, 266 f.
Flachberger 199
Frank, Hans 12, 100, 103, 105 f., 112, 184, 189 f., 217, 245, 281, 299 f., 304 f.
Franke-Gricksch, Alfred 221
Franz Ferdinand von Österreich-Este 318
Frauendorfer, Max 106, 108
Frauenfeld, Alfred Eduard 76, 92
Freiberg, Berek 238
Friedrichs, Helmut 74 f., 77
Fritz, Josef 215
Fuchs, Erich 197
Fuhrmann, Hanna 201
Fulman, Marian Leon 103

Gail, Baron von 128
Ganzenmüller, Albert 210
Garrity, Joseph 348, 352
Gartenkraut, Rachmil 256, 265
Gasser, Gregor 35
Gasser, Herbert 35
Gasser, Paul 35, 96 f., 111, 121, 130
Gasser, Wolfgang 121
Gayl, Albert 39, 46
Gerhold 89
Gerstein, Kurt 223–227, 231 ff.
Gewerc-Gottlieb, Irena 244 f.
Gilgenmann, Marie-Luise 138

Glaise-Horstenau, Edmund 49 f., 59, 63, 66
Gliksztajn-Rapaport, Ida 249, 254
Globocnik, Anna 21, 27, 41, 128, 151 f., 157, 314
Globocnik, Erika 27, 32, 41, 128, 175, 314
Globocnik, Franz 21 f., 27
Globocnik, Laurentia („Lore“) 16, 18, 328 f., 338, 341
Globocnik, Lydia 21, 27, 32, 128
Globocnik, Peter 16, 341
Globocnik. Hildegardis 21
Globotschnig, Franz Johann 21
Globotschnig, Rochus 21
Glücks, 176
Gmoser, Heinrich 53
Gnade, Hartwig 241 ff.
Goebbels, Joseph 50, 63 f., 78, 80 f., 84, 100, 157, 214 f.
Goede, Horst 168
Goldfarb, Henryk 266 ff.
Goldhagen, Daniel 241
Goldwag, H. 252
Goral, Władysław 103
Göring, Hermann 59–66, 92, 94, 194
Górniewicz, Czesław 269
Gottschall, Berta 201, 337
Gräbner, Dieter 234
Grajer, Bela („Golda“) 249, 254
Grajer, Szama 248–252, 254 ff., 265–269
Grasmug, Karl 36
Greiser, Arthur 188
Grosman, Haika 307
Grothmann, Werner 243 f.
Grun 246
Grynszpan, Herschel 93
Guderian, Heinz 135
Gunst, Walter 103 f., 159
Günther 46
Günther, Rolf 223
Gunzer, Karl 31

Haalck 241
Haar, Ingo 137
Haberlau, Gustaw 127, 130
Habicht, Theo 33
Hackenholt, Lorenz 196, 229, 316
Hähle, Johannes 161
Hahn, Ludwig 296
Hahnzog, Ferdinand 187, 191
Haid, Eleonore 295
Halberstadt, Esther 245
Halstead 353
Hamacher 147
Händel, Georg Friedrich 80
Hanelt, Gustav 139, 142, 186, 311
Hänisch, Dirk 34, 38
Hartman, Hans 205
Haßlacher, Franz 45, 345
Hausberg 165
Hausser, Paul 244
Hedley, Kenneth 349 ff., 353
Hefter, Adam 37
Heigl, Paul 317
Heim, Franz 204
Hein, Hedwig 295
Helletsberger, Karl 250, 342, 347, 349, 351
Helmut Ortwin
Herff, Maximilian von 221, 282 f., 327 f.
Hering, Gottlieb 312, 333
Herzog, Hugo 352
Heß, Rudolf 74 f., 77, 92
Hessen, Philipp von 64 f.
Heydrich, Reinhard 38 f., 69, 75, 77, 172, 194 f., 207 f.
Hillmann, Marianne 147
Hilse 152
Himmler, Heinrich 11 f., 19, 69, 71, 75, 77, 94–97, 99 f., 106 f., 120, 122–125, 135, 137–141, 143, 145–148, 150 ff., 154–157, 170–176, 180, 185–188, 190, 202, 210, 215, 217, 225, 232, 239, 243, 271–274, 283 f., 286, 291 f., 296, 299 f., 303 ff., 309, 314 ff., 320, 322, 328 f., 342
Hirsch, Moritz 128
Hitler, Adolf 10, 33, 44, 49 ff., 53, 55–60, 62 ff., 71 ff., 77, 80, 83, 93 ff., 146, 185, 187, 190, 210, 225, 274, 299 f., 311, 325 f.
Hofbauer, Karl 108, 131
Hoffmann, Otto 188
Höfle, Hermann 192, 195, 198–205, 231, 235, 256 f., 337, 342 f., 346, 349, 351
Höhne, Heinz 11, 39
Holtz-Sommer. Hedwig 85
Horn, Max 285, 288 f., 315
Höß, Rudolf 12, 175 f., 199
Hübel 199
Hübner 267
Hueber, Franz 62, 66
Hülgerth, Ludwig 25, 37
Hullerl, Elisa 21
Hullerl, Ludovicus 21
Hupfauer 76
Hussek 88
Hutterer, Herbert 142

Inkuffer 165
Innitzer, Theodor 90

J. E. 166 f.
Jache 107
Jaczyńska, Agnieszka 275, 277, 279, 298, 302
Johannes Paul II. 331
Jörgensen, Thor 297
Joseph II. 141
Jury, Hugo 56, 65 f.

K. H. 182 f.
Kalich 246
Kaltenbrunner, Ernst 58, 62, 68 f., 72
Kammler, Hans 170
Karpeles, Moritz 128
Keppler, Wilhelm 56 f., 62–65, 68, 72 f.
Kintrup, Hermann 202
Kirnberger, Max 115 f., 118, 120
Klauer, Emil 48
Klausner, Hubert 36, 43 f., 47 f., 52, 56, 59, 65, 68 f., 71 f., 76 f., 88, 92, 95
Kleinschmidt 191
Klitsch, Ghirei 325
Klukowski, Zygmunt 215 ff.
Knitzky, Walter 267
Köfler, Helmut 15 f., 18 f.
Kolbe, Hertha 295
Körner, Ludwig 80
Kothen, Hans von 36
Kowalczyk, Władyslaw 177
Kozak, Stanislaw 193
Krasnow, Pjotr N. 325
Krawarik, Johannes 90
Kremin, Viktor 244–247, 255, 266
Krisch, Franz 68
Krüger, Friedrich-Wilhelm

121, 171 f., 186 f., 210, 217, 272 f., 274, 281, 284, 291, 300, 305
Krumey, Hermann 107, 274, 280, 301
Kübler, Ludwig 321 f.
Kummerer, Siegfried 343, 347
Kuraszkiewicz, Władysław 102 f.
Kutschera von Aichbergen, Hans 96
Kuwałek, Robert 193

Lahr, Fritz 65
Lambert, Erwin 332
Lauterbacher, Hartmann 340 f.
Lee 353
Leigh, Morris M. 351, 353
Lemisch, Arthur 25
Leopold, Josef 47, 51 ff., 56, 76
Lerch, Ernst („Ernstl") 131, 149, 185, 266, 311 f., 320, 329, 340, 342–345, 347, 349
Less, Avner W. 194, 208
Linden, Herbert 226
List, Wilhelm 97, 99
Littell, Jonathan 8
Lizzy 134
Łobarzewski, Jerzy 127
Löhr, Alexander 339 f.
Longin, Hubert 45, 47
Lörner, Georg 285
Luber 266
Luser, Adolf 87 f.

M. 182 f.
Maier-Kaibitsch, Alois 39
Manstein, Erich von 135
Mark, Bernard 214
Mastaliński, Adam 279, 302
Maubach, Hans 147, 149, 284
Mauermayer, Gisela 150, 329
Maurer, Herbert 40
Mausbach, Hans 278
Mausbach-Bromberger, Barbara 278
Mayer, Arno J. 11
Mayer, Erich August 87
Mayerhofer 235
Meiler, Ludwig 86 f.
Merlin, Maria 43
Michalsen, Georg 204, 286 ff., 306, 308 f., 311, 342, 346 f., 349, 351
Michner, Emil 29, 36, 38, 41, 46, 73, 96, 145 f.
Michner, Herta 29
Michner, Margarete („Grete") 29, 31, 41, 46, 74, 96, 145–148
Miklas, Wilhelm 49, 59 f., 62–66, 73
Miler, Heli 255
Mlynarczyk, Jacek Andrzej 187
Moehrle, René 333
Mohrenschildt, Ebba 128
Mohrenschildt, Reinhold von 128, 149, 189
Mohwinkel, Wolfgang 160, 163 ff., 267
Morawski 211
Moschner, Richard 33
Moser, Jonny 169
Moszkowicz, Daniel („Jerzy") 306, 308
Muff, Wolfgang 62 f.
Mühlmann, Kajetan 59 f.
Mulak, Karol 211
Müller, Franz 122
Müller, Heinrich 196
Müller, Helmut 187 ff.
Musiał, Bogdan 187, 189
Mussolini, Benito 64 f., 311, 317, 323

Natke, Willy 131 f., 134, 162, 220, 308
Natter, Ebba 128
Natter, Ernst 128
Naumann, Herbert 272
Nemec, Sepp 13, 284
Neubacher, Hermann 54, 75, 80, 84, 92
Niemann, Johann 193

Oberhauser, Josef („Sepp") 193, 333
Obermeyer 226
Offerman, Johann 131, 147, 283
Olga 334
Opdenhoff, Christian 74–77
Otter, Göran von 233

Palatucci, Giovanni 331
Papen, Franz von 55
Paulus, Friedrich 274
Pawelczyk, Anna 276
Pawlowski, Wladimir von 47
Pecsinka, Anna 21
Peiper, Jochen 106
Pembaur, Walther 56
Persche, Alfred 52, 76
Peterschineg, Laurentia („Lore") 157, 328 f.
Pfannenstiel, Wilhelm 224 f., 229
Pflanzl, Josef 27
Philipp, Hans 341
Pinkowsky 215
Pippan, Edith 43
Plöb, Friedrich 15 f., 352
Pohl, Helmut 201
Pohl, Helmut Ortwin 235
Pohl, Oswald 218, 284 f., 289, 316
Pommerhanz Henrica Maria („Henny") 27, 128, 152 f., 157, 175
Pommerhanz, Karl 27, 128
Pommerhanz, Lydia 128, 318
Poprzeczny, Joseph 11, 151, 342
Posch, Brunhild 295
Prel, Maximilian du 119
Presel, Luigi 314
Proksch, Alfred 33
Pucher, Siegfried J. 31, 37, 96, 327, 342
Puteman, Samuel 256

Radischat 147
Radziwiłł 179
Rafelsberger, Walter 51
Rainer, Ada 32, 342
Rainer, Friedrich („Friedl") 32, 47–53, 55–63, 65 f., 68 f., 71 ff., 88 f., 124, 145 f., 150, 185, 310 f., 314, 316–322, 327 ff., 337–345, 349–352
Ramsay, Alexander 348 ff., 353
Rapatz, Robert 30, 37
Rath, Ernst Eduard vom 93
Reichenau, Walter von 135
Reichleitner, Franz 312
Reinthaller, Anton 44–47, 52, 66
Reuter, Ernst 202
Ribbentrop, Joachim von 147
Rickheim, Irmgard 144, 147, 149–157, 283, 328
Riedel, Horst 160, 163
Rieger, Berndt 149 ff., 157, 341

Riehl 277
Rilke, Rainer Maria 23
Rinner, Felix 65
Rösener, Erwin 322, 339
Rosenkranz, Herbert 93
Runhof, Max 134 f., 156
Rutkowski, Adam 202, 214
Rzepa, Alois 218, 315

Sammern-Frankenegg, Ferdinand von 287
Santer, Johann 16, 18
Sauer, Viktor 93
Sauermann, Fritz 142
Sch. 268
Schenker-Angerer, Gottfried 128
Scheuble, Gerda 293
Schiffrer, Carlo 334
Schindler, Oskar 244, 331
Schindler, W. 163
Schischa, Wilhelm 169
Schluch, Karl 333
Schmidt, Guido 49, 55, 66
Schmitz, Richard 340
Schmoczer, Oscar von 69
Schneeberger, Karl 81, 84
Schneider-Bosgard, Hanns 322
Schranz, Karl 15
Schultz, Fritz 305
Schuschnigg, Kurt 35, 49, 52, 55–60, 62 ff., 66, 340
Schutz 347
Schütz, Artur 277
Schwarz, Franz Xaver 86, 88 f., 122–125, 172 f.
Schwarz, Gottfried 179
Schwarz, Gottfried („Friedl") 193
Seeberg-Elverfeldt, Roland 141
Seftschnig, Erwin 31, 35
Seltmann, Josef Armand von 132
Seltmann, Lothar von 112, 121, 132 ff., 138, 175
Seltmann, Minni von 112, 121, 133 f., 171, 175
Sereny, Gitta 327
Seunik, Max 34
Seyß-Inquart, Arthur 12, 52, 54–67, 71 ff., 78, 80, 84, 94, 100
Skorzeny, Otto 311, 323
Skrinjar, Carlo 334
Skubl, Michael 53, 60, 63, 68, 72
Sobieski, Jan III. 152
Sodat, Stefan 15
Sosnowski, Kiryl 279
Sowler, John George 349, 353
Speer, Albert 135
Sporrenberg, Jakob 314
Srbik, Heinrich von 141
Stadie, Otto 333
Stangl, Franz 194, 232, 234, 311 f., 327
Stanglica, Franz 140 ff., 188, 293 ff., 313
Steinacher, Hans 25
Sternbauer, Gertrude 295
Stroop, Jürgen 286 ff.
Sturm, Harry 209, 254, 265, 267 ff.
Sveceny 27
Świst, Boleslaw 277
Świtajowa, Kazimiera 298
Szymański, Aleksander 177
Szymański, Antoni 102

Tec, Nechama 249 ff., 254, 256
Teichelmann, Johannes 218
Tenenbaum, Mordechai 306 ff.
Teuffenbach, Ingeborg 35
Thaler, Karoline 53
Thaller, Rudolf 39
Thiemel, Friedrich 341
Thomalla, Richard 191, 193 f.
Thomas, Emilie 152 f.
Többens, Walther 244 f., 286 f.
Todt, Fritz 135, 314
Tomkowitz, Gerhard 59, 68
Trapp, Gustav-Wilhelm 240, 242, 297
Trenkler, Ernst 318
Trojanowski 314
Trsek, Wilhelmine („Mimi") 12, 130, 147, 149, 151, 250
Tschammer und Osten, Hans von 87
Tusch, Robert 36
Tycochinski, Esther 245 ff.
Tycochinski, Mojzesz 245

Valentino, Rudolph 250
Vallaster, Josef 196, 236
Veesenmayer, Edmund 65, 68
Vogt 154

Wagner, Dieter 59, 68
Wagner, Richard 131
Walther 209, 265
Wasser, Bruno 291
Wedekind, Michael 319, 322, 332 f.
Wendler, Richard 291, 305
Wessel, Horst 65, 84
Weszkalnys, Stefan 234
Wheeler, Guy P. 342, 348, 350, 352 f.
Wiesenthal, Simon 16
Williams, Maurice 52, 55, 316
Wimmer, Friedrich 73
Wippern, Georg 132, 218, 220, 315
Wirth, Christian 185, 192 f., 195, 218, 226–232, 311, 319, 323, 331, 333
Wiśniewski, Bruno 101, 107
Węclawik, Zygmunt 275
Wojsa, Stanisław 102 f.
Wójtowicz, Michał 177
Wolf 81
Wolf, Adolf 29
Wolff, Karl 106, 145, 175, 210, 217, 274, 339
Wolff, Wilhelm 66
Worthoff, Hermann 209, 252, 255, 265, 267, 269

Zernatto, Guido 56
Zimmermann, Herbert 306
Ziranka 343
Zmölnig, Marie 43
Zmölnig, Stefan 43
Zojer, Franz 317, 319
Zörner, Ernst 104, 110, 147, 159, 169, 171, 184, 188 f., 291 f., 299
Zulukidse, Fridonio 325
Zvacek, Fritz 79
Zyskind, Pinchas 164 f.

Bildnachweis

Umschlagbild: ÖNB-Bildarchiv/picturedesk.com
Lucio Mircovich, Triest: 263 (unten rechts), 312, 313
Narodna in študijska knjižnica, Triest: 316, 325, 326, 335
Dokumentationsarchiv des österreichischen Widerstands: 328
Archiv Uwe von Seltmann: 132, 175
Archiv Gustav Freudmann: 169
Narodowy Archiwum Cyfrowy, Warschau: 98, 101, 105, 107, 184
Max Kirnberger/DHM, Berlin: 115, 116, 117, 118/119, 120
Teatr NN, Lublin: 129 (unten)
Archiwum Instytut Pamięci Narodowej (AIPN), Warschau: 270, 278, 290
Archiwum Państwowego Muzeum na Majdanku: 199, 258 (unten), 259, 260, 285
Archiwum Państwowego w Lublinie: 258 (oben), 293, 294, 295
Bundesarchiv, Berlin Document Center, SS-Personalakt Odilo Globocnik: 10, 97, 123, 148, 339
Österreichisches Staatsarchiv, Archiv der Republik: 14, 42, 111, 113
Österreichisches Staatsarchiv, Kriegsarchiv: 24/25
Landesarchiv Kärnten, Klagenfurt: 28, 32, 47, 48
Stadt- und Landesarchiv Wien: 30
Bayerische Staatsbibliothek/Bildarchiv: 2, 8, 126
Ghetto Fighters' House: 248
Österreichische Nationalbibliothek: 83
IMAGNO/ÖNB: 79
Scherl/SZ-Photo/picturedesk.com: 4, 70
Weltbild/ÖNB-Bildarchiv/picturedesk.com: 54
ullstein bild – Heinrich Hoffmann/Ullstein Bild/picturedesk.com: 67
ullstein bild/Ullstein Bild/picturedesk.com: 220, 261 (unten)
dpa/picturedesk.com: 229
Anonym/Imagno/picturedesk.com: 91, 237, 257
Archiv HTBLA Klagenfurt Lastenstraße: 20
Museum Zamość: 114
Sepp Nemec (Hg.), Wie gehen durch die Betriebe ... (Wien 1938): 13, 85
Pier Arrigo Carnier, Lo sterminio mancato (Milano 1982): 336, 338, 344, 350
Kolonistenbriefe (1942): 139
Krakauer Zeitung (Juli 1942): 273
www.holocaustresearchproject.com: 170
www.deuxiemeguerremondia.forumactif.com: 128, 144, 150
www.thefifthfield.com: 129 (oben)
www.ffhist.de: 181
Wikimedia Commons: 74, 136, 158 (Foto: Bundesarchiv), 161 (Foto: Bundesarchiv), 162 (Foto: Bundesarchiv), 178 (Foto: Bundesarchiv), 181, 193, 201, 204, 206, 219, 222, 224, 225, 228, 240, 253, 261 (oben, Foto: Lysy), 280, 282, 286, 310, 321, 346
Thomas Fric: 263 (oben)
Johannes Sachslehner: 17, 212, 213, 262, 263 (unten links), 264, 330, 348, 351, 353
Archiv Verlagsgruppe Styria: 89

Für tatkräftige Unterstützung ein herzliches Danke an Thomas Fric, Sabine Gresens, Robert Kuwałek, Georg Loidolt, Lucio Mircovich, Laura Sachslehner, Uwe von Seltmann, Bruno Wegscheider und Joanna Zętar sowie an Kasia für ihre unendliche Geduld.

Recherche und Redaktion:
Laura Sachslehner

STYRIA
BUCHVERLAGE

Wien – Graz – Klagenfurt

ISBN 978-3-222-15020-3

Bücher aus der Verlagsgruppe Styria gibt es
in jeder Buchhandlung und im Online-Shop
www.styriabooks.at

Lektorat: Georg Loidolt
Covergestaltung: Emanuel Mauthe
Buchgestaltung: Bruno Wegscheider
Coverfoto: ÖNB-Bildarchiv/picturedesk.com

Reproduktion: Pixelstorm, Wien
Druck und Bindung: Finidr
Printed in the EU
7 6 5 4 3 2 1